Rowohlt Verlag GmbH, Kirchenallee 19, 20099 Hamburg

Kontaktadresse nach EU-Produktsicherheitsverordnung:
produktsicherheit@rowohlt.de

Sven Stricker wurde 1970 geboren und wuchs in Mülheim an der Ruhr auf. Er studierte Komparatistik, Anglistik und Neuere Geschichte. Seit 2001 arbeitet er als freier Wortregisseur, Bearbeiter und Autor und gewann in dieser Funktion mehrmals den Deutschen Hörbuchpreis, unter anderem 2009 für seine Hörspielbearbeitung und Regie des Romans «Herr Lehmann» von Sven Regener. Er lebt in Potsdam und hat eine Tochter. Für «Sörensen hat Angst» wurde Sven Stricker für den Glauser-Preis 2017 nominiert.

Die Presse über «Schlecht aufgelegt»:

«Wunderbare Unterhaltung. Komisch, irrsinnig und nachdenklich zugleich.» (Florian Lukas)

«Ein klasse Debüt mit viel Hauptstadtflair und zwei sympathischen Typen, die lernen, Menschen zu mögen.» (Grazia)

«Witzig, spannend und fein beobachtet.» (NDR)

Die Presse über «Sörensen hat Angst»:

«Sörensen ist einfach beängstigend gut.» (Bjarne Mädel)

«Ein spannendes, komisches, erschütterndes Buch.» (Westdeutsche Allgemeine Zeitung)

«Skurril und spannend zugleich.» (Janne Mommsen)

«Gelungener Spagat zwischen unterhaltsamem Krimi und tragikomischem Roman.» (Bücher-Magazin)

SVEN STRICKER

Mensch, Rüdiger!

ROMAN

ROWOHLT TASCHENBUCH VERLAG

2. Auflage Juni 2021
Originalausgabe
Veröffentlicht im Rowohlt Taschenbuch Verlag,
Reinbek bei Hamburg, September 2017

Redaktion Tobias Schumacher-Hernández
Umschlaggestaltung FAVORITBUERO, München
Umschlagabbildung Oivind Hovland / Getty Images
Satz aus der Nyte PostScript, InDesign
bei CPI books GmbH, Leck
Druck und Bindung BoD - Books on Demand GmbH,
Norderstedt, Germany
ISBN 978 3 499 29078 7

FÜR JULI

1

Rüdiger schaltete das kleine, spritzwassergeschützte Badezimmerradio an, das farb-, form-, und basslos neben der elektrischen Zahnbürste stand, und atmete tief durch. Heaven 17 waren «Crushed By The Wheels Of Industry» und gaben damit das Motto des Tages vor. Rüdiger wippte auf den Fußballen, spürte kurz den in der Rückschau allgemein überbewerteten Achtzigern nach, betrachtete verkniffen sein Spiegelbild, dann die Uhr, dann wieder das Spiegelbild, und war vierzig Jahre alt. Auf die Sekunde genau.

«Herzlichen Glückwunsch», hauchte er und nutzte den Niederschlag seines Atems, um die Scheibe mit dem Ärmel zu putzen. Es war Montag, fünf Minuten nach sieben. Er bleckte die frisch geputzten Zähne, die ihm auch schon mal weißer vorgekommen waren, faltete das Handtuch ordentlich auf den silbrig glänzenden Halter und betrachtete ein letztes Mal sein jetzt auch offiziell nicht mehr ganz jugendliches Selbst. Rüdiger war blass, deutlich zu klein, von schmaler Gestalt, ausgestattet mit einem länglichen Gesicht, schlackernden Armen und viel zu dürren Beinen. Der Seitenscheitel saß akkurat, wie festgetackert, erste graue Strähnen mischten sich in das annähernd undefinierbare Dunkelblond. Rüdiger hatte keine allzu hohe Meinung von sich, gelinde gesagt. Er sah sich eher als austauschbares Füllmaterial, das die Straßen bevölkerte, um die wirklich interessanten Leute strahlen zu lassen. Sein Charisma beschränkte sich auf seine schwarze Hornbrille, die er aus genau diesem Grunde andauernd trug, am liebsten auch im Bett. Er nahm sie etwa vierzigmal in der Stunde ab, nur um sie wieder aufzusetzen.

Er holte noch einmal Luft, schaltete den besten Mix der Achtziger, Neunziger, Nuller und von heute ab, öffnete die Badezimmertür und trat in das morgendliche Chaos wie ein Barfüßiger ins Wespennest. Die Lautstärke um ihn herum explodierte, Silvia fuchtelte in ihrem hellblauen Frotté-Bademantel wild in der Gegend herum und dirigierte Max und Lilian beidhändig durch die Morgenroutine.

«So», sagte er so leise wie unbemerkt, kontrollierte mit einem routinierten Seitenblick, dass die Aktentasche ordnungsgemäß neben der Haustür stand, trat in die Küche und dort sogleich zum Tisch. Ein Post-it, das schon seit Jahren auf der Kühlschranktür klebte, erinnerte die anderen an seinen Ehrentag. Aus dem Radio über der Dunstabzugshaube verbreitete eine aufgekratzte Morgenstimme Morgenstimmung.

«Alles Gute zum Geburtstag, Papa!», rief der vierjährige Max, sprang von seinem Stuhl und raste davon, wahrscheinlich, um ein Geschenk zu holen, das aus sehr viel Papier, noch mehr Tesafilm und einem halb zerquetschten Schokobonbon bestand.

«Herzlichen Glückwunsch, Papa», sagte auch Lilian (sie war dreizehn Jahre alt), gab ihrem Vater einen Kuss auf die Wange und reichte Rüdiger den kleinen, runden Sandkuchen mit der brennenden Kerze in der Mitte, den Rüdiger jedes Jahr von seiner Tochter bekam und der immer von den anderen gegessen wurde, weil Rüdiger Sandkuchen nicht mochte. Er setzte sich und griff eine kalte Scheibe Toast aus dem Brotkorb.

«Danke, mein Schatz», sagte er, für seine Verhältnisse durchaus überzeugend lächelnd. «Das ist lieb.»

Silvia stellte sich hinter ihn und legte die Hände auf seine schmalen Schultern. «Max, komm sofort zurück!», brüllte sie, sodass Rüdiger zusammenzuckte und etwas Marmelade von seinem Messer tropfte. Er führte Daumen und Zeigefinger der linken Hand zur Nasenwurzel, bis ihm bewusst wurde, dass man das als Affront empfinden konnte, und zog die Hand zurück.

«Ich kann es aber nicht finden!», rief Max aus seinem Zimmer, das den Geräuschen nach zu urteilen in diesem Moment aufwendig renoviert wurde.

«Dann schenk es Papa später. Der freut sich auch nachher noch.»

«Natürlich», sagte Rüdiger halblaut und wünschte, es wäre so.

Silvia gab ihm einen energischen Kuss auf den Hinterkopf, dann eilte sie hinaus, um ihren Sohn einzufangen und gegen den alltäglichen, hartnäckigen Widerstand für den Kindergarten fertig zu machen.

Rüdiger aß seinen Toast, in kleinen Bissen, man sollte ja nicht so schlingen, Lilian lächelte unsicher, wusste nichts weiter zu sagen, stand auf, stellte ihren Teller in die Spüle statt in die halb geöffnete Spülmaschine und eilte grußlos aus der Küche.

Rüdiger war allein.

Die aufgekratzte Stimme aus dem Radio fand die Weltlage zwar irgendwie bedrückend, wünschte aber dennoch einen traumhaften Morgen an diesem heißen Tag, dann folgte ein kitschiges Liedchen von Phil Collins, das Rüdiger aus irgendeinem Disney-Film kannte. Er überlegte, ob er zur Feier des Tages eine zweite Scheibe Toast essen sollte, ob es für den Magen überhaupt einen Unterschied machen würde, und verzichtete. Er fand das Sitzen beklemmend, fand einfach alles beklemmend, stellte die Marmelade auf die andere Seite des Tellers, sammelte mit angefeuchtetem Zeigefinger zwei Krümel ein, schob sie in den Mund, begann ein wenig zu zittern (diese verdammte Nervosität), stand auf und trat ans Fenster.

Gegenüber, auf der anderen Straßenseite, im dritten Stock eines fabrikartigen Rotklinkerbaus, befand sich seit einigen Jahren ein Fitnesscenter. Die Fensterfront reichte vom Boden bis zur Decke. Er betrachtete die sich abmühenden, federnden, muskulösen Körper in ihrem Kampf um ewige Jugend und perfekte Fassade. Rüdiger stand jeden Morgen an diesem Fenster, immer nur kurz, aber er hatte noch nie ein Gesicht wiedererkannt. Die Körper schwitzten, sie mühten sich, sie taten sich wohl, sie arbeiteten an sich und ihrer Schönheit. Aber dann, wenn Rüdiger mit seiner Aktentasche da unten, am Fuße des Gebäudes, vorbeikam, standen dieselben Körper vor der Tür und rauchten. Rüdiger verstand das nicht. Oder er verstand es eben doch. In der Welt dieser Körper war ausschließlich wichtig, was sichtbar war. Die Lunge war nicht sichtbar. Das, so folgerte Rüdiger, war sorgsam gelebte Oberflächlichkeit. Eine Oberflächlichkeit, die er insgeheim beneidete. Rüdiger hatte noch nie geraucht. Er hatte auch noch nie andere Drogen genommen. Er war noch nie in einem Fitnessstudio gewesen.

Er trat vom Fenster zurück, setzte sich wieder hin und starrte für einen Moment in die brennende Sandkuchen-Kerze. Dann pustete er. Und noch einmal. Er brauchte vier Anläufe, bis sie endlich ausging.

*

Der Morgen war von bestürzender Klarheit, und selbst Rüdiger bemerkte, dass der Himmel heute in einem besonders intensiven Sommerblau leuchtete, während zu seinen Füßen der Asphalt in Erwartung der Hitze vor sich hin glitzerte. Sein unsportlich verkürzter Atem wies ihm den Weg, es musste immer vorwärtsgehen. Am Wegesrand blühte eine einsame Blume, die wahrscheinlich nichts als Unkraut war; die Pfützen des überraschenden nächtlichen Regens boten ihre Oberfläche als Spiegel dar. Wenigstens die Natur würdigte ihn und seinen Ehrentag angemessen, dachte er und krampfte mit der linken Hand. Dabei wollte er gar nicht gewürdigt werden, einfach nur da sein wollte er und dass der Tag möglichst schnell vorbeiging.

Rüdiger trug seine Aktentasche wie einen Staffelstab. Er bog zügigen Schrittes in die Mittelstraße ein, den Taschenträger-Arm steif ausgestreckt, vor und zurück, vor und zurück, die andere Hand tief in der Hosentasche seiner schon zu dieser Uhrzeit zu warmen Cordhose vergraben. Er straffte sich, entledigte sich mit jedem Schritt mehr des Privaten und gab sich etwas Offizielles, schlüpfte sozusagen in seinen Lehrer-Mantel, den er bis heute Nachmittag nicht wieder ausziehen würde. Seine Brust verengte sich in tiefer Traurigkeit. Weil er das schon kannte, weil das in den letzten Jahren immer mehr zum Dauerzustand geworden war, ignorierte er es. Darin war er professionell.

Rüdiger schwenkte auf den Schulhof ein, wurde links und rechts von eilenden, wackelnden Schülern in kurzen Hosen überholt, und bedachte den Stundenplan. Er hatte eine achte, eine zehnte und eine sechste Klasse. Mit der sechsten kam er hinreichend zurecht, die anderen gerieten ihm zum Problem. Rüdiger wusste, dass er über wenig Autorität verfügte. Sobald die Kinder ihm buchstäblich über den Kopf wuchsen, was spätestens in der achten Klasse der Fall war, tanzten sie ihm darauf herum. Das war immer schon so gewesen, und er hatte immer noch kein Mittel dagegen gefunden. Sie lachten ihn aus, ganz offen, redeten durcheinander, störten, verweigerten sich und die Hausaufgaben, manchmal schmissen sie Gegenstände oder attackierten sich gegenseitig mit Gemeinheiten, und er, was tat er? – er nahm seine Brille ab, setzte sie wieder auf und hielt sich an «Effi Briest» fest wie an einer Rettungsboje. Manchmal sagte er leise «Na!» oder «Herrschaften!», aber genauso gut hätte er in einem voll besetzten Fußballstadion schriftlich um Ruhe bitten können.

Rüdiger gehörte zu den Menschen, die einen Beruf ausübten, der nicht für sie geschaffen war. Für Rüdiger hätte ein idealer Arbeitsplatz folgendermaßen ausgesehen: ein Keller, ein Gitterfenster, ein Schreibtisch, ein Stuhl (mit Sitzerhöhung), eine Lampe, kein Telefon, null Menschenkontakt und eine tägliche Kleinst-Aufgabe, die mit Ordnung, Sortieren und Akten zu tun gehabt hätte. Vielleicht hätte im Hintergrund das Radio leise gespielt. Irgendwas von Mozart, Chopin oder eventuell sogar Chris de Burgh. Rüdiger wäre zufrieden gewesen, ausgeglichen, beruhigt und vielleicht in gewisser Hinsicht unter Umständen gelegentlich, zum Beispiel wenn der Sommeranfang auf einen Sonntag fiel, sogar ansatzweise glücklich.

Aber Rüdiger war Lehrer geworden. Wie um sich gegen seine Misanthropie zu behaupten, hatte er den Beruf gewählt, der seinen Neigungen am wenigsten entsprach. Er hatte mit Silvia zwei Kinder bekommen, obwohl er in der Schule doch schon so viele hatte, die ihm als abschreckendes Beispiel hätten dienen können. Er hatte eine Frau, die ihn zwar vielleicht irgendwie mochte, die ihn aber für so schwächlich hielt wie seine Schüler – und die das im Sinne der eigenen Lebensgestaltung durchaus auszunutzen wusste. Und Rüdiger? Rüdiger hatte das getan, was Männer im Allgemeinen in solchen Situationen taten: Er hatte die Flucht ergriffen. Vor Jahren schon. Nicht körperlich, aber geistig. Er schaute zum Beispiel Fußball. Sehr viel Fußball. Bis hinunter in die Dritte Liga. Er bemalte Zinnfiguren. Und er las. Er las alles, was ihm zwischen die Finger kam. Von Lessing bis Lucky Luke. Er war da wahllos. Jede erfundene Wirklichkeit war besser als die seine.

*

Der Lehrer Rüdiger Bunzel betrat den Klassenraum, die Schüler erfüllten ihre Pflicht und standen auf, wenn auch nicht gleichzeitig, einer nahm nicht einmal die Ohrstöpsel heraus. Rüdiger tat zunächst so, als würde er es nicht bemerken, dann sagte er «Guten Morgen», die Klasse antwortete leiernd wie ein altes Tonbandgerät: «Guten Morgen, Herr Bunzel.»

Ein bescheuertes Ritual.

Er zog die völlig unnötige, graue Übergangsjacke aus, hängte sie an den Haken neben der Tafel. Die Schüler blickten abfällig, vor allem die Mädchen, denn er hatte das gleiche Hemd an wie die ganze letzte Woche. Grundfarbe Blau, Karomuster, unter den Achseln etwas zu eng, Viskose. Hatte es billig im Fünferpack gegeben. Damals. Rüdiger hörte durch das Gemurmel einen zischenden Rhythmus, den er nicht ausblenden konnte, und bat Laurenz, die Ohrstöpsel herauszunehmen, was Laurenz natürlich nicht hörte, denn er hatte ja die Stöpsel im Ohr. Die Kinder kicherten. Rüdiger nahm seine Brille ab, setzte sie wieder auf und ging zwei Schritte in den Raum hinein, weg von seinem Pult, befand sich sozusagen im Feindesland, und bedeutete Laurenz mit einer kraftlosen Geste, er solle die Stöpsel herausnehmen. Der Junge gehorchte, immerhin, aber er tat es aufreizend langsam, grinsend. Aus den Kopfhörern tönte deutschsprachiger Rap, irgendwas mit Koks und Nutten und Ärschen.

«Du machst dir die Ohren kaputt», sagte Rüdiger. «Und das Hirn. Mach das aus. Bitte.»

Laurenz grinste. Die Klasse grinste. Rüdiger grinste nicht. Laurenz machte die Musik aus. Rüdiger ging zu seinem Pult zurück. «Wir lesen heute ein Buch von Christine Nöstlinger», sagte er. «Es heißt ‹Wir pfeifen auf den Gurkenkönig›.»

Die Klasse stöhnte, eines der Mädchen, deren Namen sich Rüdiger seit Jahren ums Verrecken nicht merken und die er nur über das Ausschlussverfahren benoten konnte, ließ ein Kaugummi platzen. Rüdiger kam sich lächerlich vor. Koks und Nutten und der Gurkenkönig. Der Lehrplan sollte überarbeitet werden, dachte er. Modernisiert. «Ich habe im Moment nur ein Exemplar dabei», sagte er. «Wer liest vor?»

Niemand meldete sich. Natürlich nicht. Also las er selbst, statt kraft seines Amtes jemanden zu bestimmen. Er las mit stockender Stimme, unmoduliert, der Gurkenkönig klang bei ihm genauso wie die Mutter, der Vater oder eines der Kinder. Einmal versuchte er, die Stimme zu verstellen, aus Gründen der Dramaturgie, dabei begann er zu husten, verschluckte sich und musste sich sekundenlang vor die dürre Brust klopfen. Das war der Moment, in dem er die Aufmerksamkeit der Schüler hatte. Danach las er weiter wie zuvor, die Schüler wandten sich ab und fuhren fort, mit ihren Handys zu spielen, Bildchen zu malen, die in der Regel etwas mit Geschlechtsteilen zu tun hatten, fingen an, sich gegenseitig zu ärgern, oder setzten, wie Laurenz, ihre Kopfhörer wieder auf. Koks und Nutten und der Gurkenkönig. Rüdiger las einfach weiter.

Er las so lange, bis die Stunde fast vorbei war und er annähernd die Hälfte des Buches geschafft hatte. Dann lehnte er sich zurück und beobachtete erstaunt, wie in ihm eine Lampe ausging, die schon lange nur noch geflackert hatte. Die Schüler schauten ihn an, überrascht über das Verstummen des Hintergrundpegels, er schaute die Schüler an und sah lauter fremde Gesichter.

Er stand wortlos auf, ging zum Haken neben der Tafel, zog seine Jacke an und verließ das Klassenzimmer. Einfach so. Keine Hausaufgaben, keine Ermahnungen, keine abschließenden Worte. Seine Schritte führten ihn ganz automatisch, er hätte noch Unterricht geben müssen, natürlich, es war ja nicht mal eine einzige Stunde vergangen, aber er verließ das Gebäude, verließ den Schulhof, schaltete sein Handy aus und marschierte schnurstracks in Richtung Stadt. Er dachte nicht ein einziges Mal darüber nach, ob es schlau war, was er da tat, oder auch nur irgendwie logisch, nein, er wusste nicht einmal genau, was er eigentlich bezweckte. Er atmete einfach nur schwer im Rhythmus seiner Schritte und ließ es geschehen, ließ völlig los, seine Beine den Dienst tun, den sein Kopf ihm offenbar verweigerte.

Er erreichte die Fußgängerzone und betrat den Drogeriemarkt, einfach weil es dazugehörte, weil er das immer tat, wenn er hier vorbeikam. Es war ein Automatismus, er verfolgte keinen Plan, benötigte auch gar nichts, mit vierzig brauchte man ja vielleicht sogar sowieso weniger als mit neununddreißig. Er ging trotzdem hinein, sah dieselben Verkäuferinnen wie immer, vor allem diese hochgewachsene Blondine, die stets ein wenig schwanger aussah, ansonsten von herausfordernder Attraktivität war (und den kümmerlichen Rest seiner Phantasie beflügelte, wenn sie Shampoo und Deodorants in die Regale räumte), und steuerte auf das Regal mit Bio-Süßigkeiten fürs gute Gewissen zu. Er nahm zwei Tafeln Trauben-Nuss, hatte keine weiteren Bedürfnisse, lungerte noch ein wenig herum, inspizierte die Vollversammlung der handelsüblichen Weichspüler und Waschmittel, fühlte sich urplötzlich wie ausgesetzt, bemerkte seine eigene Verwirrtheit, versuchte, einen klaren Gedanken zu fassen, aber da war nichts, nichts außer Fetzen, die mit Bahnhof, Flughafen, Flucht, Ausland, Karibik, Kino oder Selbstmord zu tun hatten.

Das mit dem Selbstmord verwarf er, selbstverständlich verwarf er das, lachte fast entschuldigend darüber, auch wenn er zugeben musste, dass ihm der Gedanke schon seit Jahren immer mal wieder durch den Kopf gefegt war wie eine spontane elektrische Entladung, dennoch, er tilgte das damit verbundene Bild der Erlösung pflichtgemäß. Er riss sich zusammen, schlenderte fast aufreizend beiläufig zur Kasse, stellte sich in die Schlange, registrierte einen wippenden, brünetten Pferdeschwanz vor sich, dachte ansonsten nichts, außer ob er vielleicht Fieber hatte. War seine Stirn nicht furchtbar heiß? Das konnte natürlich auch an den Temperaturen liegen, heute würden es sicherlich wieder weit über dreißig Grad werden.

Die Verkäuferin, es war die schwarzhaarige mit der spitzen Nase und dem Tattoo am Hals (Arme, Bauch und Man-wollte-gar-nicht-wissen-was waren gewiss auch tätowiert, unter dem weißen Kittel allerdings nicht zu erkennen), kassierte die Vorderleute ab und fragte routiniert nach der Payback-Karte, die noch nie ein Mensch besessen hatte, seit Rüdiger in diesen Drogeriemarkt kam. Wie musste es wohl sein, circa sechzigmal in der Stunde nach einer Payback-Karte zu fragen, diesem deutsch-englischen Wortgemisch, das bestimmt auf seine Werbewirksamkeit getestet worden war und doch wie ein besonders schlimmer Sprachunfall wirkte, vor allem für einen Deutschlehrer? Merkte diese Frau eigentlich noch, was sie tat? Hatte sie je einen Gedanken daran verschwendet? Rüdiger dachte das Wort Denglisch und fand es genauso schlimm wie das Wort Payback-Karte.

Er schwitzte trotz der Klimaanlage, kam aber nicht auf die Idee, seine Jacke zu öffnen. Die Kunden reagierten auf die Frage der Verkäuferin verneinend, unbeteiligt, ärgerlich. Der ganz normale Lauf der Dinge also. Der Verkäuferin war es sowieso egal, man hatte ihr, so dachte Rüdiger sich das, in einem wochenlangen Workshop die Frage nach der Payback-Karte eingetrichtert, in einem Scientology-ähnlichen Seminar, in das man als Mensch hineinging und als lebendes Marketinginstrument wieder herauskam, seiner Persönlichkeit beraubt, geformt zum willenlosen Teil einer Maschinerie namens Kapitalismus.

Noch zwei Kunden, dann wäre Rüdiger an der Reihe. Der Pferdeschwanz vor ihm legte ein ökologisch unbedenkliches Shampoo auf das Laufband, dazu Müsliriegel, gemahlenen Espresso und Maiswaffeln. Rüdiger nahm es beiläufig wahr, ohne es zu bewerten, dafür fehlte ihm die innere Hoheit. Er fühlte sich wie unter dem Einfluss akuten Bluthochdrucks. Dabei hatte er gar keinen Bluthochdruck. Er war vierzig. Hatte er Bluthochdruck? Der Pferdeschwanz war dran. Die Verkäuferin zog die Waren über den Scanner und fragte nach der Payback-Karte.

«Hab ich», sagte der Pferdeschwanz, öffnete seelenruhig das Portemonnaie, das einen springenden Delfin auf der Vorderseite zeigte, und zog eine Art Scheckkarte aus einem der Fächer. Rüdiger war wie elektrisiert. Er sah dem Pferdeschwanz ins Gesicht und stellte fest, dass da viel mehr war als nur ein paar zum Zopf gebundene Haare. Ein offenes Gesicht war das, ein fröhliches Gesicht, ein kluges Gesicht von vielleicht Mitte dreißig, ja, ein ausgesprochen hübsches Gesicht mit einer keineswegs zu auffälligen Brille. Es sah aus, als hätte es das Leben verstanden, das Gesicht, als könnte dieser Frau niemals passieren, was ihm heute passiert war, als würde sie niemals die Kontrolle über sich und ihr Leben verlieren.

Sie hatte eine Payback-Karte. Das hieß, sie war schlau, zumindest nicht dumm, sie hatte eine starke und weise Entscheidung getroffen, in dem Moment, als sie dem Besitz einer solchen Karte zugestimmt oder sie sogar eingefordert hatte. Eine solche Handlung war von bestechender Logik und Bodenständigkeit und damit für Rüdiger von größtmöglichem Reiz. Und günstiger tanken konnte man auch noch. Der Pferdeschwanz zog die Payback-Karte routiniert über einen oberhalb der Kasse befestigten, zweiten Scanner, bezahlte und packte seine Sachen in eine mitgebrachte Jutetasche.

Rüdiger spielte die unmittelbare Zukunft durch. Die Frau würde den Laden bereits verlassen haben, bevor seine Trauben-Nuss-Schokolade durch die Hände der Verkäuferin geglitten war. Das löste überraschend Panik in ihm aus. Sie drehte sich um, verabschiedete sich mit wohlklingender Stimme im angenehmen, mittleren Frequenzbereich und ging auf den Ausgang zu. «Ach Mensch», sagte Rüdiger übertrieben wie der Hauptdarsteller einer minder ambitionierten Laienspielgruppe. «Ich habe meine Geldbörse vergessen. Soll ich die Tafeln zurückbringen?»

Die Verkäuferin schüttelte den Kopf, verdrängte die schlichte Tatsache, dass Rüdiger sein Portemonnaie schon seit Minuten in der Hand hielt, und zeigte hinter sich auf die Ablage. Rüdiger drückte ihr die Schokolade in die Hände und folgte der Payback-Karte, gerade noch schnell genug, um sie nicht aus den Augen zu verlieren. Sie trat durch die Schiebetür, nur zwei Sekunden später folgte Rüdiger. Warmer Wind peitschte ihm ins Gesicht, Gewitterwolken hatten dem sommerlichen Himmelblau in Rekordgeschwindigkeit den Garaus gemacht. Das Wetter war einfach unkalkulierbar. Er blieb etwas zurück, um nicht allzu auffällig zu wirken, ansonsten schaltete er ein weiteres Mal den Kopf aus und ließ sich von ihr mitziehen, der Frau mit dem Pferdeschwanz und der Payback-Karte.

2

Jetzt würde es aber mal losgehen. Er hatte ja nur die paar Minuten. Da durfte man keine Zeit verschwenden, da hieß es Kreativität beweisen, und zwar auf Knopfdruck, da galt es, Figuren zu entwickeln, die Handlung voranzutreiben, ha, welche Handlung, eine Handlung zu erschaffen galt es, sich nicht zu verzetteln in Nebensächlichkeiten, einen Plan zu erarbeiten, fünf Seiten zu füllen, mindestens, sich nicht ablenken zu lassen von den unwichtigen Dingen des Lebens. Ein Exposé war bestimmt eine gute Idee für den Anfang, ein Exposé, das die Welle baute, auf der er mit seinen Buchstaben surfen würde, ein Exposé, das seinem Treiben einen Sinn, eine Richtung geben würde. Erst mal einen Kaffee, das war klar, dann aber würde es wirklich losgehen, dann begann die wilde Fahrt, da gab es kein Halten und kein Zaudern mehr.

Tom spürte dieses Kribbeln in den Fingerspitzen, diese Energie, diese Lust, zu fabulieren, es war ein Jammer, dass man dafür eine Art Fahrplan brauchte, eine Struktur, einen Weg und ein Ziel, dass man nicht einfach das rauslassen konnte, was einem gerade durch den Kopf ging, obwohl, natürlich konnte man das, aber es würde unweigerlich zu gedanklicher, emotionaler und inhaltlicher Erstarrung führen, was bedeutete, dass man all das, was man gerade erschaffen, quasi schon hinter sich gelassen hatte, wegschmeißen konnte, weil es für sich genommen viel zu wenig war für ein ganzes Buch, zu wenig für eine Kurzgeschichte, sogar zu wenig für einen Blogeintrag, den dann eh wieder keiner las und von dem man auf gar keinen Fall würde leben können.

Zucker. Der Kaffee brauchte Zucker. Tom hatte sich eben erst hingesetzt, da stand er schon wieder auf, kippte Zucker in den Kaffee, viel zu viel Zucker, rührte um, nahm einen Schluck, goss den Kaffee weg und setzte neuen auf. Die Sekunden verrannen und wurden zu Minuten. Wertvolle Minuten seiner Zeit. Tom starrte an die Wand. Sie war kahl. Sie bot keine Inspiration. Der neue Kaffee war fertig, zu dunkel war er, schmeckte folgerichtig bitter und begleitete Tom trotzdem zurück zum Schreibtisch.

Er setzte sich hin, nahm die Maus, zuckte über dem Browser-Symbol. Keine Ablenkungen, durchfuhr es ihn. Kein Internet! Das Internet war der Feind, allzeit verlockend, süßen Honigduft versprühend, doch jeden eigenständigen Gedanken auslöschend. Ein Kreativitätskiller. Er öffnete das Textprogramm. Das Kribbeln war aus seinen Fingerspitzen verschwunden, ein weißer, erwartungsvoll flirrender Computerbildschirm wog genauso viel wie ein blankes Blatt Papier. Oder so wenig. Nur dass man das Papier wenigstens effektiv zerknüllen konnte. Schluss damit.

Tom legte die Finger an die Tastatur. In seinem Kopf tobte eine Mischung aus starken Bildern, losen Enden, gleißender Wüste und totaler Sonnenfinsternis. Egal, nicht abhalten lassen, nicht auf Eingebung warten – machen. Schreiben. Er war Profi. Immer noch. Profis warteten nicht aufs Schreiben, sie schrieben einfach. Konzentriert und fokussiert. Also: Worum ging es? Keine Ahnung. Wer war interessant genug, dass man über ihn schrieb? Niemand. War Tom interessant genug? Auch nicht. Eine Geschichte über eine schriftstellerische Eintagsfliege, die von den Buchverkäufen nicht mehr leben kann? Nein, keine Autobiographie. Ein Schlüsselroman über die Buchbranche mit Koks und Suff und Vertretertagungen? Nein, hatte Tom nie erlebt. Langweilig war er gewesen, noch langweiliger als heute. Ängstlich. Zurückgezogen. Menschenscheu.

Eine Geschichte darüber, wie man einen Bestseller schrieb? Gab es schon. Außerdem, woher sollte er das wissen, sein Hit war Zufall gewesen, eine Verkettung von Unwahrscheinlichkeiten, eine alberne Zusammenführung von Skandalgier, Marketing, Zeitgeist und gutem Aussehen mit den schriftstellerischen Akkorden C, D und G. Allein der Titel: «Die verb(r)annte Generation». Albern. Kalkuliert. Vom Reißbrett. Rebellenattitüde für Spießer, Mittelstandsalternativgeschwurbel, das niemandem weh tat. Verzichtbarer Quatsch. Aber was sonst? Ein Roman über einen alleinerziehenden Vater, der seine Frau verloren hatte? Bei einer Schießerei? Im Zweiten Weltkrieg? In Sachsen? Der Postapokalypse? Egal, er musste nur endlich irgendwas schreiben. Er lockerte die Fingerspitzen wie ein Dirigent und schrieb: «Frühling, Sommer, pipapo. Herbst und Winter, Bahnhofsklo.»

Das hatten seine Finger ganz alleine geschafft. Toll, dachte er, löschte den Quatsch und stand wieder auf. Der Kaffee war alle. Tom ging zur Spüle, der dreckigen, und brühte sich neuen auf. Eine Geschichte über eine behinderte Autistin mit Hund, so intelligent, dass sie die kniffeligsten Rätsel löst und gleichzeitig ihre zerrüttete Familie zusammenführt bei kompletter Bindungsunfähigkeit? O Gott. Zu viel Zucker. Auch im Kaffee. Er kippte ihn weg, betrachtete den Ausguss, der mittlerweile wahrscheinlich einen Koffeinschock hatte, und schüttete nach.

Es war Viertel vor zwölf. So hatte das alles keinen Sinn. Er kippte auch den nächsten Kaffee weg, ohne ihn überhaupt probiert zu haben, quasi aus Gewohnheit, setzte sich wieder, funkelte seinen Laptop wütend an, trat in stummen Dialog mit der weißen Fläche namens Bildschirm, die ja auch nur eine Illusion war, eine optische Täuschung, die zwar vorgab, echtes Papier zu sein, aber so weit davon entfernt war wie ein Pullover aus Polyester, dann streckte er die Beine aus, stieß gegen ein Tischbein, woraufhin eine im Regal über dem Schreibtisch verwerflich an der Kante positionierte offene Schachtel mit Reißzwecken umkippte und sich im Fallen über ihm entleerte. Tom atmete tief durch. Dann rutschte er vom Stuhl, ging in die Hocke und begann, Zwecke für Zwecke wieder einzusammeln. Die Tür öffnete sich, und Kilo steckte seinen Kopf herein. Kilo hieß Kilo, weil er reichlich davon angesammelt hatte; seinen echten Namen kannte Tom gar nicht, er interessierte ihn auch nicht. Tom war nicht der freundlichste Mensch auf Erden. Kilo aber erst recht nicht.

«Pause ist vorbei, Diez», brummte er. «Vier Minuten schon. Du reizt es voll aus, was?»

«Dann heb du den Scheiß doch auf.»

Tom erhob sich erstaunlich unbehände für seine vierzig Jahre und ließ die Reißzwecken Reißzwecken sein. Der eine oder andere Anwesende würde es eventuell noch bereuen, ihn zum Ende seiner Pause genötigt zu haben.

Er klappte den Laptop zu, stopfte ihn in seinen Rucksack, band die Haare zum Pferdeschwanz, nahm seine Kassenschublade, verließ das kleine, fensterlose Büro im hinteren Bereich des Supermarkts, bemerkte, dass er erneut vergessen hatte, seine Pause zum Essen zu nutzen, schlängelte sich durch die viel zu engen Verkaufsgassen an den zu dieser Tageszeit vorzugsweise einkaufenden Rentnern vorbei und hob im Vorbeigehen zwei Mangos und eine Kiwi auf, um sie in die dafür vorgesehenen Körbe zurückzuführen. Fair Trade, aber Sonderangebot. Wie auch immer das gehen mochte, seine Sache war das nicht.

Kasse eins war die seine, er würde Rücken an Rücken mit Francesca sitzen, die Kasse zwei bediente und die außer mit einer enormen Körperfülle mit einem goldenen Herzen und ausgeprägtem Körpergeruch gesegnet war. Letzterer trat besonders im Falle von Nervosität zutage. Leider war Francesca fast immer nervös. Wegen der Kunden, mangelnden Selbstwertgefühls, besonders aber wegen Tom, der ja auch wirklich nicht schlecht aussah für sein Alter, eigentlich über die Jahre immer besser, wenn ein gewisser verhärmter Zug um die Mundwinkel nicht gewesen wäre. Tom stellte diesen Zug gelegentlich morgens vor dem Spiegel selbst fest, verbuchte ihn aber jeweils unter Momentaufnahme.

«Na, du?», sagte er, hängte die Kassenschublade ein und nahm das Stoppschild vom Laufband.

«Hihi», sagte Francesca, zog einen Deoroller über ihr Band und hätte schon wieder dringend selber einen gebraucht.

Tom begrüßte den ersten Kunden. Es war verblüffend, welche Wirkung die Wegnahme des Stoppschildes an einer Kasse haben konnte, so als hätte man ein Schleusentor geöffnet, und das gesamte Wasser hätte sich in spontaner Umwälzung überlegt, nur noch durch dieses Tor zu fließen und auf keinen Fall mehr durch die anderen, die ja schon länger geöffnet und damit uninteressant geworden waren.

Er arbeitete jetzt seit einem halben Jahr in diesem Supermarkt. Aushilfsweise. Bisher war ihm noch niemand begegnet, der ihn erkannt hätte, was ihn enorm erleichterte. Es war halt ein Geldjob, nichts gegen Geldjobs, das Leben war eben nicht nur Hei-ti-tei und Zuckerschlecken, das hier war die Realität, die hart umkämpfte Wirklichkeit, in der es ihm gerade einmal vergönnt war, seine Einzimmerwohnung irgendwie am Laufen zu halten.

Am Anfang hatte er noch was von sinnvoller Tätigkeit, Recherche und Sozialstudien gefaselt und tatsächlich darauf geachtet, was die Kunden da so auf das Laufband legten, versucht, Zusammenhänge herzustellen zwischen Person, Lebenswandel und Konsumverhalten. Mittlerweile aber war das alles nur noch ein einziger bunter Verpackungsmüll mit Barcode, der sich da vor ihm auftürmte. Auch Kunden erkannte er kaum jemals wieder, er lächelte zwar beflissen zurück, wenn er verbrüdernd angezwinkert wurde, aber das konnte man zu neunzig Prozent unter Schauspielerei verbuchen. Der Supermarkt-Kunde an sich war gesichtslos und wurde durchgeschleust, und er, Tom, saß hier am Fließband. So war das nun mal. Er fragte nach Bonuspunkten und Treueherzen, nahm EC-Karten entgegen, gab Wechselgeld heraus, wischte gelegentlich die Rollfläche vor sich sauber und löste sich ansonsten vom Geschehen ab, dachte ununterbrochen an seinen neuen Roman, den noch zu schreibenden, längst überfälligen. Dieser Roman war sein Ausstieg aus dem Überschallzug in Richtung Mauer. Sein einziger Ausstieg.

Dieser Roman war nicht existent.

«He», weckte ihn ein Kunde, ein baumlanger Resthaarbesitzer im Muskelshirt mit eckigem Gesicht und buschigen Augenbrauen. «Das stimmt so nicht.»

Er hielt Tom seinen Kassenbon unter die Nase.

«Aha?»

«Hinten, ja, hinten ist ein Schild, ein großes, rotes Schild, da steht, dass der Kaffee im Angebot ist, zweineunundneunzig statt dreifünfzig, und in der Werbung haben Sie das auch – und hier, was steht hier?»

Das war natürlich eine rhetorische Frage, eine überflüssige noch dazu, denn würde da zweineunundneunzig stehen, hätte der Mann im Muskelshirt die Frage nicht gestellt, sondern wäre friedlich seiner Wege gegangen. Die Frage diente also ausschließlich dazu, Tom bloßzustellen oder seine Lesefähigkeit zu überprüfen. Konnte man ja mal machen. Wenn man Kunde war.

«Hier steht dreifünfzig», sagte Tom brav. Die in der Schlange hinter dem Muskelshirt wartende Meute seufzte kollektiv auf und bildete die gesamte Mimikpalette von gelangweilt bis empört ab. Die meisten wollten selbstverständlich nur, dass es irgendwie weiterging.

«Und?», fragte das Muskelshirt.

«Ist wohl noch nicht im System», sagte Tom.

«Und?», fragte das Muskelshirt.

Tom drückte auf die Mikrophontaste. «Kilo, bitte sechsundneunzig-fünf. Kilo, bitte sechsundneunzig-fünf.» Seine Stimme hallte durch den Supermarkt. Das mit der sechsundneunzig und der fünf war natürlich Quatsch, aber er hatte schon als Kind diese geheimnisvollen Kaufhausdurchsagen geliebt, die ein Wissen und Hintergrundgeschehen offenbarten, das für Normalsterbliche nicht zu durchschauen war.

Kilo wälzte sich mit dem Kassenschlüssel nach vorne. «Sehr witzig, Diez», sagte er und fiel seinem Kollegen vor versammelter Mannschaft lustvoll in den Rücken. «Woher weißt du überhaupt, wie viel ich wiege? Du Arsch?»

«Sechsundneunzig-fünf?», fragte Tom, der selbstverständlich gar nichts gewusst hatte. «Na, hier herrscht ja ein Ton», bemerkte eine ältere Dame und hielt ihren grauen Bubikopf mit lila Strähne aus der Schlange heraus. Drei Leute weiter hinten wechselten wortlos die Kasse. Opportunisten, allesamt.

«Der Kaffee ist im Sonderangebot. Zweineunundneunzig statt dreifünfzig», wiederholte das Muskelshirt giftig, so als hätte man ihm die einundfünfzig Cent aus dem Portemonnaie geklaut. «Da ist ein Schild, ein großes, rotes Schild!»

«Das kann ich bestätigen, ich persönlich habe das Schild da hingestellt», sagte Kilo mit übertrieben gewichtiger Stimme, als hätte jemand die Behauptung des Kunden in Frage gestellt. «Das bekommen Sie natürlich erstattet.» Deeskalation war wohl das Stichwort. Francesca hinter Tom schwitzte jetzt sehr stark. Aber sie sagte nichts, zog einfach nur ihr Ding durch, mit einer Geschwindigkeit, die man ihr gar nicht zugetraut hätte. Tom wurde ein wenig übel.

«Wenn ich nicht aufgepasst hätte», schimpfte das Muskelshirt, «dann hätte Ihr Marketing-Trick funktioniert. Ich will gar nicht wissen, auf wie viele angebliche Sonderangebote ich schon reingefallen bin, die an der Kasse dann plötzlich keine mehr waren.» Er durchbohrte zunächst Kilo, dann Tom mit den ausgefahrenen Stahlklingen seiner Augen.

Tom seufzte. «Das ist doch kein Trick», verteidigte er sich lahm. «Das ist einfach ein Versehen. Menschen machen Fehler.»

«Geht das bald mal vorwärts hier?», fragte ein Rentner mit Rollator, der doch nun wirklich Zeit im Überfluss haben musste und seinerseits die Kundschaft gewiss noch gehörig aufhalten würde.

«Das wird auch immer schlimmer. Immer schlimmer wird das», beschwerte sich eine andere weißhaarige Dame ohne lila Strähne, dafür mit eindrucksvoll heruntergezogenen Mundwinkeln als Mahnmal eines insgesamt schwierig verlaufenen Lebens. «Hier kann man überhaupt nicht mehr einkaufen. Und teuer ist das alles. Alles wird immer teurer! Ein Euro sind doch keine zwei Mark mehr! Und betrogen wird man. Nach Strich und Faden wird man betrogen. Das ist überall das Gleiche. Das ist wie mit den Flüchtlingen!»

«Geht das bald mal vorwärts hier?», fragte der Rentner mit Rollator erneut und gab sich keine Mühe, Duktus und Tonfall auch nur geringfügig zu verändern. Die Botschaft zählte. Die Kunden gaben sich insgesamt wie ein ausgehungertes Rudel Kampfhunde, dem man das Kommando zum Zuschnappen gegeben hatte. So ein Supermarkt war nichts anderes als ein Hort der ausgelebten Unzufriedenheit, dachte Tom und fühlte leichten Schwindel. Kilo zog seinen Schlüssel ab, grinste und verkrümelte sich nach hinten ins Büro. Es war ja schließlich alles geklärt und wäre sicherlich tatsächlich irgendwie vorwärtsgegangen, wenn Tom nicht mit einem Mal wie paralysiert gewesen wäre.

Kaffee, Sonderangebot, Mundwinkel, Rollator.

Das alles war so vollkommen sinnlos. Eigentlich hätte er jetzt den Kassenbon nehmen und den Artikel zurückbuchen müssen, aber er hörte einfach auf zu funktionieren, stellte den Betrieb ein, während um ihn herum ein geifernder, sabbernder, blutrünstiger Vulkan ausbrach. Er saß da, machte gar nichts, während Francesca schwitzte, das Muskelshirt kurz davor war, ihn am Kragen zu packen, der Rollator vor Wut vibrierte und die Dame mit den Mundwinkeln zuckte.

«Tom?», fragte Francesca vorsichtig und drehte den Kopf halb nach hinten. Sie hatte stets Angst, unangenehm aufzufallen. Sie klang wattiert, man hatte ihr die Höhen herausgedreht, er hörte ihre Stimme wie durch eine Daunendecke. Plötzlich und unerwartet war ihm die Absurdität seines Daseins allzu bewusst geworden, im ungünstigsten Moment, so, als entdeckte er seine grundsätzliche Fahrunfähigkeit mitten auf der Autobahn in einer abschüssigen Neunzig-Grad-Kurve.

Der Sturm in seinem Kopf kreiste um nichts weniger als die Sinnlosigkeit eines ganzen Lebens. Seines Lebens. Und das war eine Überforderung. Er sah die keifenden Gesichter, die sich zu ihm beugenden, verzerrten Fratzen, unsympathisch war das, warum freuten sie sich nicht einfach, dass es hier für alle was zu essen gab, aber der Ton war endgültig weg, er hörte nichts mehr von außen, er hörte auch nichts von innen, verweigerte sich vollkommen dieser Wirklichkeit, die ihm so fern war und gleichzeitig so nahe.

Tom machte die Augen zu, wie in Zeitlupe, und legte den Kopf langsam auf den Scanner vor ihm. Da sein Fuß dabei auf das Laufbandpedal geriet, schoben sich Bohnen, Milch und mehrere recht spitze Cornetto-Eistüten gegen seinen Hinterkopf. Er spürte die kleinen Erschütterungen, eine Frau schrie auf, der Raum verengte sich, dann war Ruhe. Endlich Ruhe.

*

«Das war jetzt schon das dritte Mal in diesem Monat», sagte Kilo mit seiner flachen, empathiefreien Stimme. «Und wir haben gerade mal den zehnten.»

Tom blinzelte. Da war er wieder. In dem winzig kleinen, fensterlosen Büroraum, den er doch eben erst verlassen hatte. War schon wieder Pause? Kilo stand am Fußende der Liege, auf die ihn Francesca und er gehievt haben mussten. Das war sicherlich ein Anblick gewesen, wie sie ihn an Frühkartoffeln, Bioregal und Tiefkühltruhe vorbei nach hinten geschleppt hatten. Tom war ziemlich schlank, aber fast zwei Meter groß und damit tendenziell unhandlich. Er drehte den Kopf und schnupperte an seiner rechten

Schulter. Das T-Shirt roch nach Francescas Schweiß. Sie hatte ihn also unter den Armen gepackt, schlussfolgerte er, während Kilo seine Füße genommen hatte. Sherlock Diez in Bestform.

«Du musst mal Arzt», sagte Francesca mit ihrem schönen italienischen Akzent und blickte ihn mitleidsvoll an. «Oder Krankenhaus.»

«Genau», sagte Kilo. «Du hast bestimmt Krebs. 'nen Tumor im Kopf. Das muss doch Krebs sein.»

«Ich hab keinen Krebs», sagte Tom und richtete sich auf. «Schwächeanfall. Ein Schwächeanfall war das.»

«Weiß man nie.» Kilo kannte keine Gnade. «Kann tückisch sein, so ein Krebs. Der kommt von hinten durchs Auge. Und zack, bist du weg.»

Tom wusste nicht, wie viele verschiedene Arten von Krebs Kilo schon ausprobiert hatte, aber er verstand sehr wohl, dass das nur ein weiterer, hinterhältiger Versuch seines Kollegen in Festanstellung war, ihm eins auszuwischen.

«Ich muss hier raus», sagte er und tat mit einer zittrigen Geste in Richtung Stirn so, als hätte er unerträgliche Kopfschmerzen.

«Super. Kann ich dem Chef sagen, dass du fristlos gekündigt hast?» Kilo grinste hoffnungsvoll. Sein vorderer Schneidezahn war schief.

«Was hast du eigentlich gegen mich?», fragte Tom zurück. «Findest du mich scheiße, weil ich nicht so fett, faul und asozial bin wie du? Oder was?»

Francesca guckte beleidigt. Tom registrierte das. «*Du* bist nicht fett», sagte er beschwichtigend. «Du bist weiblich.»

Jetzt lächelte Francesca. Bis sie Kilos Blick bemerkte.

«Du gehörst hier einfach nicht hin, Diez», sagte er eisig. «Du bringst den ganzen Laden durcheinander. Du kannst nicht arbeiten. Du bist schwach. Guck mal deine Finger.»

«Was ist denn mit meinen Fingern?»

«Die haben noch nie gearbeitet. Sieht man doch.»

«Ach, komm.»

«Ich hab übrigens versucht, dein Buch zu lesen. War scheiße.»

«Ach?»

«Nur blablabla. Wörter, Wörter, Wörter. Keine Action. Nix.»

«Aber du hast es dir gekauft!»

«Ich bin doch nicht bescheuert. Aus der Bücherei war das. Letzte Ausleihe war schon Jahre her.»

Tom gab auf. Das war eine Lesermeinung der nachvollziehbaren Sorte. Genau genommen, dachte Tom, war Kilo vielleicht der Erste, der ihn und seine Fähigkeiten wirklich durchschaut hatte. Auch nicht schön.

«Ich hau ab», sagte er und schwang die Beine von der Liege.

«Für immer?», fragte Francesca traurig.

«Ich glaub schon», sagte Tom, hielt die Luft an und nahm Francesca in den Arm.

Dann zog er das Firmen-T-Shirt aus, warf es einfach auf den Boden und zerrte sein eigenes aus dem Rucksack. Das schwarze Band-Shirt mit dem verblichenen Aufdruck *The Jesus And Mary Chain*. Er schlüpfte hinein, nahm den Rucksack und hätte einen wirklich starken Abgang hingelegt, wenn er nicht versehentlich in eine Reißzwecke getreten wäre. So aber stöhnte er auf, hob den rechten Fuß, ertrug Kilos hämisches Lachen, kratzte die Zwecke aus der erschreckend dünnen Gummisohle, vernahm Francescas erneute Empfehlung eines Krankenhausaufenthaltes und verließ das Büro. Er würdigte Tiefkühltruhe, Bioregal, Kartoffeln und Kiwis keines Blickes, nicht einmal eines strafenden, hob nichts auf, legte nichts weg und wusste im Hinausgehen, als er an den Zeitschriften vorbei die plötzlich sehr verlockende Luft der zweispurigen Durchgangsstraße erahnte, dass dies das letzte Mal war, dass er Spuren auf dem Linoleum hinterließ.

Draußen aber war alles anders. Augenblicklich. Keine Erleichterung, schon gar kein Triumph. Hatte er sie noch alle? Was hatte er getan? Wovon nun leben? Wovon die Miete zahlen? Wie die Zukunft gestalten? Was denn für eine Zukunft? Gescheiterter Schriftsteller lebt von Stütze. Schöne Schlagzeile. Er würde niemals einen zweiten Roman schreiben. Niemals. Das wurde ihm klar, ganz plötzlich, und in einem einzigen hellen Moment zog er die Bilanz seines Lebens. Viel zu ziehen war da nicht. Ein Buch auf der Habenseite, das er selbst misslungen fand, geschrieben aus Langeweile, Träumerei und in dem Versuch, irgendwo dazuzugehören, Wichtigkeit zu besitzen für irgendwen, gesellschaftlich akzeptiert zu werden. Dann der Skandal. Und sonst alles gescheitert. Beziehungen, Freundschaften, Netzwerke. Die Liebe: eine ferne Erinnerung. Mit lauter Verwundeten am Wegesrand. Kollateralschäden. Vierzig Jahre Leben ohne Ergebnis. Ohne Freude. Ohne Zufriedenheit. Von Glück gar nicht zu reden.

Er dachte an die Kundin mit den heruntergezogenen Mundwinkeln. Das war er. In dreißig Jahren. Mit einer anderen Frisur. Wahrscheinlich ohne Frisur. Er merkte, *wie* unglücklich er war, wie ausgeprägt eine Depression aufbrach, in die er nie wieder zurückfallen wollte und die doch an jeder Ecke seines Lebens lauerte und mit dem gekrümmten Zeigefinger lockte. Er drehte sich um die eigene Achse: Alle Menschen auf dieser Straße sahen glücklich aus im Vergleich zu ihm. Wie konnte das sein? Sein Gehirn spielte ihm einen Streich, sie waren hier schließlich in der Großstadt, da sah man nicht glücklich aus, da war man gehetzt, getrieben, gestresst, zu Boden gedrückt von der Schwere des Lebens. Und jetzt auf einmal schienen alle zu strahlen. Deprimierend war das. Zusätzlich deprimierend.

Tom schlich den Gehweg entlang, den überbreiten Gehweg, die Autos tosten, Wolken zogen auf, es würde ein Gewitter geben, die Häuser verdeckten halb den Himmel, seine Beine trugen ein tonnenschweres Gewicht. Er dachte an die Hoffnungen seines Verlags, damals, bevor der unaussprechliche Skandal seinen Erfolg erst ermöglicht und ihn gleichzeitig erledigt hatte, an die Hoffnungen seiner Eltern, seiner damaligen Freundin, an seine eigenen. Er hatte sie alle enttäuscht. Er hatte sich nicht rehabilitieren und er hatte nicht liefern können. Am Ende waren es gerade einmal fünfzehn Minuten gewesen, für die er aus seiner Lethargie herausgewachsen war, sich der Welt gezeigt, angedeutet hatte, wer er hätte sein können. Danach hatte sich sein eigentliches Wesen den Platz zurückerobert, war der öffentlich gescheiterte Thomas Diez dem wirklichen Tom gewichen. Einem Vollversager auf ganzer Linie.

3

Die Zeit verging. Wenn auch langsam. Es wurde immer drückender. Oder kam Rüdiger das nur so vor? Es war Mittag, der Himmel verdüsterte sich zusehends (wo mochte das noch hinführen?), die Luft stand plötzlich, man konnte den Staubpartikeln beim Flug zusehen. Jede Bewegung war eigentlich eine zu viel, doch die Frau mit dem Pferdeschwanz störte es nicht; sie schien die Stadt leer kaufen zu wollen, sie hatte die Karte in die verschiedensten Geschäfte getragen, obwohl sie ihr dort nicht einmal etwas genutzt haben mochte. Zuletzt in eine Kaffeerösterei, eine Papeterie und einen Dessousladen, was Rüdiger in arge innere Nöte getrieben hatte. Nicht dass er ganz grundsätzlich in übertriebenem Maße prüde gewesen wäre, aber Sex war in seiner Beziehung zu Silvia schon so dermaßen lange kein Thema mehr, dass der Gedanke an Unterwäsche, noch dazu an unter Umständen auszuziehende, ungute Gefühle in ihm auslöste. So eine Mischung aus schlechtem Gewissen, Verwunderung, Verklemmung und einem Schuss Selbsthass. Toxisch war das.

Vermisste er etwas? Eigentlich nicht. Vermisste Silvia etwas? Vielleicht. Sie sprachen ja nicht darüber. Sollten sie vielleicht mal. Aber es war über die Jahre schwierig geworden, mit Silvia über

Dinge zu reden, die persönlich waren und nichts mit den Kindern zu tun hatten. Silvia ... was machte er hier eigentlich? Lief stundenlang einer wildfremden Frau hinterher, die auf zumindest leicht obskure Weise sein Interesse geweckt hatte, drückte sich im Windschatten eines Ladenlokals herum und gebärdete sich wie ein Triebtäter in Ausbildung. Er kam sich jämmerlich vor, noch weniger wert als sonst.

Er hatte Unterricht. Er verlor seinen Job. Vielleicht. Was war eigentlich sein Ziel? Die Frau an irgendeiner Straßenecke anzusprechen, zu sagen, hallo, ich bin Rüdiger, schön, Sie kennenzulernen, wollen wir uns auf Ihre Payback-Karte an der Tankstelle ein Eis kaufen? Das war doch Blödsinn. Das alles. Und dass er sich hier versteckte, so als würde er gleich den Mantel öffnen und dem nächstbesten Passanten sein Gemächt zeigen, war auch Blödsinn. Rüdiger schüttelte den Kopf, sah für sich und den Pferdeschwanz nach eingehender, rationaler Betrachtung keine gemeinsame Zukunft und wollte gerade davonschleichen, um dem Tag auf andere Weise zu entfliehen, als die Frau aus dem Unterwäscheladen herauskam.

Sie sah sehr zufrieden aus, ein Lächeln umschmeichelte ihr Gesicht. Warum lächelte sie denn so, was gab es denn da zu lächeln? Rüdiger war nicht in der Stimmung für gute Laune, das kühlte sein Interesse fast noch mehr ab als die Betrachtung aller Wahrscheinlichkeiten. Dennoch folgte er ihr wie ferngesteuert, als sie mit gebräunten Beinen im kurzen Kleid die Straße hinunterschlenderte und schließlich, an der belebtesten Kreuzung des ganzen Kiezes, in ein schon von außen erkennbar vollbesetztes Café einkehrte. Na, die hatte ein Leben, dachte Rüdiger und ging ohne Zögern ebenfalls hinein, obwohl ihn Menschenansammlungen, noch dazu in engen Räumen, nachhaltig aus dem Konzept brachten und enormen Stress erzeugten. Er hätte wirklich nicht Lehrer werden sollen. Die Frau setzte sich an den einzigen freien Tisch, ganz hinten, auf der Fensterseite, und stellte ihre

Tüten neben sich ab. Rüdiger hatte keine andere Wahl, als ihr zu folgen.

«Darf ich?», fragte er, fühlte sein Gesicht erröten, ihre Aufmerksamkeit konnte er aber auch damit nicht erregen. «Ich würde ja auch woanders ...», stammelte er. «Aber es ist ja nichts ... kann man ja nirgendwo.»

Sie nickte dezent, kramte in ihrer Handtasche, schenkte ihm keinen Blick, nicht den geringsten, vielleicht fand sie ihn schon aus den Augenwinkeln heraus genauso uninteressant wie er sich selbst. Von einem Wiedererkennen gar nicht zu reden. Mensch, kenne ich Sie nicht aus dem Drogeriemarkt, was für ein Zufall, ich heiße übrigens Sibylle, Tanja, Maria oder Simone, ganz wie Sie wollen, was trinken Sie denn? Ach, auch den Ingwer-Zitronen-Tee? Ja, der ist gesund, den trinke ich hier immer. Hitze hin oder her. Was für ein Zufall. Lassen Sie mich den bezahlen, und wir können auch du sagen. Ich habe gerade sehr schöne Unterwäsche gekauft, wie findest du die denn?

Nix. Der Tisch war klein und rund, wahrscheinlich vom Flohmarkt, total retro und vergammelt, auf der Platte war ein marmornes Mosaik für die Gemütlichkeit zuständig. Er saß so nah an ihr dran, dass die Härchen ihrer Arme sich berührten, als er sich umständlich aus der Jacke schälte.

Sie zog ein Geo-Magazin aus einer der Einkaufstüten, das sie vor dem Drogeriemarkt gekauft haben musste. Sie hat also nicht nur eine Payback-Karte, sondern auch noch etwas Intellektuelles, Zugewandtes, grundsätzlich am Weltenlauf interessiertes, dachte Rüdiger. Das begann ihm Angst zu machen. Dieser Frau war er nicht gewachsen, das spürte er, sie war eine Nummer zu groß für ihn. Lehrer hin oder her, er sah sich nicht als herausragenden Denker. Kreuzworträtselwissen im großen Stil, das hatte er, eine schlichte, angelernte Ansammlung von Fakten ohne Sinnzusammenhang, geschweige denn eigene Erkenntnisse. Und von der Welt hatte er noch gar nichts gesehen, weiter als bis an die Ostsee war er nie gekommen, da konnte man ja nicht von Welt sprechen.

Eine höchstens zwanzigjährige Kellnerin mit Piercing im Bauchnabel und eintätowierten Augenbrauen drängelte sich durch das vollbesetzte Café und stellte sich wenig erwartungsfroh vor den kleinen, runden Holztisch. Es gab nur eine einzige Speisekarte, in die weder er noch der Pferdeschwanz mit der Payback-Karte hineingeschaut hatten.

«Bitte sehr?», fragte die Kellnerin lustlos.

«Einen koffeinfreien Iced-Soy-Latte, bitte», sagte der Pferdeschwanz. «Ist der fair?»

Die Kellnerin nickte, dann wandte sie sich ab.

«Und ich?», sagte Rüdiger ärgerlich.

«Entschuldigung. Ich hab Sie gar nicht ... was denn?» Unwillig blieb sie stehen, die vielleicht zwanzigjährige Kellnerin mit den blondierten Haaren und dem Piercing, und verzog genervt den Schmollmund, was einer aufrichtigen Entschuldigung zuwiderlief. Rüdiger war vierzig, ein alter Mann, und er nervte.

«Einen Kaffee», sagte er. Hatte sie ihn wirklich übersehen? Sie konnte ihn doch nicht übersehen haben? «Filter. Filterkaffee. Einen Filterkaffee. Nein, eine Cola, bitte. Ich nehme einen Ingwer-Zitronen-Tee.»

Wie konnte sie ihn nur übersehen haben? Sollte seine Selbsteinschätzung etwa stimmen? Erzeugte er so wenig Aufmerksamkeit, dass er sogar an einem Ort übersehen wurde, wo man Geld mit ihm verdienen konnte?

Die Kellnerin kommentierte nicht, sie bestätigte nicht, sie ging einfach, verschmolz mit dem wuseligen Hintergrund. Es war für Rüdiger ein Rätsel, warum sich Leute so etwas antaten, worin da der Nutzen bestand. Sich freiwillig in ein Café wie dieses zu begeben, mitten im Sommer, mit billiger Tanzmusik aus den Neunzigern und der verschwitzten Bakteriendichte einer Müllhalde. Acid Jazz. Wer hörte denn heute noch Acid Jazz? Der Pferdeschwanz blätterte in seinem Geo-Magazin. Rüdiger dachte an Phil Collins, seufzte und blickte aus dem Fenster.

«Also, warum folgen Sie mir?», fragte die Frau, ohne von ihrem Heft aufzublicken.

Rüdiger brauchte zwei Sekunden, dann durchfuhr ihn ein Adrenalinschub.

«Ich?», fragte er wenig intelligent und sah sie von der Seite an.

«Folgen mir denn noch andere?» Die Frau schlug das Magazin mit einer kraftvollen Bewegung zu. Da wollte man sich nicht zwischen den Seiten befinden.

Rüdiger errötete und schaffte es bedauerlicherweise nicht, ihr in die Augen zu sehen.

«Ich habe heute Geburtstag», sagte er, als würde das irgendetwas erklären.

«Herzlichen Glückwunsch», sagte die Frau trocken. «Und ich bin Ihr Geschenk?»

«Nein», sagte Rüdiger. «Also, nicht dass Sie denken ... Ich bin verheiratet. Ich habe zwei Kinder. Ich bin Lehrer.»

«Und weiter?»

«Heute ist ein komischer Tag.»

«Das scheint mir auch so.»

«Ich bin Lehrer.»

«Das sagten Sie schon.»

«Ich bin einfach gegangen. In der Stunde, Jacke an, und zack. Einfach weg. Das habe ich noch nie gemacht. In fünfzehn Jahren nicht. Ich bin immer geblieben. Egal, was war. Ich habe noch nie ... aber heute konnte ich nicht. Nicht heute.»

Die Frau schien zu dem Schluss zu kommen, dass Rüdiger nicht gefährlich war. Sie verbannte das Misstrauen aus ihrem Gesicht, ersetzte es durch leidlich interessiertes – ja, was? – Mitleid und lächelte sogar ein wenig. Allerdings ohne die Augen dafür zu bemühen. Rüdiger drehte seine Hände ineinander.

«Dann waren Sie in dem Drogeriemarkt», sagte er. «Und hatten eine Payback-Karte.»

Die Frau lachte. «Ja, und?»

Entwickelte sie etwa Spaß an dem Gespräch?

«Niemand hat eine Payback-Karte.»

Die Frau schwieg. Die Kellnerin brachte den Iced-Soy-Latte und den Ingwer-Zitronen-Tee. Mit Strohhalm. Er schwappte leicht über, als sie ihn abstellte. «Das macht nichts», sagte Rüdiger, obwohl niemand etwas anderes behauptet hatte. Schon gar nicht die bereits wieder verschwundene Kellnerin.

«Sie folgen mir, weil ich eine Payback-Karte habe?», fragte die Frau nachdenklich und rührte in ihrem Glas herum.

«Ja. Ganz schön dumm, was?»

«Ja», sagte die Frau. «Ich glaube, es gibt nichts Langweiligeres als eine Payback-Karte. Manchmal wird man angequatscht wegen der Beine oder so. Oder weil man so nett lächelt. Aber doch nicht wegen einer Payback-Karte.»

Rüdiger nickte eifrig. «Ich finde das wunderbar», sagte er. «Das mit der Payback-Karte.»

«Schön für Sie», sagte sie und klang plötzlich bitter. «Mein Mann wollte die. Ich nicht. Eigentlich steht so eine Payback-Karte für alles, was ich nicht leiden kann.»

Rüdiger runzelte irritiert die Stirn. «Aber nein», sagte er. «Sie nutzen die Möglichkeiten. Das ist so vernünftig.»

Sie sah ihn an. Ein bisschen angewidert, falls Rüdiger sich nicht irrte. «Das glauben Sie wirklich?»

«Aber ja!»

«Das macht Sie an?»

«Wie bitte?»

«Wie alt sind Sie geworden?»

«Vierzig», sagte Rüdiger.

«Sie sind nicht vierzig», sagte die Frau. «Sie sind hundert. Nichts für ungut.»

Sie schwiegen. Rüdiger dachte ernsthaft über den Unterschied zwischen biologischem und tatsächlichem Alter nach. An den Nebentisch setzte sich ein Pärchen mit der Kraft junger Herzen, dann stürzte die Frau mit dem Pferdeschwanz ihren Iced-Soy-Latte in einem Zug hinunter, wie als darstellerisches Ausrufezeichen, stand auf und ging zum Tresen, wo sie in einer fließenden Bewegung bezahlte und aus dem Café eilte. Rüdiger sah ihr hinterher, verwirrt wie ein an der Autobahnraststätte ausgesetztes Schoßhündchen, und warf einen abschließenden Blick auf den Tisch. Ihren Tisch. Sie hatte das Magazin vergessen. Wie uneffizient.

Rüdiger öffnete die Aktentasche und steckte es ein, selbstverständlich ohne es zu verknicken, ignorierte den Ingwer-Zitronen-Tee und ging ebenfalls nach vorne. Er drängelte sich an einem schmalen Hünen mit langen Haaren und Pferdeschwanz vorbei, der sich wie ein Geier auf den frei gewordenen Platz stürzte, zahlte, achtete genau darauf, exakt zehn Prozent Trinkgeld zu hinterlassen (obwohl die Kellnerin das nicht verdient hatte) und verließ das Café, in das er nie wieder einen Fuß setzen würde.

Von der Frau mit der Payback-Karte war weit und breit nichts zu sehen. Gerade war sie noch so präsent gewesen, nun war sie bereits Geschichte. Damit sollte ein Mensch klarkommen. Ein kleiner Tod war das. Obwohl das doch offiziell irgendwas anderes war. Was auch immer.

Und nun? Rüdigers kurzzeitiger Anflug von Freiheit, von angewandter Anarchie, brach in sich zusammen. Er bekam ein schlechtes Gewissen, seinen Kindern gegenüber, der Schule gegenüber, sogar seinen Schülern, denen es wahrscheinlich gerade richtig gutging. Riskierte er nicht die finanzielle Zukunft seiner ganzen Familie? Er war ein Idiot. Er war ... ja, er war, man konnte es nicht anders sagen, es war wie aus dem Lehrbuch, hochgradig depressiv. Er hätte die Uhr am liebsten zurückgedreht. Dennoch, er konnte jetzt nicht einfach in die Schule zurückgehen und so tun, als ob nichts wäre. Er würde nach Hause gehen und mit aller gebotenen Sorgfalt an seiner Krankmeldung für den heutigen Tag arbeiten. Und vielleicht auch noch für den nächsten. Rüdiger nahm Tempo auf, schwang die Aktentasche und strich den Pferdeschwanz aus seinem Gedächtnis. Eine Zufallsbegegnung in der Stadt, ein kurzer Flirt, was bedeutete das schon? Kein Grund zur Eifersucht. Kein Grund für schlechte Gefühle. Er hatte Geburtstag.

4

Tom atmete schwer. Er versuchte, seine Therapeutin zu erreichen, reflexartig, aber sie hob nicht ab, natürlich nicht. Therapeuten hoben nie ab. Sie waren ja stets in Sitzungen. Von morgens bis abends waren sie in Sitzungen. Das Land war voller Patienten, das musste man so nennen, ob die Therapeuten sie nun als Klienten bezeichneten oder nicht, es wurde therapiert, rund um die Uhr, 24/7. Und wer wusste schon, ob da nicht ein hoffnungsloser Fall in der Leitung den halben Arbeitstag blockierte, sobald man ihm den Raum dafür gab. Also hoben Therapeuten nicht ab, sondern riefen zurück, und zwar frühestens am nächsten Tag. Aber da würde es zu spät sein. Die Situation war ernst. Die Situation war jetzt. Frau Glöcklers beruhigende Stimme auf dem Anrufbeantworter war kein Trost. Man würde zurückgerufen, natürlich, aber leider könnten keine weiteren Klienten mehr angenommen werden. Tom fand nach dem Piepen keine passenden Worte, also atmete er in die Leitung, was sicherlich auch keinen sonderlich souveränen Eindruck machte, bis die Maschine seinen Anruf beendete.

Was nun? *Wer* nun? Es fiel ihm niemand ein, den er stattdessen behelligen konnte. Was für eine Scheiße. Ihm war schon wieder schwindelig. Er musste sich beruhigen, entschleunigen. Er irrte noch ein wenig durch die Stadt, wie auf einem fremden Planeten ausgesetzt, ließ alles Bunte und Lebendige an sich vorbeiziehen, dann betrat er ein vollbesetztes Eckcafé, was er sonst niemals tat, schon aus finanziellen Gründen. Der Lautstärkepegel war enorm, irgendwelcher Kram aus den Neunzigern, es schien kein Platz frei zu sein. Doch, da. Eine Frau mit Pferdeschwanz schälte sich aus ihrem Stuhl am Fenster. Sie sah streng aus, genervt, der dazugehörige Typ konsterniert. Wahrscheinlich hatte es Streit gegeben. Kam ja schon mal vor. Bei Menschen, die Beziehungen zueinander hatten. Die Frau eilte an ihm vorbei, dann stand auch der Mann auf, nur langsamer, steckte ein Geo-Magazin in seine Aktentasche und folgte der Frau, die sich bereits grußlos davongemacht hatte. Tom beeilte sich, den Tisch in Beschlag zu nehmen. Er zögerte kurz, dann setzte er sich auf den Stuhl der Frau. Er war noch warm. Sein Kopf hämmerte, sein Herz raste. Er bemerkte das Zittern seiner Hände, er musste wirken wie ein Parkinson-kranker Langzeittrinker auf Entzug.

«Hi», sagte eine Stimme.

Eine höchstens zwanzigjährige Bedienung mit Piercing und eintätowierten Augenbrauen lächelte ihn an. «Was darf's denn sein? Ein Bier?»

«Zu früh», sagte er. «Espresso.»

«Kommt», sagte sie, lächelte erneut und zog sich zurück. Was hatte er gerade bestellt? Entschleunigung? Espresso? Egal.

Kaum dass die Kellnerin gegangen war, fühlte Tom ein Konzentrat aller Traurigkeit in sich, einen bodenlosen Abgrund, einen Aufmarsch unabänderlicher Hoffnungslosigkeit. Er suchte nach Ablenkung, wie man es ihn gelehrt hatte, konzentrierte sich auf die anderen, den Nachbartisch. Ein junges Pärchen, vielleicht neunzehn, zwanzig, vielleicht auch vierzehn oder fünfzehn, so genau konnte man das ja heutzutage gar nicht mehr sagen, kauerte vor Fassbrause und Club Mate. Tom bemerkte sofort, dass da was im Busch war. Sie belauerten einander, tasteten sich ab, es war ein Auslesen unbekannter Buchstaben. Beide wollten, dass es passierte, dass der Funke entstand, der von einem Wirt zum nächsten übersprang. Sie vermieden Augenkontakt, schauten sich nur ganz kurz direkt an, wenn es gar nicht anders ging, denn das musste man ja erst mal aushalten. Sie hielten es kaum aus, und dann: nur keine Gesprächspausen aufkommen lassen, keine Stille. Stille war das Schlimmste. Stille war tödlich. Also lachten sie. In einem fort. Lachen war gut. Lachen brachte Zeit. Er redete weniger als sie, zumindest soweit Tom das nach den paar Minuten beurteilen konnte. Sie dafür ein bisschen zu laut. Er spielte mit seinem Ohrring, wenn er verlegen war. Wenn er merkte, dass ihm die Worte fehlten, dass er nicht so eloquent war, wie er es gerne gehabt hätte. Nicht so eloquent wie sie. Tom fühlte sich sowieso schon mies, aber jetzt wurde er richtig bitter. So als hätte man ein versalzenes Gericht noch mal ordentlich gepfeffert.

Seine Tischnachbarn waren zu nah am Kindsein, um nicht mehr an Romantik zu glauben, die Idee der großen Liebe. Hatten zu wenige schlechte Erfahrungen gemacht. Das würde sich ändern, dachte er. Zwangsläufig. Eine Liebesbeziehung bedeutete nach Toms Privatstatistik sechs gute, im besten Falle aufregende Monate, dann ein bisschen Routine, Gewohnheit, unerfüllte und sich in den Vordergrund drängende Sehnsüchte, schließlich einen elendslangen Ablösungsprozess unter Ausschüttung unzähliger Tränen, Gelübde, Angebote und Besserungsbeteuerungen, bis zur unausweichlichen Trennung. So gesehen waren diese Anbahnungsversuche hier eigentlich das Traurigste, weil sie in all ihrer Hoffnung das Ende bereits beinhalteten.

Tom beobachtete weiter. Durfte er das überhaupt? Half ihm das? Half ihm das vielleicht am Ende sogar für seinen neuen Roman? Ha, der neue Roman ...

Er dachte daran, wie seine schriftstellerische Karriere begonnen und geendet hatte. Damals. Buchmesse Frankfurt, er mit dem Spitzentitel im Gepäck, fünfzigtausend Vorbestellungen, er war sich vorgekommen wie ein angehender Superstar, jung, gutaussehend, unverbraucht, rebellisch, dazu mit Hirn, Attitüde und langen Haaren, da bahnte sich etwas an, Talkshows, Interviews, Panels, Lesereisen. Das wäre seine Zukunft gewesen. Eine ganze Entourage aus Verlags- und Presseleuten hatte ihn zu dem Podium begleitet, auf dem er aus seinem Debütroman lesen sollte. Fotografen, Blitzlichter, eine dichtgedrängte Menge, Neugierde, das allgemeine Gefühl, bei etwas Großem dabei zu sein.

Dann, gerade als es losgehen sollte, er Platz nahm, eine plötzliche Unruhe im Publikum. Ein Mann erhob sich von seinem Zuschauersitz, Tom kannte ihn, erkannte ihn sofort, sie waren zusammen an der Uni gewesen, hatten sogar zusammengewohnt. Der Mann rief nur einen Satz, und dieser Satz hatte eine solche Wucht, dass er alles beendete. Dieser Satz löste einen Skandal aus, dieser Satz war eine Frage und sollte nichts anderes, als einen Skandal auszulösen.

Er lautete: «Na, schläfst du immer noch mit kleinen Mädchen, Diez?»

Eine öffentliche Hinrichtung. Tom war die Farbe aus dem Gesicht gewichen, er hatte augenblicklich die Dimension begriffen, es würde niemanden interessieren, dass er noch nie etwas Derartiges getan hatte, sich ausschließlich für erwachsene Frauen interessierte, und selbst das nur einigermaßen halbherzig. Es war eine Behauptung, die völlig aus der Luft gegriffen war und die sich wie ein klebriges Fangnetz um den Menschen Thomas Diez und sein Leben legte. Der Tumult war enorm, ein Aufschrei gar, die Lesung fand nicht statt, natürlich nicht, Tom stürmte panisch von der Bühne, erst in Richtung des Zwischenrufers, dann abgedrängt nach irgendwo, raus aus Halle 4, raus aus der Messe, raus aus dem Literaturbetrieb. Der Verlag aber hatte bereits gedruckt, nutzte den Skandal, erhöhte die Auflage und veröffentlichte das Buch. Es wurde ein Riesenerfolg, während alle nur über Herrn

Thomas Diez' angebliche Neigungen schrieben und im Buch nach Hinweisen auf die Perversionen des Autors suchten. Und fanden.

Tom verlor die Stimme, buchstäblich, gab keine Interviews mehr, verkroch sich in den Bergen Italiens, brauchte seinen Vorschuss in Windeseile auf und prozessierte gegen den Verlag. Er prozessierte auch gegen den Zwischenrufer, der Martin hieß. Martin Behrenkamp. Der sein engster Freund gewesen war. Und der – leider – die Idee zu seinem Buch gehabt hatte. Der von Tom übervorteilt worden war. Nein, nicht übervorteilt. Ausgelassen. Unerwähnt. Am Erfolg nicht beteiligt. Das, was Martin Behrenkamp da gerufen hatte, so wohlkalkuliert gerufen hatte, war ein besonders perfider Akt der Rache gewesen, so simpel wie effektiv.

Tom gewann den Prozess, aber auch das interessierte niemanden mehr. Die Verurteilung war längst passiert. Die Hinrichtung auch. Tom war erledigt. Es gab Verdächtigungen, die nie wieder aus der Welt zu schaffen waren. Vergewaltigung gehörte dazu, Drogen, Missbrauch, Mord. Etwas blieb immer haften, Freispruch hin oder her. Da würde schon was dran sein, dachten die Leute, grundlos würde ja schließlich niemand solche Anschuldigungen in den Raum stellen. Solche schlimmen Anschuldigungen.

Als er sich nach langer Zeit der Depression aus seiner Schockstarre befreit hatte, konnte er nicht mehr schreiben. Und kein Verlag fragte danach, ob er es noch einmal versuchen würde, ob er nicht doch eine Idee hätte, die es wert war, veröffentlicht zu werden. Jetzt, gut zehn Jahre später, tastete er sich langsam heran, wie ein Gitarrist, der sich bei einem Unfall das Handgelenk gebrochen hatte und mühsam das Spielen wieder erlernte. Ohne jemals wieder so geschmeidig zu werden wie zuvor.

Tom befreite sich aus seinen Erinnerungen, die ihn tagtäglich quälten, die ihn bis ins Detail in seine Träume verfolgten, und kehrte in die Gegenwart zurück. Die junge Frau am Nachbartisch hatte nun rote Bäckchen und fabulierte, dass die Grundschule sie geprägt hätte, dass sie ohne Grundschule nicht die geworden wäre, die sie jetzt war. Wobei sie «der» sagte und nicht «die». Dass sie nicht *der* wäre, *der* sie jetzt war. Der Junge nickte. Sie sagte, sie hätte aufs Gymnasium gehen können, aber ihre beste Freundin wäre auf die Realschule gegangen, deswegen hätte sie das auch gewollt. Er nickte. Sie sagte, sie hätte alles richtig gemacht, viel gechillt, sich aus allem rausgehalten und trotzdem gute Noten. Er antwortete im ganzen Satz. Immerhin. Aus den Boxen quollen die Sportfreunde Stiller. Irgendwas mit Applaus und noch mehr Applaus. Der Junge nuschelte. Attitüde oder Sprachfehler? Er wiederholte, sie hätte ganz sicher alles richtig gemacht. Schließlich säße sie jetzt hier. Bei ihm. Das sollte ein schüchterner Flirt sein, klang aber einfach nur prollig. Sie lachte trotzdem. Sagte, sie hätte das Abitur nachgeholt, auf der Abendschule. Dann Arzthelferin angefangen. Wollte aber eigentlich Schauspiel. Er fragte, ob sie ein Instrument spielte. Sie: Klavier. Eigentlich. Aber sie hätte beim Üben geweint, deswegen hätte sie es irgendwann gelassen. Er nickte und senkte den Kopf, kramte in seiner Tasche, zog sein Smartphone heraus und tippte irgendwas.

Tom begann sich aufzuregen. Was sollte denn das mit dem Handy? Der konnte doch jetzt nicht ernsthaft sein bescheuertes Handy benutzen? Das Gespräch verreckte im ungünstigsten Moment. Sie griff nach ihrem Club Mate und schaute irritiert aus dem Fenster. Nach annähernd drei Minuten legte er sein Smartphone weg und fragte nach ihren Hobbys. Es wirkte wie auswendig gelernt. Was hatte er in seinem Telefon gemacht? Einen Fragenkatalog heruntergeladen? Sie wurde vorsichtig, erzählte wieder was vom Chillen, von Musikhören, von Reisen an die Nordsee. Ihre Finger krampften sich zusammen, er sah zur Decke. Ganz kurz nur, aber: Es hatte gereicht, sich zu demaskieren. Die Antwort interessierte ihn nicht. Die Liebe interessierte ihn nicht, ihn interessierte, wie er das Mädchen ins Bett bekam.

Was für ein Idiot, dachte Tom. Auch sie hatte das bemerkt und wurde einsilbig. Vorübergehend. Sie war hübsch, mit blauem Top und blondem Schopf. Er war auch hübsch. Trug viele Ringe im Ohr. Sah aus wie ein Kunststudent und wusste es. Er bemerkte ihre Distanz nicht, erzählte von einer geheimen Schwulenbar, in die er aus Versehen geraten wäre. Und wie abgefahren das gewesen wäre. Er legte seine Hand so nah an ihre, dass die Außenseiten der Finger sich berührten. Tom begann, sich zu ekeln. Schüchternheit schien eine variable Größe zu sein. Sie nahm die Hand weg und erzählte von ihrem neuen Mitbewohner. Er verzog das Gesicht. Der Mitbewohner hieß Heiko. Beide kannten den Heiko. Der Heiko war ein super Typ, aber sehr unordentlich. Und er kiffte zu viel. Und so. Sie verlor sich in Details über den Heiko und Heikos Liebesleben. Er mochte den Heiko nicht, das war deutlich zu spüren. Heiko war Konkurrenz. Heiko war nicht er.

Eine Pause entstand. Tom hielt sie kaum aus. Er war mittlerweile mehr Teil des Gesprächs als die beiden Protagonisten. Er schwebte zwischen ihren Köpfen, ihren Worten und Gefühlen. Er war so nah bei ihnen, dass er ganz weit weg von sich selbst sein durfte. So weit, wie es nur eben ging. Es war wie Schreiben.

Der Mann murmelte krudes Zeug über Männer und Frauen im Allgemeinen. Über deutsche Männer und syrische Männer. Über die Unterschiede und warum es früher besser war in Deutschland als heute. Sie schwieg. Er fragte, ob sie ihm nicht zugehört hätte. Sie lachte ohne Verlegenheit und sagte, irgendwie nicht. Tom zuckte zusammen. Eskalationsgefahr. Sie hatte ihn abgeschrieben. Der Mann nickte, allerdings langsamer als zuvor, und fing an, sich eine Zigarette zu drehen. Sie schaute sich unbehaglich um, für einen kurzen Moment blieb ihr Blick an Tom hängen. Ein stumpfer Blick. Tom war nicht von Interesse.

«Oh, scheiße», sagte sie gedehnt. «Echt müde.»

Sie zog ihre Geldbörse heraus, das internationale Zeichen des Abschieds. Die Börse war pink und von Hello Kitty. Er nickte, diesmal ziemlich zackig. War fertig mit seiner Zigarette und steckte sie sich hinters Ohr. Das sah schon immer bescheuert aus und tat es auch heute noch. Dann standen sie auf. Sie zuerst, er zwei Sekunden später. Sie gingen zum Tresen und stellten sich hintereinander an, um zu bezahlen. Nicht nebeneinander. Hintereinander. Er schaute herab auf ihre nicht ganz der Norm entsprechenden Oberschenkel und den etwas zu breiten Hintern und verzog das Gesicht.

Der Arsch, dachte Tom. Sie würden sich nicht wiedersehen. Dann gingen sie hinaus, gaben sich vor der Tür die Hand, kein Lächeln, kein Augenkontakt. Warum gab sie ihm nicht einfach eine Ohrfeige? Nur mal so? Weil sie es konnte? Aber die Schlusspointe blieb aus. Sie verschwanden in verschiedene Richtungen, sozusagen durch den Hinterausgang ihres Treffens. Ohne Blick zurück. Ohne Blick zurück auch auf Tom, der jetzt wieder ganz sich selbst überlassen war und augenblicklich anfing zu flattern. Er spielte mit dem Zuckerstreuer, verschüttete dabei ein paar Körner. Der Espresso kam. Die Kellnerin mit dem Piercing lächelte.

5

Die Bunzels wohnten zentral, von der Schule waren es nur wenige Straßen bis zu dem gelb-grünen Mehrfamilienhaus, das von außen eher wirkte wie ein Krankenhausflügel, in dem man die Geburtsstation untergebracht hatte. Zwei Ampeln, einen Kreisverkehr und einen zur allgemeinen Verärgerung der Nachbarschaft nur unzureichend gesicherten Zebrastreifen später marschierte Rüdiger auch schon die hallenden, steinernen Treppenstufen hinauf bis in den zweiten Stock und stand schließlich nach einer routinierten Umdrehung des Schlüssels in dem dafür vorgesehenen Schloss im Flur seiner Wohnung.

Er schwitzte, freute sich über die ungewohnte Stille. Die Kinder waren in der Schule und im Kindergarten. Wo auch sonst? Bis auf ihn waren alle an ihrem Platz.

«Hallo?», sagte er halblaut. «Silvia?»

Er ging in die Küche und warf einen nicht komplett freudlosen Blick auf den Apfelkuchen, der auf dem Frühstückstisch auskühlte. Daneben lag sein Geschenk, das Silvia noch nicht eingepackt hatte. Er würde die Werkausgabe von Robert Musil bekommen. Rüdiger fühlte einen auf mittlerer Stufe temperierten Wärmeschub. Sie hatte sich Mühe gegeben, da gab es nichts. Ein schönes Geschenk. Auch wenn er es bereits besaß. Was sie natürlich hätte wissen können.

Er wollte seine Übergangsjacke auf den Haken hängen und stutzte. Da hing schon was. Eine Windjacke, die nicht seine war. Auf *seinem* Haken. Neben der Jacke seiner Frau. Wieso hing da eine Windjacke auf *seinem* Haken? Noch dazu eine fremde? Von Timberland? Sie trugen North Face.

Die Windjacke war beige, hatte einen Hochstellkragen und roch nach Meer. Rüdiger bekam ein leicht flaues Gefühl im Magen, ließ seine Jacke schlicht zu Boden sinken und wandelte wie in Trance in Richtung Schlafzimmer. Schon bevor er die Klinke herunterdrückte, wusste er, dass das zwar alles eigentlich jetzt schon zu viel für einen einzigen Tag war, dass der folgende Moment aber aller Voraussicht nach sein Leben verändern würde. Er öffnete die Tür. Silvia saß auf ihrer Seite des Bettes und wusste es auch. Sie war nackt, hielt sich nicht einmal die Decke vor die Brüste, wie das Schauspielerinnen in Filmen immer machten, dafür waren ihre Augen weit aufgerissen und verbargen nur schlecht das blanke Entsetzen.

Sie macht es richtig, dachte Rüdiger, kein Mensch hält sich im eigenen Schlafzimmer die Decke vor den Oberkörper. Er befand sich damit auf einem Nebengleis des eigentlichen Geschehens. Ihm fiel auf, dass sie wirklich schöne Brüste hatte, was ihm in den letzten Jahren ein wenig aus dem Blickfeld geraten war. Neben Silvia, auf der anderen Seite des Bettes, *seiner* Seite, saß ein Mann, ebenso nackt, mit schulterlangen, schwarzen Haaren und einem erschreckend maskulin wirkenden Vollbart. Beide hatten sie schon erwartet, dass er eintreten würde. Gefreut hatten sie sich nicht.

«Ha», sagte Rüdiger, den Kopf gesenkt, in dem Bemühen, gar nicht erst peinliche Stille aufkommen zu lassen. Selbst jetzt fühlte er sich noch für das Allgemeinbefinden verantwortlich. «Das ist mir nun doch etwas unangenehm.»

«Nein, mir ist das unangenehm», sagte Silvia, um einen festen Ton bemüht. «Es tut mir leid, Rüdiger, wirklich. Das ist natürlich blöd jetzt. Für alle.»

Rüdiger nickte und hörte das anteilige Zittern in ihrer Stimme, er kannte sie so gut, er wusste, wann sie sich geübt zusammenriss, obwohl in ihr Katastrophenalarm ausgelöst worden war. Und er glaubte ihr, dass es ihr leidtat. Diese Erkenntnis minderte seine eh schon kaum vorhandene Wut zusätzlich.

«Ich verstehe das nicht. Du magst doch morgens überhaupt keinen Sex», sagte er.

Der Mann neben Silvia schüttelte abwägend den Kopf. «Da hab ich aber andere Erfahrungen gemacht», sagte er. «Das kann ich wirklich nicht bestätigen.»

Seine Stimme war tief, warm und furchtbar sympathisch. Leider.

«Nein, nein, das ist schon richtig. Ich mag morgens wirklich keinen Sex», sagte Silvia. «Das hab ich dir nicht nur vorgespielt, Rütze. Wir wollten ja auch immer ehrlich zueinander sein.»

«Rütze?», fragte der Mann und runzelte die Stirn. Silvia ignorierte ihn, rückte allerdings um einige Zentimeter in Richtung Nachttisch. «Aber was soll ich denn machen? Ab mittags bist du ja meistens wieder hier.»

«Verstehe.» Rüdiger steckte die Hände in die Taschen und

schaute betreten zu Boden. Dann fiel ihm eine Ungeheuerlichkeit auf. «Ich habe heute Geburtstag», sagte er.

«Ich weiß», sagte der Mann mit dem Vollbart und versuchte zu lächeln. «Ich habe den Kuchen gebacken.»

«Sie?», fragte Rüdiger entgeistert.

Silvia nickte. «Ich krieg das nicht hin mit dem Apfelkuchen. Du willst ja nur Apfelkuchen. Du isst ja nie den Sandkuchen. Meiner fällt immer zusammen. Florentin kann das sehr gut mit dem Apfelkuchen.»

Florentin also.

«Ja, dann ... ich sag mal herzlichen Glückwunsch», sagte Florentin.

«Danke», sagte Rüdiger. Irgendwie lief dieses Gespräch außerhalb der Norm ab. Er überlegte, ob er nicht der Ordnung halber gegen die Schrankwand treten oder einen Wutanfall bekommen sollte. Aber er fühlte es nicht. Er fühlte nur Traurigkeit. Dafür fiel ihm etwas auf.

«Letztes Jahr sah der Apfelkuchen genauso aus», stellte er fest.

Der Mann namens Florentin hob die rechte Hand, als wolle er einer Huldigung begegnen. «Den hab ich auch gebacken.»

Rüdiger biss sich vorsichtig auf die Unterlippe, um jeglichen zusätzlichen Schmerz zu vermeiden. Er sollte jetzt eigentlich den auskühlenden Apfelkuchen aus der Küche holen und ihn diesem Florentin ins Gesicht schmeißen. Gepflegt, kontrolliert und zielgerichtet. Aber er fühlte auch das nicht.

«Der Apfelkuchen war sehr gut», sagte er stattdessen.

«Das freut mich. Es ist eine Frage des Zuckeranteils.» Florentin zog die Decke jetzt doch ein wenig höher. Erstaunlich, dachte Rüdiger, wie lange sich bei manchen Männern selbst in den absurdesten Situationen eine Erektion aufrechterhalten ließ. Dinge, die man gar nicht wissen wollte.

«Was machst du überhaupt schon hier?», fragte Silvia. «Das ist doch noch gar nicht deine Zeit.»

«Ich hab Leine gezogen», sagte Rüdiger. «In der Schule.»

«Oh, das habe ich ja schon lange nicht mehr gehört», stellte Florentin fest und kratzte sich am Bart. «Sagt man heute eigentlich nicht mehr. Das mit der Leine. Würde ich jetzt eher in den Achtzigern verorten.»

«Florentin ist Lektor», sagte Silvia und legte ihm die Hand auf den Oberschenkel. Immerhin oberhalb der Decke.

«Das ist schön», sagte Rüdiger, um Zeit zu schinden. «Vielleicht ist es einfach besser, wenn ich die Situation jetzt auflöse. Wir können ja nicht ewig hier so ... ihr wisst schon.» Er kam sich mit einem Mal sehr erwachsen vor. «Ich gehe wieder raus, und ihr guckt dann mal ... wie ihr ... also, ich denke, ich bin jetzt einfach mal irgendwo anders. Ich find da schon ... ich guck mal.»

«Willst du deinen Kuchen mitnehmen?», fragte Silvia.

«Nein.»

«Wenigstens ein Stück? Die Alufolie ist unter dem Backofen.»

«Nein. Danke.»

Rüdiger schaffte es, verlegen zu lächeln, dann ging er rückwärts aus dem Schlafzimmer, leicht gebückt, wie ein Butler, der seine Herrschaften nicht weiter stören wollte. An der Tür hob er noch einmal den Kopf, grinste erneut, warum bloß grinste er, devoter Vollversager, der er war, hier gab es doch gar nichts zu grinsen, dann konnte er sich wenigstens eine kleine Spitze nicht verkneifen.

«Den Musil habe ich übrigens schon, steht schon seit Jahren im Bücherregal, drittes Fach von links, zweite Reihe von unten. Ich finde, das hättest du wissen können.»

Das sagte er, dann zog er die Tür hinter sich zu, leise, sehr leise, hob im Flur die Jacke auf, empfand sie als überflüssig, ließ sie wieder fallen und überlegte, was ihm spontan auf seinem weiteren Weg noch gute Dienste leisten könnte. Ihm fiel nichts ein. Um eine Tasche zu packen, hätte er sowieso ins Schlafzimmer zurückgemusst.

Er betrachtete den Flur, als würde er ihn niemals wiedersehen, nahm ein Bild von der Wand, ein Bild, auf dem nur die Kinder und er waren und niemand sonst, löste das Foto aus dem Rahmen, faltete es vorsichtig zusammen, steckte es in die rechte, hintere Tasche seiner Cordhose, hängte das leere Gehäuse wieder auf und schloss die Wohnungstür von außen so behutsam, dass nicht einmal ein Klicken zu vernehmen war. Dann schlich er wie ein Schlafwandler die Treppen hinunter, die Schleusen öffneten sich, dicke Tränen liefen über seine Wangen, er wischte sie mit dem Ärmelrücken weg, normalerweise hatte er doch immer ein Taschentuch, und schon als er unten war, an den Briefkästen vorbei, waren sie wieder versiegt, die Tränen, hatte sein Gesicht lediglich eine leicht rötliche Farbe angenommen, und ansonsten wirkte Rüdiger so unbeeindruckt und lebensfern wie eh und je. Er nahm die Brille ab, reinigte sie am Saum, setzte sie wieder auf und trat auf die Straße, wandte den Blick nach links, dann nach rechts, fand nichts von Interesse und ging einfach los, irgendwohin, wo nicht hier war. Er hatte die Nase voll. Endgültig. In ihm hatte sich ein bodenloser Abgrund aufgetan, den er in diesem Moment wie in Zeitlupe hinunterstürzte. Es galt, eine Entscheidung zu treffen. Schwer genug für einen wie ihn. Er war hier fertig. Alle waren besser dran ohne ihn. Man musste wissen, wann es besser war, zu gehen. Wann der Weg zu Ende war.

6

Tom lief die Hauptstraße entlang, die nur deshalb Hauptstraße hieß, damit die Menschen wussten, dass es sich um die Hauptstraße handelte. Eigentlich war diese Straße so sehr oder so wenig Hauptstraße wie alle anderen zweispurigen Straßen der Stadt auch, nichts hob sie heraus, nichts machte sie interessanter. Sie hätte genauso gut eine Sackgasse sein können. Das Gewitter war bislang ausgeblieben, die Luft aber schien sich immer mehr zu verdichten und geregeltes Atmen unmöglich zu machen. Dunkle, hochragende Bankengebäude flankierten seinen Weg, da war das Geld, dachte er, und die da oben spielten einfach so damit, den ganzen Tag. Er bog in eine Seitenstraße ein, die Friedrich-Ebert-Straße. Die Städte waren so verschieden, dachte er, aber alle hatten eine Friedrich-Ebert-Straße. Eine Friedrich-Ebert-Straße, einen H&M und einen McDonald's.

Er hätte immer noch gerne jemanden angerufen, zur Ausschüttung seines nicht geringen Selbstmitleids, aber er wusste immer noch nicht, wen. Von dem Skandal damals abgesehen, der ihn fast alle seine Freunde gekostet hatte, hatte sich auch seine bisweilen schroffe Art auf lange Sicht erwiesenermaßen nicht bezahlt gemacht. Was also sollte er tun? Was war der Plan? Und wer war eigentlich dieser Friedrich Ebert? An einem besseren Tag hätte er den Namen gegoogelt, sich über das Ergebnis gewundert, eine Wissenslücke geschlossen und zehn Minuten später alles wieder vergessen, aber gerade fehlte ihm selbst dazu die Energie. Er überlegte, ob er sich eine Flasche Whisky kaufen und im Alkoholnebel versinken sollte. Zu viel Klischee, da käme er sich albern vor, wie seine eigene Parodie. Eine Zeitung kaufen und in den Stellenanzeigen gucken? Keine Lust. Eine Zeitarbeitsfirma aufsuchen? Aber doch nicht heute.

Die Sonne neigte sich, die strahlenden Gesichter auf der Straße waren verschwunden, da waren jetzt plötzlich lauter Obdachlose, auf dem Boden hockende, geduckte Gestalten mit dem letzten Hab und Gut in überladenen Einkaufswagen, mit verfilzten Haaren, müden Gesichtern, Zigaretten und billigem Wein. Das, dachte er, das war seine Zukunft. Das und nichts anderes. Konnte er sich eigentlich gleich dazusetzen. Toms Synapsen formten eine Erkenntnis: Er wollte das nicht. Er wollte so nicht leben. Er wollte, ja, das konnte man sagen, er wollte eigentlich gar nicht mehr.

Er lauschte der Erkenntnis nach, nicht einmal geschockt, dann eilte er zur nächsten U-Bahn-Haltestelle, fuhr zwei Stationen, stieg in die S-Bahn um und verließ mit ihr die Stadt, es ging hinaus in die Vororte, wo es ländlich wurde, wohin die Arbeitnehmer aus den dunklen Bankgebäuden des Abends zurückkehrten, um in den Vorgärten die Rasen zu mähen und das Feuerholz für den Winter zu spalten. Er stieg am Lembachtal aus, ohne während der Zugfahrt den leisesten Zweifel verspürt zu haben, wusste, er hatte es nicht mehr weit, und lief an weiß angestrichenen Holzhäusern vorbei, durch einen kleinen, künstlich angelegten Wald, auf einem schmalen Steg über einen noch schmaleren Bach, bis er schließlich an einer Abzweigung den Weg nach oben nahm und an einer Schnellstraße herauskam, die mehrspurig in die Stadt und aus ihr heraus führte. Unter ihm befand sich das Lembachtal, direkt vor ihm die Lembachtalbrücke. Eine sehr lange und breite Stahlkonstruktion, mit kunstvoll besprühtem Geländer und einem für hiesige Verhältnisse geradezu abgrundtief tiefen Abgrund.

Tom trotzte Gestank, Fahrzeuglärm und stehender Luft, lief auf dem Fußgängerweg bis in die Mitte, entschlossenen Schrittes, das dauerte seine Zeit, warum eigentlich in die Mitte, dachte er, der Rand hätte doch auch gereicht, vielleicht aus Gründen der Symmetrie oder um ganz sicherzugehen? Er wusste es nicht. Dann lehnte er sich scheinbar entspannt über das Geländer und tat so, als würde er die Aussicht genießen. In Wirklichkeit wartete er, bis ein kurzer Moment der Autofreiheit einsetzte, bis er unbeobachtet genug war, hinüberklettern zu können, bis niemand die Gelegenheit haben würde, ihn aufzuhalten. Tom hätte genügend Zeit für ausgeprägte Zweifel gehabt, aber er ließ nicht den geringsten zu. Er war sich seiner Sache immer noch sicher. Als es so weit war, stellte er sich trotz oder wegen seiner langen Beine ungeschickt an. Na ja, dachte er, wenn er in Form wäre, so ganz allgemein, wäre er ja nicht hier. Das dachte er und entdeckte einen Funken Humor hinter seiner Traurigkeit.

Schließlich hatte er es geschafft, war auf der anderen Seite, mit dem Gesicht zur Straße, atmete schwer, nur etwa fünfzig Zentimeter von der Erlösung entfernt, hinter sich nichts als Leere und Luft. Er nahm langsam den Rucksack ab und lehnte ihn gegen das Gitter. Dann drehte er sich um. Der Wind zog ihn fast von selbst nach unten, er hätte jetzt einfach loslassen können und wäre geflogen, zumindest für die Verlängerung eines Wimpernschlages, aber er ging vorsichtig in die Knie, hielt sich an den Streben fest und setzte sich; alles war voller Vogeldreck, heiß, hart und abweisend. Seine Beine baumelten, kurz dachte er, es war wie eine Mutprobe, dann fragte er sich, ob er den Mut denn wohl haben würde oder ob es im Endeffekt nicht doch mutiger wäre, einfach weiterzuleben.

Tom stellte fest, dass er schwindelfrei war, ohne Höhenangst, und offenbar nicht einmal genug Phantasie mitbrachte, um es hier oben wirklich gefährlich zu finden. Das war neu, eine frische Erkenntnis in letzter Sekunde. Er hatte sich stets für überaus ängstlich gehalten. Aber im Gegenteil: Es war ein atemberaubender Ausblick von unstrittiger Schönheit. Rechts der Mitte der Fluss, in leicht geschwungenem Verlauf, vor ihm Wiesen, vereinzelte Häuser in Playmobil-Größe, geradezu putzig, schräg unter ihm ein Campingplatz, bewaldete Hügel, eine Kitsch-Idylle wie aus einem Roman Tolkiens: Wenn er sich abstieß, würde er direkt in Mittelerde landen. Man hatte von dieser Brücke gehört, dass die Selbstmörder bei ungünstigem Wind den Dauercampern buchstäblich auf dem Teller landeten, sehr zu deren Verdruss natürlich. Wo man doch gerade so schön gegrillt hatte.

Tom atmete tief durch. Hinter ihm war industrialisierter Lärm, waren Aggression und Rastlosigkeit, unter ihm war Ruhe. Wie konnte man da zögern? Er überlegte, ob es etwas gab, was ihn an dieses Leben band, ob ihm etwas einfiel, was gegen ein vorzeitiges Ableben sprach, aber es fiel ihm nichts und niemand ein. Eventuell seine Mutter, die sicherlich traurig sein würde. Auf ihre Art. Aber wenn man bedachte, dass sie im Jahr höchstens drei bis vier Mal Telefonkontakt hatten (fünfzehn Sekunden lang, an beiden Geburtstagen und Weihnachten, manchmal auch an Ostern), vielleicht nicht gar so traurig. Das Risiko konnte man eingehen. Sein früherer Lektor? Quatsch. Die würden seinen einzigen Roman noch mal so richtig verkaufen, das war doch pures Gold, wenn er sprang. Dieser Begriff kam dem Schriftsteller in ihm plötzlich falsch vor. Man sprang ja in dem Sinne gar nicht, springen wäre eine ausgesprochen aktive Bewegung, hätte etwas mit Muskelkraft und Energie und Überwindung von Raum zu tun, so als müsste man etwas *über*springen, aber hier, auf dieser Brücke, da ließ man ja eigentlich nur los, ließ sich fallen, was viel weniger war als so ein richtiger Sprung. Man gab sich einen kleinen Ruck, schob sich eventuell leicht mit den Händen nach vorne, den Rest erledigte die Schwerkraft, man tat eigentlich fast gar nichts, war überwiegend passiv, selbst noch in den letzten Sekunden des Lebens. Wenn überhaupt, dann lag der Sprung im Gehirn.

«Nicht erschrecken», sagte eine Stimme rechts neben ihm. Tom erschrak so sehr, dass er fast gefallen wäre.

«Leck mich am Arsch», schimpfte er.

Höchstens fünf Meter entfernt saß ein kleiner, bebrillter Mann auf dem Vorsprung, ein Mann mit dünnen Beinen, einer ausgebeulten und für die Jahreszeit deutlich zu warmen Cordhose und einem hageren, eher ausdrucksschwachen Gesicht. Er rutschte nervös auf dem Hintern herum und umklammerte mit der linken Hand das Stahlgeländer hinter ihm so fest, dass die Fingerknöchel weiß hervortraten. Der immer stärker werdende Wind fegte Tom die langen Haare vor die Augen, sodass er einige Schwierigkeiten hatte, seinen Nachbarn genauer auszumachen.

«Das ist ein Ding, was?», sagte dieser.

Tom schwieg.

«Ich meine, wie groß ist die Wahrscheinlichkeit?», sagte der

Mann. «Auf dieser Brücke springen jedes Jahr acht Menschen in den Tod. Im Schnitt. Hab ich gelesen. Da ist das doch ein Ding, dass gleich zwei auf einmal ...»

Tom war plötzlich angespannt. Eigentlich war das hier viel zu privat, um es mit jemandem zu teilen.

«Das ist doch scheiße», sagte er. «Die Brücke ist bestimmt einen Kilometer lang. Warum musst du denn da genau in der Mitte sitzen?»

«Wegen der Symmetrie», sagte der Mann ernst. «Ich glaube, dass die Mitte genau da ist, wo ich sitze.»

«Mir doch egal mit der Scheißsymmetrie», knurrte Tom. «Sitze ich eben zu weit links.»

«Ich bin Rüdiger», sagte der Mann.

«Was spielt denn das jetzt noch für eine Rolle?»

«Immerhin verbringen wir unsere letzten Minuten miteinander. Da ergibt das schon Sinn, wenn man den Namen des anderen weiß, finde ich.»

Tom nickte. Das leuchtete ein. «Ich bin Thomas. Tom.»

Der Mann namens Rüdiger ließ die Beine jetzt abwechselnd schwingen wie ein Kleinkind, nahm seine Brille ab, wischte sie fahrig am Hosenbund ab und setzte sie wieder auf.

«Bist du denn sicher, dass du springen willst?», fragte er.

«Noch nicht so ganz», gab Tom zu. «Sonst wäre ich schon unten. Man muss sich ja nicht quälen. Also, noch mehr. Aber ich weiß auch gar nicht, ob man da springen sagen kann. Kann man ja eigentlich gar nicht sagen.»

«Nee, stimmt, eigentlich ist es mehr ein Los- und Fallenlassen.»

«Genau. Man springt gar nicht. Man lässt nur los.»

Sie ließen den gemeinsam entwickelten Gedanken eine Weile wirken und den Wind seine Arbeit machen.

«Ich bin mit dem Taxi gekommen», sagte Rüdiger dann. «Der Taxifahrer hat mich mitten auf der Brücke rausgelassen und gefragt, ob ich runterspringen will. Dann hat er gelacht.»

«Und was hast du gesagt?»

«Ich hab auch gelacht. Aber total schlecht. Und dann ist der trotzdem einfach weggefahren. Ich meine, wer lässt sich denn mitten auf der Brücke absetzen, wenn er nicht springen will? Da hätte er doch was machen müssen. Erst mal abwarten und gucken, oder so.»

«Die Leute machen nichts.»

«Das ist so deprimierend.»

«Ja, sicher ist das deprimierend. Das ganze Leben ist deprimierend. Oder machst du das hier aus Spaß?»

Rüdiger drehte anstelle einer Antwort den Kopf nach rechts und wechselte am Geländer die Greifhand.

«Ich bin mit der S-Bahn gekommen», sagte Tom. Er fühlte sich in der Pflicht, auch mal etwas Konstruktives zum Verlauf des Gesprächs beizutragen. «Ich hab mir das eigentlich so vorgestellt: Ich komme hier an, schwinge mich über das Geländer, lasse mich fallen und Ende und Schluss und niemand vermisst was. Dann aber schwinge ich mich über das Geländer, und mein Körper zieht mich nach unten, aber eben nicht ganz, und sagt, erst mal hinsetzen, noch mal nachdenken, Pause machen. Wollte ich gar nicht. Ich wollte, dass das schnell geht.»

«Manche Entscheidungen sind so endgültig, da braucht das Zeit», sagte Rüdiger altklug und drehte den Kopf wieder zu Tom. «Als ich meine Frau geheiratet habe, wusste ich, die liebt mich nicht und die ist als Studentin nur ein Mal mit mir ins Bett gegangen, weil sie so einsam war und ich nicht gefährlich. Die hat sich bestimmt gedacht, komm, das kann man ja mal machen und dann schicke ich den weiter und hab den schon wieder vergessen.»

«Und dann?»

«War sie schwanger. Aber so was von sofort. Und da war es halt entschieden. Sie ist katholisch, wir haben geheiratet. Konventionen, Geld, was weiß ich. Und dann hatte sie diesen Typen am Hals.»

«Wen?»

«Na, mich.»

«Ach so, es war gar nicht *deine* Entscheidung, sondern die Entscheidung deiner Frau?»

«Ja klar, ich hab mich nicht entschieden, ich hab einfach gemacht. Ich hab immer alles einfach nur gemacht. Ich hab mich noch nie für etwas entschieden. Ich weiß gar nicht, wie das geht.»

«Was bist du denn von Beruf?»

Eigentlich interessierte Tom das gar nicht, war das nur ein wenig Geklimper vor dem überlauten Schlussakkord, aber er merkte, dass dieser Rüdiger sich noch ein wenig erleichtern musste, bevor es in die Tiefe ging, und da war er zu seiner eigenen Verblüffung soziales Wesen genug, um mitzuspielen. Wenigstens jetzt konnte man ja mal nett sein. Vielleicht, so dachte Tom, erhöhte das ja sogar die Chancen einer spirituellen Weiterbeschäftigung. Und, das musste er sich jetzt bei aller negativen Selbstbetrachtung auch mal selbst zugestehen, so richtig übel war er ja eigentlich gar nicht. 2002 hatte er zum Beispiel fünfzig Euro für die Aktion Fischotterschutz gespendet. Das waren damals noch gut einhundert Mark! Da konnte man wirklich nicht sagen, dass er kein Herz hatte.

«Lehrer bin ich», sagte Rüdiger. «Deutsch.»

Tom nickte. Das passte. Das hätte er sich denken können.

«Und du?»

«Ich schreibe», sagte Tom. «Oder eben nicht.»

«Schriftsteller?», fragte Rüdiger und wäre fast ein wenig näher gerückt, wenn es nicht so gefährlich gewesen wäre.

«Ja, vielleicht.»

«Kennt man was von dir?»

«Weiß nicht. Ist ja nur eins. Kommt auch keins mehr hinzu.»

«Ach, das weiß man nicht.»

«Doch.» Tom zeigte nach unten.

«Ach so, ja.» Rüdiger schlug sich mit der freien Hand vor die Stirn. «Wie blöd.»

Eine Pause entstand. In weiter Ferne donnerte es. Autos kreuzten in ihrem Rücken. Unten kam ein Ruderachter vorbei. Man vermeinte selbst von hier oben den gemeinschaftlich erzeugten Schweiß riechen zu können.

«Wie heißt das denn?», fragte Rüdiger schließlich.

«Was?»

«Das Buch.»

«Die verb(r)annte Generation. Mit so einer Klammer in dem ‹verbrannt› ...»

«Ach, Moment, warte mal ... Thomas Diez? Das bist du?»

«Ja.»

«Ich hab das gelesen», sagte Rüdiger eifrig. «Gibt's doch gar nicht. Hier, die Klammer, die ist doch um das b, oder? Die Klammer ist um das b!»

«Nee, die ist nicht um das b. Um das r ist die. Um das r, das *nach* dem b kommt.» Tom tippte sich vor die Stirn. «Was soll denn das sonst auch heißen? Dann hieße das ja ‹Die verrannte Generation›.»

«Ja, das hab ich gedacht», sagte Rüdiger irritiert. «Die verrannte Generation. Also eine Generation, die sich verrannt hat.»

«Das wäre aber schlechtes Deutsch», sagte Tom. «Du bist doch Lehrer.»

Rüdiger überlegte. «Vielleicht: ‹Die sich verrannt habende Generation›?»

«Vielleicht.»

«Das klingt nicht sehr verkaufswirksam.»

«Stimmt.»

Hinter ihnen donnerte ein Lkw vorbei, viel zu schnell, der Boden zitterte, und Tom musste eine Pause machen, bevor er weiterreden konnte.

«Nein, nein», sagte er schließlich, «die Scheißklammer ist um das r nach dem b, sodass es ohne das r ‹Die *verbannte* Generation› heißt.»

«Was soll das denn bedeuten?», fragte Rüdiger.

«Ich hab nicht den Hauch einer Ahnung.»

«Das hat doch gar nichts mit dem Inhalt zu tun.»

«‹Verrannt› aber auch nicht. Das war halt eine Entscheidung vom Verlag. Marketing und so.»

«Ach, so läuft das.»

Eine weitere Pause, nur gestört von schrillem Vogelgeschrei, der einsetzenden Dunkelheit und an- und abschwellenden Motorgeräuschen.

«Ich muss ehrlich sein», sagte Rüdiger. «Hat mir nicht gefallen. Das Buch. Zu depressiv. Irgendwie so negativ.»

«Danke», seufzte Tom. «Danke für deine Offenheit. Wenn du willst, dass ich loslasse, hast du's fast geschafft.»

«Entschuldigung.»

«Schon gut.»

«Es hat mir bestimmt nur nicht gefallen, weil ich selbst depressiv bin.»

«Ist okay, wirklich.»

«Meine Frau hat mich betrogen. Mit einem Florentin.»

«Jetzt aber bitte nicht die ganze Lebensgeschichte. Da hab ich echt keine Zeit für.»

«Meine Schüler hassen mich.»

«Bitte …»

«Und die mich nicht hassen, verachten mich.»

«Das ist natürlich scheiße.»

«Ich glaub, ich lass jetzt los.»

«Okay.»

«Bei drei.»

«Okay.»

«Es ist alles so sinnlos.»

«Genau.»

«Wann lässt *du* denn los?»

«Wenn du losgelassen hast. Aber das kann dir ja egal sein. Ich werd schon nicht auf dich drauffallen. Das hat ja auch 'ne Streuung. Bei dem Wind.»

Rüdiger nickte.

«Vielleicht könntest du erst mal deinen Rucksack ...?», sagte er dann. «So als Test?»

«Ich lass doch nicht meinen Rucksack fallen. Da ist mein Laptop drin. Der war teuer.»

Rüdiger runzelte die Stirn. «Willst du den hier oben stehen lassen, wenn du springst? Der wird doch dann geklaut.»

«So weit habe ich gar nicht gedacht», gab Tom zu und merkte, wie sein linkes Bein einschlief. Das war aber auch unbequem. «Unten geht der bestimmt kaputt», sagte er. «Wie tief ist das, das sind doch bestimmt hundert Meter?»

«Mindestens. Von oben sieht das ja sowieso immer höher aus. Denk mal ans Schwimmbad. Den Zehnmeterturm oder so. Wenn du oben bist, denkst du, boah, da spring ich nie runter.» Rüdiger sah nachdenklich aus. «Und dann springst du doch», schob er hinterher. «Also, alle außer mir.»

Tom nickte und fasste einen Entschluss.

«Ich glaube, ich will nicht, dass der geklaut wird und irgendein Idiot dann auf meinem Laptop schreibt», sagte er, hob den Rucksack über den Kopf und stieß ihn mit aller Kraft von sich.

Tom und Rüdiger beugten sich vor, so gut es eben ging. Der Rucksack, der ja auch nicht mehr als eine einfache Tasche mit Riemen war, flog in einer leichten Kurve, nahm erstaunlich rapide Fahrt auf und war schon wenige Augenblicke später nur noch als Punkt zu erkennen. Letztlich verriet ihnen einzig das Zittern der Baumkronen, wo er gelandet war.

«Geht schon schnell, oder?», fragte Rüdiger beeindruckt.

«Angst?», fragte Tom zurück.

«Ja, klar», gab Rüdiger zu.

«Ich nicht», sagte Tom und fand das selbst erstaunlich. «Aber es ist trotzdem gut, dass das so schnell geht. Stell dir vor, du springst und hast während des Fluges noch Zeit, es dir anders zu überlegen. Das wäre nicht gut.»

«Nein, das wäre nicht gut. Wahrscheinlich merkt man das auch gar nicht mehr, wenn man unten ankommt. Ich hab mal gelesen, dass man vorher ohnmächtig wird.»

«Da muss man aber sehr schnell ohnmächtig werden.»

«Das macht der Körper alles von alleine. Darf ich dich was fragen?»

«Wenn es sein muss.» Tom vermisste seinen Laptop.

Rüdigers Achseln nässten. Es wurde aber auch wirklich immer drückender.

«Willst du wirklich springen? Ich meine, das ist so radikal. Ich hab noch nie etwas so Radikales getan. Und das ist ja schon etwas ... das sollte man sich gut überlegen, Hast du dir das gut überlegt?»

«Nee. Im Affekt, sage ich mal. Im Affekt.»

«Das ist aber ein langer Affekt. Muss so ein Affekt nicht kurz sein? Und schnell?»

«Der ist aus dem Bauch heraus. Der Affekt. Die besten Entscheidungen werden aus dem Bauch heraus getroffen.»

«Glaubst du, dass danach noch was kommt?»

«Nach dem Sprung?»

«Nach dem Sich-fallen-Lassen, genau.»

«Wenn wir tot sind?»

«Genau.»

«Nein. Wenn ich das glauben würde, könnte ich's auch lassen. Dann ginge das Elend ja ewig weiter. Nee, ich will, dass Ruhe ist.»

Rüdiger wischte sich mit der freien Hand über die Stirn. «Ich glaube daran. Ich bin so erzogen. Ich glaube an ein Leben nach dem Tod.»

«Also, ich bin kein Experte, aber soweit ich mich erinnere, stehen Selbstmörder nicht so hoch im Kurs, bei so einer Religion.»

«Gefällt mir gar nicht, das Wort», sagte Rüdiger.

«Was stimmt denn mit dem Wort Religion jetzt wieder nicht?»

«Nein, Mord. Ich meine Mord. Das klingt so aggressiv. Mord. Das ist doch kein Mord. Mord ist, wenn ich dich runterstoße. Dann ist das Mord.»

«Okay, wenn dich das beschäftigt ... Wie sollen wir das denn sonst nennen?»

Rüdiger dachte nach. «Was hältst du von Selbstüberwindung? Man überwindet sich sozusagen selbst.»

«Das Ergebnis ist dasselbe. Nenn es, wie du willst.»

Rüdiger fing ein wenig an zu wippen. «Ich glaube, ich springe jetzt», sagte er erneut.

«Alles klar.»

«War nett, dich kennengelernt zu haben.»

«Ebenfalls.»

«Du bist der Erste, der mich heute richtig wahrgenommen hat.»

«Gern geschehen.»

«Eins.» Rüdiger beugte sich erneut leicht vor.

Tom umklammerte das Gitter nur noch fester. Regen setzte ein und peitschte ihnen ins Gesicht. Warmer, stahlharter Regen. Das war eigentlich zu symbolisch. Geradezu lächerlich symbolisch war das. Oder wollte der Regen sie aufhalten? Warum mussten Zeichen immer so uneindeutig sein?

«Zwei.»

Tom schloss die Augen. Mittelerde.

«Eines hab ich nicht verstanden», sagte Rüdiger.

«Was?» Tom öffnete die Augen wieder.

«In deinem Roman. Eine Sache habe ich nicht verstanden.»

«Na und? Ist doch scheißegal jetzt!»

«Für mich nicht. Es ist mir gerade wieder eingefallen. Wie hieß noch mal der Protagonist?»

«Rainer Bachmann.»

«Genau. Bachmann fährt doch mit dem ICE nach Köln und

trifft dort seine Jugendliebe Barbara wieder. Beide sind schon über sechzig und haben ein eher ... schwieriges Leben geführt. Und jetzt treffen sie sich zum ersten Mal nach über vierzig Jahren wieder.»

«Ja, und?»

«Wieso weiß Barbara, dass Bachmann sein Studium abgebrochen hat wegen der Heroinsucht?»

Tom sank in sich zusammen, so gut es eben ging. «Facebook?», raunzte er.

«Damals gab es doch noch kein Facebook. So was steht doch nicht auf Facebook. Außerdem ist Barbara seit dem Autounfall mit zweiunddreißig blind. Das ist mir unerklärlich.»

«Ja, das ist einfach falsch», sagte Tom. «Ein Fehler. Einer von tausend Fehlern in diesem beschissenen Buch. Ich glaube, ich springe doch als Erster.»

«Habt ihr beim Schreiben denn keinen Lektor?», fragte Rüdiger. «Meine Frau ist gerade mit einem im Bett.»

«Mit einem Lektor? Vielleicht springst doch besser du zuerst.»

«Eins», sagte Rüdiger erneut. Dank der Wolkenmenge und der Dämmerung war es so düster geworden, dass sie den Fluss nur noch als glänzende, sich träge bewegende Fläche wahrnehmen konnten. Auf dem Campingplatz erstrahlte ein einzelnes, flackerndes Licht. Vielleicht eine Fackel. Viel los war offensichtlich nicht, klar, es war Spätsommer, es war drückend heiß, es war Montag. Tom sah noch einmal in den Himmel. Kein blaues Fenster in Sicht. Keine Romantik zum Abschluss. Nur Melancholie und Traurigkeit. Er war klatschnass geschwitzt. Unter normalen Umständen hätte er eine Lungenentzündung befürchtet. Oder zumindest eine Sommergrippe.

«Zwei», sagte Rüdiger. Dieses Mal schien er fest entschlossen.

«Mach's gut», sagte Tom.

«Mach's besser», sagte Rüdiger. «Drei.»

Er verzog das Gesicht zu einer leidensvollen Grimasse. Tom schloss zum zweiten Mal die Augen.

«Ist hier noch frei?», fragte eine helle Stimme über ihren Köpfen. Ein blonder, eindeutig weiblicher Haarschopf beugte sich über das Geländer. Tom und Rüdiger erstarrten.

«Kleiner Scherz», sagte die Frau. «Ich bin ja nicht lebensmüde.»

Sie war vielleicht Mitte dreißig und sah eventuell gut aus. Konnte man ja nur vage erkennen. Jedenfalls wirkte sie auf den ersten Blick weniger wie diese absurd überschminkten Models aus den Modemagazinen, mehr wie eine ganz normale Frau aus der Fußgängerzone, mit der es das Leben gut gemeint hatte.

«Wie wäre es, wenn Sie jetzt einfach vorsichtig aufstehen und wieder auf die andere Seite kommen? Ich würde Ihnen auch eine Hand reichen», sagte sie.

«Das ist nicht der Sinn der Sache», sagte Rüdiger wehleidig. Da hatte er sich schon mal zu etwas durchgerungen, und dann war es auch wieder nicht recht.

«Ich hab das mit dem Rucksack gesehen», sagte die Frau und lächelte abwechselnd nach links und rechts. «Da fährt man über so 'ne Brücke, und plötzlich schwebt da ein Rucksack in der Luft und macht sich auf die Reise.»

«Ich sag ja, das war 'ne Scheißidee», brummte Tom und kam sich irgendwie veralbert vor. Diese Frau schien das gar nicht ernst zu nehmen, was sie hier taten. Müsste sie nicht alarmiert sein, übervorsichtig, sensibel, tastend? Stattdessen lehnte sie lässig mit den Ellbogen über dem Geländer und machte Witze. Na ja, das war bestimmt keine professionelle Helferin, da musste man nachsichtig sein. Keine Psychologin, Ersthelferin oder Sozialarbeiterin.

«Und, wie sieht's aus?», fragte die Frau. Ihre Stimme war völlig ruhig, vielleicht ein wenig fordernd. So, als ginge es um eine erzieherische Maßnahme, zum Beispiel das Aufheben eines Kaugummipapiers.

«Ganz schön gefährlich, was Sie da machen», sagte Tom.

«Was denn?»

«Dass Sie so gleichgültig sind. Das ist doch kein Spaß hier. Was ist denn, wenn wir jetzt springen? Hier, der Rüdiger wollte gerade springen.»

Rüdiger nickte eifrig. «Wollte ich», sagte er.

«Dann machen Sie sich ewig Vorwürfe, dass Sie nicht richtig reagiert haben», fuhr Tom fort. «Dass Sie hier einen auf lustig gemacht und uns damit endgültig das Licht ausgeknipst haben.»

«Kann sein», sagte die Frau leichthin. «Ich weiß aber nicht, ob *Sie* das Risiko eingehen wollen.»

«Wir? Was?»

«Dass Sie mir das Leben versauen. Ich hab Sie ja gesehen, ich hab Sie sozusagen kennengelernt – wenn Sie jetzt springen, bin ich mit neunundneunzigprozentiger Sicherheit traumatisiert. Für den Rest meines Lebens. Dann renne ich bis zum Ende meiner Tage von einem Therapeuten zum nächsten, werde endgültig beziehungsunfähig, glaube, für alles Elend der Welt verantwortlich zu sein, und so weiter und so fort. Depression, Suff, Absturz, Obdachlosigkeit, tralala. Was man so aus dem Fernsehen kennt. Da haben Sie mich dann quasi mit auf dem Gewissen.»

«Das gefällt mir nicht», sagte Rüdiger. «Das war nicht der Plan.»

Tom schüttelte ärgerlich den Kopf. «Das ist ja so, als würden Sie sich aus dem Gebüsch heraus auf die Autobahn schmeißen und hinterher den Fahrer dafür verantwortlich machen, wenn's knallt. Was soll der Autofahrer denn da machen? Emotionale Erpressung ist das! Aber vom Allerfeinsten!»

Die Frau lächelte. «Das Leben ist nun mal ungerecht. Wer wüsste das besser als Sie?» Sie nahm die Ellbogen vom Geländer und streckte sich. «Ich weiß nicht, warum Sie beide hier den Horst machen und meinen, die Landschaft verschandeln zu müssen, aber ich schlage vor, Sie lassen den Quatsch und reißen sich mal ein bisschen zusammen. Sie kommen auf meine Seite des Geländers, ich lade Sie auf einen Kaffee bei McDonald's ein, jeder lässt mal schön seinen Kummer ab, und danach gehen alle wieder ihrer Wege und fangen von vorne an.»

«Ich gehe nicht zu McDonald's. Das lehne ich entschieden ab. Massentierhaltung. Klimaschutz, Mitarbeiterausbeutung», sagte Rüdiger energisch und kam dabei beträchtlich ins Schwanken.

«Dann halt woanders. Ist mir völlig egal.»

«Was hat Sie denn so hart gemacht?», fragte Tom.

«Ich bin nicht hart, ich bin pragmatisch.»

«Das ist das andere ‹hart›.»

Tom atmete noch einmal tief durch, dann gab er sich geschlagen und zog sich am Geländer hoch. Sein Kreislauf hatte sich leider ans Sitzen gewöhnt, ihm wurde schwindelig.

«Oh, oh», sagte er und schwankte. Die Frau packte ihn am Kragen, und zwar mit der Reaktionsgeschwindigkeit eines professionellen Taschendiebs. «Hiergeblieben», sagte sie. «Falsche Richtung.»

Tom wuchtete seine steifen Glieder über das Geländer. Ein vorbeifahrendes Auto kam ins Schlingern, der erschrockene Fahrer machte aber keine Anstalten, anzuhalten oder gar zu helfen. Gut, der Mann war entschuldigt, er hatte sein Smartphone am Ohr. War bestimmt ein wichtiges Gespräch.

Rüdiger gab sich unentschlossen und beleidigt.

«Also, alleine will ich auch nicht», sagte er und stand ebenfalls auf. Seine Knie zitterten. «Ich merke gerade ... ich bin doch nicht so schwindelfrei.» Er versteifte sich, beide Hände fest an die Gitterstäbe geklammert.

«Na, komm», sagte Tom, ging drei Schritte zu ihm hinüber und zog ihn mit Leichtigkeit auf die sichere Seite.

«Heute klappt wirklich überhaupt nichts.» Rüdiger sah sehnsüchtig auf die Fahrbahn. Tom erahnte den simplen Gedanken.

«Nein, das tust du nicht», sagte er und hielt ihn am Kragen. «Jetzt ist auch mal gut.»

7

Eigentlich will ich gar keinen Kaffee», sagte Rüdiger. «Eigentlich will ich nur nach Hause. Oder irgendwohin.»

Tom sagte nichts und schaute aus dem Fenster. Sie fuhren den zweispurigen Zubringer entlang, zurück in Richtung Stadt. Die Frau stellte den Scheibenwischer ihres weißen BMW auf die nächsthöhere Stufe und vermied jeglichen Blick in den Rückspiegel. Sie war wirklich hübsch, auf so eine schwedische, kraftvolle Art, und trug ein grünes Businesskostüm, das ihre durchaus vorhandenen Kurven nicht wenig betonte.

«Ist mir auch recht», sagte sie. «Ehrlich gesagt habe ich gar keine Lust, mir Ihre traurige Geschichte anzuhören. Es ist schon genug Müll in meinem Kopf. Ich hab das nur gesagt, damit Sie da wegkommen.»

«Na ja, der Kaffee war bestimmt nicht der Grund, warum wir nicht gesprungen sind», sagte Tom. Er und Rüdiger kauerten angeschnallt nebeneinander auf der Rückbank wie zwei eingeschüchterte Teenager.

«Warum denn dann? Warum sind Sie nicht gesprungen?»

Rüdiger seufzte.

Tom dachte kurz nach. «Ich habe es wohl einfach nicht gemeint. Das ist überhaupt das Elend. Wenn man nicht meint, was man tut. Ich mache immer nur alle Sachen halb, weil ich sie nicht meine. Ich mache Sachen, die ich gerne meinen würde. Heraus kommt dann mittelmäßiger, ungemeinter Scheiß.»

«Das kenne ich.» Rüdiger roch ein wenig streng. Entweder hatte er verstärkt transpiriert oder sich eingenässt. Stressbedingt. Beides hätte man ja irgendwie verstehen können.

«Ich meine jetzt auch mal was», sagte die Frau hinter ihrem Steuer schroff. «Sie haben beide zu viele Umdrehungen im Gehirn, das meine ich.» Sie war wirklich gnadenlos direkt. «Es geht im Leben überhaupt nicht darum, etwas zu meinen. Es geht darum, etwas zu machen. Haben Sie Kinder?»

«Nein», sagte Tom.

«Zwei», sagte Rüdiger.

«Na also», sagte sie und nahm die Ausfahrt in Richtung Zentrum. «Da haben Sie doch was gemacht. Und das ergibt sogar noch Sinn.»

«Aber gemeint habe ich auch das nicht», sagte Rüdiger. «Das erste Kind war Zufall, das zweite Dummheit.»

«Und, lieben Sie Ihre Kinder?»

«Natürlich.»

«Dann verstehe ich nicht, wie Sie sich beinahe von einer Brücke stürzen konnten. Was glauben Sie denn, wie die sich da gefühlt hätten?»

«Da hat sie recht», mischte Tom sich ein.

«Vielleicht solltest nicht ausgerechnet du hier den Moralisten spielen», sagte Rüdiger. Es war ungewöhnlich für ihn, dass er sich zur Wehr setzte. Aber wenn man in dieser Situation nicht an seine geheimen Ressourcen herankam, wann dann? «Macht doch jeder mal dummes Zeug. Und erzähl mir nichts von Egoismus. Du hast doch bestimmt auch Leute, die traurig sind, wenn du weg bist!»

Tom schüttelte den Kopf. Rüdiger verstummte.

«Ich konnte das jetzt im Spiegel nicht sehen ... Hat er gerade den Kopf geschüttelt?», fragte die Frau von vorne.

«Er hat den Kopf geschüttelt», sagte Rüdiger.

«Gut, das ist natürlich blöd.»

Sie schwiegen ein Weilchen, der Regen verdichtete sich, die Scheibenwischer schufteten wie zur Rechtfertigung ihrer Existenz. Rüdiger bemerkte den unangenehmen Eigengeruch und rückte von Tom ab, so gut es eben ging.

«Ich bin mir nicht sicher, ob ich Sie in der Stadt einfach so rauslassen kann», sagte die Frau. «Nicht dass das heute doch noch ein Unglück gibt.»

«Gibt es nicht», sagte Tom. «Heute nicht.»

«Sicher?»

«Ziemlich.»

«Ich kann nicht die Verantwortung für Sie übernehmen. Das ist mir zu viel, das geht nicht. Dafür bin ich auch gar nicht qualifiziert.»

«Das müssen Sie auch nicht.» Tom wirkte trotzdem leicht angefressen. «Wofür sind Sie denn qualifiziert?», fragte er.

«Ich ... ach ... ich berate Unternehmen», sagte sie.

«Das heißt, Sie beraten Menschen», stellte Tom fest. «Unternehmen bestehen doch aus Menschen.»

«Das ist ein allgemeiner Irrtum. Unternehmen bestehen nicht aus Menschen, Unternehmen bestehen aus Zahlen», sagte die Frau. «Ich kann Ihnen nicht helfen. Ich wüsste nicht, wie. Ich will das auch gar nicht. Das ist mir zu nah.»

Sie erreichten die Innenstadt. Der Verkehr staute sich, die Werbelichter wirkten noch abweisender als sonst, gleichzeitig grell und irgendwie verwaschen. Rüdiger bekam plötzlich keine Luft mehr. «Ich würde gerne aussteigen», sagte er. «Da vorne, an der U-Bahn-Haltestelle. Geht das? Können Sie da halten?»

Ihre Fahrerin fuhr rechts ran und hielt in einer Parkbucht für Omnibusse.

«Ich bin immer noch unsicher», sagte sie, drehte sich nach hinten und zeigte einen Hauch von Weichheit. «Ich lese Zeitung. Sogar den Lokalteil. Ich habe keine Lust, dass Sie morgen oder übermorgen da drinstehen.»

Rüdiger schnallte sich ab, Tom tat es ihm gleich. «Die Depressionen gehen ja nicht weg, nur weil Sie gesagt haben, wir sollen Kaffee trinken», sagte er. «So einfach ist das nicht.»

«Holen Sie sich Hilfe», sagte die Frau. «Versprechen Sie mir das!»

«Ich verspreche es», sagte Rüdiger, der wahrscheinlich alles versprochen hätte, und öffnete die Tür.

Tom zögerte. «Mal sehen», sagte er.

Hinter ihnen hupte ein Bus. Es klang wenig verständnisvoll; sie brachten mit ihrem ordnungswidrigen Halt den Zeitplan der städtischen Verkehrsbetriebe ins Wanken.

«Wie heißen Sie überhaupt?», fragte Tom und öffnete seine Tür.

Die Frau zögerte. «Gesa», sagte sie dann. «Gesa ... Schilling.»

«Ich bin Tom. Das ist Rüdiger.»

«Das macht keinen Unterschied für mich.» Ihr Gesicht war wieder hart und undurchdringlich.

Tom nickte, die beiden Männer stiegen aus, duckten sich gegen die Wassermassen, schlugen die Türen zu, leicht zeitversetzt, es klang wie eine stolpernde Snare Drum, und betraten den Bordstein, der hauptsächlich aus Hundekot, Zigarettenkippen und Essensresten bestand. Die Zufallsbegegnung namens Gesa schaute nicht zurück, trat einfach nur aufs Gas, dann verschmolz sie mit der Stadt und war nach Sekunden nur noch zwei winzige, rote Lichtpunkte unter vielen. Tom hatte sich das Nummernschild merken wollen, für alle Fälle, hatte es aber im letzten Moment vergessen.

«Ich werde mir eine Grippe holen», sagte Rüdiger; er triefte aber auch wirklich wie ein frisch eingetauchter Putzlappen.

«Erst mal irgendwo rein.» Tom zeigte auf einen McDonald's.

«Ich geh da nicht hin», wiederholte Rüdiger, aber Tom war schon losmarschiert und schien nicht im Geringsten in Sorge darüber zu sein, ob Rüdiger mitkommen würde oder nicht. Vielleicht war es ihm auch schlichtweg egal. Rüdiger ärgerte sich trotz seiner Aggressionshemmung für eine Nanosekunde, dann folgte er Tom wie ein Lemming, dem operativ das Rückgrat entfernt worden war. Das, so dachte er, war nicht nur symptomatisch, es war nichts weniger als die Geschichte seines Lebens.

8

Die Pommes sind fast kalt. Und labberig», sagte Rüdiger schlecht gelaunt. «Die sind doch höchstens drei Minuten aus der Fritteuse. Und waren dann noch unter der Wärmehaube. Ich hab das genau gesehen. Wie können die da jetzt schon kalt sein? Seriös ist das nicht.»

Tom und er saßen am halb beschlagenen Fenster mit Blick auf den sich träge dahinwälzenden Verkehr, die meisten anderen Plätze waren mit missmutigen, verbreiterten Gestalten in schlechter Körperhaltung und lustloser Gefräßigkeit besetzt. Es war ein Lungern, ein Fläzen, ein Abhängen der Abgehangenen. An der Wand zeigte ein Flachbildschirm das Musikvideo eines gewiss äußerst angesagten Rappers, allerdings ohne Ton, was die bemüht maskulinen Posen noch lächerlicher wirken ließ.

Rüdiger würzte nach. Jodsalz. Nicht gut. Das trieb den Blutdruck in die Höhe, das beschleunigte den Herzschlag. Silvia hätte geschimpft. Aber wen kümmerte das schon? Ein paar andere, verquere Umdrehungen des Hamsterrads, und er wäre eine Wasserleiche. Oder Wildschweinfutter. So vermutete er, ohne letztlich zu wissen, ob er wirklich gesprungen wäre. Aber es war knapp gewesen. Sehr knapp. Und das Schlimme war: Er schämte sich nicht einmal, spürte, wie tiefgreifend seine Traurigkeit war, wie schlimm der Verrat. Der Verrat Silvias, hauptsächlich aber der Verrat des Lebens an sich. Wenn man davon ausging, dass das Leben einem etwas schuldete, dass man ein Recht auf ein erfülltes, im Großen und Ganzen glückliches Leben hatte. Hatte man wahrscheinlich gar nicht. Jedenfalls saß er hier, an seinem Geburtstag, in einem nicht sonderlich liebevoll geführten Schnellrestaurant an einer baufälligen U-Bahn-Station, war vierzig Jahre alt, geflutet von zu viel kaltem Neon und steckte so was von in der Krise. Aber das war ja auch schon wieder falsch. «Krise» würde bedeuten, dass es vorher einmal besser gewesen wäre. Und wenn er sich zwischen zwei Pommes-Stäbchen sein Leben vergegenwärtigte, war mehr oder weniger immer Krise gewesen. Eine gut verdeckte, zugeschüttete, täglich aufs Neue verharmloste Krise, die sich pünktlich an Rüdigers Ehrentag ihren Weg an die Oberfläche gebahnt hatte, in ein sehr gleißendes, sehr helles Licht. Ein weißes Licht.

Rüdiger hörte Kinderlachen und schaute sich um. In einer Sitzecke bei den Klotüren feierten ein paar Marvins und Marlons Geburtstag, lautstark und gemästet, und das zu einer Uhrzeit, wo sie mitsamt ihren Star-Wars-Mützen längst ins Bett gehörten oder zumindest vor den Fernseher. Die Luft stand, es roch nach Fett, Käse und Fleischersatz. Rüdiger blickte seinem hochgewachsenen Gegenüber ins Gesicht, das auch bei wohlwollender Betrachtung nicht glücklicher aussah als sein eigenes.

«Deine Pommes sind kalt, das hier ist pappig», stellte Tom fest und schlug die Zähne in seinen Burger. «Ach so, danke, dass du bezahlt hast. Ich kann dir das Geld leider nicht zurückgeben.»

Rüdiger nahm die Hand aus den Pommes und roch an seinen Fingerspitzen. Ekelhaft. «Wieso?»

«In meinem Rucksack war nicht nur mein Laptop.»

Rüdiger tippte sich vorsichtig an die Stirn. Das gehörte an sich nicht zu seinem Gestenschatz, aber vielleicht wurde er langsam verwegener.

«Wer schmeißt denn seine Geldbörse von einer Brücke? Das ist total unlogisch.»

«Ich hab das doch nur gemacht, weil du das wolltest!» Tom hatte eine naturgemäß geringe Frustrationstoleranz. «Du wolltest, dass ich den scheiß Rucksack da runterwerfe. Außerdem hab ich gedacht, ich brauch das ganze Zeug eh nicht mehr.»

«Wie soll es denn jetzt weitergehen?», fragte Rüdiger im Sinne seiner grundsätzlichen Entschlussunfreudigkeit. «Einfach nach Hause gehen und so tun, als ob nichts wäre?»

«Das musst du schon selbst entscheiden», sagte Tom und stieß von der Cola auf, die doch auch irgendwie gepanscht war.

«Und morgen ist wieder alles so wie heute. Genauso traurig», sagte Rüdiger leise. «Und so traurig wie gestern. Nur hab ich's da noch nicht gemerkt. Ich hab wohl wirklich Depressionen.»

«Natürlich hast du Depressionen.» Tom schob die herausgequollene, zähflüssige Remoulade in seinen Burger zurück. «Amtliche Depressionen hast du. Da gehört schon einiges an Depressionen dazu, sich von so einer Brücke stürzen zu wollen.»

«Es ist ja mehr ein Fallen», korrigierte Rüdiger und nahm die Brille ab.

Tom nickte. Sprachlich waren sie Brüder im Geiste, das war offensichtlich. «Alleine, da erst mal hinzufahren», sagte er. «Ohne wieder umzudrehen. Da musst du schon ziemlich depressiv sein. Ich weiß das. Ich bin schon so lange depressiv, dass sie eigentlich 'ne eigene Tablettenmarke nach mir benennen könnten. Die haben mich schon in der Kindheit damit vollgestopft.»

«Echt?»

«Ja, klar. ADS, ADHS. So heißt das heute.»

«Ich verwechsle das ja immer mit ABS. Blöd, oder?» Rüdiger setzte die Brille wieder auf und zuzelte an seiner Cola.

«Zappelphilipp hat man damals gesagt. Also haben sie mich ruhiggestellt. So ruhig, dass ich nur noch in der Ecke gehangen und die Erhebungen an der Raufasertapete gezählt habe. Dann haben sie gesagt, mein Gott, der arme Junge, mit dem ist ja gar nichts mehr los, also haben sie mir Tabletten gegeben, damit ich ein bisschen Energie kriege. Und wieder anfange zu essen. Damit hatte ich nämlich aufgehört.»

«Wie alt warst du da?»

«Acht.»

«Und?»

«Hat nicht geklappt. Oder nur halb. Gekotzt hab ich. Und wenn ich mir den Fraß hier anschaue, war das echt 'ne Spitzen-Idee. Also

Klinik, Tabletten, Tabletten, Tabletten, kurz raus, andere Klinik, Tropf. Dann wieder raus. Diagnose: Depressionen, schwer erziehbar, entwicklungsgestört und so weiter. Also: Tabletten. Das ist ja auch alles Gift. Ich hab die Leberwerte eines Alkoholikers.»

«Ach, Mensch.» Rüdiger entwickelte tatsächlich so etwas wie Mitgefühl. Und das hier, bei McDonald's, durchnässt, verstört und den eigenen Abgang noch vor Augen. Das Leben war nicht kalkulierbar.

«Ich hab noch keinen einzigen Tag geglaubt, dass ich okay bin», sagte Tom. «An mir ist immer nur herumgedoktert worden. Von Anfang an.»

«Und das haben deine Eltern zugelassen?»

Tom riss mit den Zähnen ein weiteres Stück aus seinem sehr toten Burger. «Meinen Vater kenne ich nicht. Und meine Mutter hat das nicht nur zugelassen, die hat das veranlasst. Ich glaub, die war schon bei der Geburt enttäuscht von mir.»

«Es ist alles so deprimierend.»

«Tja. Heute bin ich enttäuscht von der. So gleicht sich das aus.»

Tom sah aus dem Fenster. Eine Horde Fußballfans zog vorbei, grölend und schwankend. Die Saison hatte wieder begonnen, das Montagsspiel der Zweiten Liga war soeben vorbeigegangen. Eine ältere Frau drückte sich ängstlich, die Aldi-Tüte vor der Brust, mit ihrer an eine Tagesdecke erinnernden Karobluse an die Scheibe, die auf diese Weise wenigstens auch mal wieder geputzt wurde. Tom hatte in den letzten fünf Minuten mehr von sich preisgegeben, als in all den Jahren zuvor. Und das einem Mann gegenüber, mit dem ihn zwar ein extremes Erlebnis verband, sonst aber nichts, und dessen austauschbares Gesicht er morgen schon wieder vergessen haben würde. Vielleicht gerade deswegen.

«Ich kann nicht einfach nach Hause gehen und so tun, als ob nichts wäre», sagte Rüdiger.

«Nein?»

«Nein. Was ist, wenn ich morgen wieder auf dieser Brücke stehe? Ich will das ja eigentlich gar nicht, ich will ein glückliches und erfülltes Leben haben, aber da ist halt noch diese andere Seite, und diese andere Seite glaubt einfach nicht mehr an das glückliche, erfüllte Leben, die will nur unter der Brücke liegen, verstehst du? Ich hab schon Angst, Tom. Ich habe Angst vorm Springen. Und Angst, dass ich es nicht mache. Und Angst, dass ich es doch mache.» Rüdiger wischte sich mit der Serviette den Mund ab. «Oder mir drückt jemand eine Schachtel Schlaftabletten in die Hand. Und ich schlucke die einfach. Oder schmeiße mich vor ein Auto, solange es kein Fiat Panda ist. Ich glaube wirklich, ich könnte das.»

Tom dachte nach.

«Was hast du denn gegen Fiat Pandas?», fragte er.

«Nichts», sagte Rüdiger. «Aber die sind so klein. Was, wenn der zu leicht ist, um mich zu packen?»

«Ach so.»

«Dann ist am Ende höchstens ein Bein gebrochen und man hat überhaupt nichts davon.»

«Ja, das wäre blöd.»

Sie schwiegen.

«Bis Samstag», sagte Tom dann.

«Wie, bis Samstag?»

«Bis Samstag geben wir uns noch. Wir treffen uns am Samstag wieder auf der Lembachtalbrücke. Wenn das Leben dann immer noch so ist, wie es ist, springen wir. Wenn nicht, nicht.»

«Was soll denn in fünf Tagen passieren, das die letzten vierzig Jahre ausgleicht?», fragte Rüdiger.

«In fünf Tagen kann alles passieren. Und nichts. Moment mal.»

Tom stand auf, ging an der mittlerweile bis zum Ausgang reichenden, vom Regen dampfenden Schlange vorbei und kam wenige Augenblicke später mit einem roten Kugelschreiber und einer alten Rechnung zurück, auf deren Rückseite genügend Platz für einen nicht allzu umfangreichen Lebensplan war.

«Also», sagte er, setzte sich wieder hin und legte seine Stirn in Denkerfalten. «Jetzt mal systematisch. Was macht das Leben lebenswert?»

Sekunden verstrichen, Rüdiger sagte nichts, dachte nur angestrengt nach, immerhin, tastete mit den Fingern in der Luft herum, als würde er unsichtbare Hieroglyphen nachzeichnen oder eine überaus komplexe mathematische Gleichung aufstellen. Er holte ein paarmal Luft, atmete an und schloss den Mund wieder. «Ich hab keine Ahnung», sagte er dann.

«Na ja, ein bisschen anstrengen musst du dich schon. Was braucht man zum Leben? Was braucht man, um ein glückliches Leben zu führen?»

«Geld», sagte Rüdiger.

«Ganz schön armselig, dass du das als Erstes nennst», sagte Tom angewidert.

«Was willst du, ich bin verbeamtet. Ich glaube an das Prinzip einer lebenslangen finanziellen Absicherung.»

«Aber die hast du doch.»

«Stimmt. Okay, streich das mit dem Geld.»

Tom nickte, dachte aber an seine eigene finanzielle Misere und zog das Argument insgeheim doch in Betracht. Er schrieb «Genügend Gründe für ein glückliches Leben» oben auf den Zettel, Rüdiger gab einen skeptischen Laut von sich. Tom verstand und strich zunächst das Wort «genügend» durch, zögerte, dann auch «glückliches» sowie «ein» und beschloss seine Überschrift mit einem effektvollen Bogen unter dem gesamten Satz.

«Wir wollen mal nicht übertreiben», sagte er und klopfte mit der Rückseite des Kugelschreibers auf das Papier.

«Das ist aber kein gutes Deutsch», sagte Rüdiger. «Gründe für Leben.»

«Aber wir wissen, was gemeint ist. Wissen wir, was gemeint ist?»

«Wir wissen, was gemeint ist.»

«Also, was braucht der Mensch?»

Rüdiger dachte an Silvia. Es versetzte ihm einen Stich.

«Liebe vielleicht?», sagte er.

«Guter Punkt. Aber auch der schwierigste von allen. Da schließt sich ja direkt die Frage an, was Liebe ist. Ab wann die beginnt, wo sie aufhört, ob es Liebe als Zustand überhaupt gibt», Tom holte tief Luft, «oder ob das nicht einfach nur eine kurzfristige chemische Reaktion auf einen Schlüsselreiz ist, der im Wesentlichen den Fortbestand der Spezies sichern soll, danach aus anerzogenen Gründen und bisweilen grundsätzlich vorhandener Sympathie ins Unendliche gedehnt wird, bis zur unausweichlichen Trennung natürlich, und der man das Etikett der Liebe lediglich aufgedrückt hat, damit die ganze Rammelei nicht so unromantisch wirkt.»

«Völlig egal. Der Mensch muss geliebt werden», sagte Rüdiger.

«Einverstanden», sagte Tom und schrieb «geliebt werden» auf den Zettel.

«Kannst du da noch ein ‹zu› einbauen nach dem ‹geliebt›?», fragte Rüdiger, wollte aber keineswegs pingelig wirken. «Nur, weil ich glaube, dass korrekterweise, also wenn man die Überschrift betrachtet, dass man dann mit dem zu besser dran wäre. Also, nur so.»

Tom ignorierte ihn. «Geliebt werden muss er, der Mensch. Und er muss selber lieben», sagte er. «Sich zum Beispiel. Sagt man ja immer, dass das wichtig ist. Sich selbst zu lieben. Dass man das kann.»

«Weiß ich nicht, ob ich das hinkriege», sagte Rüdiger skeptisch und aß noch eine Pommes, die mittlerweile an ein gesalzenes, farbloses Gummibärchen erinnerte. «Das spricht ja auch gegen die Theorie mit der kurzfristigen chemischen Verbindung und so. Was nutzt es der Fortpflanzung, wenn ich mich selbst liebe? Und begatte?»

«Okay, es gibt ja auch noch andere Theorien. Liebst du deine Kinder?»

«Na klar.»

«Du kannst die gar nicht lieben, wenn du dich nicht selbst liebst.»

«Das ist hart.»

«Das ist die Theorie.»

«Das ist Blödsinn.»

Tom strich «geliebt werden» durch und fasste die gerade gewonnenen Erkenntnisse unter dem Oberbegriff «Liebe» neu zusammen. «Was ist mit Zielen? Oder einer Aufgabe?»

«Wäre hilfreich», gab Rüdiger zu. «Ist aber nicht ganz dasselbe. Eine Aufgabe kann ich ja haben und trotzdem keinen Sinn darin sehen. Meine Aufgabe ist es zum Beispiel, Kinder zu unterrichten und aufs Leben vorzubereiten. Total sinnlos. Ziele hingegen muss man entwickeln, die sollten aber unbedingt einen Sinn haben. Sonst wäre das ja Quatsch. Was sind denn deine Ziele?»

Tom schnaubte. «Wenn ich noch welche hätte, wäre ich doch nicht von der Brücke gesprungen. Das wäre ja kontraproduktiv.»

«Du bist nicht von der Brücke gesprungen.»

«Richtig.»

«Und du hast das Ziel, ein Buch zu schreiben.»

«Hatte.»

«Das könnte aber auch eine Aufgabe sein.»

«Richtig.»

Tom schrieb «Ziele» auf den Zettel.

«Und jetzt?»

Sie sahen sich an, lasen das missmutige, vom Leben und Tagesablauf erschöpfte Gesicht des anderen aus. «Freude haben», sagte Tom. «Sich an irgendwas erfreuen, das wäre doch ein guter Grund zu leben. Oder nicht?»

Rüdiger dachte daran, wie lange er sich schon an gar nichts mehr aufrichtig erfreut hatte. An keinem Geschenk, keiner Geste, keinem Lächeln, keinem vorübergehenden Glück. So *getan* hatte er, na klar, er war sogar über die Jahre zu einem immer überzeugenderen Schauspieler im Sinne der Freude geworden. Fand er. Aber wenn man es genau betrachtete, war er seit heute nicht nur vierzig Jahre alt, sondern auch seit mindestens zwanzig Jahren freudlos. «Absolut», sagte er also. «Gilt denn auch ab und zu?»

«Natürlich.»

«Ich muss mich also nicht andauernd freuen?»

«Natürlich nicht. Wer tut denn das?»

«Dann schreib es auf.»

Tom schrieb «Freude» auf den Zettel.

«Vergebung», sagte Rüdiger.

«Wer? Wem?»

«Weiß nicht. Allen. Ich zum Beispiel meiner Frau. Oder den Schülern. Du deiner Mutter. Oder den Leuten, die dich damals abgesägt haben. Nach dem Roman. Ich glaube, man braucht Vergebung, um nicht immer so einen Klotz mit sich herumzutragen. Und dann vielleicht sogar, wenn es richtig gut läuft, irgendwann Freude empfinden zu können.»

Tom schrieb «Vergebung» auf den Zettel.

«Wie wäre es mit sozialer Kompetenz?», fragte Rüdiger. Er hatte offensichtlich einen Lauf.

«Wie bitte?»

«Na, ist doch klar. Wenn du ein soziales Wesen bist, bist du eingebettet in die Gesellschaft, also ein Teil von ihr, also Teil eines größeren Ganzen, also wichtig und nicht mehr so allein.»

Tom drehte den Kopf und betrachtete zwei von den Marvins und Marlons, die sich gerade mit kleinen Plastik-Lichtschwertern die Augen ausstachen.

«Kannst du komplett vergessen», sagte er. «Ich werd nicht zum sozialen Wesen!»

«Aber es würde dich glücklich machen!»

«Quatsch. Wie viele Freunde hast du?»

«Keine.»

«Aha!»

«Was heißt hier *aha*? Mir geht's ja auch schlecht. Wenn ich welche hätte, ginge es mir ja vielleicht besser.»

«Wo sollen wir denn jetzt plötzlich Freunde hernehmen? In einer Woche?»

Rüdiger hob entschuldigend die Schultern. «Es ging doch hier um Ziele, oder nicht?»

«Aber realistische, bitte. Außerdem ist soziale Kompetenz etwas völlig Äußerliches. Das kann man einfach so behaupten, ohne es zu fühlen. Nein, wir brauchen was Besseres. Was Echtes. Wir brauchen ... Empathie.»

«Dann schreib es auf.»

Tom schrieb «Empathie» auf den Zettel.

Sie betrachteten die Liste. Sie sah logisch aus, schlüssig, aber auch ein wenig brav. Rüdiger gefiel das, Tom weniger.

«Einen Punkt noch», sagte er. «Wie wäre es damit, ein Risiko einzugehen? Für das gewisse Etwas? Etwas, das einen weiterbringt, neue Energie generiert, weiß nicht, irgendwas Verrücktes?»

«Ich brauche nichts Verrücktes», sagte Rüdiger fest. «Ich habe noch nie etwas Verrücktes getan. Ich habe da feste Grundsätze. Ich glaube an die Bibel und an Gott.»

«Ich sehe da durchaus einen Widerspruch.»

Tom schrieb «Risiko» auf den Zettel.

«So», sagte er. «Ich fasse zusammen: Liebe, Ziele, Freude, Empathie, Vergebung, Risiko. Das sind hiermit die offiziellen Gründe für ein zu lebendes Leben.»

Und Geld, dachte er, sprach es aber nicht laut aus.

Rüdiger trank noch einen Schluck Cola. Die Kohlensäure war entwichen, der Zuckergehalt kam voll zum Tragen. Trotzdem sackte er innerlich unvermittelt eine Etage tiefer.

«Ach, es ist doch alles Quatsch», sagte er traurig. «Der eigentliche Grund zum Leben ist Fortpflanzung. Alles andere konstruieren wir Menschen nur drum herum. Und warum? Weil wir die Wahrheit nicht aushalten können: Es gibt nichts.»

«Hast du nicht gerade noch gesagt, du glaubst an Gott und die Bibel?»

«Ich bin im Moment etwas sprunghaft. Ha, sprunghaft.»

Am Nachbartisch begann ein reichlich übergewichtiges Pärchen in Trainingsanzügen miteinander zu streiten. Mit vollem Mund. Es fielen ausschließlich Begriffe, die im amerikanischen Fernsehen gepiept worden wären, das Pärchen spuckte beim Schimpfen Hühnchenreste durch die Gegend, zu ihren Füßen saß ein Chihuahua mit Aufmerksamkeitsdefizitsyndrom und freute sich über die unerwartete Fütterung. Die Marvins und Marlons in ihrer Ecke wurden plötzlich sehr still, hier gab es schließlich was zu lernen für ihr weiteres Leben, vor allem aus der Abteilung Wortschatz.

«Und was machen wir jetzt damit?», fragte Rüdiger und zeigte auf die Liste.

«Wir arbeiten die ab», sagte Tom. «Bis Samstag. Wenn wir von den sechs Punkten fünf erfüllen, haben wir genügend Gründe zum Weiterleben. Fünf sag ich jetzt einfach mal, können auch vier sein. Nee, fünf ist schon besser. Man braucht ja Reserven.»

Rüdiger zögerte, dann streckte er die Hand aus: «Abgemacht!», sagte er.

«Jetzt werd mal nicht pathetisch», sagte Tom, zog die Hand zurück und blinzelte. Bemerkte etwas. Verfolgte hilflos, wie sich ein Schatten aus einem nicht näher definierbaren Blickfeld vor sein Bewusstsein schob.

«Scheiße», sagte er.

«Wie bitte?», fragte Rüdiger.

«Nicht zum Arzt», ergänzte Tom, legte den Rest vom Burger auf den Tisch, dann kippten seine Schultern ab, sank sein Kopf nach vorn, zentral aufs Tablett, vielleicht wegen der Symmetrie, die Cola kippte um, der Tag war schwarz gewesen, der Abend auch und jetzt, aus alter Verbundenheit, die Nacht.

9

Ein anderes Hinterzimmer, eine andere Liege, ein gewohntes Erwachen. Tom spürte das gleißende Licht durch die geschlossenen Lider. Er öffnete die Augen, so langsam wie vorsichtig, und blickte direkt in eine über ihm befestigte Neonröhre. Er blinzelte irritiert, sein Kopf verpasste ihm einen Stich, er wartete einen Moment auf Gewöhnung und orientierte sich schließlich mit minimalen Bewegungen. Auch dieses Hinterzimmer war klein, aber deutlich besser in Schuss als das im Supermarkt. Fast aseptisch war es hier. Ein Schreibtisch, ein Regal mit Ordnern, ein moderner Laptop. Und – aha – eine Topfpflanze. Ende. Bis auf die Liege natürlich. Dieses Mal hatte er sogar eine Decke über den Beinen, eine rot-weiße Decke mit dem nicht wenig angsteinflößenden Konterfei von Ronald McDonald. Wer hatte dem Konzern bloß diese Figur eingeredet? Wer wollte die denn bitte zum Freund haben? Dämonisch war die. Wusste man doch, dass Kinder Angst vor Clowns hatten. Sein Bewusstsein öffnete sich langsam für die Gegenwart. Rüdiger saß neben ihm an der Kopfseite auf einem Stuhl, leicht wippend und immer noch streng riechend. Am Fußende legte ihm ein potenzieller Mitarbeiter des Monats in geradezu fürsorglicher Weise ein zusammengerolltes Handtuch unter die Füße. «Das hat ein bisschen was von Kreißsaal», flüsterte Tom. «Herzlichen Glückwunsch, es wird ein Cheeseburger.»

Rüdiger zuckte zusammen. «Du bist wieder da», stellte er überflüssigerweise fest und stand auf. «Mensch, was war das denn?»

«Hab ich manchmal», sagte Tom. «Danke für die Hilfe.»

Der Mitarbeiter des Monats nickte. «Ich bin Milos», sagte er. «Brauchst du noch was?»

«Nur einen Moment.» Tom verschränkte seine Arme hinter dem Kopf. «Bin gleich wieder fit.»

Milos schaute zur Tür. «Ich muss weitermachen, okay? Personal ist knapp. Wenn es wieder geht, einfach die Tür hinter euch zuziehen.» Er war schon fast draußen, da drehte er sich noch einmal um. «Aber nix klauen, okay?»

Tom schwor mit gekreuztem Zeige- und Mittelfinger, Rüdiger hob erschrocken beide Handflächen in die Höhe. Milos nickte und war verschwunden.

«Okay», sagte Rüdiger. «Klartext jetzt. Was war das?»

«Ich hab keine Ahnung.»

«Du hast das öfter?»

«Seit zehn Jahren. Immer mal wieder.»

Rüdiger zögerte. «Vielleicht ein Hirntumor?»

«Ich hab keinen Tumor.»

Rüdiger lief vom Kopf- zum Fußende. Mehr wäre auch nicht gegangen. Außer denselben Weg zurück.

«Ganz kurz hab ich gedacht ...», begann er. «Ich meine, wie bitte? Wir beide überwinden uns fast selbst, so sag ich das jetzt halt mal, dann machen wir das aber doch nicht und dann verreckst du, Entschuldigung, in einem McDonald's? Und das, obwohl ich eigentlich gar nicht zu McDonald's gehe.»

«Die sind aber sehr nett hier.»

«Das ist doch gar nicht der Punkt.» Rüdigers Kopf glänzte in den schillerndsten Rottönen. «Was machen wir denn jetzt?», fragte er.

«Wieso wir?»

«Ja, wer denn sonst?»

«Ich glaube, das ist ein Missverständnis», sagte Tom kühl. «*Wir* haben die Liste und *wir* haben eine Verabredung in knapp einer Woche, aber davon mal abgesehen gibt es kein *Wir*. Wenn ich dich jetzt die ganze Zeit am Hacken habe, schaffe ich das ja gar nicht bis Samstag. Dann springe ich sofort.»

«Das ist nicht nett.»

«So bin ich. Ich hab schon genug damit zu tun, für mich selbst

Verantwortung zu übernehmen, da kann ich mich nicht auch noch um andere kümmern.»

«So siehst du das?»

«Ja, so sehe ich das.»

Rüdiger schwieg zunächst, dann griff er seine Jacke, die über der Stuhllehne hing. «Alles klar», sagte er und öffnete die Tür. «Dann mach doch alleine weiter mit deinem Mist.»

«Scheiß.»

«Was?»

«Sag mal Scheiß.»

«Wieso?»

«Mist sagt man in Kinderbüchern, in denen man zwar böse Königinnen umlegen und in die Hölle schicken darf, nicht aber fluchen. Mist ist ein Scheißwort.»

«Ich sage mein ganzes Leben lang schon Mist.»

«Deswegen hört auch niemand auf dich. Du musst mal scheiße sagen.»

Rüdiger schüttelte den Kopf, zog die Tür hinter sich zu, so fest es die Hydraulik halt erlaubte, dann eilte er aus dem McDonald's, vorbei an Milos, der einem Kunden gerade eine glückliche Mahlzeit eintütete.

«Hey», rief Milos ihm hinterher. «Was ist denn los? Ist er tot? Er ist doch nicht tot, oder?»

Aber Rüdiger war schon draußen, eilte die Treppenstufen zur hier ausnahmsweise oberirdisch verlaufenden U-Bahn hinauf, hatte das Glück eines einfahrenden Zuges und stieg ein, ohne darauf zu achten, wohin genau die Reise ging. Musste er auch nicht. Es gab immer irgendwo die Möglichkeit, umzusteigen.

*

«Wie riechst denn du?», fragte Silvia und schaffte es mühelos, selbst in ihrem öffentlich zur Schau getragenen Schuldbewusstsein angewidert zu sein.

«Ich hatte einen schweren Tag», murmelte Rüdiger und schleppte sich an ihr vorbei ins Bad. Er schloss die Tür ab und lehnte sich dagegen. War es eigentlich richtig gewesen, hierher zurückzukehren? War das überhaupt noch sein Zuhause? Und falls ja, warum fühlte es sich dann so anders an? So fremd? Es hatte nur eine halbe Stunde und dreifaches Umsteigen gebraucht, dann hatte er wieder vor der eigenen Haustür gestanden, ganz automatisch, in Ermangelung von Alternativen, müde, erschöpft, nicht wissend, was ihn erwarten würde. Ob Florentin, der schöne Florentin, vielleicht immer noch auf seinem Sofa oder seinem Bett sitzen und bei Silvia Händchen halten würde. Ob schon Koffer gepackt waren. Ob die Kinder sich weinend an ihren Spielsachen festklammerten, weil seine Frau beschlossen hatte, ihr Leben endgültig an der Seite eines fröhlichen Lektors zu verbringen und nicht neben ihm, dem in jeder Hinsicht kleinen Rüdiger mit seiner schwarzen Hornbrille und der Schülerallergie. Oder ob sie sich vielleicht sogar darüber freuten? Endlich waren sie ihn los, den bleischweren Papa, der so wenig lachte, kaum Quatsch mit ihnen machte und immer nur auf Ordnung pochte.

Alles keine schönen Aussichten, aber da das mit der Selbstüberwindung ein Rohrkrepierer gewesen war, zumindest vorläufig – was sollte er machen? Man konnte ja nicht ewig wegrennen, vor sich, den anderen, der Realität. Also, konnte man natürlich schon, aber so ein Netflix-Abonnement kostete ja auch Geld.

Er hatte also das Haus betreten, das große, unpersönliche, gelbe Haus, war mit schmerzenden Oberschenkeln die Treppenstufen hinaufgestiegen, vorbei an der gedämpft hinter ihrer Tür weinenden Frau Bormann aus dem ersten Stock, hatte wie als Warnung ein paar Sekunden im Schlüsselloch herumgestochert, schließlich die Wohnung betreten, erleichtert das Fehlen der Timberland-Jacke festgestellt, dann seine Frau bemerkt, die mit verquollenem Antlitz in einer Ecke stand, und sanft die Tür hinter sich zugezogen. Silvia trug schon wieder ihren Bademantel. Konnte es sein, dass sie den ganzen Tag darin herumgelaufen war? Und falls ja, ging ihn das überhaupt noch etwas an? Die Türen zu den Kinderzimmern waren geschlossen, Max und Lilian schliefen also. Natürlich, es war ja mindestens halb elf. Silvia hatte seinen Geruch bemerkt, Rüdiger das mit dem schlechten Tag gesagt, dann war er ins Bad geeilt und da lehnte er nun, zitternd, ertrinkend in einem Überfluss inkohärenter Gefühle, riss sich die Klamotten vom Leib, als könnte er sich damit aller Sorgen entledigen, schaltete das Kofferradio an, Tina Turner sang vom typischen Mann, alles war so durchschnittlich wie eh und je, aber er stand schon Sekunden später unter der Dusche, schnaufend wie ein Asthmatiker auf der Suche nach der letzten Luft und wusch sich den Schmerz vom Leib, bis die Haut fleckig und welk wurde und der Wasserdampf das Badezimmer in einen schützenden Kokon aus Nebel verwandelt hatte.

Als er fertig war, endlich fertig nach fast zwanzig Minuten des allumfassenden Einweichens, griff er nach seinem Handtuch, rubbelte sich trocken, viel zu fest, bis die Haut endgültig kapitulierte, bis es weh tat und kleine Risse entstanden, dann fiel ihm auf, dass er keine sauberen Klamotten mitgenommen hatte, dass er die alten aber niemals wieder anziehen würde, dass hier nur sein Schlafanzug lag, sein lächerlicher Schlafanzug mit dem Bärchenmuster. Und dass nichts weniger Autorität, Männlichkeit und Würde ausstrahlen konnte als der verdammte Schlafanzug mit dem Bärchenmuster. Hier galt es abzuwägen, Bärchen gegen Nacktheit, was waren das denn eigentlich für Optionen? Er entschied sich mehrmals um, überlegte kurz, sich einfach ein Handtuch um die Hüften zu binden, stellte fest, dass er keine nennenswerten Hüften besaß und das Handtuch ungehalten und im freien Fall zu Boden sinken würde, zog am Ende den Schlafanzug an, föhnte sich, wischte gewohnheitsmäßig den Spiegel, ohne klarere Sicht zu erlangen, und trat schließlich zurück in den Flur, in dem Silvia auf und ab getigert war wie er im Krankenhaus kurz vor der Entbindung Lilians. Sie sah ihn, wie er dastand mit seinem Bärchenmuster, der kleine Mann, mehr Kind als erwachsen – und musste lachen. Trotz allem.

«O. Mein. Gott», sagte sie. Und so wie sie es sagte, steckte darin alles, was sie in ihm nicht mehr fand, wenn sie es denn jemals gefunden hatte. Und warum irgendein Florentin immer die verlockendere Wahl war.

«Ja», sagte er. «O mein Gott.»

Er ging voraus in die Küche, barfuß wie er war. Wenigstens die ausgelatschten Filzhausschuhe hatte er sich gespart, das Stichwort hieß Restwürde. Er hinterließ feuchte Spuren auf dem Laminat. Die Küche war aufgeräumt, von dem Apfelkuchen war keine Spur zu sehen. Er blickte auf das riesige Ungetüm über der Spüle, das einer alten Londoner Bahnhofsuhr nachempfunden und dessen Ticken immer schon zu laut gewesen war. Es war drei Minuten vor elf. «Ich habe noch über eine Stunde Geburtstag», sagte er und stellte sich ans Fenster.

Silvia setzte sich an den Küchentisch, fast eine Geste der Unterwerfung, schließlich schaute er nun auf sie hinunter. «Es tut mir so leid, Rütze», sagte sie.

«Bitte.» Rüdiger drehte sich zu ihr herum. «Sag das nicht mehr.»

«Dass es mir leidtut?»

«Nein. Rütze. Sag bitte nie mehr Rütze. Das war immer schon furchtbar. Jetzt ist es unerträglich.»

Silvia nickte. «Klingt ja auch wirklich schlimm. So nach einer Mischung aus Ritze und Rotze.»

«Das fällt dir erst jetzt auf?»

«Dir ja auch.»

«Nein. Hat die Schule angerufen?»

Silvia nickte erneut. «Fünfmal. Die haben sich Sorgen gemacht. Sogar Frau Himmelmann.»

Frau Himmelmann war die Sekretärin des Rektors. Von ihr hieß es, sie könnte mit ihrem Wesen die Sonne einfrieren, wenn sie ihr zu nahe käme. Rüdiger betrachtete im gegenüberliegenden Fitnessstudio die letzten Athleten des ausklingenden Tages. Er zählte sieben gedehnte, gestählte, glänzende Körper. Sie alle waren schön.

«Was hast du denn den ganzen Tag gemacht?», fragte Silvia leise.

«Ich hab eine Liste angefertigt. Ach ja, und versucht, mich umzubringen. Hat aber nicht geklappt», sagte Rüdiger und bemerkte eine einzige Frau unter den Fitnessjüngern.

«Lass das, du machst mir Angst.» Silvia zog ein Taschentuch aus der Box auf der Mitte des Küchentischs, die dringend nachgefüllt werden musste. Rüdiger war zunehmend abgelenkt. Tatsächlich, dachte er. Die sechs männlichen Athleten hatten sich mehr oder weniger unauffällig um die Frau herum gruppiert, so behielten sie sie im Auge. Machismo. Testosteron. Sextrieb. Alles, was er nicht hatte.

«Entschuldige», sagte Rüdiger und widmete seine Aufmerksamkeit wieder Silvia. Warum entschuldigte er sich hier? Taschentücher hin oder her. Das war falsch. Wenn sich jemand zu entschuldigen hatte, war sie es. Und so ein paar Tränchen waren ja wohl das Mindeste.

«Wie lange geht das denn schon mit dir und diesem ... Florentin?», fragte er.

«Vier Jahre», sagte Silvia. Sie sprach so undeutlich, als hätte sie das Taschentuch im Mund.

«Vier?», rief Rüdiger und nahm die Brille von der Nase.

«Und sieben Monate. Das verstehst du vielleicht nicht.» Silvia untersuchte einige Brotkrümel auf dem Tisch, die genau zu diesem Anlass nicht weggewischt worden zu sein schienen. «Aber das war die einzige Chance für unsere Ehe.»

«Wieso?»

«Wegen der Langeweile.» Sie wischte sich die Tränen aus den Augenwinkeln und schaltete um auf Trotz. Stufe zwei des natürlichen Silvia-Gesprächsverlaufs. «Mein Gott, war mir langweilig. Mir ist eigentlich immer noch langweilig. Aufstehen, Frühstück, Kochen, Yoga, Frauentreff, Latte macchiato bis zum Durchfall und jeden zweiten Tag Sekt gegen die Gleichförmigkeit. Was will ich denn mal machen, wenn die Kinder groß sind? Worauf kann ich mich freuen? In den Job komme ich nie wieder zurück. Pläne machen also. Für was? Du bist Lehrer, du bist noch fünfundzwanzig Jahre Lehrer, oder siebenundzwanzig, aber du interessierst dich für nichts. Du interessierst dich nicht für mich. Du interessierst dich höchstens für Lilian und Max, weil es deine Pflicht ist. Aber auch nur so viel, wie du musst. Eigentlich sitzt du immer nur da und starrst. Du starrst auf den Fernseher. Du starrst aus dem Fenster. Du starrst auf das einzige Sudoku-Heft, das du dir jemals gekauft hast. Du radierst die Zahlen aus dem Heft, um wieder von vorne anfangen zu können. Du trägst deine Depressionen vor dir her wie andere Leute den Koran. Oder die Bibel. Und wir? Was ist mit uns? Was ist denn das für ein Leben?»

«Es ist ein ordentliches Leben», sagte Rüdiger. «Wir haben zwei Kinder, wir haben sogar zwei Autos. Wir fahren einmal im Jahr in Urlaub. Mindestens. Manchmal sogar zweimal. Du kannst dich mit deinen Freundinnen treffen. Du kannst dir den Yoga-Kurs leisten. Ich leiste mir nichts. Du musst dir keine Sorgen um deine Zukunft machen. Du bist finanziell abgesichert. Ich habe eine Arbeit, die mich wahnsinnig macht. Wo mich niemand ernst nimmt. Ich bin Beamter. Ich komme nach Hause, und meine Frau gibt mir zur Begrüßung einen Klaps auf die Schulter. Ich habe Geburtstag, meinen vierzigsten sogar, und niemanden interessiert es. Ich bekomme keine Anrufe. Dafür bekomme ich einen

Sandkuchen, obwohl ich Sandkuchen hasse. Das hätte sich doch mal herumsprechen müssen: Papa hasst Sandkuchen, Papa isst den Sandkuchen nicht, keinen Sandkuchen für Papa. Oh, vielleicht brauchen wir doch mal eine zweite Idee? Eine zweite Idee für Papa! Wäre eine zweite Idee denn wirklich zu viel verlangt?»

«Der Apfelkuchen», sagte Silvia und biss sich auf die Lippe.

«Genau. Der Apfelkuchen von Florentin.»

Sie schwiegen einen Moment. Rüdiger dachte über das Gesagte nach.

«Du trinkst Sekt?», fragte er dann. «Jeden zweiten Tag?»

Sie kniff die Lippen zusammen. «Nein», sagte sie. «Aber selbst wenn.»

Er wandte sich ab und versuchte ein weiteres Mal, durch die Komplettverglasung im hell erleuchteten Fitnessstudio Gesichter zu erkennen. Die Männer interessierten ihn nicht, diese geklonten Wrestlertypen, aber bei der Frau war es irgendwie anders. Mittelgroß, Pferdeschwanz, brünett. Es war ihm doch gleich so komisch vorgekommen. Konnte es sein, dass ...? Nein, das konnte nicht sein. Das wäre ja zu unglaublich. Und unglaublich gab es nicht. Schon aus Prinzip. Rüdiger sah nur noch ihren Rücken, sie war offenbar fertig für heute, Kunststück, das Studio wurde sowieso schon abgedunkelt, sie legte sich ein Handtuch über die Schultern und zog sich von der Sportfläche in die Umkleidekabine dahinter zurück. Die Männer sahen ihr nach und selbst aus dieser Entfernung enttäuscht aus, widmeten sich aber nach einer Schweigesekunde umso kraftvoller ein letztes Mal ihren Geräten. Irgendwo musste die ganze Energie ja hin.

«Bin gleich wieder da», sagte Rüdiger mit plötzlichem Schwung und schob sich an Silvia vorbei durch den Flur ins Schlafzimmer. Er öffnete die Tür zu seiner Schrankhälfte, die keine ganze Hälfte war, sondern nur ein Drittel, und griff nach der grauen Fußballhose, die er zum Fernsehen am Samstagnachmittag benutzte. Dazu irgendein T-Shirt, das im nur träge hereinscheinenden

Flurlicht blau oder schwarz war und keine Aufschrift hatte. Er befreite sich von dem Bärchenschlafanzug, Silvia schaute weg.

«Was tust du?», fragte sie, die hinter ihm im Türrahmen stand. Rüdiger stieg in seine Turnschuhe.

«Ich muss joggen», sagte er, nahm seinen Schlüssel vom Bord und war schon aus der Tür. Er eilte die Treppen hinunter, erinnerte sich an seine Eltern, die sich immer fürchterlich aufgeregt hatten, wenn irgendjemand im Treppenhaus rannte, so von wegen des Lärms und generell unziemlichen Verhaltens, dann war er auf der Straße, überwältigt von seiner ungewohnten Spontaneität, vielleicht gehörte das ja schon zu dem Listenpunkt Risiko, er wäre fast von einem Fahrradfahrer ohne Licht erfasst worden und stand auch schon vor dem Eingangsbereich des Fitnessstudios, trippelnd, jetzt selbst voller hilfloser Energie, wo immer er die eigentlich hernahm nach diesem Tag, nach so einem Tag.

Er atmete tief durch, hatte keine Socken an, schwitzte. Aber noch nicht genug. Er lief die Straße fünfzig Meter hinauf, mehr sprintend als joggend, drehte an der nächsten Ecke wieder um, lief den ganzen Weg zurück, das machte er dreimal, dann war er durchgeschwitzt und fertig, sah aus wie ein Marathonläufer, der schon zwanzig Kilometer hinter sich hatte, mindestens, der vielleicht auf dem Weg nach Hause war und zufällig jetzt hier, an diesem Fitnessstudio, vorbeikam. An dem Fitnessstudio, aus dem just in diesem Moment die Frau mit dem Pferdeschwanz herauskam.

«Das gibt's doch nicht», keuchte Rüdiger einen Tick zu früh, um wirklich erstaunt zu sein. Er hatte schon als Konfirmand in der Orff-Gruppe die Pauke stets zu früh gehauen, das Instrument, das man den Kindern anvertraute, die für jedes andere Instrument ungeeignet waren, aber geirrt, geirrt hatte er sich nicht. Es war der Pferdeschwanz mit der Payback-Karte. Der Pferdeschwanz mit der Payback-Karte und dem Geo-Magazin. Der sich allerdings deutlich weniger begeistert zeigte als Rüdiger.

«Wie bitte?»

Die Frau betrachtete ihn wie jemanden, den sie noch nie zuvor gesehen hatte und dessen bloße Erscheinung ihr Leben nicht sonderlich zu bereichern versprach. Rüdigers Brille war beschlagen, er nahm sie ab, wischte, setzte sie wieder auf und stützte die Hände in die Knie. Er war aber auch erschöpft.

«Wir kennen uns doch», sagte er. «Hier, der Drogeriemarkt. Das Café. Heute Morgen.»

Die Frau setzte sich vorsichtig in Bewegung, zweifelnden Blickes, unsicher, ob sie nicht gerade Jack The Rippers kleinem Bruder begegnet war.

«Schön», sagte sie und meinte es nicht. Rüdiger blieb auf ihrer Höhe. Sie beschleunigte.

«Das gibt's doch nicht», wiederholte er. Jetzt schon etwas flehentlich. Warum freute sie sich denn nicht? Wenigstens ein bisschen?

«Folgen Sie mir immer noch? Sind Sie mir den ganzen Tag gefolgt?», fragte sie, blieb stehen, nahm ihre Tasche von der Schulter und öffnete den Reißverschluss.

«Nein, nein, das ist Zufall», beteuerte Rüdiger und zeigte zu seinem Haus, das sich vor Fremdscham schon hinter der nächsten Ecke zu verstecken drohte. «Ich wohne da. Ich hab Sie gesehen. Aus dem Fenster!»

«Ich werd verrückt», sagte der Pferdeschwanz. «Was sind Sie denn noch? Ein Spanner?»

«Nein, nein», wiederholte Rüdiger aufgeregt. «Ich wohne da. Man muss ja auch mal rausgucken. Man kann ja nicht immer nur hinein ... also auf die Möbel starren. Ich habe nur aus dem Fenster geguckt. Zufällig. In der Küche.»

Sie hob eine Dose mit Pfefferspray hoch. «Lassen Sie mich in Ruhe! Oder ich benutze das hier!»

Rüdiger blieb stehen. «Da müssen Sie aber zuerst den Deckel abmachen.»

«Ach, verdammt», sagte sie und zerrte an der Dose herum. Der Deckel klemmte fest.

«Soll ich mal?», fragte Rüdiger hilfsbereit.

«Nein.»

«Ich hab Ihr Geo-Magazin mitgenommen», sagte Rüdiger. «Ich kann es holen. Soll ich es holen?»

«Nein.»

«So ein Geo-Magazin ist teuer. Es ist unlogisch, es einfach irgendwo liegen zu lassen.»

«Dann freuen Sie sich doch. Lesen Sie es. Lesen Sie am besten den Artikel übers Auswandern. Und belästigen Sie mich nicht. Sie belästigen mich!»

«Tue ich nicht.»

«Ja, aber sicher. Ob man belästigt wird, kann ja wohl nur derjenige entscheiden, der belästigt wird. Nicht der Belästiger. Das ist wie bei einem Unfall. Wenn Sie mir mit dem Auto hinten reinfahren, sind ja auch Sie schuld und nicht ich.»

«Na ja. Und was ist, wenn Sie plötzlich gebremst haben, obwohl die Fahrbahn frei ist?»

«Dann sind Sie trotzdem schuld.»

«Auch auf der Autobahn?»

«Auch auf der Autobahn. Dürfen Sie halt nicht so dicht auffahren. Sie fahren zu dicht auf! Und ich bremse jetzt, okay? Hauen Sie endlich ab!»

Zwei Muskelmänner kamen aus dem Fitnessstudio und wurden der Situation auch ohne größere Erklärungen gewahr. Sie klemmten sich ihre Zigaretten hinters Ohr, runzelten im Einklang mit ihrem Bizeps die Stirn, kamen mit zwei, drei federnden Schritten näher und bauten sich neben der Frau auf. Rüdiger traute sich kaum hinzusehen. Zwei kurzgeschorene Eiweißkonsumenten, die sich hübsche Stiernacken gezüchtet hatten und insgesamt aufgepumpt waren wie die Reifen eines Monster-Trucks.

«Na?», sagte der eine. Die Stimme bewegte sich erwartungsgemäß im tieffrequenten Bereich. Er war fast zwei Köpfe größer als Rüdiger. Rüdiger fühlte sich an seine Schulzeit erinnert, als er von den älteren Kindern verprügelt worden war, wenn er nicht schnell genug weggerannt war. Er war, so durfte man das zusammenfassen, zu oft nicht schnell genug weggerannt.

Die drei Männer belauerten sich für einen Moment, die Muskelmänner grinsten, dann legte Rüdiger eine Art rückwärtigen Kickstart hin, drehte sich auf der eigenen Achse herum und rannte wie das Reh im Angesicht des Jägers. Er bog um die nächste Ecke, hörte die Männer hallend und schallend lachen, joggte nicht, sondern sprintete die Straße entlang, bis die Lungenflügel schmerzten und Seitenstiche ein Weiterlaufen unmöglich machten. Es kam ihm vor wie eine Ewigkeit, letztlich aber war er nicht weiter gekommen als höchstens fünfundzwanzig Meter. Die beiden Bodybuilder hätten leichtes Spiel gehabt, hätten ihn einfach am Straßenrand einsammeln können, aber sie zogen zusammen mit der Frau in die entgegengesetzte Richtung davon. Der Spaß war vorbei.

Rüdiger stemmte die Hände in die Knie. Er hatte immer noch Geburtstag, war ein letztes Mal, so hoffte er, für den heutigen Tag gedemütigt worden und jetzt nur noch unendlich müde. Er schaute an seiner Hausfassade hinauf, sah die Silhouette Silvias im Küchenfester, die das ganze Schauspiel aus ihrer Loge heraus mit verschränkten Armen verfolgt hatte. Rüdigers rechte Hand tat weh. Er hatte den Haustürschlüssel darin getragen und in den letzten Minuten ordentlich gekrampft. Zeit für eine weitere Dusche. Zeit fürs Bett. Morgen war ein anderer Tag. Morgen war der erste Tag nach seinem vierzigsten Geburtstag. Morgen war der Tag, an dem die Liste abgearbeitet wurde. Punkt für Punkt. Stück für Stück.

Er überquerte die Straße, die regennasse, und dachte daran, wie es denn wäre, jetzt, nach all dem Hin und Her, einfach von einem Auto erfasst zu werden, nicht absichtlich, sondern zufällig, und ob darin nicht doch ein großer Funken Komik stecken würde. Er beantwortete diese Frage positiv, bedauerte es fast, dass ihm das Lachen darüber versagt blieb, und betrat ein weiteres Mal das Treppenhaus. Die alte Frau Bormann aus dem ersten Stock weinte immer noch und Rüdiger war sich nicht sicher, ob sie das nicht allzu demonstrativ tat. In ihrem Wohnungsflur. Direkt hinter der Wohnungstür. Sie hätte ja auch in der Küche weinen können. Oder im Schlafzimmer. Mit der Decke über dem Kopf. Er war sich jedenfalls absolut sicher, dass er sich da nicht einmischen würde. Das machte man nicht. Man klingelte nicht einfach bei einer wildfremden Frau, mit der man seit einem Jahrzehnt im selben Haus wohnte. Das war ihre Privatsphäre, ein Stockwerk darüber begann seine. Diskretion war wichtig. Leben und leben lassen. Respektvolle Distanz. Und eine Krise hatte ja schließlich jeder mal. Er ging zwei Treppenstufen nach oben, dann blieb er stehen und dachte an die Liste. Die meisten Punkte waren auf Frau Bormann nicht anwendbar, aber da stand ja auch *Empathie*. War das nicht sogar sein Vorschlag gewesen? Er wusste es nicht mehr. Empathie würde jedenfalls bedeuten, sich in Frau Bormann hineinzufühlen, nachzuvollziehen, wie schlecht es ihr ging, Wärme zu spenden, vielleicht sogar zu trösten, sie in den Arm zu nehmen. Das natürlich nur bildlich, man musste es ja nicht übertreiben. Auf jeden Fall, da gab es nichts zu deuteln, stand Empathie auf der Liste. Klare Sache.

Rüdiger seufzte, ging die paar Stufen zurück, roch unter seinen Achseln, fiel fast in Ohnmacht und klingelte. Es dauerte keine zwei Sekunden, da öffnete sie die Tür. Frau Bormann gehörte zum Haus wie die Briefkästen neben der Treppe. Die grauen Haare waren strähnig, sie trug eine Blümchenschürze, wie sie die Trümmerfrauen nach dem Zweiten Weltkrieg getragen hatten, ganz gleich, ob sie nun den Schutt wegräumten oder die Schwarzwurzeln zubereiteten, die es zu besonderen Anlässen bisweilen mit Kartoffeln gab. Ihre Augen waren trüb, sie hielt ein zerknülltes Taschentuch in der faltigen Hand.

«Herr Bunzel», krächzte sie. «Mir geht es gar nicht gut.»

«Das habe ich gehört», sagte Rüdiger. «Kann ich helfen?»

«Nein, eigentlich nicht.», sagte Frau Bormann leise. «Nicht auf Dauer.»

«Was ist denn?»

«Ich bin so allein.» Sie blickte zu Boden.

«Wer nicht?» Rüdiger zog die Luft zwischen den Zähnen ein. Eventuell war das keine sonderlich empathische Antwort gewesen.

«Ich habe den ganzen Tag mit niemandem gesprochen», fuhr Frau Bormann fort. «Es will auch niemand mehr mit mir sprechen. Denn immer wenn ich einmal anfange zu reden, höre ich nicht mehr auf.»

«Das tun doch alle alten Leute», sagte Rüdiger. Nein, so funktionierte das nicht. Er musste grundsätzlich anders an die Sache herangehen, er durfte nicht nur klingeln und so tun, als wäre er empathisch. Er musste echtes Mitgefühl entwickeln. Aber Kunststück. Sein Schweiß wurde kalt, *ihm* wurde kalt. Warum bloß hatte er geklingelt? Mitgefühl. Empathie.

«Sie brauchen also jemanden, der ihnen zuhört? Ich höre Ihnen gerne zu», sagte er. Das war schon besser.

«Ach, Sie wollen doch sicherlich zu Ihrer Familie ...», sagte Frau Bormann, öffnete die Tür aber einen Spaltbreit mehr. Aus ihrer Wohnung drang der Geruch ungeöffneter Fenster.

«Nein», sagte Rüdiger aufrichtig. «Will ich nicht. Ich komme mal rein, ja?»

10

Sobald Rüdiger gegangen war, hatte Tom wieder diese tiefe Verzweiflung übermannt, diese ungebremste Hoffnungslosigkeit, Mutlosigkeit, ja, Lustlosigkeit, die ausschlaggebend für seine Fahrt zur Lembachtalbrücke gewesen war. Wenn man jemanden wie diesen Rüdiger neben sich hatte, einen Mann, dessen Gesicht in der Erinnerung erstaunlich schnell verblasste, dem es aber eventuell noch schlechter ging als einem selbst, relativierte sich der eigene Schmerz aufs angenehmste. War ja klar: Solange das verwundete Gegenüber noch stand, durfte man sich selbst nicht fallenlassen, das wäre in höchstem Maße, na ja, unsportlich gewesen. So funktionierten eigentlich auch diese psychosomatischen Kliniken, dachte er, die Patienten stützten sich gegenseitig knapp oberhalb der Grasnarbe und waren zusammen weniger allein. Jetzt aber, beim gelben M, auf dieser ungemütlichen, knallharten Liege, war der ausgestreckte Schritt in das nächste, noch tiefere Loch eine zwangsläufige Konsequenz gewesen. Und das mit der Liste, ach Gott ja, das war ja auch nur für ihn gewesen, diesen Rüdiger, der so leicht zu beeinflussen schien, tröstlicher Quatsch, nicht mehr als etwas Gehirnjogging gegen die Dummheit des Lebens.

Er war also aufgestanden, hatte die Ronald-McDonald-Decke mit dem Gesicht nach innen ordentlich zusammengefaltet, bemerkt, dass ihm das nicht entsprach, die Decke wieder zerknüllt, das Büro verlassen, war an Milos vorbeimarschiert, der jeden denkbaren Grund zur Depression gehabt hätte und der einfach nur grinsend dastand und lauter austauschbaren Großstadtgesichtern frittierten Dreck verkaufte, der ihm sogar noch einen schönen Abend gewünscht und einen Optimismus dabei ausgestrahlt hatte, dass es kaum auszuhalten gewesen war, und lief seitdem die Hauptstraße entlang, diese zu jeder Uhrzeit unruhig pochende Halsschlagader der Stadt. Er kämpfte gegen die inhaltslose Übelkeit, die jedem Besuch bei McDonald's auch ohne suizidale Tendenzen folgte wie die Dunkelheit dem Licht, seine Jeans spannten, Müdigkeit schob sich unaufhaltsam in die Glieder, mit jeder matten Bewegung blitzten Schlaglichter seiner Phantasie auf, seiner Erinnerung, er band Assoziationen aneinander wie Perlen auf einer zu beiden Seiten offenen Schnur. Das Gehirn widersprach dem Körper, es arbeitete auf Hochtouren, häufte Bild für Bild an, allein, die Fetzen ergaben kein Ganzes, keinen Sinn, alles blieb Fragment: Apfelbäume, Heuschnupfen, der erste Kuss (wie war noch mal ihr Name?), Schläge auf den Hinterkopf, die angeblich das Denken verbesserten, heimliche Konzertbesuche, der erste Rausch, Buchmesse, noch einmal der erste Kuss, wie konnte es sein, dass ihm der Name nicht einfiel, der nächste Rausch, noch mehr Schläge, einmal auch in den Magen, noch mehr Alkohol, sein Kopf, im Freibad unter Wasser gedrückt von Martin, der Name fiel ihm ein, warum ausgerechnet dieser Name, Kliniken, weiße Kittel, blaue Kittel, Kirschbäume, die Buchmesse, Verstecken, Verstecken spielen als Kind, Verstecken spielen als Erwachsener, der Geruch von Francesca, wieso bloß roch der netteste Mensch der Welt so furchtbar, Brückengeländer, Buchmesse, immer wieder Alkohol, Drogen, eigentlich alles, was kurzfristig half oder auch nicht half, Ärzte, Tabletten, leere Augen, Übelkeit, Magensäure, Therapiegespräche, Sessel mit zu hohen Lehnen, die verbrannte Generation, die sinnlose Klammer, vielleicht war sie ja wirklich um das b und er hatte einfach nie richtig hingeschaut – zusammengefasst ein Haufen Unrat, aufeinandergestapelt als Biographie eines einzigen, unergiebigen Lebens.

Er sah eine S-Bahn-Station vor sich, hier fuhr sie, die Linie, die ihn zum Lembachtal gebracht hatte; auch nur eine von vielen falschen Fährten. Dennoch steuerte Tom auf den Eingang zu, eilte die Treppen hinunter, im Laufschritt, Galopp, Galopp, stellte sich auf den Bahnsteig, direkt neben eine auffällig blondierte Frau mit kurzgeschnittenen Haaren und zu vielen Zigarettenfalten im selbstgebräunten Gesicht. «Ja, tut mir ja auch leid, was ich gesagt habe», rief sie in ihr übergroßes Handy. Drei Ringe trug sie an der rechten Hand, ihre Fingernägel glänzten silbrig im Neonlicht des Bahnsteigs, ihr Rock hätte als Gürtel zu schmal gewirkt. «Schenk der halt ein paar Blumen oder so einen Kack.»

Tom zuckte zurück, ging ein paar Schritte von der Frau weg, als hätte sie eine ansteckende Krankheit, das hielt er jetzt nicht aus, das war zu viel für heute, so viel Rohheit, so viel Verachtung. Diese Frau stand für alles, was er an der Welt nicht ertrug, nie ertragen hatte. Ein Obdachloser suchte in den Mülleimern nach Flaschen. Ein paar Jugendliche klammerten sich an ihren Bieren fest und überboten sich gegenseitig mit lässiger Ausdruckslosigkeit. Die S-Bahn fuhr ein, eine entmenschlichte Bandansage riet zur Vorsicht an der Bahnsteigkante. Tom betrat die S-Bahn und setzte sich auf einen freien Viererplatz. Sein Gesicht mit den strähnigen Haaren wirkte in der Scheibe wie ein ausgehöhlter Totenschädel, er sah aus wie Kurt Cobain vor dem finalen Schuss. Ein Junkie, der eine Überdosis Leben in sich hatte und daran zu krepieren drohte.

Die Frau mit den silbernen Fingernägeln hatte sich zwei Viererreihen weiter niedergelassen. «Ja, Meikel, Meikel, Meikel ...» rief sie, jedes Meikel auf aggressive Weise steigernd. Offenbar kam sie nicht so recht dazwischen, Meikel schien Mitteilungsbedarf zu haben. Tom überlegte, ob sie wirklich «Meikel» gesagt hatte oder ob sie den Namen Michael englisch aussprach. Sie drückte das Gespräch weg, schmiss das Handy gegen eine der Fensterscheiben, fing an zu weinen, dann hob sie das zumindest äußerlich unversehrte Gerät auf und tippte wütend darauf ein. Die fünf anderen Fahrgäste schauten durch sie hindurch und blieben hermetisch in sich abgeriegelt. Tom sah der Frau zu, wie sie sich langsam und mit Schmollmund von selbst beruhigte, wie ihr das Handy ein weiteres Mal herunterfiel, wie sie plötzlich und von einer Sekunde auf die andere wie ein kleines Mädchen aussah, das man in den Arm nehmen wollte. Sympathie war eine variable Größe.

Er stieg als Einziger an der Haltestelle Lembachtal aus und ging denselben Weg noch einmal, den er schon mittags hinter sich gebracht hatte. Als er allerdings die Wahl hatte, über den schmalen Pfad entweder zur Brücke hinauf oder ins Tal hinunter zu wandern, entschied er sich für das Tal. Der Pfad war unbeleuchtet, es war stickig, es war glitschig, abgebrochene Äste versperrten ihm den Weg und krachten unter seinem Gewicht in einer Lautstärke, als rutschte er auf Wasserskiern den Abhang hinunter. Die Dunkelheit gab der Umgebung einen unheimlichen Anstrich, Tom bekam zunehmend schlechter Luft, seine Augen brannten wie in der Wüste; dieses war vielleicht nicht der letzte, aber sicherlich der umständlichste, ja, komplizierteste Tag seines Lebens.

Als er endlich unten angekommen war, auf Höhe des verwaisten Campingplatzes, war er von Mücken ausgesaugt, machte die Taschenlampe seines Handys an und leuchtete die Gegend ab. Wo konnte sein Rucksack gelandet sein? Der Laptop war hin, klar. Aber seine Geldbörse? Die Baumwipfel, die den Rucksack aufgefangen hatten, waren die an den Campingplatz angrenzenden Linden gewesen. Eventuell. Wahrscheinlich. Er leuchtete hinein, oberflächlich natürlich nur, schreckte ein paar Fledermäuse auf, fand aber nichts. Na ja, dachte Tom. Nadel. Heuhaufen. Er tastete sich durch das knisternde Unterholz, fluchend, kratzte sich an hervorstehenden Ästen die Haut auf, hätte sich einmal fast ein Auge ausgestochen und bemerkte mit dem Blick auf sein Display, dass der Akku demnächst leer sein würde. Natürlich.

Er befreite sich aus dem Dickicht, trottete zurück auf den Campingplatz, der in seiner Ausgestorbenheit wie eine Geisterstadt wirkte mit den abgeriegelten Wohnwagen, dem wuchernden Gras, dem Mondlicht, das sich just durch die Wolken gedrängt hatte und mit seiner milchigen Beleuchtung Konturen gleichzeitig ermöglichte und verschleierte. Vielleicht lag der Rucksack ja einfach hier irgendwo? Tom schlang die Arme um den Körper. Er sollte es lassen. Nach Hause fahren. Aufgeben. Sich. Alles. Decke über den Kopf, Hilfe holen. Morgen. Er hatte es schließlich versprochen. Psychiatrische Nothilfe. Was auch immer. Dieser Aktionismus hier jedenfalls brachte ihn nirgendwohin.

Vor ihm öffnete sich die Tür eines Wohnmobils. Auf der Stufe stand jemand und leuchtete mit einer Taschenlampe in seine Augen. Scheiße, dachte Tom und nahm die Hände hoch. Das war's. Gleich würde er erschossen. Wie im Film. Ein ziemlich guter Abgang.

«Willste 'ne Suppe?», fragte eine männliche Stimme, die ganz und gar ungefährlich klang, dafür alt, verschliffen und warm.

Tom nickte und hielt die Hand beschirmend vor die Stirn. Die Taschenlampe erlosch, Tom sah für einen Moment überhaupt nichts mehr, dann ging im Wohnmobil ein Licht an.

«Na, dann komm mal.»

*

«Zuerst hab ich gedacht, du bist vom Ordnungsamt», sagte der alte Mann und schaufelte mit einer übergroßen Kelle einen Schwung Broccolicremesuppe auf einen tiefen Plastikteller. «Du hast schon da oben so'n Krach gemacht, dass ich dachte, du kannst nur vom Ordnungsamt sein. Da hatte ich jedenfalls genug Zeit, den Laden dichtzumachen. Klappe zu, Affe tot.»

Tom saß auf einem Klappstuhl vor einem Klapptisch, mit angezogenen Knien, ein Tischventilator machte seinem Namen keine Ehre und versorgte ihn vom Boden aus mit kühler Luft. Er tunkte den Löffel ein.

«Die vom Ordnungsamt hätten bestimmt nicht so einen Lärm gemacht», sagte er und verbrannte sich die Zunge.

«Doch, gerade.» Der alte Mann trug zur Glatze einen grauen Spitzbart, der ihm etwas Professorales gab. Seine Nickelbrille erinnerte an John Lennon. «Die machen immer Lärm. Großen Lärm sogar. Verstehe ich auch. Die haben keine Lust, irgendwas Verbotenes zu finden. Jetzt stell dir mal vor, die müssten auf die Idee kommen, dass ich hier dauerhaft wohne. Das darf ich ja gar nicht. Das ist ja verboten. Dann haben die Papierkram. Müssen vielleicht sogar die Polizei rufen. Wiederkommen. Gelände räumen. Ach Gott, was für ein Aufwand. Nee, da trampeln die lieber da oben rum wie eine Herde Elefanten, ich mach für zehn Minuten das Licht aus und alle sind zufrieden.»

Tom blickte sich um. «Sie wohnen hier also?», fragte er. Das Wohnmobil war in seinem schlichten Pragmatismus rein optisch aus den Sechzigern, gepflegt, aber inhaltlich doch sehr eingeschränkt. Ein kleiner Röhrenfernseher war der einzige Luxusartikel, und das, obwohl der doch eigentlich zur Grundversorgung gehörte. Dazu gab es Geschirr, einen Beutel zweilagiges Toilettenpapier, einen prall gefüllten Aschenbecher und drei, vier Bücher. Tom sah Schopenhauer, Kant und Walt Disney's Lustiges Taschenbuch Nr. 82, *Donald vor! Noch ein Tor!* Das war's.

«Besser als obdachlos, oder?», sagte der alte Mann.

«Klar», sagte Tom. «Und ab wann wussten Sie, dass ich nicht vom Amt bin?»

«Die vom Amt haben richtige Taschenlampen.»

«Stimmt.»

«Und eine Jacke, auf der Ordnungsamt steht.»

«Richtig.»

«Und sie sind immer zu zweit.»

«Korrekt.»

«Ich bin Heiner.»

«Tom.»

Sie schlürften ihre Suppe. Tom hatte keinen Broccoli mehr gegessen, seit er sich Mitte der Neunziger von Tanja, der Vegetarierin, getrennt hatte. Tanja hatte sich in einen studentischen Veganer aus Leipzig verliebt, der moralisch so dermaßen im Vorteil gewesen war, da hatte Tom nicht mithalten können.

«Wenn ich vom Ordnungsamt gewesen wäre», sagte er, «hätte ich vielleicht kein Licht gesehen, aber ich hätte die Suppe gerochen. Broccoli riecht ja sehr intensiv. Ich glaube, kaum etwas riecht so intensiv wie Broccoli.»

«Die vom Ordnungsamt riechen nichts.» Heiner schüttelte den Kopf, er hatte so seine Erfahrungen gemacht. «Die haben ihre ganz klaren Muster: Licht an heißt bewohnt, Licht aus heißt keiner da. Alles andere passt nicht ins Raster. Ich könnte hier drinnen mit den Grateful Dead auftreten und den Stausee zum Platzen bringen. Würde keinen jucken. Hauptsache, es ist dunkel.»

«Verstehe.» Tom freute sich. Die Suppe schmeckte wirklich hervorragend.

«Die ist gut, ist die», sagte er.

«Und das, obwohl der Broccoli umsonst war. Hab ich containert.»

«Bitte, was?»

«Containert hab ich den. Bin hinterm Edeka in der Hindenburgstraße in die Mülltonne gekrochen. Ganz grün war der Broccoli noch. Und da schmeißen die den weg.»

Tom betrachtete seine Suppe mit anderen Augen. Er versuchte es zumindest. Aber das, was er sah, war immer noch eine wohlschmeckende, jetzt sogar wohltemperierte Suppe aus besten Zutaten.

Heiner zog die Schultern hoch und tippte auf seinen voluminösen Bauch. «Wird nicht einfacher, das Containern, wenn man älter wird.»

«Wie alt sind Sie denn?»

«Vierundsiebzig.»

«Alter!»

«Sag ich doch.»

Tom versuchte, die Beine auszustrecken. Es war tatsächlich das erste Mal seit Menschengedenken, dass er sich ansatzweise wohlfühlte.

«Warum ist hier eigentlich so wenig los?», fragte er. «Es ist Sommer.»

Heiner schüttelte den Kopf. «Die meisten Wagenbesitzer arbeiten noch. Ich weiß auch nicht, warum. Unter der Woche bin ich meistens alleine.»

«Totale Verschwendung von Ressourcen.»

«Mir gefällt's. Was machst du eigentlich hier bei mir im Tal?», fragte Heiner und Tom fand, es klang wie das zentrale Moment eines Heimatfilms, in welchem er, der fehlgeleitete, getriebene Städter, mit dem weisen, in sich ruhenden Alm-Öhi am Kaminfeuer saß und letztlich, am Ende eines eher oberflächlichen Läuterungsprozesses, im Einklang mit den eingespielten Geigen zu sich selbst finden würde. Jetzt brauchte der Alm-Öhi nur noch eine fesche Enkelin, die dem Großvater im richtigen Moment die Wäsche brachte, und alles würde auf ein Happy End mit Glockengeläut in der festlich geschmückten Dorfkirche zulaufen. Und dann würde marschiert, mit Humptata und Marschmusik, wie in jedem guten Heimatfilm. Wenn es so etwas überhaupt gab.

«Ich suche meinen Rucksack», sagte Tom. Der Alm-Öhi namens Heiner lehnte sich zurück. Sein Plastikstuhl quietschte.

«Ah, du bist einer der beiden Deppen von heute Nachmittag», stellte er fest. «Ich habe euch beobachtet. Mit meinem Fernglas.»

«Na ja, Deppen», verteidigte sich Tom schwach und spürte die Wärme in sich schwinden.

«Schon. Was war das denn für 'ne Nummer?» Heiner schüttete sich Suppe nach.

«Noch nie verzweifelt gewesen?», fragte Tom zurück. Es war ein wenig patzig. «Man macht halt manchmal so Sachen. So Sachen macht man da. Das ist ja nichts Rationales. Muss ja auch nicht immer alles rational sein.»

Das war jetzt nicht das Gespräch, das er zu führen gehofft hatte. Er hatte ja eigentlich gar kein Gespräch zu führen gehofft. Seinen Rucksack zu finden hatte er gehofft.

Heiner verschränkte die Arme vor dem Bauch. «Ich erzähl dir mal was», sagte er und fing an, mit seinem Plastikstuhl zu wippen. Das konnte gutgehen, musste es aber nicht.

«Ich war ja nicht immer hier. Ich hatte auch mal ein besseres Leben. Haus, Familie, zwei Kinder. Echt süß, die Kleinen. Also, ich weiß nicht, ob die heute noch süß sind, ich hab sie seit zwanzig Jahren nicht gesehen. Wahrscheinlich sind sie nicht mehr süß. Aber damals waren sie süß. Ich hatte eine Autobahnraststätte gepachtet, direkt an der A2. Da war was los, oh Mann, eine Goldgrube war das. Die Pacht war ein Witz, die Kundschaft groß, es war perfekt. Wirklich. Vor allem, als die direkt davor eine Dauerbaustelle aufgemacht haben, um eine Brücke über das Tal zu bauen. Die sinnloseste Brücke aller Zeiten war das. Hat den linken Acker mit dem rechten Acker verbunden, statt keiner Sau ist dann vielleicht mal irgendwann eine Sau drüber gefahren. Aber egal. Die Leute sind vom Stau an der Baustelle direkt zu mir abgebogen. Es waren gute Zeiten für schlechtes Essen.»

«Irgendwann kommt die Wendung», sagte Tom.

«Die kommt jetzt.» Heiner fischte ein Stückchen Broccoli aus der Suppe und ließ es sich auf der Zunge zergehen. «In Braunschweig gab es einen Mann, der hatte nicht so viel Glück wie ich. Hat seinen Job verloren, weil sein Alkoholproblem aufgefallen ist. Pech, er war Chirurg. Außerdem hatte er Spielschulden. Um die zu begleichen, hat er das Haus verkauft, in dem er mit seiner fünfköpfigen Familie gewohnt hat. Einfach so. Von einem Tag auf den anderen. Die Familie ist da raus, die Frau hat sich in derselben Sekunde von dem Mann getrennt. Der hat dann noch mehr gesoffen, den Führerschein verloren, seine Freunde, die Kontrolle über sein ganzes Leben. Und dann hat er sich ohne Führerschein ans Steuer gesetzt. Und ist auf die A2.»

«Scheiße», sagte Tom.

«Vierter September 1997. Der Typ hat aufs Gas gedrückt, was das Zeug hielt, hat gedrängelt, gehupt, geblinkt, aufgeleuchtet – was die Arschlöcher auf Autobahnen eben so machen. Irgendwann war die Polizei hinter ihm und hat versucht, ihn zum Anhalten zu bewegen, dann ging sie los, die große Jagd. Kennt man doch aus diesen amerikanischen Filmen, wenn die das mit so einem Hubschrauber von oben zeigen.»

Tom nickte. Heiner schaute durch ihn hindurch.

«Ein Polizeiwagen, dann zwei, dann drei, dann vier. Alle über die A2. Ein Wunder, dass da nichts passiert ist. Dann hat der besoffene Idiot Panik bekommen und ist von der Autobahn runter, rate mal, an welcher Raststätte?»

«An Ihrer», sagte Tom leise.

«War natürlich nicht so schlau. Er hat kapiert, dass er da nicht weiterkommt. In voller Fahrt hat er das kapiert. Dass das eine Fehlentscheidung war, hat er kapiert, dass die Bullen ihn gleich haben würden, hat er kapiert – und was hat er da gemacht? Er hat nicht gebremst. Nein, er hat Vollgas gegeben. Ist mitten in die Raststätte hineingebrettert, durch die Drehtür. Der ist nur einen Meter an mir vorbei, ich hab den Luftzug gespürt, ich schwöre es dir, und die Schreie gehört. Das zersplitternde Glas. Das Knirschen der Möbel. Sechs Tote sofort, zwölf Schwerverletzte, von denen später auch noch vier gestorben sind. Eine Frau war schwanger, hat ihr Kind verloren. Ein paar waren Kunden, die anderen habe ich gekannt. Wer aber überlebt hat, ist der Typ am Steuer. Hatte eine winzige Platzwunde über der rechten Augenbraue. Sonst nichts. Werde ich nie vergessen, den Namen. Meinolf Koch hieß der. Meinolf Koch. Seltener Name, Meinolf, oder? Ich hab keine Ahnung, was er heute macht. Ob er noch im Gefängnis ist. Ob er tot ist. Ist mir auch egal. War halt Pech, was? Wenn bei einem so ein Meinolf Koch vorbeikommt. Falscher Mann zur falschen Zeit am falschen Ort.»

Heiner schwieg einen Augenblick und rührte in seiner Suppe. Tom spürte, dass er noch nicht fertig war, und wartete einfach ab. Was hätte er auch sagen sollen?

«Für mich war das der Anfang vom Ende», fuhr Heiner fort. «Ich hab das nicht verkraftet. Die ganzen Toten. Das Blut. Den Dreck. Die Beerdigungen. Hab selbst die große Kurve nach unten genommen, jede Nacht von der Scheiße geträumt, irgendwann überhaupt nicht mehr geschlafen, Wachmacher genommen, angefangen zu saufen, Schlafmittel, immer im Kreis, am Ende die Raststätte verscherbelt. Oder das, was von ihr übrig war. Meine Frau hat sich von mir getrennt, ich war paranoid und hatte plötzlich einen Berg Schulden. Ist das nicht ironisch? Als wollte ich dem Arsch nacheifern. Nur hab ich mich nicht umgebracht. Oder es versucht. Da hört es nämlich auf, Tom. Ich bin überhaupt nicht wichtig genug, um mich umzubringen. Ich meine, wie wichtig muss man sich dafür nehmen? Selbstmord ist so beschissen egoistisch. Bringt so viel Unglück mit sich. Dafür hab ich kein Verständnis.»

«So gesehen ...», sagte Tom. Aber er sagte es nicht aus Überzeugung. Er sagte es, weil er es nicht gewagt hätte, in diesem Augenblick zu widersprechen.

«Ja», sagte Heiner. «Deshalb erzähle ich dir das. Ich glaube nicht an das Schmetterlingsprinzip. Ich glaube nicht daran, dass du dich in China vor einen Zug schmeißt und deshalb in Afrika ein Moskito stirbt. Aber ich glaube daran, dass du anderen Leuten Leid zufügst, wenn du dich selbst umlegst. Du bist dann weg und hast es gut, aber die anderen ... die anderen müssen bleiben. Und damit leben.»

«Ich habe niemanden, der damit leben müsste.»

«Das glaube ich dir nicht», sagte Heiner. «Hast du die letzten dreißig Jahre in einer Erdhöhle gelebt. Allein?»

«Nein.»

«Hast du Eltern?»

«Eine Mutter. Irgendwie.»

«Freunde?»

«Nee. In der Anschaffung zu teuer.»

Heiner lachte, es war ein herzliches, dreckiges Lachen. Tom hätte jetzt vermutlich demütig sein sollen, aber ganz durchgehen lassen konnte er Heiner die Geschichte nicht. «Da muss man schon differenzieren», sagte er.

«Oha. Dann mal los, Herr Professor.»

«Wenn ich von dieser Brücke gesprungen wäre, wäre ich nicht mit zweihundert Sachen in eine Raststätte gedüst. Ich wäre einfach unten aufgeschlagen, hätte ein bisschen Erde verschoben, im schlimmsten Fall einen Regenwurm geplättet, und gut ist.»

Heiner schüttelte den Kopf und dachte kurz nach. «Mein direkter Nachbar hier hieß Henningsen. Ein guter Mann. Oberstudienrat. Am Tag seiner Pensionierung haben wir alle zusammengelegt und ihm einen neuen Liegestuhl gekauft, ein echtes Luxusgerät, mit Hydraulik, Federung, Leder, alles vom Feinsten. Einmal dadrin, wolltest du nie wieder aufstehen. Wir haben gefeiert, natürlich, auf die nächsten dreißig Jahre angestoßen, auf die große Freiheit, und am Ende hat sich Henningsen in seinen neuen Stuhl gelegt, die Beine schön ausgestreckt, hat sich den Himmel angeschaut und von seiner Rente geträumt. In diesem Moment macht es Krach, und einer von euch Spinnern landet direkt auf Henningsens Knien. Was für eine Flugkurve, was für ein Volltreffer. Der Spinner war natürlich tot, nur noch Matsch mit Brille, aber Henningsen mussten beide Beine abgenommen werden, da war nichts mehr zu machen. Trotz der Federung. Da hast du vierzig Jahre die Knochen hingehalten, und dann trennt dir im Moment deiner Pensionierung so ein Selbstmordattentäter die Beine ab. Das ist doch scheiße, oder? Was sagst du nun, Tom?»

Tom schwieg. Heiner führte seelenruhig einen weiteren Löffel seiner mittlerweile kalten Suppe zum Mund.

«Das haben Sie sich doch ausgedacht», sagte Tom dann.

Heiner nickte. «Aber gut, oder?»

«Verdammt gut. Ich bin echt beeindruckt.»

«Konnte ich schon immer. Geschichten erfinden.»

«Und das mit der Raststätte?»

«Das ist wahr. War sogar in den Zeitungen damals.»

«Trotzdem gut. Also, schlimm natürlich. Aber gut.»

Heiner stand auf und verschwand in Richtung seiner geräumigen Queen-Size-Schlafkoje, die mit reichlich schmuddeliger Fußballbettwäsche von Werder Bremen ausgestattet war. Als er zurückkam, hielt er etwas in den Händen.

«Dein Rucksack», sagte er. «Hab ich gefunden. Sogar der Laptop geht noch.»

11

Frau Bormann hatte wirklich eine Menge zu erzählen. Sie setzte Rüdiger auf ein rotes Plüschsofa im Wohnzimmer, schenkte Wasser ein, allerdings nur sich selbst, stellte keine einzige Frage, sondern bedeckte ihn von Anfang an so mit Buchstaben und Satzzeichen, dass sein Gehirn sämtliche Kapazitäten für die eigenen Befindlichkeiten verlor. Es war besser, als er zu hoffen gewagt hatte.

Ihre Wohnung war genauso geschnitten wie die seine, natürlich, sie befand sich ja genau darunter, sozusagen ein Nachbau wie aus einem Paralleluniversum, in dem aus den eigenen vier Wänden ein Museum der Zeitgeschichte geworden war. Zwei Sessel mit Schondecken, ein niedriger, braun eingefasster Glastisch, der ausschließlich für die schweren Getränke gemacht zu sein und über dem eine zeitlos dichte Wolke Zigarrenrauch zu schweben schien, ein Zeitungsständer, die Tapete im Wohnzimmer war lindgrün und fast lückenlos mit Fotos bestückt.

Fotos aus vielen Jahrzehnten in abgeblätterten, vergoldeten und geschwungenen Rahmen, die immer einfacher und spärlicher wurden, je mehr man in die Gegenwart gelangte. Frau Bormanns beste Zeit musste in den sechziger Jahren gewesen sein, Rüdiger erhaschte Aufnahmen einer kraftvollen Frau mit wilden, langen, schwarzen Haaren, einer Tänzerin, heute würde man sagen: einer alternativen, emanzipierten Frau, die Spaß daran hatte, für die Kamera zu posieren, die sich ihrer Wirkung bewusst war und in ihrer Attraktivität nur wenig Ähnlichkeit mit der verhuschten Person besaß, die Rüdiger hier mit zusammengepressten Knien gegenübersaß.

Rüdiger hörte zu, natürlich tat er das, aber er war auch versucht, aufzuspringen und den Sitz zweier leicht schief an der Wand hängender Fotos zu korrigieren. Genau genommen machte ihn der Anblick halb wahnsinnig. Symmetrie, dachte er, Symmetrie. Es war doch sonst alles so ordentlich, das musste Frau Bormann doch bemerkt haben? Aber Frau Bormann war ganz in vergangene Zeiten abgetaucht. Sie hatten sich durch die fünfziger Jahre gehangelt, durch eine schwierige Kindheit mit traumatisierten Nachkriegseltern, hatten die erste Liebe gestreift, die gleichzeitig Frau Bormanns größte bleiben sollte, unerfüllt und unvergessen, hatten die Beatles im Star-Club gesehen und von Springer bis Vietnam gegen alles protestiert, was nicht bei drei eine intakte Moral vorzuweisen gehabt hatte. Jemand hatte zwischendurch Farbe hineingedreht, es waren psychedelische, wilde, naive Zeiten, alles war möglich gewesen, das ganze Leben ein bekifftes Versprechen von Freiheit und Unabhängigkeit. Dann hatten die Siebziger für Ernüchterung gesorgt, das Spießertum hatte zurückgeschlagen, die Frauen trugen Schlag und Polyester, die Schulmädchenreporte und Dieter Thomas Heck verklemmten nach und nach das Land, die sexuelle Revolution verkümmerte im Bahnhofskino, Frau Bormann hatte auf einem Flokati nacheinander drei Kinder gezeugt mit einem Bonner Diplomaten, der im Anschluss mit ihr die Welt bereist, ihr aber sämtliche Wurzeln genommen hatte.

Sie zeigte auf ein Foto, auf dem ein mit Orden behängter, afrikanischer Machthaber einem streng gescheitelten Anzugträger die Hand gab. Die schwarzhaarige Frau mit den ehemals langen, ungezähmten Haaren stand einen Meter daneben, trug jetzt einen Bubikopf mit Handtasche und sah bei weitem nicht mehr so kraftvoll aus wie auf den älteren Bildern. «Das war in Uganda. Kein offizieller Besuch. Die da bin ich. Das ist mein Mann. Und der hier ist Idi Amin.»

«Ach, Quatsch …», sagte Rüdiger nur, um überhaupt mal was zu sagen.

«Vierhunderttausend. Der hat vierhunderttausend Menschen getötet. Plus / minus einhunderttausend. Und dann gibt der dir die Hand und sie ist warm und weich wie alle anderen Hände auch. Und du lächelst ihn an, aber nicht zu viel und nicht zu wenig, um nicht aus der Rolle zu fallen. Es gibt Champagner und Häppchen, und am Ende fährst du nach Hause und das Töten geht weiter. So war mein Leben damals. Ich bin nicht wehmütig. Ich darf da nicht wehmütig sein.»

Rüdiger fand, dass Frau Bormanns Ton ganz schön wehmütig war. Der Schlächter von Afrika hin oder her, es war eine Zeit gewesen, in der sie noch eine Bedeutung gehabt, in der sie im Zirkus der Großen eine Handtasche getragen hatte. Jetzt war sie hier, in einem anonymen Mehrfamilienhaus, weinte nachts im Wohnungsflur und wusch sich nicht einmal mehr die Haare.

«Wo ist Ihr Mann jetzt?», fragte Rüdiger.

Frau Bormann zeigte auf eine schmucklose Urne, die auf dem Bücherregal zwischen zwei Lexika über neuere deutsche Geschichte eingeklemmt war.

«Das tut mir leid», sagte er.

Sie zuckte mit den Schultern. «Er war ein Ekel», sagte sie. «Manchmal stelle ich die Lexika davor.»

«Und Ihre Kinder?»

«Meine Tochter lebt in Brasilien, sie spricht nicht mehr mit mir. Ich weiß nicht, vielleicht habe ich längst Enkelkinder. Vielleicht sind sie sogar schon in der Schule. Oder damit fertig. Sie hat den Kontakt abgebrochen. Vor langer Zeit schon. Zu viele schlechte Erinnerungen ... Ein Sohn lebt in Italien. Ist in die Fußstapfen seines Vaters getreten. Diplomatischer Dienst. Immer unterwegs. Und stürzt die Frauen reihenweise ins Unglück. Mein anderer Sohn ist schon verstorben.»

«Das tut mir leid.»

«Die Macht der Drogen. Nicht dass ich ein Engel gewesen wäre.»

Frau Bormann überraschte Rüdiger. Sie war klug und wortgewandt. Man konnte sie sich gut auf dem gesellschaftlichen Parkett vorstellen. Das hätte Rüdiger niemals vermutet. Es war generell schwer denkbar, dass hinter all diesen farblosen, missmutigen, verzagten alten Leuten, die von morgens bis abends die Supermärkte verstopften, bunte, vielschichtige Lebensgeschichten stecken konnten. Wenn man ihr im Hausflur begegnete, machte Frau Bormann den Eindruck, als wäre sie immer schon alt gewesen, unflexibel, gebeugt, humorlos. Wie wenig das zu stimmen schien. Rüdiger betrachtete erneut die Fotos an der Wand. Auf einem machte sie einen Spagat, hatte die Arme dabei zum Himmel gestreckt, trug ein weißes Tutu, lachte und sah insgesamt aus wie ein Schwan, den man auf der Stelle heiraten und aus der Schusslinie nehmen wollte. Wie eine junge Frau, die man warnen wollte vor all den falschen Entscheidungen, die sie noch treffen und die sie am Ende ihres Weges hierhin bringen würden, in diese einfache Wohnung unterhalb der von Familie Bunzel aus dem zweiten Stock. Rüdigers Lebensverdrossenheit erreichte einen neuen Höhepunkt. Rannte man denn sein ganzes Leben lang einen Marathon, nur um dann festzustellen, dass es nicht einmal eine Ziellinie gab? Dass man ins Nichts gelaufen war?

«Und?», fragte er heiser, als Frau Bormann einen Schluck Wasser trank. «War es das wert?»

«Was?»

Er zeigte mit ausholender Geste auf die Fotos, auch auf die beiden schiefen. «Das alles.»

Sie dachte nach und nahm den Zipfel ihrer geblümten Schürze in die rechte Hand.

«Wenn man den Weg als Ziel betrachtet, ja», sagte sie. «Da gab es schon vieles, was einen Zwischenhalt wert war. Wenn Sie aber Ihr ganzes Leben darauf warten, dass am Ende die dicke Frau singt, bevor der Vorhang fällt, dann verlassen Sie lieber vorzeitig die Vorstellung.»

«Ich ziehe das in Erwägung», sagte Rüdiger, nahm die Brille ab und setzte sie wieder auf.

«Was?»

«Die Vorstellung zu verlassen. Vorzeitig.»

Frau Bormanns Blick wurde kalt. «Machen Sie sich über mich lustig?»

«Keineswegs.»

«Mit so etwas scherzt man nicht.»

«Tue ich nicht.»

Frau Bormann schaute in ihren Schoß, dann erhob sie sich kraftvoll. «Es ist spät geworden», sagte sie. «Ich denke, ich muss jetzt ins Bett. Morgen wird ein harter Tag. Danke fürs Zuhören.»

Auch Rüdiger stand auf. «Warum wird morgen ein harter Tag?», fragte er.

«Weil es morgen ist.»

Sie ging vor in den Flur. An ihrem Gang konnte man die frühere Grazie noch erkennen. Sie schlurfte nicht, sie glitt auf kraftvolle Art. Und öffnete die Wohnungstür mit dem Nachdruck eines Handkantenschlags.

«Es tut mir leid», sagte sie. «Es tut mir leid, dass ich Sie so lange aufgehalten habe.»

«Wie hieß er?», fragte Rüdiger und blieb im Türrahmen stehen.

«Wer?»

«Ihre erste Liebe. Anfang der Sechziger. Wie hieß er?»

Sie kniff die Augen zusammen. «Warum wollen Sie das wissen?»

«Nur so.»

«Wollen Sie mich quälen?»

«Nein, natürlich nicht.»

«Sie quälen mich.»

«Das tut mir leid.»

«Es war eine ‹Sie›.»

«Ach?»

«Mina hieß sie. Mina Gregorieff.»

Rüdiger sah eine andere Tänzerin vor sich, schön, ungebändigt, frei. Und beneidete eine Mina Gregorieff, deren Namen er gerade zum ersten Mal gehört hatte und von der er überhaupt nichts wusste, außer dass Mina Gregorieff ein großartiger Name war. «Warum ist nichts aus Ihnen geworden?»

Sie blickte ihn abschätzig an, im Hausflur zog es wie Hechtsuppe, was immer das eigentlich bedeuten sollte.

«Wir reden hier von 1962», sagte sie. «Das ging natürlich nicht. Nicht bei uns. Nicht damals.»

Sie presste zum Abschied die Lippen zusammen, ihr Gesicht blieb hart, sie war keine Tänzerin mehr, dann schloss sich die Tür endgültig und Rüdiger war allein. Er drückte auf den beleuchteten Knopf, das Flurlicht erhellte, ja, verstärkte die Kälte des Treppenhauses. Es war der Tag nach seinem Geburtstag, oder genauer die Nacht, er fragte sich, ob es das jetzt gewesen war, ob er ein halbes Häkchen bei Empathie machen durfte, vielleicht sogar ein ganzes, ob er sich nicht besser fühlen müsste, ob er nicht Fortschritte feststellen, ein wenig Lebensmut in kleiner Dosis zu sich genommen haben müsste, aber er fühlte überhaupt nichts, was ihm in irgendeiner Hinsicht hätte weiterhelfen können. Im Gegenteil. Er hatte nur ein einziges Stockwerk zu erklimmen und wusste nicht, ob er den weiten Weg schaffen würde.

12

Die S-Bahn brachte Tom in die Innenstadt zurück. Er ließ sich auf einen der Vierersitze fallen, eine Mikrofonstimme riet auf die bekannte Art zur Vorsicht an der Bahnsteigkante, die Zugtür schloss sich zischend, es war noch leerer als bei der Hinfahrt, denn lediglich ein einziger anderer Fahrgast teilte sich den Waggon mit ihm. Tom sah nur den Hinterkopf beziehungsweise die Mütze über der Lehne, der Mann oder die Frau trug eine dieser modernen Beanies, womit jeder Hipster, der etwas auf sich hielt, plötzlich wie ein Schlumpf aussah. Eine Bierflasche klapperte in der Nähe der Tür haltlos hin und her, rollte wie betrunken über den Boden, machte auf ihre Art mehr Lärm als ein vollbesetzter Zug zur Rushhour. Das Geräusch nervte; auf die Idee, aufzustehen und die Flasche zu entsorgen, kam Tom allerdings nicht. Er fasste hier nichts an.

Er stierte auf das umherirrende Braunglas, dachte an den Wohnwagen und dass er sich von Heiner verabschiedet hatte, wie man sich von einem Menschen verabschiedete, von dem man sich im Café den Zuckerstreuer geliehen hatte: höflich, unverbindlich, unpersönlich. So war er halt. Keiner zum Andocken, keiner für eine dauerhafte Beziehung. Nicht einmal für eine freundschaftliche. Heiner hatte kurz gewinkt, sich in seinem Wagen verbarrikadiert, dann war Tom wieder nach oben geklettert, im Dunkeln, den Abhang hinauf, über Stock und Stein, stolpernd, hatte dabei mehr Lärm gemacht, als es die Leute vom Ordnungsamt je gekonnt hätten, und war schließlich am Fuße der S-Bahn-

Station rausgekommen, die diffus beleuchtet auf die letzten, versprengten Fahrgäste des Tages wartete. Die Rolltreppe war außer Betrieb gewesen, seine Schuhe hatten auf den Metallstufen ein hallendes Stakkato erzeugt, unten auf dem Gleis wartete niemand bis auf zwei Obdachlose, die sich auf je einer Sitzgruppe in Decken gehüllt hatten. An den Wandtafeln lief Werbung ohne Ton, nur für ihn, irgendwas mit Kino, Möbeln und Bausparen. Die Schnitte und Bildwechsel überforderten ihn, malträtierten sein überreiztes Gehirn, und dennoch musste er hinsehen, die ganze Zeit, konnte den Blick nicht abwenden, einfach nur, weil da etwas bunt war und sich bewegte.

Es hatte keine zwei Minuten gedauert, glücklicherweise, dann war sie gekommen, die Bahn, hatte ihn erlöst von diesem Ort, der in jeder Hinsicht so verstörend wie deprimierend war. Tom hatte sogar kurz mit dem Gedanken gespielt, die Rolltreppe wieder hinaufzusteigen, auf die Lembachtalbrücke zurückzukehren und ohne lange zu fackeln doch noch zu springen. Sozusagen als kleine Überraschung. Für die anderen und für sich selbst. Er schüttelte den Kopf, jetzt saß er ja hier, in der S-Bahn, segelte fort von dieser Insel der Sirenen. Er öffnete seinen Rucksack, überprüfte seine unangetastete Geldbörse, bemerkte erst jetzt, dass er aus alter Gewohnheit keine Fahrkarte gelöst hatte, und zog seinen Laptop heraus. Er war kalt, aber tatsächlich unversehrt. Tom klappte ihn auf, das Gerät fuhr sofort hoch und machte insgesamt einen erfreulich ausgeruhten, ja, aufgeladenen Eindruck. Wie war das bloß möglich? Bei einem Sturz aus dieser Höhe? Tom konnte es sich nur mit einem geglückten Zusammenspiel von Trageriemen, Blättern und Ästen erklären, eigentlich war es ihm aber auch egal. Er öffnete sein Schreibprogramm, dessen Oberfläche auch jetzt, nach all den Mühen, immer noch jungfräulich weiß daherkam. Hätte hier stattdessen sein zweiter Roman gestanden, zumindest in groben Teilen – er hätte die Existenz eines Wunders in Erwägung gezogen und seine eigene nicht länger in Frage gestellt. So aber überlegte er, ob ihm wider Erwarten vielleicht selbst etwas einfiel, spontan, inmitten dieser quasi leeren S-Bahn, etwas, das ihm über die innere Sprachlosigkeit hinweghalf. Er fragte sich, ob er die Geschichte Heiners aufschreiben durfte, inklusive aller Details, oder vielleicht sogar die Gegenperspektive, die von diesem Meinolf Koch, mit Spielsucht, Trennung, Amoklauf und tragischem Ende. Nein, das ging nicht. Tom fiel das alte Wort «schäbig» ein. Seine Oma hatte es immer verwendet. Menschen, Geschäfte, Politik: alles schäbig. Die Nachbarin mit der wilden Ehe: besonders schäbig. Ausbeutung einer Tragödie: auf jeden Fall schäbig. Er wusste, welches Wort seine Oma ob seiner Lebensumstände heute für ihn wählen würde.

Die Finger tasteten in der Luft, er lauschte in sich hinein, suchte nach dem Funken, der die ganz große Geschichte entzünden würde. Nein, da war nichts. Überhaupt nichts. Kein Thema, keine Haltung, keine Aussage, die er zu treffen und die er und nur er der Welt mitzuteilen hatte.

Die Mütze erhob sich von ihrem Sitz, wahrscheinlich musste ihr Besitzer aussteigen, und gab den Blick auf breite Schultern und einen durchtrainierten Oberkörper frei, eine Tätowierung im Nacken zog gewollte Aufmerksamkeit auf sich, unterhalb der Beanie glänzte ein goldenes Muskelshirt, und als der dazugehörige Mann – denn es handelte sich eindeutig um einen solchen – sich umdrehte, unterstrich ein zum Kinn zeigender, gebogener Schnäuzer ein ausnehmend finsteres Gesicht. Obwohl ihn der Schnurrbart älter machte, war der Mann höchstens Anfang dreißig, fast so groß wie Tom und trug graue Jogginghosen über den weißen Nike-Turnschuhen, die an den Fersen heruntergetreten waren und somit wie Hausschuhe funktionierten. Er ging Tom ein paar Meter entgegen, zwischen ihnen befand sich die Tür, die sich an der nächsten Haltestelle auf der rechten Seite öffnen würde.

Tom klappte den Laptop zu.

«Alter», sagte die Mütze zu Tom und hielt sich an einer Stange fest.

«Was?»

«Gib mir den.»

«Wen?»

«Den Laptop. Gib mir den.»

Tom verspürte einen Adrenalinschub. «Das geht nicht», sagte er. «Das ist meiner.»

«Ach was?»

«Der war schon weg. Den hab ich gerade erst wiederbekommen.»

«Mir doch egal.» Die Mütze hatte eine kratzige, ziemlich lädierte Stimme. Vielleicht wurde oft mit ihr gebrüllt. Bei dem Wort «egal» öffnete sich der Mund ein wenig, und Tom stellte fest, dass der linke Vorderzahn halb herausgebrochen war und dass auch das restliche Gebiss aussah wie die Hamburger Reeperbahn am Neujahrsmorgen. Klar, wenn man mal wieder zum Zahnarzt musste, war so ein Laptop eine sichere Finanzierungsmaßnahme.

Tom straffte sich. «Ich gebe dir das Teil nicht», sagte er zu seiner eigenen Überraschung, offenkundig aus der Sicht eines Mannes, der nichts mehr zu verlieren hatte. Außer eben seinen Laptop. «Das musst du dir schon holen.»

Die Mütze seufzte übertrieben, griff in die linke Hosentasche und hatte plötzlich ein Klappmesser in der Hand. Das Geräusch des Öffnens war weit weniger eindrucksvoll, als man es aus Filmen kannte. Die halfen da bestimmt immer nach, so rein akustisch, dachte Tom, der Unerschrockene.

«Dann hol ich mir das», sagte die Mütze und bewegte sich auf der Stelle wie ein Schwergewichtsboxer vor dem Gong zur ersten Runde. «Aber wenn ich mir das holen muss, hast du ein Loch im Bauch. Oder ein Ohr ab. Oder ein Auge.»

«Ich kann doch kein Auge ab haben. Das geht überhaupt nicht», sagte Tom.

«Alter, das geht!»

«Glaub ich nicht.»

«Du hast ja noch das zweite Auge. Damit kannst du dir dann angucken, wie ich dir das erste Auge rausgeholt hab! Ich leg dir das dann schön auf die Hand.»

«Aber *ab* kann ich doch nur was haben, was draußen drangeklebt hat. Oder meinetwegen drangehangen. So was wie ein Ohr. Oder eine Nase. Man kann doch nichts ab haben, was nach innen eingelassen ist. Und so ein Auge ist nach innen eingelassen.»

«Alter, du machst mich fertig. Auge rein oder raus, es tut auf jeden Fall weh.»

«Ja, dann mach mal», sagte Tom. «Ich hab den ganzen Tag damit verbracht, mich selbst zu überwinden, da kann mich so ein albernes Klappmesser doch nicht schocken.»

Der Mann wirkte erstmals irritiert. «Wie, überwinden?»

«Selbstmord, Herrgott, du weißt schon. Ist ja auch Quatsch mit der Selbstüberwindung, das heißt ja eigentlich was ganz anderes, das versteht ja kein Mensch.»

«Alter, was redest du denn für einen Scheiß?» Die Mütze zuckte mit den Schnurrbartenden, was ziemlich bescheuert aussah und eher weniger bedrohlich.

«Kein Scheiß. Holst du dir jetzt den Laptop oder nicht? Komm her, ich hab keine Angst vor dir!»

Der Mann fuchtelte ziellos mit dem Messer in der Luft herum. «Du versuchst, mich zu verarschen! Du sagst das nur, weil du glaubst, dass ich nicht zusteche. Da hast du dich aber geschnitten. Ich hau nicht ab. Ich steche zu.»

«Ha, witzig», sagte Tom. «Messer. Geschnitten. Na los, komm her, mach, dann fühl ich wenigstens was!»

Die Mütze gab einen angewiderten Laut von sich, der irgendwie nach einem Quieken klang. «Was bist du denn für ein Psycho? Wenn du was fühlen willst, reib dir 'ne Zwiebel ins Auge. Geh mir nicht auf den Sack und gib mir den scheiß Laptop.»

«Nein.»

«Und pack dein Handy drauf. Du hast doch bestimmt ein iPhone, oder? Wer so'n fettes MacBook hat?»

«Ich hab kein Handy.»

«Red keinen Scheiß. Jeder hat ein Handy. Sogar ich hab ein Handy! Ich hab sogar zwei!»

«Warum brauchst du dann noch meins?»

«Fick dich!»

Der Mütze reichte dieses Wortgefecht mit einem Verrückten, sie zögerte nicht länger, stürmte mit einem Ausfallschritt auf den immer noch sitzenden Tom zu und stach tatsächlich zu, genau in die Richtung seines Oberkörpers. Tom hob den Laptop in einem präzise berechneten Moment hoch, der Stich ging gegen das Gehäuse und prallte daran ab. Der Angreifer federte zwei Schritte zurück.

«Ja, so geht der Laptop natürlich irgendwann kaputt», sagte Tom unbeeindruckt. «Da hat dann überhaupt keiner mehr was davon.»

Der Mann schwieg verblüfft, ein Spuckefaden tropfte aus seinem Mundwinkel, der Zug fuhr am Bahnhof Lilienstraße ein. Die Türen öffneten sich, leider kam niemand herein, aber man merkte, dass die Mütze gerne hinauswollte. Sie stürmte ein zweites Mal auf Tom los, täuschte die Mitte an, stach dann aber mit Anlauf in den rechten Oberarm, Tom schrie auf, der Typ griff nach dem Laptop, riss ihn von Toms Schoß und eilte durch die sich gerade wieder schließende S-Bahn-Tür. Tom sah Sterne, sein Arm brannte, der Beanie-Träger baute sich am Fenster auf, streckte ihm den Mittelfinger entgegen und brüllte irgendetwas, das wie «Du Freak» klang. Dann rannte er mit dem Laptop davon, gleichzeitig setzte sich die S-Bahn wieder in Bewegung. Tom hielt sich den blutenden Arm und blickte dem Mann hinterher, der trotz fehlender Fersenstütze flink, wenn auch wenig grazil die Treppen hinaufstürmte. Aus dem Rückfenster des vorderen Waggons winkte ein höchstens vierzehnjähriger Teenager, für den das S-Bahn-Fahren um diese Uhrzeit eigentlich viel zu gefährlich war. Er zeigte vergnügt auf sein Handy und hob den Daumen. Tom nickte und hob, wenn auch mit schmerzverzerrtem Gesicht, ebenfalls den Daumen. Weil er dachte, dass der Junge ihm helfen oder sich vergewissern wollte, dass es ihm gutging. Aber als der sich zufrieden grinsend wieder auf seinen Platz setzte und wie besessen auf sein Smartphone einhackte, begriff er: Er, Thomas Diez, ging gerade viral. Der Junge hatte ihn gefilmt, half sich selbst, mehrte den eigenen Ruhm und machte ihn zum YouTube-Star. Die Welt war völlig irre. Und er war immer noch ein Teil von ihr.

13

Als Rüdiger die Tür aufschloss, war es Viertel nach zwei. Dieses Mal gab es kein Stochern im Türschloss, keine Vorwarnung, keinerlei Rücksichtnahme mehr. Sein müdes Gehirn erlaubte derartige Umwege nicht. Der Flur war hell erleuchtet, Rüdiger bemerkte einen wehenden Staubfaden oberhalb der Küchentür (das riss ja ganz schön ein hier), nahm einen tiefen Atemzug, der beim Ausatmen in ein wahrhaftiges Seufzen mündete, und betrat die Küche. Man hätte seinen Schritten fast etwas Entschlossenes andichten können. Silvia hob nur kurz den Kopf, stand am Herd, hatte Kaffee gekocht und schien sich demnach auf eine längere Nacht einzurichten.

«Aha», sagte sie. «Bist wohl weit gelaufen, was?»

Rüdiger wusste mit der Bemerkung nichts anzufangen. Was sollte das sein? Ein Scherz? Ironie? Besorgnis?

«Du hast mich doch gesehen», sagte er.

«Wer ist die Frau?», fragte Silvia.

«Frau Bormann. Sie wohnt schon ewig unter uns.»

«Herrgott, ich meine doch nicht Frau Bormann. Die Frau vor dem Fitnessstudio.»

«Ach, die.» Rüdiger winkte ab. «Keine Ahnung. Ich hab sie heute Morgen im Drogeriemarkt kennengelernt. Sie hatte eine Payback-Karte.»

Silvia hob den linken Mundwinkel, fragte aber nicht nach. Sie stand auf, schloss ihren aufmüpfigen Bademantel, der den Blick auf einstmals vertraute Körperpartien freigegeben hatte, und holte Rüdigers Lieblingsbecher aus dem Schrank. Den komplett schwarzen, auf dem «London By Night» stand. Den hatte er sich Anfang der Neunziger gekauft, als er auf der Abschlussfahrt kurz vor dem Abitur England unsicher gemacht hatte. Also, die anderen hatten England unsicher gemacht, er hatte sich den Becher gekauft. Silvia goss ihm Kaffee ein und setzte sich wieder auf ihren Stuhl mit dem Blick auf die Uhr. Hier saß sie stets, sie musste die Uhr im Blick behalten. Der alte Kontrollzwang, der sie beide über all die Jahre verbunden hatte.

«Gehst du nachher wieder in die Schule?», fragte sie.

Rüdiger nahm den Henkel in die Hand. Er war heiß. So ein Henkel sollte eigentlich nicht heiß sein, fiel ihm zum ersten Mal auf, auch nicht bei einem billigen Touristen-Mitbringsel. Pfusch am Bau, sozusagen.

«Nein», sagte er sachlich. «Da gehe ich nie wieder hin.»

«So schlimm?»

Rüdiger nickte und trank einen winzigen Schluck.

«Alles muss anders werden», sagte er.

«Wie denn?»

«Ich hab da eine Liste.»

Silvia presste die Lippen aufeinander, wusste natürlich nicht, dass das durchaus wörtlich zu nehmen war. Rüdiger setzte sich zu ihr, allerdings auf den Platz seiner Tochter und damit so weit weg wie möglich.

«Wie ernst ist das denn mit dir und diesem Florentin?», fragte er.

«Schon ziemlich», sagte sie. «Florentin hat Familie, sonst hätten wir längst ... Weißt du, ich hätte das ja auch so weiterlaufen lassen, wenn du nicht auf die Idee gekommen wärest, plötzlich die Schule zu schmeißen. Ich meine, wer macht denn so was? Du hast noch nie irgendetwas Unerwartetes getan, warum fängst du ausgerechnet heute damit an? Ich sehe Florentin einmal in der Woche, da hättest du das ja auch an jedem anderen Tag machen können. Aber nein, es musste heute sein, an deinem Geburtstag, und zack, ist alles kaputt.»

«Moment mal, willst du damit ... willst du mir jetzt etwa die Schuld daran geben, dass du ... dass ich an allem schuld bin?»

Rüdiger hob den Becher hoch und hatte etwas, das er eigentlich nie hatte und das ihn mindestens so sehr verblüffte wie seine Frau: Er hatte einen Wutanfall. Und hätte fast «London By Night» gegen die Spüle geschmissen. Der Becher war ihm allerdings wirklich eine liebgewordene Erinnerung.

«Ich will überhaupt nichts sagen», antwortete Silvia leise. «Ich will nur sagen, dass ich in vier Stunden aufstehe und den Kindern das Frühstück mache. Und dass die Kinder nicht merken dürfen, was hier los ist. Dass sie nicht merken dürfen, dass sie einen Vater haben, der einmal im Leben konsequent ist, indem er ausgerechnet den Job schmeißt, der uns alle ernährt.»

«Du schaffst es tatsächlich immer wieder, mir die komplette Schuld an allem zu geben», ereiferte sich Rüdiger. Ob das schon die Auswirkungen der Liste waren? Führte Empathie am Ende gar zu Wut? «Was ist denn mit der Mutter, die fremdgeht? Dürfen die *das* merken, die Kinder?»

«Fremdgehen ist ein spießiger Ausdruck. Und außerdem völlig falsch. Florentin ist mir nicht fremd. Florentin ist mir sehr nahe. Viel näher, als du es mir jemals warst.»

Rüdiger erhob sich mit wackeligen Knien. Darauf fiel ihm leider nichts Geistreiches ein. Aber er fühlte etwas. Er fühlte Wut, Trauer und Schmerz. Und empfand das tatsächlich als Fortschritt.

«Ich schlafe auf dem Sofa», sagte er.

«Ich habe dir deine Decke schon hingelegt», sagte Silvia. Sie war ihm wie üblich einen Schritt voraus.

«Warum hast du's mir nicht einfach gesagt?», fragte er, im Türrahmen stehend. «Wie unzufrieden du bist? Wie sehr dich das alles hier langweilt?»

«Du bist labil», sagte sie und schaffte es nicht, ihm in die Augen zu sehen. «Das wissen wir doch beide. Keine Ahnung, wie du schlechte Nachrichten aufnimmst.»

«Schlecht», sagte Rüdiger. «Ich nehme schlechte Nachrichten schlecht auf.»

«Siehst du.»

«Aber sonst wären sie ja auch keine schlechten Nachrichten. Und ich finde es respektlos, an meinem Geburtstag mit einem Florentin zu schlafen.»

«Respekt muss man sich erarbeiten, Rütze.»

«Das ist ein Kalenderspruch.»

«Wenn er doch stimmt.»

«Ich halt's nicht aus.»

Rüdiger zögerte kurz, die alte Selbstkontrolle, dann aber war der Impuls in ihm stärker als alle Vernunft, es war eine Befreiung, er schaffte es tatsächlich, loszulassen und den Becher in einer formvollendeten Schwingbewegung vom Tisch zu wischen. «London By Night» zersprang in tausend Stücke, der Kaffee breitete sich auf dem Boden aus wie eine ansteckende Krankheit, es war unglaublich schön, er ignorierte den einzig logischen Impuls, zu einem Kehrblech zu greifen, stürmte aus der Küche, seiner einzigen greifbaren Erinnerung an England verlustig gegangen, ja, mehr noch, seines kompletten Zuhauses. Starker Tobak, dachte er, starker Tobak. Und dass Florentin, der Lektor, an dieser

Stelle sicherlich einwenden würde, dass kein Mensch mehr starker Tobak sagte.

Rüdiger dachte an den Sandkuchen. An das nicht vorhandene Geschenk seines Sohnes. An die Musil-Werkausgabe, uneingepackt. An den Apfelkuchen. An die Payback-Karte. An all die Abfuhren eines einzigen Tages. Es war ihm, als hätte bislang der Alltagstrott einen gnädigen Schleier über das Elend gelegt, das ihn tatsächlich ausmachte, als wäre die ungeschminkte Wahrheit über Rüdiger Bunzels verkorkstes Leben geschickt verborgen geblieben hinter einem bis zum Erbrechen normierten Tagesablauf. Zerbrach man die Struktur, zerbrach man das Gesamtkonstrukt Rüdiger. Vielleicht sogar das Prinzip Rüdiger. Wie den dämlichen, schwarzen Becher, der sowieso nie richtig witzig gewesen war.

Rüdiger schloss die Wohnzimmertür hinter sich, eine Winzigkeit zu heftig für seine Verhältnisse, atmete schwer, stellte fest, dass es keinen Schlüssel zum Abschließen gab, und schaltete den Computer an. Einfach, weil er es immer tat, wenn er das Wohnzimmer betrat. Er wischte sich Tränen von den Wangen, machte Licht an, weil das Dunkel erwiesenermaßen Depressionen verstärkte, betrachtete sein fahles Selbst in dem runden Kristallspiegel, den Silvia von ihrer Tante Mona geerbt hatte und der das ganze Zimmer in ein starres, steifes Relikt der Gutbürgerlichkeit verwandelt hatte. Rüdiger hatte das Wohnzimmer immer besonders geliebt, gerade wegen seiner bürgerlichen Schwere, jetzt hasste er es plötzlich aus vollem Herzen. Das Bücherregal mit all seinen auserzählten Geschichten, die dunkle Ledergarnitur, die nie mehr richtig zu reinigen war, der Fernsehsessel, der den halben Raum versperrte, der kleine Computertisch, hinter dem man auf Silvias Anweisung kein einziges Kabel auch nur erahnen durfte, ja, sogar seine liebevoll bemalte Zinnfiguren-Sammlung auf dem Sideboard, das alles waren Zeugen eines sich fehlerhaft entwickelten Lebens.

Am liebsten hätte Rüdiger das Fenster aufgerissen und alle

Möbel hinausgeworfen, jetzt, mitten in der Nacht, Rock 'n' Roll, der Fernseher wäre zuerst geflogen, diese altertümliche Monstrosität mit all den Lügengeschichten und falschen Gefühlen; dann die ganzen Bilder an den Wänden, alle, es war sowieso nur eines, noch dazu eines, das Rüdiger nie verstanden hatte und das seiner Meinung nach nur deshalb zur Kunst erhoben worden war, weil der rote und der blaue Farbklecks in der Mitte, dort wo die Farben zusammenliefen, aussah wie ein Spermium; dann der Fernsehsessel, der ohne Fernseher ja sowieso keine Funktion mehr besaß; und schließlich der ganze Rest, bis der Raum endlich so leer gewesen wäre wie sein ganzes, verdammtes Leben, während sich unten auf der Straße die Polizei längst versammelt hätte, in einer Hundertschaft, mit gezückten Waffen und rotierenden Blaulichtern, um den durchgeknallten Irren aus dem zweiten Stock dingfest zu machen, was immer das mit diesem festen Ding auch bedeuten mochte, da machte man sich ja normalerweise gar keine Gedanken drüber.

Rüdiger seufzte. So wie er sich kannte, hätte er nach diesem konzertierten Wutausbruch erst mal gestaubsaugt. Einfach wegen der ungewohnt freien Fläche und weil sich unter dem roten Ikeateppich in all den Jahren sicherlich einiges angesammelt hatte. Wenn das Rebellion war, konnte man es auch gleich lassen.

Er setzte sich vor den Computertisch, diesen kleinen, unsinnlichen Computertisch, unter den nicht einmal die Beine richtig passten, öffnete Facebook, scrollte seine Zeitleiste hinunter und sah Bilder von flüchtigen Bekannten, von lauter Menschen, mit denen er noch nie ein persönliches Wort gewechselt hatte oder das letzte Mal zur Schulzeit, mit unappetitlichem Essen auf geschmacklosen Tellern (warum bloß fotografierten Menschen ihre Teller?), in Badehose am Strand oder in lustigen Posen mit Hund und Katze, die sich nicht dagegen wehren konnten. Sie alle schienen glücklich zu sein. Ob es hinter den Bildern auf Facebook auch so zuging wie bei ihm gerade? Natürlich. Tröstete ihn das? Natürlich nicht. Er wechselte zu Google und gab den Namen Thomas Diez ein. Achtundsechzigtausend Treffer. Immerhin. Eine Seite gehörte tatsächlich dem Künstler selbst. Rüdiger sah Toms Gesicht auf der Startseite, in Denkerpose, von der Seite, schwarzweiß, den Kopf leicht geneigt, eine Zigarette in der rechten Hand. Er sah aus wie ein Folkmusiker aus den Sechzigern in einem Film von Godard. Auf jeden Fall intellektuell. Unter seinem Namen stand schlicht «Autor». Die Seite mit den Werken war noch in Arbeit, ebenfalls die mit der Biographie, den Rezensionen, den Links, den Bestellmöglichkeiten und den Blog-Einträgen. Überall Baustellensymbole. Nur die Kontaktseite, die funktionierte. Rüdiger sah ein Eingabefeld. Er würde natürlich nichts schreiben. Sie waren ja schließlich keine Freunde oder so etwas. Sie würden sich in ein paar Tagen wiedertreffen und eine gemeinsame Entscheidung treffen, mochte die im Endeffekt auch individuell unterschiedlich ausfallen, aber das war auch schon alles. Außerdem hatte Tom nicht so gewirkt, als legte er langfristig gesehen großen Wert auf Kontakt zu ihm. Und damit konnte er sich hinten anstellen.

Hm, dachte Rüdiger. Hm. Dann schrieb er doch.

«Ich hatte einen Wutanfall. Bester Moment seit Jahren. Viele Grüße, Rüdiger», tippte er in das Feld. Machte eine Pause. Gab seine E-Mail-Adresse ein und schickte die Nachricht ab.

14

Die Frau am Schalter der Notaufnahme hatte ein dickes Fell. Das sah man auf den ersten Blick. Klar, hier kamen Tag und Nacht lauter Leute mit dem Kopf unter dem Arm vorbei und erbaten zunächst Einlass, dann bevorzugte Behandlung. Da musste man schon unbeeindruckt bleiben, übertriebene Emotionalität war ein berufliches Ausschlusskriterium.

Sie saß auf ihrem deutlich zu niedrigen Bürostuhl hinter der Scheibe, machte ein routiniert mürrisches Gesicht, benutzte ihre geschätzten 120 Kilogramm als Schutzschild – und litt entweder unter Amnesie oder hatte zum ersten Mal in ihrem Leben einen Computer vor sich.

«Wie war noch mal Ihr Name?», fragte sie durch das schmale, gebogene Mikrophon vor sich. Ihre Haare waren schwarz und raspelkurz, die Stimme rau und hart. Auf dem Namensschild stand *Schwester Erika*.

«Diez», sagte Tom mit schmerzverzerrtem Gesicht. «Thomas Diez.»

«D», tippte die Frau mit einem Finger.

«I – E – Z», sagte Tom.

«Gut», sagte die Frau. «Nicht hetzen. Was haben Sie denn?»

«Messerattacke», sagte Tom leidend und zeigte mit dem Kopf auf den rechten Arm, den er mit der linken Hand umklammert hielt.

«Messerstecherei also», sagte die Frau tadelnd und tippte.

«Nein, nein», sagte Tom. «Ich hatte gar kein Messer. Der Typ hatte ein Messer. Ich nicht. Nur der. Ich bin überfallen worden. Ohne Messer.»

«Sie sind ohne Messer überfallen worden.»

«Der andere hatte ein Messer. Nur der andere. Nicht ich. Der andere!»

«Der andere also», seufzte die Frau und suchte die Löschtaste.

«Unter F11», sagte Tom. «Die Taste ist unter F11. Oder F12. Irgendwo da oben.»

Die Frau blickte ihn an, als hätte sie nicht ungern selbst die Klinge gegen ihn geführt.

«Schon gut, schon gut», sagte Tom.

Schwester Erika löschte. Buchstabe für Buchstabe.

«Wo denn?», fragte sie. Der große Zeiger der Uhr über ihr wanderte gelangweilt eine Minute weiter.

«Wo denn was?»

«Der Messerstich.»

«Mein Gott, hier!» Tom schob den rechten Arm in Richtung Scheibe. Er sah aus wie ein in Blut getränkter Schwamm. «Das sieht man doch, hier.»

«Haben Sie Ihre Chipkarte dabei?»

«Was?»

«Ihre Krankenversicherungskarte.»

Tom verrenkte den Kopf. «Im Rucksack. In der Geldbörse.»

«Brauche ich jetzt.»

Tom drehte sich um und stand nun mit dem Rücken zum Schalter. «Müssen Sie sich selber rausholen. Ich kann das gerade nicht.»

«Scheibe.» Die dicke Frau grunzte. «Da ist eine Scheibe zwischen uns.»

Tom drehte sich wieder um und stand kurz vor einem Tobsuchtsanfall. Der Mensch war voller versteckter Reserven. «Ich kann meinen rechten Arm nicht loslassen, denn wenn ich ihn loslasse, läuft noch mehr Scheißblut raus. Da ich aber nur zwei Hände habe, hab ich keine Hand mehr frei, um die verdammte Geldbörse aus dem Rucksack zu holen. Verstehen Sie das? Bewegen Sie gefälligst Ihren fetten Arsch und holen Sie sich die Geldbörse selbst.»

Das Kinn der Frau zuckte zurück, wodurch sie aussah wie ein verdutzter Truthahn.

«Es tut mir leid», sagte Tom schnell und biss sich auf die Lippe, die so viel Druck nicht gewohnt war und jetzt auch noch zu bluten begann. «Das wollte ich nicht sagen. Das ist nur der Schock, der Schock ist das. Und weil es so weh tut. Ihr Arsch ist nicht fett. Wirklich nicht!»

Schwester Erika sah an sich hinab. «Mein Arsch *ist* fett», sagte sie. «Nichts zu machen.»

«Bitte», flehte Tom. «Bitte, holen Sie doch die Geldbörse aus meinem Rucksack! Behalten Sie sie! Behalten Sie die Scheißgeldbörse mit allem, was dadrin ist. Aber ich brauche bitte einen Arzt.»

Die Frau zeigte auf eine elektrisch gesicherte Eingangstür neben sich. «Da ist der Wartebereich. Nehmen Sie Platz», sagte sie. «Ich hole mir die Chipkarte. Später.»

«Wartebereich?» Tom heulte fast auf. «Ich verliere Blut. Ich verliere immer mehr Blut!»

Schwester Erika drückte auf einen Knopf, die Tür öffnete sich langsam, aber unaufhaltsam. «Gestern Nacht kam ein Mann mit herunterhängendem Arm vorbei», sagte sie. «Ganz schief lief der. Der hatte einen Schlaganfall. Das wusste der ganz genau. War nicht sein erster. Sah man ja auch. Und da muss es wirklich ganz schnell gehen, bei so einem Schlaganfall. Damit das nicht schlimmer wird.»

«Ja, und?»

«Der musste auch im Wartebereich Platz nehmen.»

Tom gab es auf und betrat den Saal, von dem die Behandlungsräume abgingen. Er zog eine kleine, tröpfelnde Blutspur hinter sich her und fröstelte. War das schon der Mangel an lebenswichtigen Blutkörperchen? Eisen? Mineralstoffen? Spurenelementen? Nein, das kannte er nur von Nutella. Warum wurde er eigentlich nicht ohnmächtig, wenn er es mal brauchte?

Er sah sich um. Die Sitze waren aus Metallgittern geformt, so wie man es von Bahnsteigen kannte, die Wände beige und glatt, die Deckenlampen bestanden aus zweckdienlichen Neonröhren, viel zu hell und dadurch so warm wie die Arktis. Tom verstand das nicht. Sollte nicht gerade die Notaufnahme eines Krankenhauses der gemütlichste Ort der Welt sein? Wusste man doch nicht erst seit gestern, wie sehr die Psyche eine Rolle spielte, wenn es einem schlechtging. Wie sehr seelische Hygiene der Genesung diente. Und hier, in dieser Wartehalle zum Schafott, da ging es einem ja zwangsläufig noch schlechter als sowieso schon. Durchdacht war das nicht.

Auf einem an der Wand befestigten Flachbildschirm lief ein Film mit Bud Spencer und Terence Hill, die gerade ein paar bedauernswerten Stuntmen so dermaßen schlecht auf die Rübe hauten, dass man auch bei beiläufigem Hinsehen einen beträchtlichen räumlichen Abstand zwischen Schlag und Treffer erkennen konnte. Irgendwie amateurhaft. Hatte er als Kind nie bemerkt. Wahrscheinlich weil der Film hier ohne Ton lief, den kaschierenden.

Ein klobiger Kaffeeautomat, der zudem Suppe und Kakao anbot, röchelte vor sich hin, man konnte sich alternativ ein Snickers ziehen, es roch nach Desinfektionsmittel und reinem Alkohol. Was nicht zuletzt an den beiden anderen Patienten lag, die nicht ganz bei sich wirkten. Der eine hing so schief in seinem Sitz, dass er eigentlich von der Wand dahinter gehalten wurde, er sah aus wie ein Fernfahrer, der schon viel zu oft die Abzweigung zur Kneipe genommen hatte und auf dem Nachhauseweg über die eigenen Beine gestolpert war. Er trug ein schwarzes T-Shirt mit der wenig sympathischen Aufschrift *Hoolywood*. Der andere war hager, hatte gerötete Augen, seinen Fahrradhelm noch auf dem Kopf und ein verdrehtes, geschwollenes Knie, das dem Aufenthalt zu Ehren sickernd blutete. Beide wirkten abgestumpft bis weggetreten. Tom seufzte. Wer wusste, wie lange die hier schon warteten ... wer wusste, wie er in ein paar Stunden aussehen würde. Er ließ sich auf einen der Stühle nieder, als wäre dies hier das Bürgeramt und es ginge um die Verlängerung des Parkausweises. Aber es half ja nichts. Die Zukunft hieß Warten.

Nach nur einer knappen Viertelstunde, in der der Arm im Rhythmus der Wanduhr gepocht hatte, öffnete sich eine der Türen zu den Behandlungsräumen. Tom erhob sich hoffnungsfroh, sein Kreislauf wehrte sich, indem er weiße Farbe vor die Augen pinselte, ein junger Mann im Arztkittel kam heraus, warf ein wenig inspiriertes «Guten Morgen» in die Runde und verließ durch eine andere Tür wieder den Saal. Guten Morgen? Ernsthaft? Für wen oder was sollte dieser Morgen denn gut sein? Tom stellte fest, dass sich eine kleine, rote Pfütze zu seinen Füßen gebildet hatte. Er schlich in Richtung Ausgang, schwerfällig, so als wären auch die Beine verletzt, die elektrische Tür öffnete sich automatisch, dann stand er erneut vor Schwester Erika.

«So geht es auch nicht schneller», sagte sie und schlug das *Beef*-Magazin zu, das sie zur persönlichen Erbauung studiert hatte. Tom hätte jede Wette abgeschlossen, dass Schwester Erika das einzige weibliche Wesen auf Erden war, das dieses Kampfblatt des Fleischkonsums freiwillig las. Sie sah ihn herausfordernd an. «Denken immer alle, dass das so schneller geht. Aber das geht so nicht schneller. Ich kann da gar nix machen.»

«Ich brauche einen Verband», sagte Tom. «Ich blute.»

«Da kommt gleich jemand und hilft Ihnen.»

«Was heißt denn gleich?»

«Hängt davon ab, wie viel auf der Station los ist.»

«Es ist mitten in der Nacht, was soll denn da los sein? Die Patienten schlafen.»

«Wenn Sie wüssten. Da ist immer was los.»

Sie schauten sich einen Moment an. Tom forschend, Schwester Erika abgebrüht, ohne Regung.

«Haben Sie denn jetzt eigentlich Ihre Versichertenkarte?», fragte sie dann. «Ich brauche immer noch Ihre Versichertenkarte.»

Tom drehte ab und stellte sich vor die geschlossene Tür zum Wartebereich. Sehr dicht. So dicht es möglich war. Schwester Erika ließ sich Zeit, erst nach einigen Sekunden drückte sie den Knopf, der die Hydraulik in Gang setzte. Die Tür öffnete sich, sie hatte auch die zweite Runde gewonnen, Tom ging wieder hinein, der Typ mit dem Fahrradhelm schreckte auf, sagte «guten Abend», dann «mir ist nicht gut» und schloss erneut die Augen, um ins Reich der Schatten zurückzukehren. Tom setzte sich auf denselben Platz wie zuvor, obwohl unter ihm der Boden rot und fast alle anderen Stühle frei waren. So war der Mensch eben. Ein Gewohnheitstier.

Es dauerte eine weitere Viertelstunde, Bud Spencer und Terence Hill waren zwischenzeitlich von Werbung unterbrochen worden, in der heiße Krankenschwestern devote Männer zum Anrufen einluden, da kam Schwester Erika durch eine große Flügeltür und gab den Blick auf einen typischen Krankenhausgang mit Notliegen und an den Wänden abgestellten Tropfvorrichtungen frei. Übermäßig eilig hatte sie es nicht. In der Hand hielt sie ein Klemmbrett mit bedruckten DIN-A4-Blättern darauf.

«Wir brauchen noch ein paar Patientendaten von Ihnen», sagte sie und hielt ihm das Klemmbrett hin. «Können Sie das mal ausfüllen? Zeit genug haben Sie ja.»

Tom nahm das Brett nicht, wie auch, er sagte nichts, sah sie nur an, mit einem Ausdruck, den man jemandem entgegenbrachte, der gerade mit größter Ernsthaftigkeit behauptet hatte, die Erde sei eben doch eine Scheibe und die Tagesschau von den Illuminaten unterwandert. Schwester Erika murmelte «Ich hab's versucht» und «Sind eben die Vorschriften», dann watschelte sie wieder zurück zu ihrer Flügeltür, die sich vor lauter Entsetzen von selbst öffnete und gar nicht schnell genug Platz machen konnte für Erika, die Schwester des Jahres.

Bevor sich die Tür wieder hinter ihr schloss, drehte sie sich noch einmal zu ihm um, ließ die Schultern hängen und wirkte plötzlich auf gewisse Weise versöhnlich. «Ich schick jemanden vorbei», sagte sie. «Das geht ja gar nicht.»

Tom verspürte ein Weihnachtsgefühl und erlitt einen plötzlichen Sympathieschub für die dicke, kleine Frau, die sicherlich auch kein einfaches Leben hatte und sich hier die Nächte um die Ohren schlug, weil sie zu Hause alleinerziehend mit drei pubertierenden Blagen geschlagen war und mit höchstens vier Stunden Schlaf zurande kommen musste. Da wurde man natürlich zwangsläufig zynisch, und das war ja auch kein Spaß mit so

Gestalten wie Hoolywood und Fahrradhelm, Nacht für Nacht, in dieser Beleuchtung, in diesem Krankenhaus. Irgendwo, tief verborgen, hatte sie natürlich doch ein Herz aus Gold.

Und tatsächlich: Es dauerte keine drei Minuten, da öffnete sich die Flügeltür, und ein dunkelhäutiger Mann in blauer Pflegeruniform näherte sich. Tom freute sich. Dann stutzte er. Dass das kein Arzt sein konnte, erkannte er vor allem an dem Putzeimer und dem Wischmob, den der Mann trug.

«Guten Morgen», sagte der Mann. «Füße hoch, bitte.»

Tom hob brav, wenn auch leicht fassungslos die Füße, der Mann schwang den Wischmob, und schon wenige Augenblicke später sah der Boden unter ihm so aus, als hätte Tom nie auch nur einen Tropfen Blut verloren.

«Danke», sagte der Mann, lächelte und verschwand samt Putzeimer und Wischmob wie das Gespenst, als das er erschienen war. Tom verstand endgültig, dass hier nicht ihm, sondern dem Boden geholfen worden war. Scheiß auf die drei pubertierenden Bälger und das mangelnde Grundeinkommen, dachte er, Schwester Erika war einfach ein widerwärtiges, unerträgliches, sozial gestörtes, fettes Monster. Und er blutete jetzt weiter, den ganzen Boden voll, dieses Mal aber absichtlich.

*

«Herr Diez, bitte in Behandlungsraum sieben», sagte eine weit entfernte Stimme aus einem Lautsprecher in der Decke. Tom schreckte auf. Er musste tatsächlich eingenickt sein. Hoolywood und Fahrradhelm waren verschwunden, dafür saß jetzt eine Frau da, eine junge Frau in der reduzierten Arbeitskleidung junger Frauen, die zumeist nachts arbeiteten. Sie hatte blaue Flecken im Gesicht, verlaufenes Make-up, und drehte eine Packung Zigaretten zwischen den Fingern.

«Hat da jemand gerufen?», fragte er erschöpft.

«Wenn Sie Herr Diez sind», sagte die junge Frau, die höchstens neunzehn war und Tom augenblicklich das Herz brach. Gerade noch hatte sie im Sandkasten mit Holzstückchen abgestützte Tunnel für Feuerwanzen gegraben, jetzt saß sie hier, zurechtgemacht wie eine römische Hure und in vielerlei Hinsicht geschlagen.

«Wo?», fragte er.

«Sieben», sagte sie.

Tom stand auf, sein Körper wollte es nicht, aber er setzte sich durch, schleppte sich an den Metallstühlen vorbei, die auch noch labyrinthisch angeordnet waren, und stand schließlich vor dem Behandlungsraum mit der Nummer sieben. Er drückte die Klinke, betrat ein leeres Zimmer und legte sich ungefragt auf die Liege. Darin hatte er heute schon einiges an Erfahrung gesammelt, das ging ihm leicht von der Hand. Man konnte vielleicht sogar sagen, dass das verbindende Element der letzten vierundzwanzig Stunden eine Liege gewesen war, nur gelegentlich unterbrochen von seinem ungeordneten Leben.

Er wartete wieder, dieses Mal aber gelassener, er wusste, gleich würde etwas passieren. Etwas, das ihm weiterhalf und den Schmerz nahm.

Die Tür öffnete sich, Tom stemmte sich auf die Unterarme.

«Ich wusste, dass ich Sie heute Nacht noch einmal wiedersehe», sagte eine weibliche Stimme. «Zumindest einen von Ihnen.»

Tom blieb die Spucke weg. Die Frau, die im Arztkittel den Raum betreten hatte und sich gerade am Waschbecken die Hände desinfizierte, war Gesa Schilling, die angebliche Unternehmensberaterin mit der Businesskleidung und dem weißen BMW. Ihre Lebensretterin vom Lembachtal.

«Ich denke, Sie beraten Unternehmen?», stieß Tom hervor und vergaß für einen Moment fast seine Verletzung, wenn nicht sogar seinen ganzen Kummer.

«Das war gelogen.»

«Warum?»

«Weil ich finde, dass Sie das eigentlich nichts angeht, was ich mache.»

«Ach.»

«Und stellen Sie sich vor, ich hätte gesagt, ich bin Ärztin.»

«Was dann?»

«Dann hätten Sie beide sich wahrscheinlich auf mich gestürzt, als wäre ich Mutter Teresa. Hat man doch gesehen, wie hilfsbedürftig Sie sind. Ich bin aber nicht Mutter Teresa. Ich bin eine unterbezahlte Krankenhausärztin in Nachtschicht.»

Sie kam jetzt ganz nah heran und betrachtete Toms Arm genauer. Ihr blonder Zopf duftete nach einem Shampoo, das Tom auch schon mal benutzt hatte, dessen Name ihm aber gerade nicht einfiel.

«Na ja, das T-Shirt muss aus», sagte sie.

«Ich weiß nicht, wie», sagte Tom gequält.

«Dann muss ich aufschneiden.»

Tom schaute entsetzt.

«Das Shirt», sagte Gesa Schilling.

«Ach so. Nee, nicht aufschneiden.» Tom setzte sich mühsam hin, Gesa Schilling, die keinesfalls Unternehmen beriet, zögerte zunächst, dann griff sie ihm buchstäblich unter die Arme.

Der linke war kein Problem und bis zur Schulter stellte sich Tom auch beim rechten tapfer an. Dann allerdings begann ein Leiden, das für die ganz großen Bühnen der Welt gereicht hätte. «O Gott», sagte Tom, bekam Schweißausbrüche, sein Gesicht rötete sich, Tränen traten hervor, Adern folgten, er krampfte, biss sich auf die Zähne, krümmte sich, dann endlich waren *The Jesus And Mary Chain* über Kopf und Arm gezogen und gaben den Blick frei auf einen blutigen Oberarm, der Schlimmstes vermuten ließ.

«Haben Sie sich mit dem anderen gestritten?», fragte Gesa Schilling, auf deren Namensschild seltsamerweise ein ganz anderer Name stand. Toms Sicht war flüssigkeitsbedingt allerdings so verschwommen, dass er ihn nicht lesen konnte.

«Mit wem? Rüdiger?», fragte Tom zwischen den Zähnen hindurch.

«Hieß der so? Der auf der Brücke.»

«Nee. Also, ja. Der heißt so. Aber mit dem kann man sich doch nicht streiten.»

Die Ärztin nahm seinen Arm, Tom zuckte zusammen, was war das bloß für ein Shampoo, dann nahm sie diverse Tamponaden, Tücher und Desinfektionsmittel und sah sich das Elend aus der Nähe an. Tom wandte den Kopf ab.

«Hm», sagte sie.

«So schlimm?», fragte Tom.

«Keine Ahnung, ich suche noch nach der Wunde.»

«Wie bitte?»

«Im Ernst, der Stich ist winzig und nicht besonders tief. Das haben wir ganz schnell zugenäht.»

Tom war tatsächlich beleidigt. «Ich hab Ihr halbes Krankenhaus vollgeblutet», sagte er.

«Das kommt Ihnen nur so vor. Wenn da irgendeine Gefahr bestanden hätte, hätte Sie Schwester Erika doch nicht in den Warteraum gesetzt. Da wären Sie sofort auf den Tisch gekommen. Wir sind doch keine Unmenschen.»

«Schwester Erika ist kein Mensch und auch kein Unmensch. Schwester Erika ist der Teufel», stellte Tom trocken fest und fühlte sich nicht ernst genommen.

«Schwester Erika ist ein Engel und hält den Laden zusammen», sagte die Frau, die auf keinen Fall Gesa Schilling hieß, und griff zu Nadel und Faden. «Ist wohl alles eine Frage der Perspektive.»

Tom schwieg.

«Achtung, das wird jetzt ein bisschen kalt», sagte die Ärztin und betäubte Toms Arm lokal. Er war viel zu erschüttert, um das irgendwie zu kommentieren. Dafür klärte sich sein Blick. «Auf Ihrem Namensschild steht Dr. Raue», sagte er.

«Das ist mein Name», sagte sie.

«Und was ist mit Schilling?»

«Im Auto lief ‹Major Tom› von Peter Schilling, als ich Sie und Ihren Rucksack gesehen habe. Hier, ‹völlig losgelöst›. Da ist mir auf die Schnelle nichts Besseres eingefallen.»

«Und Gesa?»

«Das ist tatsächlich mein Vorname.»

«Sie haben uns ganz schön angelogen, Gesa Raue.»

Sie zog den Faden durch Toms Oberarm, dem das plötzlich gar nicht mehr so weh tat.

«Versetzen Sie sich mal in meine Lage», sagte sie. «Zwei verwirrte Selbstmörder, da weiß man ja gar nicht, wen man da an sich ranlässt. Woher soll ich wissen, was bei Ihnen los ist? So im Hintergrund? Gewalt, Drogen, Alkohol, Mafia, Bandenkrieg, keine Ahnung. Alles, worauf man privat keine Lust hat. Irgendeinen Grund werden Sie schon gehabt haben, da auf dieser Brücke zu sitzen.»

«Rüdiger ist Lehrer. Und ich schreibe.»

«Sehen Sie.» Sie lächelte.

«Witzig.»

«Stellen Sie sich vor, ich gebe Ihnen meinen echten Namen und Sie fangen an, mich zu verfolgen.»

«Das würde ich niemals tun.»

«Aber woher soll ich das denn wissen?»

Tom nickte. Da hatte sie recht.

«Wie ist denn das überhaupt passiert?», fragte Doktor Raue, denn so hieß sie nun mal. An den Doktor musste Tom sich noch gewöhnen.

«Bin überfallen worden», sagte Tom. «In der S-Bahn.»

«*Sie* machen Sachen.»

«Passiert doch jeden Tag.»

Sie zeigte auf den Rucksack.

«Ist das nicht das Teil, das Sie die Brücke heruntergeworfen haben?»

Tom konnte nicht anders, er erzählte ihr die ganze Geschichte, erzählte vom Supermarkt, von Heiner unter der Brücke, sogar von seinen Ohnmachtsanfällen, von McDonald's und der Frau auf dem Bahnsteig, die Blumen in fäkaler Weise beleidigt hatte. Er erzählte von seinem ersten und einzigen Roman, von dem Skandal, von zehn Jahren des Misserfolgs, von seinen Depressionen, Ängsten und der dauerhaften Schreibblockade. Er erzählte ihr alles, weil er bemerkte, dass ihr Blick immer weicher wurde, dass sie die Distanz nicht aufgab, aber ein wenig von der Person dahinter durchscheinen ließ. Weil sie ihm einfach zuhörte. Und wer tat das schon? Als Tom fertig war, war auch sein Arm fertig, genäht, gereinigt, bandagiert und in ansehnliche Form gebracht.

«Gehen Sie nach Hause», sagte sie. «Gehen Sie nach Hause und schlafen Sie endlich. Ich geb Ihnen eine Tablette mit. Schlafen Sie mindestens zwölf Stunden, dann bewerten Sie das alles noch einmal neu. Und denken Sie daran, dass Sie mir versprochen haben, sich Hilfe zu holen.»

«Trinken Sie einen Kaffee mit mir?»

«Nein. Aber geben Sie mir Ihre Telefonnummer, wir müssen die Patientendaten noch abgleichen.»

«Also rufen Sie mich an?»

«Eher Schwester Erika.»

Tom gab ihr die Nummer, öffnete die Tür und winkte ihr aus der Hüftgegend zu, sie winkte auf die gleiche Art zurück, wenn auch mit einer Unbeholfenheit, die merken ließ, dass sie so etwas nicht oft tat, dass diese leicht tapsig-freundschaftliche Geste nicht zu ihren gewohnten Kommunikationsmitteln gehörte.

Das Mädchen, das beinahe eine Frau war, saß immer noch da, auf dem Metallstuhl, wartend, mit dem Handy spielend, ein Opfer des wirklichen Lebens. Er winkte auch ihr zu, sie ignorierte ihn, schaute zu Boden, er verstand das, denn er war ein Mann, und Männer mussten aus ihrer Sicht feindliche Wesen vom Planeten Gewalt sein. Ihr Gesicht wies mittlerweile mehrfarbige Schwellungen auf, vielleicht war sogar ein Wangenknochen gebrochen. Schwester Erika saß an ihrem Schreibtisch und las immer noch in *Beef*, irgendwas mit Steaks und Nacken und Kräuterbutter. Ließ sich kopfüber nicht so genau erkennen.

«Gute Nacht», sagte Tom.

«Gute Nacht», sagte Schwester Erika, lächelte, und sah sehr nett dabei aus. «Gute Besserung.»

Tom seufzte. Das Leben war kompliziert.

Er betrat die Straße, es war tiefdunkle Nacht, die Bäckerei gegenüber dem Krankenhaus wurde gerade mit Brötchen beliefert. Er fummelte in der Hosentasche nach seinen Zigaretten, bekam sein Telefon zu fassen, war sich sicher, dass es längst den Geist aufgegeben hatte, zumal der Akku doch schon vor Stunden Saftlosigkeit vorgegeben hatte, und erlebte eine Überraschung. Das Handy funktionierte noch. Und er hatte eine neue E-Mail. Über das Formular auf seiner Homepage abgeschickt. Von einem gewissen Rüdiger Bunzel.

Oh nee, dachte Tom, steckte das Telefon wieder weg und zündete sich eine Zigarette an, die erste seit mindestens sechsundzwanzig Stunden, die erste des neuen Tages, des vielleicht letzten Tages, oder des ersten Tages einer letzten Woche und lief vorbei an lauter Hundehaufen, Taubendreck und achtlos in den Rinnstein geschmissenem Verpackungsmüll. Die Luft war drückend feucht, der Atem schwer, sein Arm pochte nicht mehr. So wie sein Herz. Es war ganz still.

TEIL 2

15

Rüdiger saß auf dem Stuhl links außen, der Raum war in schreiendes Rot getaucht, neben ihm ein bekannter Kabarettist, der stets zu allem eine Meinung hatte, also auch zu dem Thema der heutigen Sendung: «Die Bedeutung des Lebens». Das hier war «hart aber fair», der Moderator hieß Plasberg, die Bundesverteidigungsministerin war auch da und lobte die christlichen Werte, sie war sehr klein, fast so klein wie Rüdiger, sah hager und streng dabei aus, das Gesicht eine einzige, undurchdringliche Maske, und sprach den anderen Anwesenden im Raum jegliche Bedeutung ab, schließlich stünde das Land über allem und das Gemeinwohl immer vor dem des Einzelnen. Ein Mann von der AfD applaudierte, er hatte gar kein Gesicht, fand aber, dass Deutschland, so ganz grundsätzlich, eigentlich sowieso mehr Bedeutung haben sollte und das Ausland weniger.

Rüdiger kam nicht zu Wort, immer wenn er etwas beitragen wollte, redete ein anderer dazwischen, und als der Moderator ihn ein weiteres Mal einzubinden versuchte und ihn noch einmal ankündigte als den Mann, dem exemplarisch für das gesamte Volk jegliche Bedeutung abhandengekommen sei, gab es tosenden Applaus, und Rüdiger schaute in ein unbewegliches Publikum, das aus lauter übertrieben lachenden Einheitsgesichtern bestand, Pappgesichter waren das, geschlechtslos und grotesk, wie bei einem Kostümball, wo man sich die Pappe mit einem Stiel vor die eigentliche Visage hielt. Das dazugehörige Lachen kam aus der Konserve, war aus *Eine schrecklich nette Familie* geklaut.

Dann gab es eine Pause, ein Schweigen, eisig war es, alle schauten ihn an, die Lautsprecher fürs Publikum brummten, Rüdiger spürte, jetzt war er dran, jetzt durfte er auch mal, musste sogar, aber sein Mikro war nicht an, dann gab es einige Rückkopplungen, er sprach von sich und seinem Leben, aber niemand verstand ein Wort, die Verteidigungsministerin schaute irritiert, dann verächtlich und übertönte die anderen Gäste alleine mit ihren Blicken. Rüdiger gab es auf und stellte fest, dass er auch noch niedriger saß als die anderen, das war eine Gemeinheit, das hatten die mit Absicht gemacht, er sollte noch kleiner wirken, als er es ohnehin schon war. Und dann war da auch noch Florentin, der schöne Florentin, wo kam der denn her, er sah unheimlich gut aus, erzählte von der gerade gefundenen Liebe seines Lebens und wie sehr ihm das eine Bedeutung gegeben habe. Als der Moderator fragte, was denn nun eigentlich die Bedeutung des Lebens genau sei, erzählte Rüdiger vom Glauben an Gott und dem Leben an sich, und wenn es das nicht war, dann vielleicht doch nur die reine Fortpflanzung. Schließlich wurde er, der kleine Rüdiger, von allen tröstend in den Arm genommen, von allen bis auf Florentin. Die Sendung war vorbei, der Abspann lief, die Pappgesichter waren verschwunden, und alle gaben Autogramme, bis auf ihn, denn er hatte seinen Namen vergessen und außerdem nichts zu schreiben dabei. Ein riesiges Kindergesicht, das ihm irgendwie bekannt vorkam, beugte sich über ihn.

«Warum schläfst du denn im Wohnzimmer, Papa?», fragte es.

Rüdiger schreckte hoch. Vor ihm stand Max, fertig angezogen, die Hände in die Hüften gestemmt, den Lehrer spielend, der Rüdiger nicht mehr war oder zumindest sein wollte.

«Weißnichisesdennschonsoweit?», fragte er mit Teppich im Mund. Sein Rücken tat weh (das Sofa war ein Fehlkauf gewesen), der Kopf sowieso.

«Du sollst frühstücken kommen», sagte Max und rannte wieder los. Warum kam er eigentlich nicht auf die Couch gesprungen, andere Kinder wären jetzt zu ihren Vätern auf die Couch gesprungen und hätten Kissenschlacht gespielt oder Wolfskind in der Höhle oder sich zumindest kurz an das Elternteil gekuschelt, ihm einen Guten-Morgen-Kuss gegeben und dann übermütig die

Decke weggezogen. Max hingegen hatte noch nie Körperkontakt gesucht. Zumindest nicht bei ihm.

Rüdiger erhob sich, sah den Bärchenschlafanzug an sich herunterhängen, so als hätte sogar der sich aufgegeben, dachte an «London By Night» und dass es Zeit war, den Schlafanzug auszusortieren und sich einen ganz anderen zu besorgen, einen viel wilderen, männlicheren, seinetwegen mit Batman- oder Bart-Simpson-Aufdruck, niemals aber mit Bärchen, Pferden, Pandas oder anderen Viechern. Er schlüpfte in seine Hausschuhe und schlurfte durch den Flur in die Küche, in der es wie jeden Morgen hoch herging. Max und Lilian prügelten sich um die Cornflakes und darum, wer nun wie viel Zucker hineintun durfte, Silvia war grundsätzlich gegen Cornflakes, wegen des sowieso schon vorhandenen Zuckergehalts, hatte sie aber dennoch auf den Tisch gestellt. Alle brüllten durcheinander, und als Rüdiger die Küche betrat, galt ihm nicht einmal ein Gruß, kein guter Morgen wurde gewünscht, auch kein schlechter, es spielte schlicht keine Rolle, wie der Morgen für ihn sein würde, und Geburtstag hatte er ja auch nicht mehr. Max hatte eine Baseballkappe verkehrt herum auf, Lilian trug einen Rock, der auch als Hula-Hoop-Reifen durchgehen würde und der in keiner Weise akzeptabel war. «Guten Morgen», sagte Rüdiger, bekam natürlich keine Antwort, Silvia knallte ihm die Kaffeekanne auf den Tisch, er setzte sich, schob die Kanne von sich weg, legte die Hände auf die Ohren und hielt sie sich mit weit geöffnetem Mund so lange zu, bis er wusste, dass der Wirbel auf diese Weise auch nicht dauerhaft fernzuhalten war. Als er die Hände wieder wegnahm, war es zu seiner eigenen Überraschung still.

«Was war das denn, Papa?», fragte Lilian.

«Zu laut war das», sagte Rüdiger. «Viel zu laut.»

«Eurem Vater geht es nicht so gut», sagte Silvia erklärend und machte das Küchenradio an. «A Good Heart» von Feargal Sharkey lief, eines der schlimmsten musikalischen Verbrechen der achtziger Jahre. Fehlten nur noch «One Night in Bangkok», «You Win Again» und «Juliet», und der Tag würde ein Desaster werden wie so viele Tage zuvor.

«Habt ihr euch gestritten?», fragte Max und verteilte einen Löffel Cornflakes neben dem Teller.

«Warum?», fragte Silvia übertrieben verwundert und daher wenig überzeugend.

«Weil Papa im Wohnzimmer geschlafen hat.»

«Das ist nur wegen seiner Erkältung», sagte Silvia. «Er hat nämlich eine Erkältung. Er muss mich ja nicht anstecken. Deshalb hat er netterweise auf der Couch geschlafen.»

«Du siehst gar nicht erkältet aus», sagte Lilian und gähnte ihnen ungeniert mitten ins Gesicht.

«Ich bin ja auch nicht erkältet», sagte Rüdiger, weil er die Faxen dicke hatte. «Das ist doch alles Quatsch. Wir haben uns gestritten, weil eure Mama mit einem Florentin geschlafen hat. Nicht zum ersten Mal, übrigens. Ach so, Max, mit jemandem schlafen heißt Sex haben. Sex zu haben heißt, den Penis des Mannes in die Vagina der Frau einzuführen, bis irgendwann eine klebrige Soße entsteht und vom Mann zur Frau übergeht. Das muss man nicht machen, so grundsätzlich, aber wenn man zum Beispiel Kinder zeugen will, dann schon. Zeugen heißt herstellen, Max. Zeugen gibt es auch vor Gericht, aber das erkläre ich dir ein anderes Mal, das ist ein Teekesselchen. Ich weiß nicht, ob Mama noch ein Kind von Florentin haben will, damit ihr dann zu dritt seid, wobei drei echt eine doofe Zahl ist, na, vielleicht werden es ja Zwillinge, mit mir will sie jedenfalls kein Kind, denn dazu müssten wir auch mal Sex haben, und den hatten wir schon sehr lange nicht, und ehrlich gesagt habe ich auch überhaupt keine Lust mehr darauf, denn ich bin sehr, sehr verletzt und habe gestern sogar versucht, mir das Leben zu nehmen, was aber leider niemand richtig ernst genommen hat, nur ich, ich hab das ernst genommen, weil ich das nämlich ernst gemeint habe, was nicht heißt, dass ich euch nicht alle wahnsinnig liebhabe, nur weiß ich gar nicht so genau, ob das reicht und ob das überhaupt dieses Liebhaben ist, von dem immer alle reden, denn meistens fühle ich leider überhaupt nichts, und das deprimiert mich so wahnsinnig, dass ich gleich wieder zu dieser Brücke fahren möchte, um tatsächlich zu springen, denn der neue Tag heute ist kein bisschen besser als der alte, und es wäre wirklich nett, wenn ihr hinterher wenigstens so tun würdet, als wäret ihr ein wenig traurig, denn ich weiß ja nicht, ob man nicht doch als Wolke über der eigenen Beerdigung schwebt und das die letzten Bilder sind, die man sieht, bevor man in den Himmel oder die Hölle kommt und der Weg frei ist für den schönen Florentin mit der Timberland-Jacke und dem besten Apfelkuchen der Welt, mit dem man bestimmt super Fußball spielen und schwimmen gehen kann, also nicht mit dem Apfelkuchen, sondern mit Florentin, und der sicher auch gleich mehrere Abonnements fürs dadaistische Tanztheater und Wochenend-Selbsterfahrungskurse hat, verdammte Scheiße. Ja, verdammte Scheiße habe ich gesagt, denn ich will nie wieder Mist sagen und habe sogar meine Lieblingstasse zerbrochen, was verdammt noch mal scheißgut getan hat.»

Rüdiger holte tief Luft. Es wäre so schön gewesen, wenn er das tatsächlich gesagt hätte, das alles, es hätte ihn so ungemein von dem Druck des jahrelang Ungesagten befreit, aber leider verblieb es innerlich, fand keinen Weg heraus. Äußerlich, mit Zähnen, Zunge, Stimmbändern und was man sonst noch dazu brauchte, sagte er: «Vorsicht ist die Mutter der Porzellankiste.»

«Was ist das denn für ein Opa-Spruch?», sagte Lilian. Sie wurde wirklich immer respektloser.

«Was Besseres ist mir gerade nicht eingefallen», sagte Rüdiger beleidigt, «das ist ja wohl kein Wettbewerb hier. Wieso seid ihr eigentlich alle schon so fertig angezogen?»

«Weil es halb acht ist», sagte Silvia tadelnd und klatschte frisches Rührei auf seinen Teller.

«Hast du heute keine Schule?», fragte Max.

«Papa ist krank, hast du doch gehört», sagte Silvia.

«Ich will kein Ei. Ich leg mich wieder hin», sagte Rüdiger, stand auf und ging zurück ins Wohnzimmer. Er vergewisserte sich, dass immer noch kein Schlüssel zum Abschließen da war, legte sich aufs Sofa und zog die Decke bis zum Kinn hoch. Vielleicht würde er einfach hier liegen bleiben, bis der Wirbel vorbei war, bis die Kinder das Haus verlassen hatten, und zwar für immer, bis Silvia das Haus verlassen hatte, bis die Depressionen das Haus verlassen hatten. Dann fiel ihm die Liste wieder ein. Die Liste, die in seiner vermutlich immer noch nassen, übelriechenden Hosentasche auf ihn wartete und ihm Anleitung und Aufgabe zugleich sein sollte.

Er schwang sich vom Sofa, stürmte ins Bad, hoffte, dass die Maschine noch nicht lief, und griff erleichtert in die Trommel, in der die stinkende Wäsche des gestrigen Tages niedergeschlagen auf den Schonwaschgang wartete. Er nahm seine Cordhose, schnüffelte daran, fand den Geruch erträglich, zog den reichlich verknickten Zettel aus der Hosentasche, wunderte sich, dass auf der Vorderseite jemand tatsächlich zwölf Hamburger bestellt hatte, und überprüfte mit einem raschen Blick auf die Rückseite, dass die sechs Punkte Bestand hatten, dass sie weder verblichen noch versehentlich ausradiert worden waren. Liebe, las er. Ziele. Freude, Empathie, Vergebung, Risiko. Er bekam Schwung, putzte sich in Windeseile die Zähne, machte eine Katzenwäsche, für die sich jede Katze geschämt hätte, und fand seinen ungewohnt verwuschelten Kurzhaarschnitt plötzlich ein Stück weit verwegen. Er hörte das Klicken der Haustür bei abschwellendem Lärmpegel, die Kinder waren also gegangen, verließ das Bad wieder, stürmte ins Schlafzimmer, vorbei an der überforderten Silvia und schlüpfte in die erstbesten Klamotten, die er finden konnte. Inklusive der Cordhose.

«Was machst du?», fragte Silvia.

«Ich gehe zur Arbeit», sagte er.

«Aber ich habe dich vor einer halben Stunde krankgemeldet.»

«Das wäre doch nicht nötig gewesen.»

Rüdiger war angezogen, griff nach der Aktentasche und machte sich grußlos von dannen. Er hatte die Liste. Und er hatte Lust, zu sehen, wie weit er damit kam. Vielleicht war er ja gar nicht nur depressiv, sondern manisch-depressiv? Die hatten doch auch immer Hochs und Tiefs im Wechsel, plötzliche Energieschübe, gefolgt vom totalen Absturz. Er schüttelte den Kopf. Bei ihm war immer alles mittel gewesen. Das konnte es also nicht sein. Er war einfach nur pflichtbewusst.

Seine Schritte beschleunigten sich, klackerten im Treppenhaus lauter als sonst, fast im Galopp rannte er die Stufen hinunter, es war seinem Alter gerade noch angemessen, hinter Frau Bormanns Tür war alles still, der Bürgersteig voller glänzender, wogender Sommerpfützen. Er schwenkte die Aktentasche, aber es war ein Techno-Beat, ganz gegen seinen gewohnten Rhythmus, der doch eher im Midtempo-Bereich lag, doch er mochte die Steigerung, ließ sich mitreißen vom eigenen Laufwind. Als er die Schule erreichte, war es fünf Minuten vor acht. Seine Wangen glänzten, er überholte die letzten eintrudelnden Schüler, eilte schnurstracks ins Sekretariat zu Frau Himmelmann, der schrecklichen Frau Himmelmann, vor der er immer schon Angst gehabt hatte, obwohl sie doch nichts als eine Sekretärin war und er ein Lehrer, immerhin. Aber das gab es eben – manche Menschen machten einem einfach Angst.

«Herr Bunzel», sagte Frau Himmelmann mit ihrer tiefen Stimme, die über die Jahrzehnte von Nikotin nach unten korrigiert worden war. «Ich dachte, Sie sind krank. Ich habe hier eine Krankmeldung von sieben Uhr achtzehn.»

«Ja, das ...», sagte Rüdiger. «Gestern war ich krank. Heute geht es mir gut.»

«Ihnen geht es gut», wiederholte Frau Himmelmann, betonte jedes Wort, so als könne sie es sich nicht einmal ansatzweise vorstellen, dass es einem wie ihm, Rüdiger, auch mal gutgehen konnte. Frau Himmelmann hatte einen sehr großen Busen, der einer ganzen Familie als Regenschutz dienen konnte.

«Bestens sogar. Mir geht es bestens. Bestens geht es mir.»

«Sie haben sich nicht abgemeldet, gestern, als es Ihnen nicht so gutging», sagte Frau Himmelmann vorwurfsvoll und zeigte mit spitzen, violett bemalten Fingernägeln auf ihre Schreibtischunterlage, als müsste da ein Formblatt liegen, mit Stempel, ärztlichem Gutachten und Unbedenklichkeitsbescheinigung.

«Ja, das tut mir leid. Es war akut. Mir ging es akut sehr, sehr schlecht», sagte Rüdiger. «Da konnte man nichts machen. Jetzt geht es mir aber gut. Wie gesagt. Es geht mir gut. Ich fühle mich … gut. Ich gehe jetzt in meine Klasse, Frau Himmelmann. Sie wissen Bescheid.»

Frau Himmelmanns schwarz gefärbte Pudelfrisur mit den grauen Strähnen wackelte, offenkundig fand sie Rüdigers wenig eloquenten Auftritt ungewohnt forsch, was sich allein daran zeigte, dass sie kein Wort herausbrachte. Niemals zuvor, solange Rüdiger sich erinnern konnte, war Frau Himmelmann um das letzte Wort verlegen gewesen. Sie starrte ihm hinterher, er nahm den Schwung mit, glitt den Flur entlang, in einer Kurve war es fast ein Schlittern, die Schulglocke läutete, er war vielleicht keine Tänzerin, aber er hatte gute Laune, ganz plötzlich, wo kam die denn her, das war so überraschend, dass er sich kurzerhand fragte, ob er vielleicht Tabletten genommen hatte, ob es sein konnte, dass ihm Silvia Tabletten untergemischt hatte, aber er hatte ja gar nichts getrunken, nicht einmal Wasser, nicht einmal den Kaffee von letzter Nacht.

Er war Rüdiger Bunzel, Studienrat Rüdiger Bunzel, er hatte seine Pflicht zu erfüllen. Er riss die Tür zu seinem Klassenzimmer auf, Raum 302, die achte Klasse wartete schon, sie war seine härteste Prüfung, denn sie war die Klasse, die ihm stets und mit dem größten Vergnügen auf der Nase herumstolzierte. Heute Morgen aber waren die Kinder ganz still, sie hatten ihre Plätze eingenommen und lauschten konzentriert in Richtung Tafel, wo Frau

Spronz, die junge und hübsche Frau Spronz, «Texte des Barock» hingeschrieben hatte. Kein Thema konnte für eine achte Klasse dröger sein, dennoch war sie ganz aufmerksam, völlig anders, als er es kannte oder gewohnt war.

«Oh», sagte Frau Spronz. «Ich dachte, Sie wären krank.» Sie sah fast ein wenig enttäuscht aus. «Ich sollte hier Vertretung machen.»

Sie war gerade dem Referendariat entschlüpft, voller Ideale, Energie, groß gewachsen, mit langen, brünetten Haaren und zeitlosen Chucks an den Füßen. Sie war alles, was Rüdiger nicht war, und unterrichtete als Springerin da, wo es gerade vonnöten war.

«Ich bin nicht krank, ich bin wieder gesund, danke der Nachfrage, Sie können gehen», sagte Rüdiger, Frau Spronz schaute jetzt offen enttäuscht, was nichts war im Vergleich zur Klasse, die in ein missgünstiges Raunen ausbrach; es steigerte sich zu einem Buhen, einem offen aufsässigen Buhen, fast so, als hätte der Publikumsliebling im Boxen in Runde eins einen unerlaubten Tiefschlag mit anschließendem K. o. hinnehmen müssen.

Rüdigers Pflichtbewusstsein war von einer Sekunde zur anderen dahin. Die dünne Schutzschicht zerriss, seine wahren Gefühle traten zutage, als wären sie hinter einer Mauer aus Gelatine eingesperrt gewesen. Er hasste die Schule, er hasste seinen Beruf, er hasste sogar Frau Spronz, er hasste jedes einzelne dieser verzogenen Blagen, deren Probleme sich zwischen Pokémon Go und Snapchat abspielten. Er war wieder genau an dem Punkt, an dem er sich gestern Morgen schon befunden hatte, als er mitten im Unterricht aufgestanden und gegangen war, er verzog den Mund, machte eine wirklich unschöne Kopf-ab-Geste, die Schüler hörten auf zu buhen, verstummten abrupt, Frau Spronz ließ die Kreide sinken, er schmiss die Tür hinter sich zu, das ganze Stockwerk musste es gehört haben, dann waren es nur noch wenige Schritte bis zum Ausgang.

Die Straße flimmerte bereits, er zog die Luft ein, die heiße, höhnische, wusste, nun gab es endgültig kein Zurück mehr, das konnte er niemandem mehr erklären, schon gar nicht Frau Himmelmann, und lief im gleichen, übereilten Rhythmus des Hinwegs nach Hause. Die Aktentasche trug er dabei, und das war der Unterschied, eng am Körper. Scheiß auf die Liste, dachte er, scheiß auf den neuen Anlauf, scheiß auf Empathie und Liebe. Es war alles nur Behauptung.

Als er wieder zu Hause eintraf, war es gerade einmal Viertel nach acht. Er hatte hinter den Punkt des gestrigen Morgens noch ein Ausrufezeichen gesetzt. Schule war aus, Schule war vorbei, Schule war nicht länger existent. Rüdiger betrat das Treppenhaus, erklomm die Stufen wie ein erschöpfter Bergsteiger kurz vor dem Absturz, kein Gedanke an Frau Bormann, er hatte Atemprobleme, verspürte einen rapiden Energieverlust und ein wachsendes Durcheinander in den eh schon völlig überreizten Gehirnwindungen. Als er die Tür aufschloss, zitterten seine Knie – an der Garderobe hing die Timberland-Jacke. Auf seinem Haken. Ha, dachte er. Ha.

Silvia saß am Küchentisch. Angezogen, in Rock und Bluse, unterm Hals ein Knopf zu viel geöffnet. Neben ihr Florentin. Wie zwei Gerichtsvollzieher saßen sie da, aufrecht, den Rücken durchgedrückt, die Hände vor sich auf dem Tisch gefaltet. Florentin trug ein körperbetontes Sweatshirt über der Sommerhose, dazu ein paar kunstvoll ausgetretene Sneakers in den Farben Orange und Rot. Der Hipster. Der Hipster, der gerade das Ei verspeiste, das Rüdiger nicht hatte essen wollen.

«Du bist wieder da», stellte Silvia fest.

«Ha.»

«Wir haben dich schon erwartet, ehrlich gesagt. Vielleicht nur nicht ganz so früh. Eher so nach der ersten Stunde.»

Rüdiger blieb im Türrahmen stehen. «Wieso denn nach der ersten Stunde?», fragte er. «Warum schon nach der ersten Stunde? Warum nicht heute Nachmittag? Warum hast du mir nicht zugetraut, den ganzen Schultag zu schaffen? Ich finde, du hättest mir das zutrauen müssen. Nach all den Jahren hättest du mir das zutrauen müssen.»

Silvia verzog den Mund. Es sollte wohl die Andeutung eines Lächelns sein. «Natürlich, Rütze», sagte sie. «Wir wollen dir etwas mitteilen.»

«Du hättest mir das zutrauen müssen», beharrte Rüdiger.

Der schöne Florentin wippte mit dem Kopf wie ein Sozialpädagoge, der für grundsätzlich alles Verständnis hatte. Silvia nahm seine Hand.

«Florentin und ich haben beschlossen, das Ganze gemeinsam durchzuziehen. Verstehst du? Wir wollen klare Verhältnisse. Das ist schmerzhaft, das wissen wir, aber auf Dauer ist es am besten so. Insofern müssen wir dir sogar danken. Es war gut, dass du gestern so ... na ja, aus der Reihe getanzt bist. Manchmal muss man zu seinem Glück gezwungen werden.»

«Ich hatte Geburtstag», sagte Rüdiger und fügte seiner Argumentation damit nichts Neues hinzu.

«Sei nicht traurig», sagte Silvia. Aber sie sagte es mit der Empathie eines Marschflugkörpers. «Du warst doch auch nicht glücklich, so wie es zuletzt gelaufen ist.»

«Glücklich? Was heißt glücklich? Und was heißt denn zuletzt? Heißt zuletzt die letzten fünfzehn Jahre?»

Silvia und Florentin hatten sich offenbar abgestimmt, sich nicht provozieren zu lassen. Sie beugte sich vor. «Ein Hotel? Hm? Was hältst du davon? Vielleicht ist es besser, wenn du erst einmal in ein Hotel gehst. Ich kann hier ja nicht weg. Die Kinder ...»

«Das Hotel am Tor ist ganz gut», sagte Florentin und lächelte wie ein Gebrauchtwagenhändler, der für einen verrosteten Volvo aus dem Jahre 1982 endlich einen Käufer zu finden geglaubt hat. «Ist gar nicht weit von hier», sagte er. «Nicht zu teuer. Und schön zentral.»

Warum lächelte der? Was hatte der denn hier zu lächeln? Wenn er weiter so lächelte, war es möglich, dass Rüdiger zum ersten

Mal in seinem Leben körperliche Gewalt zumindest in Erwägung zog. Ohne sie auszuüben natürlich, alle moralischen Bedenken beiseite, schien Florentin dafür einfach zu stark.

«Ich hab da sogar selbst schon mal übernachtet, als es bei uns zu Hause ... na ja, du weißt schon. Zimmer 101.»

«Nein», sagte Rüdiger. «Weiß ich nicht. Und die Kinder? Was ist mit den Kindern?»

«Denen sag ich's heute Nachmittag», sagte Silvia. «Sie werden nicht begeistert sein, aber Lilian hat schon vor einiger Zeit mal zu mir gesagt, ob wir uns nicht langsam mal trennen wollen. Alle ihre Freundinnen hätten getrennte Eltern, und sie käme sich schon wie ein Außenseiter vor.»

«Das hat sie gesagt?»

«Das hat sie gesagt.»

«Ich packe dann mal.»

Silvia schüttelte den Kopf. «Brauchst du nicht, hab ich schon. Die Tasche steht im Schlafzimmer. Ich hab dir sogar deine Stoppersocken eingepackt.»

Rüdiger nahm die Brille ab, drehte sie am Bügel einmal im Kreis herum, setzte sie wieder auf, ging ins Schlafzimmer und nahm die Reisetasche, ohne nachzusehen, was darin war. Stoppersocken, Bärchenschlafanzug, North Face, es war ihm vollkommen egal. Außerdem würde es schon passen, Silvia hatte den Haushalt stets im Griff gehabt. Er warf einen letzten Blick auf Bett und Schrank, holte sein Ladekabel aus dem Wohnzimmer, kam zurück in den Flur, hörte Silvia in der Küche weinen (na also, das war ja wohl das Mindeste), dann zog er auch schon die Tür hinter sich zu, nahm ein weiteres Mal die Stufen nach unten, es war ein Auf und Ab, in Frau Bormanns Wohnung spielte argentinischer Tango, und seine Depression hatte ihn stärker im Griff als je zuvor. Da war nichts als komplette Leere mit einem Funken Enttäuschung. Zu wenig, um sich lebendig zu fühlen. Die Lembachtalbrücke, dachte er. Die Liste. Die Brücke.

16

Tom nahm das Kissen von den Augen und war sofort wieder im Thema. Der Blick aus dem Fenster zeigte Wolken, die in rascher Formation dahinzogen, als wären sie auf der Flucht, es war sehr hell, sehr grau, und er hatte das Problem, sich nur bruchstückhaft erinnern zu können. Wie war das noch mal gewesen mit dieser Liste? Was hatte dadrauf gestanden? Liebe, okay. Und was noch? Er sah auf die Uhr. Es war Dienstag, es war später Nachmittag, und er hatte den Rat von Frau Doktor Raue befolgt, erst mal zu schlafen, zu schlafen und noch mal zu schlafen. Der Nachteil war natürlich, dass der Tag mehr oder weniger verschenkt und jetzt gar nicht mehr so viel Zeit war, das Leben zum Besseren zu wenden. Zumindest nicht heute. Und fünf Tage waren jetzt ja auch insgesamt nicht so wahnsinnig viel.

Er wälzte sich im Bett herum, die Bettwäsche kam nur träge hinterher. Vielleicht sollte er sie mal wieder wechseln, das sollte man ja sowieso viel öfter tun, vielleicht hinderten die ganzen kleinen Tierchen, diese sorgsam gezüchtete Population von Mikroorganismen, die Wäsche an adäquater Bewegungsfähigkeit. Außerdem fing sie langsam an zu riechen. Er stand auf, stieß mit dem Kopf gegen die Lampe, so wie jeden Morgen oder auch Nachmittag, sammelte das achtlos neben das Bett geschmissene Paar Socken auf und nahm es mit ins Badezimmer, das kaum größer war als eine Duschkabine, immerhin aber eine solche beinhaltete. Er warf die Socken in die Waschtrommel, stopfte alle Klamotten der näheren Umgebung hinterher, setzte sich aufs Klo und griff nach seinem Handy, das er letzte Nacht am Fuße liegen gelassen hatte.

Drei neue E-Mails. Mr. X machte das Angebot, ihm als Erben eine Million Dollar zu überweisen im Tausch für Toms Bankdaten, ein Roger mit der E-Mail-Adresse xf24ssf524wa@gmx.net bot ihm an, mit nur ein bis zwei Stunden Aufwand in der Woche bis zu viertausendfünfhundert Euro nebenbei zu verdienen. Im Monat. Und dann war da noch die Nachricht von Rüdiger Bunzel.

Tom seufzte, ließ sich das mit den viertausendfünfhundert Euro durch den Kopf gehen, schloss die App, öffnete sie wieder und klickte auf die Mail von Rüdiger. Es half ja nichts.

«Ich hatte einen Wutanfall. Bester Moment seit Jahren. Viele Grüße, Rüdiger» stand da. Meine Fresse, dachte Tom. Und reagierte ungehalten.

«Lass mich in Ruhe», schrieb er. Es war ihm ein Rätsel, wie diese jungen Leute beidhändig Nachrichten auf ihren Smartphones tippen konnten. Er schrieb immer noch mit einem Finger. «Gute Nachrichten machen mich fertig. Keine Zwischenstände mehr. Tom.»

Er schickte die Nachricht ab. Wartete. Haderte, ob es richtig gewesen war. Bekämpfte den Anflug eines schlechten Gewissens.

Es klingelte an der Tür. Tom hätte das schnarrende Geräusch fast nicht wiedererkannt, so selten erklang es. Wenn die Post kam und ein Päckchen hinterlegen wollte, klingelte sie bei den Nachbarn unten, weil der Bote keine Lust hatte, in den zwölften Stock hinaufzusteigen. Zumal der Fahrstuhl meist defekt war. So wie jetzt. Und er selbst bekam ja sowieso keine Pakete. Er stand auf, betätigte die Spülung, trat aus dem Bad und schaute sich hektisch in dem kleinen Apartment um. Bücher auf dem Boden, zerknüllte Taschentücher, Socken und eine zerfledderte Fernsehzeitung von 2014. Das Durcheinander entsprach ihm, da brauchte er sich nichts vorzumachen. Es war halt eine Single-Wohnung, schlecht gelüftet, mit einem Plakat des alten Hippie-Musicals *Hair* an der ansonsten leeren, früher weißen Wand, mit stehender Hitze hinter nikotingelben Jalousien. Es klingelte ein zweites Mal, er öffnete, und da war Francesca, der netteste Mensch der Welt, mit puterrotem Gesicht und ob der körperlichen Anstrengung stärker schwitzend als sonst. Sie musste für den Aufstieg ewig gebraucht haben und hatte einen Obstkorb unter dem Arm, einen Obstkorb, in dem sich Kekse und Cola befanden. Die Kekspackung war geöffnet, sie hatte wohl im sechsten oder siebten Stock eine Pause einlegen müssen. «Hab ich geklaut», keuchte sie zur Begrüßung.

«Hör auf», sagte Tom erschrocken und hielt sich die Hand vor den Mund.

«Ist mir egal», sagte sie und zuckte die Schultern. «Firma ist nicht gut zu dir. Also bin ich nicht gut zu Firma.»

«Komm rein.» Tom streckte den Kopf in den Flur und vergewisserte sich rechts wie links, dass ihr niemand gefolgt war. Der diebischen Francesca.

«Das geht natürlich gar nicht», stellte er fest und nahm sich einen Keks. «Du bist ja verrückt.»

«Hab mir Sorgen gemacht», sagte sie. Sie hatte wirklich hübsche Augen, stellte Tom fest.

«Brauchst du nicht», log er. «Ist doch alles super.»

«Gar nichts ist super», sagte sie. «Kann nicht mehr arbeiten, wenn du nicht da bist.»

«Ach, komm.»

Sie schob sich zwei Stühle nebeneinander. «Kilo ist Arsch. Schikaniert jetzt mich. Sagt, ich bin zu fett für Supermarkt.»

«Und das sagt ein Typ, den man Kilo nennt. So ein Quatsch», besänftigte Tom und überlegte, ihr einen dritten Stuhl hinzustellen. «Ich hab immer gesagt, der Kassenbereich ist zu eng.»

Francesca zückte ein Taschentuch. «Der macht Mobbing mit mir. Ich brauche Job aber. Ich hab kleines Kind.»

«Ach, komm?»

«Wirklich.»

Tom schämte sich gleich dreifach. Erstens dafür, dass er das nicht gewusst hatte, dann dafür, dass er es nicht für möglich gehalten hätte, und drittens dafür, dass er so oberflächlich war.

«Kannst du nicht wiederkommen?», fragte sie. «Mit dir arbeiten ist einzig Gutes da.»

«Weiß ich nicht. Glaube ich aber nicht. Hat der mich nicht gefeuert? Ich glaub, der hat mich gefeuert. Oder hab ich mich selbst gefeuert? Kann der mich überhaupt feuern?»

Sie schniefte.

«Aber mit Kilo reden kann ich», setzte er eilig hinterher. «Damit der damit aufhört.»

Sie wischte ihre Tränen weg. «Danke», sagte sie.

«Kann aber auch sein, dass es dann noch schlimmer wird.»

«Trotzdem danke.»

«Äh, was denn für ein Kind?», fragte Tom.

Sie zog ihr Handy aus der Jackentasche und öffnete die Fotofunktion. Das Bild eines ausgesprochen niedlichen, kleinen, schwarzhaarigen Jungen, mit schiefem Kurzhaarschnitt und einer eindrucksvollen Zunge, die er der Fotolinse direkt entgegenstreckte. «Das ist Ricardo», sagte sie. «Vier Jahre.»

«Wer ist denn der Vater?», fragte Tom. Und schämte sich schon wieder für seine begleitenden Gedanken.

Francescas Miene verdunkelte sich. «Sitzt.»

«Oh», sagte Tom.

«Dealerei und so. Noch ein Jahr. Ist kein schlechter Mensch, aber leicht zu ... wie sagt man?»

«Verführen?»

«Genau.»

«Warum hast du nie von Ricardo erzählt?», fragte er.

«Ist nicht gut in Arbeit, Privates zu erzählen. Hab nie verstanden, warum du jedem sagen musstest das mit Buch.»

Da hat sie recht, dachte Tom. Die verdammte Resteitelkeit. Jedem unter die Nase zu reiben, dass man ja eigentlich was Besseres war als ein Supermarktverkäufer.

«Ich habe studiert. Früher. In Pisa. Architektur», sagte sie.

«Hör auf», sagte Tom und fand einen weiteren Grund für seine Scham. Er hatte Francesca nie für den glänzendsten Stern am Firmament gehalten.

«Ja», sagte sie. «Dann Liebe, oh, Deutschland, wir gehen nach Deutschland, gutes Land, leider aber falsch verliebt, Mann findet keinen Job, schiefe Bahn, ich keinen Studienabschluss, scheiß Sprache, Supermarkt. Fantastico. Nichts dabei, was du wissen musst.»

«Und ich hab gedacht, ich kenne dich.»

«Du kennst niemanden, Tom. Nicht einmal dich selbst. Kein Mensch kennt irgendwen. Aber ich mag dich trotzdem.»

Sie stand auf und zog eine Wolke ihres ungemein strengen Eigengeruchs mit sich.

«Nimm ein Deo», flüsterte Tom.

«Was?»

«Nichts.»

«Räum mal auf», sagte sie, grinste, zeigte auf das Zimmer und meinte seine Seele. «Und sprich mit Kilo. Aber nicht sagen, dass ich hier war.»

Sie nahm noch einen Schokokeks, dann schob sie sich durch die Wohnungstür und ließ Tom mit der Cola alleine. Er fühlte dem Besuch nach, fand es eigentlich angenehm, dass mal jemand hier gewesen war, der nicht er selbst war, und fühlte, dass es wirklich an der Zeit war, kräftig aufzuräumen. Der Fußboden war ein guter Anfang. Alles andere konnte man vielleicht auf später verschieben.

17

Rüdiger hatte tatsächlich das Hotel am Tor gewählt, obwohl er ahnte, dass das der Gipfel der Dämlichkeit gewesen war. Die Stadt war voller Hotels, sogar Pensionen gab es allenthalben, zur Not auch das ein oder andere Bed & Breakfast oder schlimmstenfalls diverse Brücken, warum war er ausgerechnet Florentins Empfehlung gefolgt? War das bislang unentdeckter Masochismus? Immerhin hatte er sich gerade noch bremsen können, Zimmer 101 zu nehmen. Er saß direkt nebenan, in der 102, auf der Bettkante, das Fenster ließ sich nur einen Spalt weit öffnen, der Lärm des Verkehrsknotenpunkts drang zu ihm hinauf, es war eigentlich nur ein paar Straßen von zu Hause entfernt und dennoch ein ganz anderes Leben. Das Fernsehprogramm des Nachmittags zeigte den schlecht gespielten Wahnsinn des Prekariats, dazu die schönsten Luxusschiffe der Welt und auf niedlich getrimmte Tiere im Zoo. Auf dem Sportkanal sprach ein Zweitligatrainer davon, dass der neue kroatische Mittelfeldspieler ein zentraler Eckpunkt seines Systems sein würde, und Rüdiger hatte bei allem Schmerz noch die Zeit, sich zu fragen, wie genau so ein Eckpunkt eigentlich zentral sein konnte und ob das nicht weh tat und sich irgendwie zerrissen anfühlen musste.

Die Wandtapete beleuchtete einen Sonnenuntergang am Meer, sie war beruhigend, verführerisch, abgeblättert und geschmacklos. Rüdiger hielt die Knie zusammen und fühlte sich ausrangiert, beiseitegeschafft, aus einem Leben radiert, in dem er nicht wie gewünscht funktioniert hatte. Er hatte seine Tasche in den Schrank gestellt und geschlafen, fast sieben Stunden lang, die Kinder mussten es also mittlerweile wissen, die Erde drehte sich trotzdem weiter, nichts hatte Auswirkungen auf den allgemeinen Lauf der Dinge. Auf seiner Mailbox befand sich eine Nachricht von Frau Himmelmann, ungewohnt fürsorglich empfahl sie ihm einen Besuch beim Schulpsychologen. Er möge sich melden, man würde sich Sorgen machen, und jeder könne ja mal eine schlechte Phase haben. Frau Spronz, nur für den Fall, dass er sich Gedanken um seine Schüler mache, hätte seine Klassen vollkommen im Griff und wäre für die nächste Zeit fest verpflichtet worden.

Na also, dachte Rüdiger, er war komplett verzichtbar. Eine sehr einseitige Auslegung der Himmelmannschen Nachricht, er hätte natürlich auch das Schöne sehen können, das menschliche

Element sozusagen, Sorge und Fürsorge, aber das blieb außerhalb seiner Wahrnehmung. Rüdiger war trotz des nächtlichen Aufbäumens nach wie vor auf einem Pfad unterwegs, auf dem alles Gute unbesehen von ihm abprallte und nur das Schlechte haften blieb.

Er stand auf, trat ans Fenster und vermisste den Ausblick aufs Fitnesscenter. Ob die Frau mit der Payback-Karte heute wieder Sport trieb? Ob sie überhaupt noch mal in dieses Fitnesscenter kam, nachdem er sich gestern Abend davor so exponiert hatte? Eine Taube landete auf dem Sims, direkt vor seiner Nase. Rüdiger erschrak, ließ sich aber zu keiner unbeherrschten Bewegung hinreißen. Die Taube, es war eine gewöhnliche, graue, leicht übergewichtige Stadttaube, ließ sich nieder, als würde sie etwas ausbrüten, ruckte mit dem Kopf hin und her, behielt somit sowohl ihn als auch die Straße im Auge. Rüdiger betrachtete sie, fragte sich, was sie wohl denken mochte, ob Tauben überhaupt etwas dachten und wie das wohl aussehen mochte, so ganz generell, wenn Tiere etwas dachten, die kein Ich hatten und somit bei nichts sich selbst meinen konnten. Beneidenswert war das. Ein Traum. Man hatte noch keine Taube beim Therapeuten gesehen.

Sein Telefon klingelte. Er zuckte zusammen. Das lachende Gesicht auf dem Display gehörte Lilian.

«Hallo, mein Schatz», sagte er.

Die Taube erhob sich und spreizte die Federn.

Lilian weinte. «Papa», schluchzte sie.

Rüdigers Herz zerbrach in noch kleinere Teile.

«Ich finde es doof, dass ihr euch getrennt habt», sagte sie.

«Wir haben uns gar nicht getrennt», sagte Rüdiger. «Das ist nur eine Auszeit. Eine Auszeit ist das.»

«Mama hat aber gesagt ...»

«Mama weiß auch nicht alles.»

«Wo bist du denn?»

So viele Fragen hatte seine Tochter ihm das letzte Mal gestellt, als sie wissen wollte, ob Feuersalamander brennbar sind. Also ungefähr mit sechs.

«Ich bin in einem Hotel», sagte Rüdiger und schluckte seine Tränen hinunter. «Das ist gar nicht weit weg von euch, das Hotel am Tor, kennst du doch, oder?»

«Ja, das kenn ich.» Lilian machte eine Pause. «Kannst du Mama sagen, dass sie nicht mit Florentin zusammenziehen darf? Dass der nicht bei uns einziehen darf?»

«Schätzchen», begann Rüdiger und hatte keine Ahnung, wie man da jetzt am besten und politisch korrekt reagierte. «Das kann ich Mama nicht befehlen. Das muss sie selber herausfinden. Ob sie das will.»

«Aber *ich* will das nicht. Außerdem bin ich an allem schuld!»

«Wieso das denn?»

«Weil ich gefragt habe, ob ihr euch nicht endlich trennen wollt. Das war so blöd von mir!»

«Lilian, mein Schatz», sagte Rüdiger. «Das ist bestimmt nicht der Grund dafür, dass wir uns getrennt haben. Und dass Mama jetzt mit diesem Florentin zusammen ist.»

«Das weiß ich», sagte Lilian. «Die ist ja auch schon viel länger mit dem zusammen.»

«Äh, was?»

«Mama hat gesagt, wir dürfen es dir nicht verraten.»

Rüdiger hielt die Luft an und wurde wütend. Endlich wütend. Wütend auf Silvia.

«Es ist alles okay», sagte er mit zusammengebissenen Zähnen. «Mama und ich klären das. So, dass es für alle gut ist. Und du bist an gar nichts schuld. Sag das auch deinem Bruder, falls der auf ähnliche Ideen kommt.»

«Mach ich.»

«Gut.»

«Papa?»

«Ja?»

«Ich hab dich lieb.»

Lilian legte auf und Rüdiger starrte den Hörer an, als hätte er versehentlich eine lebendige Schlange in der Hand. Das hatte Lilian noch nie zu ihm gesagt. Nicht jedenfalls, dass er sich erinnern konnte. O mein Gott, dachte er. Sie hat mich lieb. Mich hat sie lieb. Und nicht diesen Florentin. Mich. Die Taube machte einen Schritt auf die Fensterscheibe zu und starrte neugierig ins Zimmer. Am linken Fuß fehlte ihr eine Kralle. Sonst sah sie eigentlich ganz zufrieden aus. Rüdiger zog sich Schuhe und Jacke an, die Taube flatterte davon und machte sich auf den Weg zurück ins Leben.

18

«Was machst *du* denn hier?», fragte Tom entgeistert, nachdem er schon zum zweiten Mal an diesem völlig überfrachteten Tag die Wohnungstür geöffnet hatte und nun einen kleinen, bebrillten Lehrer davorstehen sah. Einen kleinen, bebrillten Lehrer, den er zwar wiedererkannte, aber weder erwartet noch sich herbeigewünscht hatte – und der so gar nicht dem Bild entsprach, das er sich in jüngster Zeit von ihm gemacht hatte.

«Zwölf Stockwerke», sagte Rüdiger und grinste keuchend. Oder keuchte grinsend. «Zu Fuß.»

«Du siehst ja so aufgeräumt aus», stellte Tom misstrauisch fest und versperrte die Tür mit der ganzen Breite seines Körpers. «Warum siehst du denn so aufgeräumt aus?»

Rüdiger Bunzel wirkte, als habe er einen millionenfachen Lottogewinn auf wundersame Weise an der Börse verzehnfacht. Keine Spur von Depression, nicht einmal von schlechter Laune. Normal war das nicht.

«Ich hab mich im Fitnessstudio angemeldet», verkündete er freudestrahlend. «Gerade eben. Direkt gegenüber von Silvia. Wann immer sie von nun an abends aus dem Fenster guckt, wird sie mich schuften sehen!»

«Aha», sagte Tom.

«Und wenn die Frau mit der Payback-Karte kommt, bin ich schon da, obwohl ich die gar nicht stalke.» Jetzt frohlockte Rüdiger sogar.

«Aha», wiederholte Tom und verstand natürlich kein Wort.

«Darf ich reinkommen?»

«Nein. Woher hast du überhaupt meine Adresse?»

«Stand als Signatur unter deiner Mail.»

«Hast du was genommen?»

«Nein. Was hast du denn da am Arm?»

«Nichts.»

«Gutes Gespräch», sagte Rüdiger. «Wie geht's dir denn?»

«Ich hab gerade zu viel Besuch.»

«Das ist natürlich bedauerlich. Kann ich reinkommen?»

«Nein!»

«Meine Frau hat mich rausgeschmissen.»

«Pech.»

«Zwölf Stockwerke.»

Tom seufzte, gab den Eingang frei, bekam eine Sekunde zu spät Panik, Rüdiger könne sich bei ihm einquartieren wollen, und hatte sein Reich auch schon an den Eindringling verloren. Manchmal wünschte er sich, nichts und niemand würde an ihn herankommen, er wäre in sich abgeschottet und mit einem ganzen Arsenal an Verteidigungsmöglichkeiten ausgestattet. Aber das Leben war kein Wunschkonzert, er war eben doch nur Tom und nicht Nordkorea. Rüdiger schloss die Tür hinter sich und betrachtete die wirklich sehr kleine Einzimmerwohnung Toms wie ein Zoobesucher ein exotisches, aber auch irgendwie ekliges Reptil.

«Hübsch hast du's hier», log er.

«Hab ich nicht», sagte Tom. «Aber der Ausblick ist nicht schlecht. Also, was willst du?»

«Ich will dir helfen!»

«Du? Mir?»

Rüdiger nickte. «Verstehst du», sagte er eifrig, «ich hatte einen Wutanfall. Gestern Abend! Zum ersten Mal in meinem Leben hatte ich einen Wutanfall. Das war ... das war wie ein Orgasmus! Darf ich das sagen? So etwas sage ich eigentlich nicht. Orgasmus. Ha, ich hab's gleich noch mal gesagt. Jedenfalls hatte ich einen Wutanfall! Ein Fortschritt war das. Ein Schritt in die richtige Richtung!»

«Toll», sagte Tom.

«Und weißt du, was ich meiner Klasse heute Morgen gezeigt habe? Das hier!»

Rüdiger wiederholte die wirklich unschöne Kopf-ab-Geste.

«Uh, das ist heftig», spottete Tom.

«Das hat mit der Liste zu tun», sagte Rüdiger. «Eins führt zum anderen. Einen Punkt habe ich schon gestrichen!»

«Ich kann es nicht glauben. Welchen denn?»

Rüdiger freute sich. «Den mit der Liebe.»

«Ich dachte, deine Frau hat dich rausgeschmissen? Ich glaube nicht, dass das zählt. Das war eigentlich anders gemeint.»

«Meine Tochter! Sie liebt mich. Hat sie gesagt.»

«Herzlichen Glückwunsch. Und? Das war's? Depression vorbei? Genug Lust zum Weiterleben?» Tom konnte mit guten Nachrichten einfach nicht umgehen. «Ich fasse mal kurz zusammen: Gestern warst du noch wildentschlossen, von einer Brücke zu springen. Weil: alles scheiße. Heute Nacht hast du einen Wutanfall bekommen. Was immer das bedeutet. Und schreibst ausgerechnet mir eine Nachricht, um die frohe Botschaft zu verkünden. Warum eigentlich mir? Egal. Dann sagt deine Tochter, dass sie dich liebt, und du meldest dich im Fitnessstudio an. Was soll ich denn davon halten? Und wieso überhaupt Fitnessstudio? Um beim Absprung besonders kräftig zu sein, oder was?»

Rüdiger wurde kleinlaut. «Das ist gemein. Du nimmst mir den Wind aus den Segeln. Absichtlich.»

«Du hast überhaupt keine Segel. Das ist ja der Grund für die bescheuerte Liste», sagte Tom. «Es braucht immer mehrere Gründe zum Leben, ganz viele Segel braucht das. Es kann jederzeit sein, dass einem ein Grund wegbricht, also ein Segel, Herrgott, du verstehst schon, jeden Tag kann das passieren, jede Minute, da braucht man Reserven. Wie alt ist deine Tochter?»

«Dreizehn.»

«Na also. Da ist die doch schon auf dem Highway in die Pubertät, da ist's bald Essig mit der Liebe. Dann hasst die dich. Und wenn du dein ganzes Leben auf Liebe aufgebaut hast, hast du am Ende gar nichts mehr.»

Rüdiger hob den Lehrerfinger. «Wenn dich keiner liebt, hast du sowieso nichts.»

«Genau das ist mein Problem.»

«Dann lass uns doch was ändern», sagte Rüdiger. «Wir können was tun.»

«Wieso eigentlich immer wir?»

«Die Punkte abarbeiten. Empathie zum Beispiel. Ich war gestern Abend bei der alten Frau Bormann aus dem ersten Stock und hab ihr zugehört.»

«Reife Leistung. Und? Hast du dabei etwas gefühlt? Also, außer Langeweile?»

«Wenig.»

«Na, also. Das gilt nicht.»

«Aber es ist ein Anfang!», beharrte Rüdiger. «Was hast du denn gemacht bisher? Hängst hier herum und bist wahrscheinlich gerade erst aufgestanden. So gehst du mit deiner Woche um? Ha, ich bekomme schon wieder einen Wutanfall. Das ist einfach toll!»

Tom schwieg, Auf dem Boden bildeten Staubflusen eine Art

Miniaturlabyrinth für Teppichmilben. Schließlich riss er sich aus der sorgsam gehegten Lethargie, knurrte, schaute auf die Uhr, murmelte etwas Unverständliches, nahm ein frisches T-Shirt von der Sessellehne und zog es an. Das Shirt war genauso schwarz wie das alte, trug aber den Aufdruck *Fields Of The Nephilim*.

«Stand da nicht auch Freude drauf? Auf der Scheißliste? Was wir brauchen, ist Spaß», sagte er grimmig und griff nach seinen Turnschuhen. «Gottverdammten Spaß, der uns zu den Ohren rauskommt. Ein Leben ohne Spaß ist wie ein Buch ohne Staben.»

«Und jetzt?»

«Jetzt holen wir uns den. Wir gehen da raus und haben Spaß.»

Rüdiger nickte, war beeindruckt von Toms emotionaler Palette und trottete bereitwillig hinter ihm her. Der Mensch benötigte Führung; er war jederzeit bereit, die seine abzugeben. Sie stiegen zwölf Stockwerke nach unten, Rüdigers Oberschenkel strengte das seltsamerweise mehr an als der Aufstieg, dann verließen sie den Plattenbau in der Markgrafenstraße Nummer acht, der so ziemlich das Gegenteil von Spaß verhieß, und betraten die Straße, auf der es für diese Jahreszeit ordnungsgemäß dämmerte. Die milchigen Straßenlaternen waren angegangen und mit der Ausleuchtung der Szenerie überfordert, einige waren komplett erloschen, wahrscheinlich von gewaltbereiten Jugendbanden ausgetreten worden.

Rüdiger ging einen halben Schritt hinter Tom, ließ sich mitziehen, hatte aber keine Ahnung, was das eigentlich im Detail bedeuten sollte, Spaß, und wie man sich das holte und wie es vielleicht sogar bei einem blieb. Tom machte große Schritte, sprach nicht, lief einfach nur voraus, die Markgrafenstraße entlang, die bevölkert war von Kindern, die in den Ecken Zigaretten rauchten oder kifften, die selbst bei dieser Hitze Kapuzen trugen und sich in maskulinen Gruppenritualen ergingen. Rüdigers Welt war das nicht, aber er hatte auch keine andere, die er dagegenhalten konnte. Die Hochhäuser wirkten kühl, distanziert, träge in die Landschaft gestellt, wie Mahnmale einer versagenden Sozialpolitik. Die Einheitsfarbe war Grau, selbst die buntesten Fassaden wirkten hilflos bepinselt in dem hoffnungslosen Versuch, die Tristesse dahinter zu verbergen. Stadtschminke, dachte Rüdiger, der seine Sinne zunehmend schärfte, billige Stadtschminke. Tom bog ab, die Straße hieß irgendwas mit Eider, da waren plötzlich Bäume, die Häuser wurden flacher, hier und da ein kleiner Vorgarten, ein Supermarkt, eine Apotheke und eine Dönerbude, in der es auch Pizza, Pommes und Spielautomaten gab.

«Wo gehen wir hin?», fragte Rüdiger. «Was hast du vor?»

«Siehst du gleich», sagte Tom und beschleunigte seine Schritte noch. Rüdiger machte zweieinhalb, wenn Tom einen machte, blieb aber dran, da durfte man sich ja nicht lumpen lassen. Aus einem Fenster hing eine Deutschlandfahne, die Wände waren so rissig wie die Straße davor löchrig. Auf einem winzigen Grünstreifen am Rand beschnupperten sich zwei Hundehalter (m/w), während die dazugehörigen Tiere teilnahmslos und mit gesenkter Rute in der Gegend herumstanden. Tom und Rüdiger passierten eine etwas zurückgesetzte Kirche, so schmucklos, gerade und rechteckig in die Landschaft gesetzt, dass sie wahrscheinlich evangelisch war. Nein, Moment, sie passierten sie nicht, Tom schien sein Ziel erreicht zu haben, bog in einem Winkel von neunzig Grad vom Fußgängerweg ab und eilte schnurstracks auf das Pfarrhaus zu, das sich an die karge Kirche anlehnte.

«Äh», sagte Rüdiger.

«Ich dachte, du glaubst an Gott?», fragte Tom.

«Ja, aber mit Spaß bringe ich den jetzt auch nicht unbedingt in Verbindung», sagte Rüdiger und blieb stehen. «Jetzt sag doch mal. Was hast du vor?»

«Es ist Dienstag», sagte Tom und blieb ebenfalls stehen. «Selbsthilfegruppe für Suizidgefährdete. Heute, hier. Gehe ich seit acht Jahren hin. Immer wieder.»

«Und das macht Spaß?»

«Auf 'ne Art.»

Tom öffnete die schwere, geschwungene Pfarrhaustür und trat ein, Rüdiger folgte ihm einigermaßen verdutzt. Die Beleuchtung im Flur war diffus, die Decke niedrig, an der Garderobe hingen ein paar Regenjacken, Rüdiger sah sogar eine von Timberland. Aus einer hinteren Ecke am Ende des Ganges drang Gemurmel. Sie folgten dem Geräuschpegel und gingen geradewegs ins Licht.

«Ah, wir brauchen noch einen Stuhl», sagte ein kugeliger Mann mit breitem Lächeln, als Tom und Rüdiger den erstaunlich großzügig bemessenen Raum betraten, der völlig leer war bis auf eine Bücherwand vor Kopf und eine Stuhlgruppe in der Mitte. Der Mann war etwa fünfzig, trug eine Strickjacke und hatte das rosige Gesicht eines dem Messwein nicht abgeneigten Hypertonikers. Er verschwand im Nebenzimmer und gab den Blick frei auf eine Versammlung von schätzungsweise zehn Suizidalen. Männer waren in der Überzahl. Seine Anwesenheit war ihm unangenehm, Rüdiger war voller innerer Abwehr, wollte nicht dazugehören, fühlte sich nicht repräsentiert. Die Selbstmordgedanken dieser Leute hatten nichts mit ihm und seinen eigenen zu tun.

«Auch mal wieder da? Hab schon gedacht ...», sagte ein langer Schlaks, der ganz in Schwarz gekleidet war, die Augen mit Kajal geschminkt hatte, nach Patschuli roch und mit seinen schwarz gefärbten, schulterlangen Haaren aussah wie eine verjüngte, leicht verunglückte Ausgabe von Professor Snape aus den Harry-Potter-Büchern. Er zeigte auf Toms T-Shirt.

«Geil», sagte er.

«Hey Neo», sagte Tom. «Das ist Rüdiger.»

«Willkommen», sagte Neo und erinnerte jetzt eher an einen der freundlichen Geier aus dem Dschungelbuch. «Sind alle ganz nett hier. Gibt auch gar nicht so eine große Fluktuation, wie man meinen könnte.»

Rüdiger gab Neo die Hand, die schwitzige. Der Hypertoniker kam aus dem Nebenzimmer zurück und hatte einen weiteren

Stuhl dabei. Er stellte ihn in den Kreis und machte eine einladende Geste. «So», sagte er. «Bitte.»

Die Gruppe setzte sich auf ihre Stühle, hektisch, so als spielten sie die Reise nach Jerusalem, dann blickten sie geschlossen zu Boden, weil niemand den Anfang machen wollte. Nur Rüdiger versuchte verstohlen, die Gruppenmitglieder zu beobachten.

«Wir haben einen Neuzugang», sagte der Hypertoniker ganz im Stile des erfahrenen Moderators, seine Stimme hatte einen leicht singenden Klang, na ja, sie waren halt kirchlich unterwegs. «Vielleicht stellen wir uns erst einmal vor, danach darfst du ein paar Worte sagen, wenn du möchtest. Musst du aber nicht.» Er lächelte Rüdiger an. «Ich bin Pfarrer Mingus, der Manuel, ich leite diese Gemeinde und diese Gruppe. Allerdings ist Leiten nicht das richtige Wort, jeder bringt sich hier so ein, wie er das kann und möchte.» Er zeigte auf seinen Nebenmann, einen etwas grobschlächtigen Herrn mit dicker Nase, triefenden Augen und Rammstein-T-Shirt. Der ließ die Schultern sinken. «Ich bin Charly», sagte er. «Und ich habe keine Lust, mich hier jede Woche neu vorzustellen.»

Rüdiger wartete vergeblich darauf, dass alle anderen «Hallo, Charly» sagten, so wie in diesen amerikanischen Filmen, wenn die Hauptfigur bei den Anonymen Alkoholikern aufkreuzte.

«Ich bin Lizzy.» Charlys Nachbarin, eine stark untergewichtige Frau mit kurzen, blondierten Haaren und kunterbunt bemalten, glitzernden Fingernägeln war die Nächste. Ihr Gesicht war ausgehöhlt von zu vielen Zigaretten und noch mehr schlechten Nächten. «Ich komme seit fast fünf Jahren hierher. Ich war nur ein Mal längere Zeit nicht da, als ich im Krankenhaus lag. Wegen der Überdosis, wisst ihr noch?»

Die Gruppe nickte wissend. Professor Snape, der eigentlich Neo hieß und in Wirklichkeit wahrscheinlich Dirk oder Detlef, stellte sich als Nächstes vor. Er war Musiker. Dark Metal. Seine Band hieß Suicidal Socialists. Demnach ein hoffnungsloser Fall. In doppelter Hinsicht.

So ging es weiter, einer nach dem anderen stellte sich vor, Rüdiger hatte bereits alle Namen wieder vergessen, dann war er selbst dran, da gab es nichts zu deuteln.

«Ich heiße Rüdiger», sagte er also, er war den Auftritt vor Klassen gewohnt, da sollte er sich mal nicht so anstellen. Er stand auf. «Ich bin etwas überrascht, überhaupt hier zu sein. Das war gar nicht geplant, da bin ich so ein bisschen, na ja, mitgezogen worden. Von Tom hier.»

Alle nickten verstehend.

«Ja, was soll ich sagen, ich habe gestern versucht, mir das Leben zu nehmen. Auf der Lembachtalbrücke.»

Alle nickten kenntnisreich.

«Ich bin Lehrer, also, ich war bis heute Lehrer, bin vierzig Jahre alt, also, seit gestern, und weiß gar nicht so genau, ob ich hier überhaupt richtig bin. Meine Hobbys sind Lesen und Fußball. Und, na ja, Zinnfiguren.»

Alle nickten gequält.

«Ich habe zwei Kinder und eine Frau, die mich betrügt. Mit einem Lektor.»

Alle nickten gequält.

«Und na ja, ich habe nicht mal gewusst, dass ich Depressionen habe. Ich meine, ich würde schon gerne leben, manchmal, aber halt nicht so.»

Alle nickten verständnisvoll.

«Jetzt möchte ich gerne prüfen, ob sich das Weiterleben lohnt. Dafür habe ich eine Liste.»

Alle schauten fragend. Rüdiger setzte sich wieder.

«Hallo, Rüdiger», sagte die Gruppe nach einer kurzen Pause im Chor (es klang ein wenig albern). Rüdiger erschrak. Warum er? Warum nicht Charly? Wahrscheinlich wurden nur die Neuen auf diese Art begrüßt.

«Wir sind sehr gespannt, von der Liste zu erfahren, Rüdiger», sagte Pfarrer Mingus, der Manuel. «Aber vielleicht erzählt uns erst mal einer von den alten Hasen, wie es ihm seit letzter Woche ergangen ist. Dann sehen Sie auch, wie das bei uns abläuft. Charly, was ist mit dir?»

«Ich habe keine Lust, immer wieder zu erzählen, wie es mir ergangen ist», sagte Charly und ließ den Blick starr auf den Boden geheftet.

«Dann fange ich mal an», sagte ein Mann, er war zwischen sechzig und siebzig Jahren alt, leicht gelblich im Teint und mit tiefen Ringen unter den Augen gesegnet. «Ich habe am Freitag die Nachricht bekommen, dass meine Krankheit nicht weiter fortschreitet. Das hat mich natürlich gefreut. Zumindest für zehn Sekunden. Dann habe ich gemerkt, dass das gar nichts ändert, dass mein Todeswunsch immer noch da ist. Dass ich immer noch Angst vor den Schmerzen habe. Ich meine, ich habe gedacht, wenn ich wieder eine Perspektive habe, wenn ich wieder morgens aufstehen kann, ohne daran denken zu müssen, dass ich erst meine Beine, dann meine Arme, dann gar nichts mehr bewegen kann, dass ich dann wieder leben will. Aber so funktioniert das nicht. Dieser Gedanke an den eigenen Tod ist wie Pattex. Der klebt an dir. Der macht süchtig.»

«Der Tod ist vielleicht eine Lösung», sagte Pfarrer Mingus. «Aber es ist auch die einfachste. Im Leben steckt so viel Schönes, das einfach nur wiederentdeckt werden will.»

«Das ist doch platt», knurrte ein kleiner, drahtiger Mann mit militärischem Kurzhaarschnitt. «Was spricht denn gegen eine einfache Lösung? Und überhaupt: Glauben Sie, wir alle hier haben das nicht versucht? Das Schöne zu finden, von dem immer alle reden? Hat sich halt gut vor uns versteckt, das Schöne. Bei mir ist das so: Ich habe jeden Tag Menschen auf dem Tisch, die unbedingt leben wollen. Die so genau das Gegenteil von mir sind. Und ich denke jedes Mal, mein Gott, was für ein Aufwand, und wofür noch mal genau? Ich schneide einem den Tumor im Magen raus und sehe gleichzeitig, dass der sowieso bald an Fettleber stirbt.

Dieses ganze verrottete, verfaulte, geschundene Fleisch. Ich verlängere Leben, das sich schon längst aufgegeben hat. Ich komme mir manchmal vor wie ein Schlachter, der Kaulquappen über die Straße hilft. Nur, äh, andersrum. Ihr versteht schon. Was ist denn das überhaupt für ein Beruf? Ich bin wie ein Vegetarier, der in einem Schlachthof arbeitet. Nur, äh, anders. Ihr wisst schon. Ich rette Menschen und will selbst nichts als sterben.»

«Sterben will ich eigentlich nicht», sagte Lizzy. «Nur tot sein. Das ist schon ein Unterschied. Ein sehr wichtiger.»

«Aber du bist nicht tot», sagte Pfarrer Mingus. «Nicht einmal gestorben. Keiner von euch ist es. Ihr seid sehr lebendig. Weil ihr alle einen Selbsterhaltungstrieb in euch habt, der funktioniert. Deshalb seid ihr hier. Und das ist gut.»

«Ich hab keine Lust mehr, gut zu sein», knurrte Charly. Niemand beachtete ihn.

Lizzy hob den Arm. «Ich würde gerne etwas über meine Eltern erzählen», sagte sie. Die Gruppe nickte wohlerzogen, stöhnte aber innerlich auf, gerade noch unterschwellig, trotzdem gut hörbar, eine Welle negativer Spannung übertrug sich durch die Luft.

Während Lizzy die Runde mit schlimmen Erinnerungen malträtierte, mit Misshandlung, familiärem Alkoholismus und Verwahrlosung, klinkte sich Rüdiger aus und betrachtete die Anwesenden eingehender. Sicher, der eine oder andere trug die Spuren eines bewegten Lebens im Gesicht, in der Kleidung oder sogar im geschwundenen Haaransatz, aber insgesamt wirkten sie alle völlig normal. Die konnten einem im Supermarkt begegnen. Oder am Geldautomaten. Oder im Kollegium. Genau genommen war das hier der gar nicht mal unsympathische Querschnitt einer ganz normalen deutschen Großstadt. Rüdiger fragte sich, wie oft er wohl schon irgendwo an der Kasse gestanden hatte, im Drogeriemarkt zum Beispiel, und der Vorder- oder Hintermann sich statt mit einer Payback-Karte mit Selbstmordgedanken getragen hatte. Oder in die andere Richtung: mit Mord. Oder vergleichbaren Obsessionen, die weit von jeder sozial verträglichen Norm abwichen. Wahrscheinlich andauernd. Wahrscheinlich war es ein Irrtum, davon auszugehen, dass es ein gesundes Mittel gab, dass die meisten Menschen so durchschnittlich waren wie er, dass es allen gutging im Vergleich zu ihm, dass nur er die frisch offenbarten Abgründe spazieren führte wie einen übermütigen Welpen und der Rest der Menschheit ein vergleichsweise ruhiges, oberflächliches Leben lebte. Irgendwie wusste man das ja auch, hinter jedem Fenster ein Drama, konnte es sich aber trotzdem kaum vorstellen. Das Elend war immer ganz weit weg, außer es saß demonstrativ vor einem auf dem Boden, neben sich einen struppigen Mischlingsrüden, und hielt einen Becher in die Luft. Wahrscheinlich war es am Ende lediglich eine Frage der Sichtbarkeit.

Lizzy war fertig mit ihrer Familiengeschichte und holte sich den erhofften Trost aus der Runde, der weitestgehend darin bestand, dass die anderen noch schlimmere Kindheitsanekdoten vorzubringen wussten. Nur Charly hatte keine Lust, über seine Kindheit zu reden. Tom hielt sich vornehm zurück, Rüdiger versuchte sich abzulenken, indem er an Fußball dachte. Das hielt ja kein Mensch aus, dieses geballte Scheitern, diese konzertierte Unvereinbarkeit von Geburt, Entwicklung und Status quo. Warum genau saß er noch mal hier? Warum hatte Tom ihn hierher geschleppt? Um ihr eigenes Drama zu relativieren? Um ihm sein zartes Pflänzchen der Hoffnung wieder zu nehmen? Oder um ihm zu zeigen, dass es Leute gab, die einen wirklichen Grund für ihre Lebensunlust hatten? Das wusste man doch, dass das nicht funktionierte. Quervergleiche hatten keinen Bestand, Quervergleiche führten zu nichts.

«Kommen wir zu unserem Neuzugang. Wie ist das denn nun mit dieser Liste?», fragte Pfarrer Mingus und lächelte Rüdiger an. Aus der Tatsache, dass der freundliche Hypertoniker seinen Namen dabei aussparte, schloss Rüdiger, dass er ihn bereits wieder vergessen hatte. Rüdiger war das gewohnt.

«Ich bin Rüdiger», sagte er deshalb zum zweiten Mal.

«Hallo, Rüdiger», antwortete die Gruppe freundlich im Chor, als sähe sie ihn zum ersten Mal. Das war dann doch überraschend.

«Ja, hier, Tom und ich», begann er und fühlte sich wie einer seiner Schüler an der Tafel. «Wir haben eine Liste angefertigt, da stehen so Gründe drauf, also, gute Gründe, warum es sich lohnt, zu leben. Also, wenn man die Punkte darauf erfüllt.»

«Da sind wir sehr gespannt», sagte Pfarrer Mingus, der Manuel, und lächelte. «Was steht denn auf der Liste?»

«Empathie zum Beispiel», sagte Rüdiger.

Die Gruppe stöhnte auf.

«Ja, was denn?» Für Rüdigers Verhältnisse war das schon fast offene Rebellion. Er hörte sich dabei zu, bekam einen roten Kopf, und es gefiel ihm.

Eine kleine Frau mit rundem Gesicht, nach innen gedrehten Füßen und langen, schwarzen Haaren räusperte sich. Alle sahen sie an, sie ergriff wohl nicht allzu oft das Wort. «Empathie nützt überhaupt nichts», sagte sie mit leiser, fester Stimme. «Wir alle, die wir hier sitzen, sind empathisch. Wir können uns gut in die Leben der anderen einfühlen. Wir machen uns Mut, geben uns Tipps, bieten Hilfe an. Immer in der Hoffnung, dass uns selbst geholfen wird. Dass es uns vielleicht von uns selbst ablenkt, wenn wir uns um die anderen kümmern. Das ist aber ein Irrtum. Empathie ist schlecht für Leute, die sowieso schon viel zu tiefe Gefühle haben. Am Ende der Empathie steht immer die Depression. Weil alles so furchtbar ist.»

«Ich hab keine Lust, dass immer alles furchtbar ist», sagte Charly. Dieses Mal nickten alle.

«Ja, dann ... dann Ziele», sagte Rüdiger.

Die Gruppe stöhnte auf. Rüdiger wurde trotzig. «Man sollte sich sehr wohl Ziele setzen. Dass man Ziele hat. Wenn man Ziele hat, dann ... dann hat man Ziele. Dann hat man so was wie, äh, wie heißt es, Sinn.»

Die Gruppe schwieg. Vernichtend.

«Liebe», sagte Rüdiger zwischen den Zähnen hindurch. «Liebe ist ein guter Grund zu leben. Meine Tochter hat mir heute gesagt, dass sie mich liebt.»

Das Aufstöhnen der Gruppe klang fast orgastisch.

«Oh, Liebe», sagte die Frau namens Lizzy. Es klang so wehmütig wie abschließend.

«Liebe ist ein Konstrukt», sagte auch Neo und schüttelte seine Professor-Snape-Haare.

«Gesundheit», sagten die Augenringe. «Gesundheit ist das Wichtigste.»

«Und Geld. Geld muss auf die Liste», sagte Charly. «Auf alles andere habe ich keine Lust.» Die Gruppe nickte zögerlich, leicht verschämt.

Rüdiger schüttelte den Kopf. «Geld kommt da nicht drauf», sagte er.

«Ohne Geld ist doch alles Quatsch», maulte Charly. «Diese ganze Liste ist Quatsch. So eine bekloppte Idee. Ich hab keine Lust auf eine Liste.»

Tom platzte der Kragen. Er sprang auf. «Wisst ihr, was Quatsch ist? Das alles hier ist Quatsch», sagte er. «Steh auf, Rüdiger! Wir gehen!»

Rüdiger gehorchte und erhob sich. Erst jetzt fiel ihm auf, dass Tom die ganze Zeit geschwiegen hatte.

«Ihr sitzt hier und suhlt euch in eurem Selbstmitleid!», rief Tom. «Das gefällt euch, was? Ihr findet das super, hier herumzuhängen wie eine geprügelte Bande von Zooaffen. Hier geht das ja! Hier kann man das endlich mal machen, ohne dass Mama den Notdienst ruft. Und wenn mal einer eine Idee hat, wie man mit seinen Problemen konstruktiv umgehen kann, dann zerstört ihr das wie eine Herde Trampeltiere. Empathie am Arsch!»

Der Lehrer Rüdiger Bunzel hob den Zeigefinger und atmete an.

«Es ist mir egal, ob Trampeltiere in Herden leben oder nicht», fauchte Tom. «Wir gehen. Und wir werden euch alle überleben.»

«Ich hab keine Lust ...», sagte Charly, den Rest hörten sie nicht mehr. Ihr eigener Wind trug sie hinaus, Tom machte jetzt einen Schritt, wenn Rüdiger drei machte, und doch waren sie nach wenigen Sekunden auf der Straße.

«Ist doch wahr», brummte Tom und kramte nach seinen Zigaretten.

«Warum?», fragte Rüdiger.

«Warum was? Warum das wahr ist?»

«Nein. Warum wolltest du mit mir dahin?»

Tom zog eine Zigarette aus der Schachtel und hantierte umständlich damit herum.

«Ich wollte dir zeigen, dass es noch mehr Leute gibt, die so sind wie wir», knurrte er. «Stattdessen hab ich dir gezeigt, dass man sich auch totquatschen kann. Dass man dafür gar nicht unbedingt irgendwo runterspringen muss. Super, was?»

Sie schwiegen. Tom zündete seine Zigarette an und inhalierte kompensatorisch vor sich hin.

«Du hattest aber recht. Das war wirklich ein Riesenspaß», sagte Rüdiger schließlich. «Da hast du nicht übertrieben.»

«Ernsthaft?»

«Ernsthaft!»

Tom grinste. «Erst mal 'nen Döner?»

«Unbedingt. Aber ...»

«Was denn?»

«Ich habe noch nie einen Döner gegessen.»

«Du machst Witze.»

«Nein.»

«Nicht mal mit Hühnchen?»

«Das gibt's auch mit Huhn?»

«Wie kann das denn ... Du bist vierzig, Alter.»

«Silvia hat das nie gekocht.»

«Ich geh kaputt.»

Sie gingen die Straße entlang, einträchtig, die Vögel sangen in den Bäumen ihr abendliches Lied. Tom rauchte, Rüdiger bemerkte bei genauerem Hinsehen eine geradezu absurde Ansammlung von Hundehaufen auf den spärlichen Rasenflächen. Gestapelt sozusagen. Die armen Tiere. Wo sollten sie auch hin?

«Trampeltiere leben übrigens tatsächlich in Herden», sagte er.

Tom zeigte auf die Dönerbude, in der es auch Pizza und Pommes gab. «Ach was? Und warum hast du dann den Finger gehoben?»

«Wegen ‹Empathie am Arsch›. Hört man ja immer wieder heute, was alles so am Arsch sein soll. Dabei ist da meistens gar nichts. Hoffentlich.»

«Ich wusste nicht, dass du Humor hast.»

Rüdiger klatschte leicht in die Hände. «Hab ich auch nicht. Ich hab das völlig ernst gemeint.»

Sie betraten die Bude, die irgendwas mit Kebab und King hieß und eine ganze Ansammlung geduckter Gestalten beherbergte, die auch genauso gut ein paar Meter weiter die Straße hinauf im Pfarrhaus hätten sitzen können. Hinter dem Tresen standen drei türkische Mitarbeiter in fleckigen, grünen T-Shirts, auf die das Logo der Bude (eine Krone aus Spießen) aufgedruckt war, der eine drehte den linken Fleischspieß (Huhn) und säbelte, der zweite den rechten (Kalb) und säbelte ebenfalls, und der dritte stand an der Fritteuse und frittierte (im besten Falle Pommes). Drei Kunden warteten auf ihre Bestellung, an den schmalen Tischen gegenüber des Tresens hockte ein lang- und grauhaariger Späthippie über einem Döner in Alufolie; seine Soße, es sah nach Knoblauch aus, quoll bei jedem Biss zu den Seiten hinaus und bekleckerte seine sowieso schon tropfenden Finger. Im hinteren Bereich lungerten ein paar Ziellose an den Spielautomaten herum und tranken Tee, der Migrantenanteil war im Vergleich zur Gesamtbevölkerung überdurchschnittlich, was nicht zuletzt die Authentizität unterstrich.

Es ging alles wahnsinnig fix, die Männer in den grünen Shirts arbeiteten im Akkord, der Begriff Schnellimbiss musste quasi neu definiert werden, es dauerte keine Minute, da waren Tom und Rüdiger auch schon an der Reihe, Rüdiger als Erster, er bestellte einen Döner mit Doppelfleisch (wennschon, dennschon), konnte sich aber bei der Frage «Mit alles?», nicht für oder gegen irgendetwas entscheiden, zumal er nicht wusste, was «Mit alles» genau bedeutete, und verweigerte die Nachfrage wegen innerer Pein, sagte also vorsichtshalber «Natürlich mit alles» und bekam augenblicklich weitere Nöte, als es um die Frage der Soße ging, wo er sich schließlich nach mehrfacher Nachfrage für Kräuter, Joghurt und aber auch scharf entschied, Hauptsache kein Knoblauch. Tom sah sich das fahrige Rumgeeiere an und nahm eine Pizza Mista.

«Und einen Tee. So einen», sagte er und zeigte in Richtung der Spielautomaten. Einer der Mitarbeiter, ein gemütlicher Dicker, der im vorderen Körperbereich so seine Probleme mit der Einheitsgröße der Shirts hatte, lächelte.

«Wie immer also», sagte er. Tom lächelte. Manchmal tat es doch ganz gut, wiedererkannt zu werden. Quasi dazuzugehören. Irgendwo.

«Gestern war einer hier, der hat, ich schwöre, dreizehn Löffel Zucker in seinen Tee genommen», sagte der Dicke und zeigte seinen Kunden den Vogel. «Ich hab mitgezählt, hab ich noch nie erlebt. Wir mussten umfüllen in ein größeres Glas.»

«Na ja, weißt du, was zum Beispiel in so einer Flasche Cola ist? In einer Flasche Cola sind vierzig Stück Würfelzucker», sagte Tom.

«Literflasche?» Der Dicke staunte.

«Literflasche! Wenn man das mal so sieht, ist das bei dem Tee doch gar nicht mehr so viel.»

«Außerdem kommt es dabei ja auch auf die Größe des Löffels an», warf Rüdiger hilfreich ein. Die drei Verkäufer und Tom blickten ihn an. «Na ja, es sind kleine Teegläser, da sind natürlich auch die Löffel klein. Wenn man also mal davon ausgeht, dass auf die Löffel nur halb so viel Zucker draufpasst wie auf normale Teelöffel, dann sind es schon nur noch sechseinhalb Löffel für den Tee. Und wenn jetzt zum Beispiel für den kleinen Löffel nur eine schmale Öffnung in der Zuckerdose vorhanden ist, so ein schmaler Schlitz am Rand, dann bekommt der da bestimmt sogar nur die Hälfte drauf, auf den kleinen Löffel. Das hängt ja auch mit dem Winkel zusammen, mit dem man in die Dose ... also, jedenfalls sind es dann schon nur noch drei Komma zweifünf Löffel Zucker. Wenn man jetzt noch bedenkt, dass der Kunde insgesamt dreizehn Mal in die Zuckerdose greifen musste, da will ich ja gar nicht wissen, wie viele Körner dabei vom Löffel gefallen sind, bevor sie überhaupt eine Chance gehabt hätten, in das Glas zu gelangen. Also sagen wir mal wohlwollend, und ich greife da wirklich hoch, er hat drei Löffel Zucker in den Tee getan, der Kunde. So viel tue ich auch in meinen Tee, das ist natürlich auf den Tag gerechnet eine ganze Menge, als Einzeldosis aber gerade noch vertretbar.»

Die drei Verkäufer sahen ihn an. «Extra scharf, 'ne?», fragte der Dicke.

«Genau», sagte Rüdiger. «Kräuter und Joghurt mit scharf.»

*

«Gar nicht mal so schlecht», konstatierte Rüdiger mit vollem Mund. Er hatte sich von oben bis unten bekleckert, ein einzelnes, dünnes Salatblatt hing aus seinem Mundwinkel. «Ich hätte zwar lieber keine Zwiebeln gehabt und ich mag auch keinen Krautsalat und keine Gurken, aber sonst. Das Brot könnte natürlich weniger pappig sein. Und das Fleisch nicht so fettig. Aber die Tomatenstückchen sind gut. Ist Dönerfleisch immer so fettig?»

«Dönerfleisch ist fettig», sagte Tom. «Man weiß auch nicht genau, woraus das so besteht. Will man vielleicht auch gar nicht wissen.»

Ganz gegen seine Gewohnheit bemerkte Rüdiger, dass er damit einverstanden war. Toms Pizza Mista war ebenfalls in Ordnung, Dosenpilze hin oder her. Etwas zu viel Käse vielleicht. Und der Boden war am Rand zu hart und in der Mitte zu weich. Egal.

«Reicht das für irgendeinen unserer Punkte?», fragte Tom und grinste. «Das gerade? Im Pfarrhaus?»

Rüdiger schüttelte den Kopf. «Fällt mir nichts ein», sagte er. «Und da gehst du seit acht Jahren regelmäßig hin?»

«Kannste mal sehen, wie groß die Verzweiflung ist.»

Toms Pizza zerfiel in der Mitte in eine faserige, triefende, vor Fett schwimmende Käselava. Er rollte sie auf wie einen Teppich und stopfte sich ein extragroßes Stück in den Mund.

«Heißt das denn ...», fragte Rüdiger. «Heißt das, du willst dir schon seit acht Jahren das Leben nehmen?»

«Nee», sagte Tom mit vollem Mund.

«Dann ist ja gut.»

«Das erste Mal daran gedacht habe ich mit zwölf.»

«Ach du Scheiße.»

«Kann man wohl sagen.» Tom trank einen Schluck seines übersüßen Tees. «Vor allem, wenn dann jahrzehntelang nichts passiert. Weder in die eine noch in die andere Richtung. Das Gehirn läuft Amok, und du hörst die ganze Zeit diese Stimme, die dir sagt, dass du wertlos bist, dass du aufgeben sollst, dass es besser ist, zu gehen und so weiter. Diese Stimme kommt wieder und wieder und wieder. Und bei jedem kleinen Erfolg hast du Angst, dass das nur eine Schikane der Natur ist, um dir bei nächster Gelegenheit erst recht einen mitzugeben. Dass du noch schmerzhafter auf die Schnauze fällst, wenn du auch nur ein Mal den Rücken durchdrückst.»

«Stelle ich mir schrecklich vor, so zu leben», sagte Rüdiger und biss versehentlich in die Alufolie. Rein geschmacklich kein allzu großer Unterschied.

«Ich vermisse meinen Laptop», sagte Tom wehmütig. «Das Ding war echt teuer. Und ich hatte wenigstens die Illusion, jederzeit weiterschreiben zu können. Einen neuen kann ich mir nicht leisten.»

Rüdiger dachte nach.

«Was hast du für ein Handy?», fragte er.

«iPhone», sagte Tom. «Konnte ich mir eigentlich auch nicht leisten. Scheiß Statussymbole. Ist vom Lastwagen gefallen.»

«Echt?», sagte Rüdiger. «Und da ist das nicht kaputtgegangen?»

Tom rollte seine Pizza und die Augen. «Das sagt man so, Rüdiger. Das mit dem Lastwagen. Da war natürlich gar kein Lastwagen.»

«Warum sagst du dann so was?»

«Herrgott, das Handy ist geklaut. Hehlerware. Jetzt verstanden?»

Die drei Mitarbeiter mit den grünen Shirts schauten sie an. Täuschten sie sich oder war sogar die türkische Dudelmusik für einen Moment verstummt? Der dicke Verkäufer lachte, hob den Daumen, die Musik spielte weiter, dann wurden wieder Dönerbrote im Sekundentakt befüllt.

«Du hast ein geklautes iPhone?», raunte Rüdiger.

«Ich hab es ja nicht selbst geklaut. Ich habe dafür bezahlt. Nur halt nicht so viel.»

Das war eine sehr anzuzweifelnde Auslegung rechtschaffenen Kundenverhaltens, aber Rüdiger war nicht an einer moralischen Grundsatzdiskussion interessiert. Zumindest im Moment nicht. «Wenn du jedenfalls ein iPhone hast», sagte er, «und dein Laptop ist auch von Apple, dann können wir das vielleicht wiederfinden. Es gibt da so eine App, mit der kann man seine Geräte orten. Wenn der Dieb deinen Laptop aufgeklappt hat, finden wir seine letzte Position.»

«Ich werd verrückt», sagte Tom. «Das hab ich ja sogar eingerichtet. Glaube ich.»

Er zog sein Telefon aus der Tasche, es war ein nagelneues, unversehrtes, keineswegs vom Laster gefallenes iPhone. «Ts, ts», konnte sich Rüdiger nicht verkneifen, nahm seine Brille ab und setzte sie wieder auf.

Tom musste ein wenig suchen, dann hatte er die App gefunden. Rüdiger kam zu ihm herüber, gemeinsam starrten sie auf das Gerät. Ein grüner Punkt neben dem MacBook. Es war an. Gerade. In diesem Moment. Irgendjemand benutzte es in der Schlüterstraße 63, da, wo es nichts zu suchen hatte und überhaupt nicht hingehörte.

«Ich werd verrückt», wiederholte Tom. «Da schreibt gerade jemand auf meinem Computer. Im Rotlichtviertel.»

«Du könntest ihn sperren», sagte Rüdiger. «Einfach hier draufdrücken.»

«Nee, das mach ich nicht. Dann weiß der Typ ja, dass wir ihn erwischt haben. Nee, wir fahren da hin.»

«Äh, Polizei», sagte Rüdiger. «Die Polizei kann da hinfahren, das ist ja mehr ein Job für die Polizei. Gar nicht so sehr für uns. Eher für die Polizei.»

«Stand da nicht Risiko auf der Liste?», fragte Tom.

«Doch.» Rüdiger knirschte mit den Zähnen. «Aber ich finde, wir sind schon ein Risiko eingegangen, als wir das Essen hier bestellt haben. Man muss es ja nicht übertreiben.»

Tom steckte sein Handy wieder ein und rutschte vom Hocker. «Schlüterstraße 63», sagte er. «Jetzt oder nie.»

19

Während der U-Bahn-Fahrt hatten sie geschwiegen, Menschen in Sommerstimmung beobachtet und an jeder beliebigen Stelle das Leben bewertet, jeder für sich, denn darauf war man jetzt nun mal geeicht, einfaches Zulassen von Dingen stand nicht auf der Tagesordnung, alles war Subjekt der eigenen Lebensüberprüfung. Vielleicht war das ja überhaupt der Fehler, dachte Tom, vielleicht sollte es das Ziel sein, die Dinge einfach geschehen zu lassen, ohne sie zu bewerten. Tom bemerkte, dass er sein ganzes Leben lang immer nur bewertet wurde und bewertet hatte und dass diese ganze Bewerterei ein einziges Depressivum war. Selbst das Liebespaar in der hinteren Ecke der Bahn, jung und objektiv gesehen nett anzuschauen – wie sollte es seinen Ansprüchen gerecht werden? Und was für Ansprüche waren das überhaupt? Wer legte die fest? Er? Mit welchem Recht? Nach welchen Kriterien?

Aber es war einfach so, es passte Tom nicht, wie der Mann die Frau küsste, dass er sie dabei so umarmte, als wäre sie sein Eigentum, es passte ihm nicht, wie weit sie den Mund dabei aufriss, wie wenig erotisch das wirkte, wie übersteigert sich die Zungen ineinander verflochten, es passte ihm nicht, dass sie kleine Brüste hatte und er einen wachsenden Bauch, er mochte die unnatürliche Farbe ihrer Haare so wenig wie die paramilitärischen Stiefel an seinen Füßen. Aber warum? Was ging es ihn bloß an, wie diese Leute aussahen, ob sie sich gegenseitig verschlangen, ob ihnen beim Küssen das Blut in die Wangen stieg oder in andere Körperregionen? Warum war es ihm wichtig, dass die Liebesbekundungen unbekannter Mitreisender seinen ästhetischen Wertvorstellungen entsprachen, warum versuchte er die Welt permanent zu formen, wo er doch selbst keinen Bauplan besaß und grundsätzlich die Gesamtarchitektur in Zweifel zog? Tom sah auf Rüdiger hinunter, der dasaß wie ein verträumtes Kind und ein ausdrucksloses Gesicht spazieren trug, das seine Konturen noch mehr verschwimmen ließ. Manchmal kam es Tom vor, als wäre dieser Rüdiger unscharf, als brauchte man für ihn eine Spezialbrille.

Sie stiegen an der Schlüterstraße aus, zusammen mit einer Horde teils kräftig angetrunkener Männer, Rüdiger wurde unsicher, das war nicht seine Gegend.

«Ich glaube, hier war ich noch nie», sagte er.

«Ich schon», sagte Tom und ging zielstrebig voraus, den rechten Aufgang hinauf, bis sie mitten im Leben standen, einer besonderen Art von Leben, begrüßt von flackerndem Neon, grellbunten Leuchtschildern und Geschäften, die auch um diese Uhrzeit wie selbstverständlich geöffnet oder gerade erst aufgemacht hatten. Ein Geschenkladen für Sexspielzeug lud zum Stöbern ein, eine Karaokebar warb mit dauerhafter Happy Hour, überall standen moderat bekleidete Frauen herum, große, einschüchternde Frauen auf Absätzen bis zum Mittelpunkt der Erde, die Eingänge zu den Kneipen und Clubs überboten sich mit billigem Glitter und freudloser Animation. Es war laut, es war voll, in manchen Ecken klirrten Flaschen, Tom zog den geduckten Rüdiger hinter sich her wie ein Vater den Sohn im Bombenhagel.

Als sie vor der Schlüterstraße 63 angekommen waren, waren sie bereits mehrmals von weiblicher (oder teils weiblicher) Seite angesprochen worden, ob sie nicht Lust auf ein erotisches Abenteuer zu zweit, zu dritt oder gleich zu viert hätten, am Anfang hatte Rüdiger immer noch hektisch, aber höflich verneint und trotzdem einen schönen Abend gewünscht, im Laufe der Annäherungen war er jedoch einsilbiger geworden und schließlich verstummt. Jetzt standen sie hier, vor einer roten Fassade, und starrten auf zwei schlecht gemalte Beine in Strapsen, die wenig subtil darauf hinwiesen, dass es sich um einen Stripclub handelte. Die zwei Beine gingen über der Eingangstür in einen barbusigen Oberkörper über, der sogar in gemalter Form mit Silikon vergrößert worden zu sein schien.

«Da müssen wir jetzt aber nicht rein, oder?», fragte Rüdiger gequält. Magic City hieß der Club, der weder eine Stadt war noch irgendwie magisch wirkte.

«Ich glaube nicht, dass der Laptop freiwillig zu uns rauskommt», sagte Tom. «So weit sind die Dinger noch nicht.»

Er ging an dem Türsteher vorbei, der zwar aussah wie die mi-

misch reduzierte Speerspitze einer dumpferen Weltordnung, immerhin aber keinerlei Anstalten machte, Tom am Betreten des Etablissements zu hindern. Es war wohl auch noch nicht allzu voll. Als Rüdiger Tom folgte, bewegte sich der Mann plötzlich, grinste, drehte sich zu ihm, knurrte was von «aber keine Randale machen», dann lachte er herzhaft und entblößte ein rabenschwarzes Maul ohne nennenswerte Zähne.

Rüdiger schauderte und betrat den silbrig verchromten Club, der ihn als eine Mischung aus Motorradwerkstatt und Spiegelkabinett empfing. Es lief ZZ Top in ohrenbetäubender Lautstärke, die Frauen sahen aus wie tätowierte Vampire aus einem B-Movie, bestimmt ging das hier nicht gut aus, es war alles zu laut, zu flackernd und irgendwie auch zu bunt, Rüdiger war vollkommen eingeschüchtert und wäre allzu gerne aus dem Kinderparadies abgeholt worden, zur Not sogar von seinen Erziehungsberechtigten.

«Ich ordere mal zwei Bier», sagte Tom mit ernster Miene und ging zum Tresen. Für jemanden wie ihn, der Menschenansammlungen verabscheute, war das eine echte Aufgabe. Rüdiger blieb vor einer Stange stehen, um die sich eine circa zwei Meter große Superblondine wand. Das war bestimmt irgendwie erotisch, für Männer im Allgemeinen, aber bei Rüdiger verfing es nicht. Klar, die Stange stand für den Penis, so viel hatte er begriffen, das sollte ihn anregen, er sollte sich einbilden, er wäre die Stange, oder sein Penis wäre die Stange, aber wer wollte sich das denn vorstellen? Die Brüste der Frau waren freigelegt und standen spitz nach vorne ab, das Gesicht war so stark geschminkt, dass der Mensch dahinter sorgsam verborgen blieb. Die Beine waren lang, selbstverständlich, durchtrainiert und formschön, die Schuhe reichten fast bis zu Rüdigers Kniescheiben. Er stand da, leicht schief, und betrachtete die Frau auf eine eher wissenschaftliche Art. Dann erinnerte er sich an den Grund ihres Aufenthalts und suchte mit den Augen den Club ab. Auf einigen Tischen tanzten Frauen, ein paar Typen saßen in einer Ecke, hemdsärmelig, breitbeinig,

Schultern klopfend, trinkend, ein paar andere wären am liebsten nicht gesehen worden, was in dieser Umgebung ein unauflösbares Paradoxon darstellte. Niemand benutzte einen Laptop. Wäre ja auch irgendwie absurd gewesen.

«Na, wie heißt du denn?», fragte eine falsche Rothaarige, die fast zwei Köpfe größer als Rüdiger war.

«Rüd ... Rüdolf», sagte Rüdiger.

«Rüdolf? Bist du aus Sachsen?»

«Rudolf», korrigierte sich Rüdiger. «Ich bin nicht aus Sachsen.»

Die Frau lachte und schmiss sich in Positur. «Ich bin die Candy.»

«Ach, nee!»

«Wieso nee?»

«Weil, wenn man Candy heißt, dann ist man selber aus Sachsen.»

Sie zog eine Schnute. Sie war bestimmt nicht älter als zwanzig, trug einen goldenen Slip und eine Art Flusenteppich um die Brüste, die dafür eigentlich zu groß waren.

«Ich hab gesagt Candy, und nicht Mandy», erwiderte sie. Es klang ein wenig patzig. «Candy ist Englisch und heißt so was wie Zucker.»

«Nee, *sugar* heißt Zucker. Candy heißt so was wie Bonbon. Und das ist dein Name, ja?»

«Künstlername», sagte sie.

«Natürlich», sagte er.

Ihr Gesicht fuhr Achterbahn und landete gerade noch so in gewohntem Terrain. «Wenn du willst, tanze ich nur für dich, Rüdolf», sagte sie. «Für fünfzig.»

«Danke», sagte Rüdiger und dachte nach. «Aber wie heißt du denn jetzt wirklich? Ich finde es so unnatürlich, mit jemandem zu reden, der sich Candy nennt. Kein Mensch heißt Candy.»

«Das ist doch scheißegal. Niemanden interessiert, wie ich heiße», sagte sie. «Und ich will auch gar nicht, dass das jemanden interessiert. Ich will nicht, dass irgendwer meinen echten Namen kennt.»

«Wie ist der denn?»

«Doreen.»

«Der ist doch sehr schön.»

«Ja, aber das ist meiner.»

«Klar.»

«Und ich komme übrigens aus Sachsen.»

«Ich weiß. Das hört man am Dialekt.»

«Nee, das hört man nicht.»

«Doch, schon.»

«Ich hab mir den abtrainiert.»

«Ich höre das. Rüdiger.»

«Was?»

«Ich heiße Rüdiger. Wenn ich jetzt weiß, dass du Doreen heißt, dann weißt du, dass ich Rüdiger heiße.»

«Das ist hier drin eigentlich nicht so wichtig, Rüdiger.»

Sie ließ die Schultern nach vorne fallen und sah nun doch genervt und müde aus, auf eine Art, als hätte sie wochenlang ohne Pause eine Candy geben müssen, die nicht Doreen war. Hätte nur noch gefehlt, dass sie die meterhohen Plastikschuhe von sich geschmissen und die Füße hochgelegt hätte. Sie unternahm einen letzten Versuch. «Willst du jetzt, dass ich für dich tanze, oder nicht?»

Rüdiger schüttelte den Kopf. «Eigentlich suche ich was anderes.»

«Wir bieten hier nur Tanzen an», sagte Candy. «Mit 'n bisschen Anfassen. Wenn du was anderes suchst, musst du ein Haus weitergehen.»

«Nein, nein», sagte Rüdiger. Wo blieb denn bloß Tom mit dem Bier? «Es geht um einen Laptop.»

Candy blickte sich übertrieben auffällig um. «Warte mal»,

sagte sie und ließ auch noch den letzten, kümmerlichen Rest von Animation in ihrer Stimme fallen. «Das hier ist kein Media Markt. Du hast wirklich den falschen Eingang genommen.»

«Hab ich nicht, der Laptop ist geklaut. Hast du vielleicht irgendjemanden hier drin mit einem Laptop gesehen?»

Candy war jetzt genervt. «Du fragst und fragst, und ich verdiene überhaupt nichts», sagte sie.

«O Gott, ja.» Rüdiger kramte hektisch in seiner Jackentasche und holte sein Portemonnaie heraus. «Zehn Euro? Gut?»

Candy hob nicht einmal die Braue.

«Okay, zwanzig», sagte Rüdiger. «Dreißig. Aber dann ist auch mal ... fünfundvierzig? Fünfzig. Mehr hab ich gar nicht dabei.»

Candy steckte sich das Geld an den Slip und drehte sich um. «Der Chef hat einen neuen Laptop», sagte sie über die Schulter. «Der Arsch. Aber von mir weißte das nicht.»

Sie zeigte in Richtung der Toiletten und wackelte davon. Genau in diesem Moment kam Tom mit zwei leeren Bierbechern zurück. Er hatte auf dem Rückweg vom Tresen enormen Durst verspürt und sich erst einmal beruhigen müssen. «Wer war das denn?», fragte er. «Ihr saht so vertraut aus.»

«Das ist die Doreen», sagte Rüdiger mit größtmöglicher Lässigkeit. So einer Johnny-Cash-Lässigkeit. ZZ Top hatten nämlich ihren Job getan, jetzt lief «Ring Of Fire». «Und ich weiß, wer den Laptop hat.»

*

Es ging eine Treppe hinunter, vorbei an Kondomautomaten, Flyern und kostenlosen Szenemagazinen, dann wurde es dunkel und immer dunkler, in einer Ecke knutschte ein Pärchen, wobei sie die Hand in seiner Hose hatte und er Atemprobleme. Der Flur wirkte wie der letzte, schmale Gang vor der Guillotine, inklusive flackernder Notbeleuchtung an der Wand. Am Ende eine große

Holztür, die Bässe von oben waren nur noch als dumpfe Schläge in den Bauch zu vernehmen, ein goldenes Schild mit der Aufschrift «Privat» sollte Betrunkene auf der Suche nach dem Ausgang vom Eintreten abhalten.

Tom zögerte.

«Puh», sagte Rüdiger.

«Risiko», sagte Tom. «Einer der Punkte auf der Liste ist nun mal Risiko. Ich fühl mich irgendwie ...», er lauschte nach innen, «brauchbar.»

Er klopfte. Nichts passierte. Er klopfte noch einmal. Eventuell war da eine Reaktion hinter der Tür, aber ganz sicher sein konnte man sich bei dem Gewumse nicht. Tom klopfte noch einmal. Jetzt gab es einen wütenden Aufschrei, dann eine kurze Pause, schließlich wurde die Tür aufgerissen.

«Ich hab jetzt schon dreimal herein gesagt», fauchte ein Mann um die fünfzig im Anzug. Er befand sich größenmäßig genau zwischen Tom und Rüdiger, hatte allerdings Muskeln und eine Nase, die sich nach diversen Brüchen nicht mehr für eine konsequente Richtung hatte entscheiden wollen und darüber breit geworden war.

«Was ist denn?», fragte er mies gelaunt.

«Wir müssen mit Ihnen sprechen», sagte Tom. «Sind Sie der Besitzer hier?»

«Und wer sind Sie?»

«Mein Name ist Thomas Diez», sagte Tom «Ich glaube, Sie haben da etwas, was mir gehört.»

Der Mann schaute Tom von oben bis unten an, dann ging er einen Schritt zurück und machte den Weg frei. Sie betraten das Büro, das so dermaßen im Souterrain lag, dass es nicht einmal für ein Fenster gereicht hatte. Die Einrichtung war plüschig, an den Wänden hingen Angeber-Fotos mit hochgereckten Fäusten und männlichen Umarmungen, ein rotes, ziemlich fleckiges Sofa am Rand hatte sichtlich bereits bestimmten Zwecken gedient.

«Ich bin Rainer Hirte, mir gehört Magic City», sagte der Mann, machte eine allumfassende Geste und setzte sich in seinen Bürostuhl, der eher an eine Art Thron erinnerte. Ein Thron von der indischen Resterampe allerdings. Er trug einen Maßanzug, dazu eine goldene Halskette und mehrere ebenso goldene Ringe an den klobigen Fingern. Vor ihm auf dem Schreibtisch lag ein Laptop. Der Laptop.

«Ich habe also etwas, das angeblich Ihnen gehört?», sagte er. Es klang provokativ.

«Genau», sagte Tom und setzte sich vorsichtig auf einen Plastikstuhl. Das war natürlich kein Zufall, auf der einen Seite ein Thron, auf der anderen Plastik. Psychologie war das. Einschüchterung. Aber jetzt war man schon mal hier, jetzt musste man es auch durchziehen. Rüdiger setzte sich ebenfalls hin.

«Falls dem so sein sollte», sagte Hirte, «ich sage, *falls* dem so sein sollte, werden wir uns sicherlich einigen.»

Tom nickte.

«Bei mir ist alles tipptopp», fuhr Hirte fort.

Tom nickte.

«Ich weiß auch gar nichts von anderen Besitzansprüchen», sagte Hirte. «Und wenn ich so was weiß, fliegt das Ding mit dem Arsch voraus auf die Straße.»

Tom nickte, wunderte sich jetzt aber doch etwas über die Wortwahl. Und über den Sinn.

«Oh», sagte Rüdiger und ahnte etwas. «Ich glaube, das ist ein Missverständnis.»

Hirte runzelte die Stirn. Er sah dadurch aus wie ein altersschwacher Beagle.

«Wieso?», fragte er. «Um welches Mädchen geht es denn?»

«Kein Mädchen», sagte Tom, nachdem er all seinen Mut zusammengenommen hatte. «Es geht um diesen Laptop.» Er zeigte auf das Gerät, das in Griffweite vor ihm wartete wie ein an den Pfoten gefesseltes Hündchen auf seinen Herrn.

Rainer Hirte lehnte sich zurück und betrachtete skeptisch den Laptop, dann Tom, dann wieder den Laptop. Rüdiger betrachtete er nicht, aber das war innerhalb der normalen Parameter.

«Soso», sagte er.

«Ja», sagte Tom. «Das ist meiner.»

«Es geht also um etwas Ernstes», meinte Hirte und sah dabei wirklich sehr angespannt aus. «Ich dachte, es geht um ein Mädchen.»

Tom war sich sicher, dass Hirte jetzt einen unter dem Tisch verborgenen Knopf drücken würde, dann kämen zwei bis acht Gorillas herein und würden die Scheiße aus ihnen herausprügeln, so wie man das aus Gangsterfilmen kannte und wie sich das ja auch irgendwie gehörte.

«Tatsächlich habe ich das Gerät neu», sagte Hirte. «Und ich nehme an, Sie haben es hierhin zurückverfolgen können, weil ich so unvorsichtig war, das Betriebssystem nicht sofort zu löschen.»

«Das ist richtig», sagte Tom. «Und ich kann natürlich auch beweisen, dass das meiner ist. Alleine anhand des Inhalts. Und einen Zeugen hab ich ja auch. Sogar dabei.»

Rüdiger hob vorsichtig winkend die Hand, Hirte knetete mit zwei Fingern seine wulstige Unterlippe. «Tja, blöd», sagte er. «Ich hab das Ding so einem Junkie abgekauft, mitten auf der Straße. War natürlich klar, dass der geklaut ist, ich bin ja nicht naiv. Macht man auch nicht, geklaute Sachen kaufen. Das ist ja schließlich verboten.»

Hirte lachte, es war so ein amerikanisches, übertriebenes Vorabendserien-Lachen, so ein affektiertes, im Grunde kaltes Gedröhne, das nicht von Herzen kam und das die Bösewichte immer dann lachten, wenn sie direkt darauf ihre Waffe zogen und den Statisten oder besten Freund des Helden kaltmachten. Tom und Rüdiger lachten höflich mit, gleichzeitig versuchten sie sprungbereit zu bleiben und die Tür hinter sich im Auge zu behalten. Ganz schön schwierig war das.

«Nur», sagte Hirte und stellte das Lachen übergangslos ein, «sehe ich aus wie jemand, der wieder hergibt, was er einmal in Besitz genommen hat?»

«Nein», sagte Tom aufrichtig.

«Sehe ich aus wie jemand, den man einfach so in seinem Büro überfallen und dem man dumm kommen darf?»

«Nein.»

«Sehe ich aus wie jemand, der es gewohnt ist, sich zu nehmen, was er braucht?»

«Ja», sagte Tom. Er hatte gut aufgepasst.

«Eben», sagte Hirte und seufzte. «Und deshalb ...»

Rüdiger krampfte mit den Fingern. «Vergessen Sie's», sagte er eilig. «Ja? Behalten Sie den Laptop, okay? Ich hab eine Frau und zwei Kinder. Die zählen auf mich. Das wäre nicht gut, wenn mir was passiert. Hier unten. Bei Ihnen. Lassen Sie uns einfach wieder gehen, okay?»

Hirte grinste, Tom war das alles furchtbar peinlich, Rüdiger hingegen schien kurz vor einem Nervenzusammenbruch zu stehen.

«Ich hab doch nur Spaß gemacht», sagte Hirte sanft und beugte sich vor. «Leute, das hier ist ein Unternehmen, eine Firma, okay? Nicht die Unterwelt von Chicago, keine Mafia, keine halbseidenen Geschäfte. Ich bin Geschäftsführer einer ordnungsgemäß eingetragenen GmbH, da gibt es keine Mauscheleien, kein gar nichts. Ich bitte Sie jetzt ganz höflich, von einer Anzeige wegen des Laptops abzusehen. Ich hab das Ding illegal gekauft, das hätte ich nicht tun sollen, das tut mir auch leid. Die Versuchung war einfach zu groß. Nehmen Sie es einfach wieder mit, und wir sind quitt. Hab ich halt ein bisschen Geld in den Wind geschossen, das soll mir Strafe genug sein. Einverstanden? Keine Anzeige?»

Er lächelte Tom an. Es war ein offenes, sympathisches Lächeln. Tom lächelte zurück. «Keine Anzeige.»

«Danke», sagte Hirte. «Tut mir leid mit den Unannehmlichkeiten.»

Tom nahm den Laptop, der kalt, vertraut und gleichzeitig so unpersönlich wie ein ganz normaler Computer war, dann standen er und Rüdiger auf und traten ein paar Schritte zurück, ganz vorsichtig, so als behüteten sie den Heiligen Gral.

«Amüsieren Sie sich noch schön bei uns», sagte Rainer Hirte, zog ein DIN-A4-Heft aus einer Schreibtischschublade und begann, darin herumzukritzeln. «Und nichts für ungut.»

«Ja, Mensch», sagte Rüdiger erleichtert. «Danke. Vielen Dank.»

«Schönen Abend», sagte Tom, Hirte lächelte gütig und kritzelte. Tom und Rüdiger waren schon an der Tür, da fiel dem Clubbetreiber doch noch etwas ein.

«Ach, eine Kleinigkeit», sagte er, schaute allerdings nicht auf dabei.

«Ja?», fragte Tom.

«Wenn Sie noch einmal unangekündigt einfach so in mein Büro platzen, lasse ich Ihnen die Finger brechen. Als Erstes. Danach die Arme, die Beine und dann den Hals. Und dann werde ich Ihnen persönlich mit einem Schraubenzieher das Gesicht zerhacken. Haben wir uns verstanden?»

«Geht klar», sagte Tom leise.

«Tschüs», sagte Rüdiger und öffnete die Tür. Sie verließen das Büro, zogen die massive Holztür hinter sich zu, so schnell sie nur konnten, von oben dröhnte der Beat eines neuen Songs, der nichts von der Coolness Johnny Cashs hatte, sondern eher nach Ballermann um zwei Uhr morgens und Mickie Krause klang, eilten die Treppen hinauf, mit glühenden Wangen, Rüdiger suchte den Raum nach Doreen, die viel mehr als nur Candy war, ab, fand auf die Schnelle aber nur lauter andere Körper mit sehr vielen Tätowierungen und noch mehr Haut, Tom hielt den Laptop fest umklammert unter dem Arm und drängte zielstrebig zum Ausgang.

«Moment mal», sagte Rüdiger und blieb stehen.

«Was ist? Lass uns abhauen, bevor der Irre sich das anders

überlegt», sagte Tom und wirkte etwas fiebrig. «Genug Risiko für heute. Das reicht auch so schon für einen Haken auf der Liste.»

«Da», sagte Rüdiger und streckte den Zeigefinger aus. Tom sah nichts von Belang außer einer Männerversammlung, die in ihrer Sitznische von einer Frau betanzt wurde.

«Ich werd verrückt – das ist Florentin», sagte Rüdiger und deutete weiterhin maximal auffällig auf einen großen, maskulinen Typ mit vollem Bart, langem Haar und diversen Schnapsgläsern vor sich.

«Wer ist noch mal Florentin?», fragte Tom.

«Der mit dem Bart», krächzte Rüdiger.

«Nein», sagte Tom. «Wer ist Florentin?»

«Ach so. Der Lektor. Der Liebhaber meiner Frau.»

«Richtig», sagte Tom. «Liebhaber. Wie das schon klingt. So nach 1850 und Rüschen und Perücken.»

«Was macht der denn hier?»

Rüdigers Weltbild bekam einen Riss, weil Silvias Weltbild wahrscheinlich einen Riss bekommen hätte, wäre sie in diesem Moment hier gewesen.

«Jetzt nimm doch mal den Arm runter», sagte Tom, Rüdiger gehorchte sofort. «Und mach ein Foto.»

«Was?»

«Ein Foto, Paparazzo. Oder zwei. Oder zehn. Mit Florentin und der Frau. Auf frischer Tat ertappt. In flagranti. Das ist fast so gut wie fremdgehen.»

«Weiß ich nicht. Das kann ich doch nicht machen. Ich meine, wie komme ich mir denn da vor?»

«Herrgott», fluchte Tom, drückte Rüdiger den Laptop in die Hand und zog sein Smartphone aus der Jackentasche. «Dann mach ich das halt», sagte er und fotografierte mitten in die Männergruppe hinein. Das war alles so wenig konspirativ, so demonstrativ, so widerlich leserreporterhaft, dass es kein Wunder war, dass Florentin auf sie aufmerksam wurde. Er sah erst Tom, dann das fotografierende Handy, dann Rüdiger, dann den Schrecken in Rüdigers Gesicht, generierte eigenen Schrecken, sprang auf, wischte diverse Gläser vom Tisch und arbeitete sich taumelnd durch den mittlerweile gutgefüllten Club auf sie zu. Tom riss Rüdiger am Ärmel und zeigte zum Ausgang. Sie drückten sich an den Gästen vorbei, der Vorsprung war aufgrund des lebendigen Parcours und der sichtlich eingeschränkten Flexibilität Florentins ausreichend. Es dauerte keine fünf Sekunden, dann waren sie draußen, vorbei an dem Türsteher, der gerade eine Zigarette vernichtete, vorbei an einer Kegeltruppe, die nach innen drängte, weg von Florentin, der es anscheinend sowieso aufgegeben hatte.

«Boh», sagte Tom und genoss die kalte Luft wie eine Sommerdusche unterm Wasserfall.

«Ein astreiner Doppelsieg! Laptop zurück und du kriegst deine Frau wieder!»

«Weiß ich nicht», sagte Rüdiger, nahm seine Hornbrille ab, setzte sie wieder auf und fröstelte. «Ob man die so zurückkriegt. Ob man die überhaupt zurück will.»

«Wer ist denn man?»

«Man ist die größtmögliche Distanzierung von sich selbst», sagte Rüdiger und gab Tom den Laptop zurück, der dabei beinahe heruntergefallen wäre. Sie eilten die Schlüterstraße entlang, hätten wiederum Sex zu zweit, zu dritt oder zu viert haben können, und betraten schließlich den U-Bahn-Schacht, auf dessen Treppenstufen ein betrunkener Mann versuchte, sich den rechten Schuh anzuziehen, der ihm irgendwie abhandengekommen war. Es sah eigentlich ganz lustig aus, aber auch ziemlich traurig, je nach Betrachtungsweise, je nach persönlicher Empfindsamkeit. Tom stellte sich vor, den Schuh den Schacht hinunterzukicken, nur um zu sehen, was dann wohl passieren würde, er verspürte genügend negative Energie, doch schließlich tat er das Gegenteil, ließ sich auf den Stufen nieder und half dem Betrunkenen, in den

Schuh hineinzuschlüpfen. Der Typ stank, er wirkte nicht einmal sympathisch mit seinem Bürstenhaarschnitt, dem wulstigen Nacken und dem aufgedunsenen Gesicht, weckte kein Mitleid und auch keinen Beschützerinstinkt, er war einfach nur ein kreuzbesoffener Trottel, dem Tom in den Schuh geholfen hatte und der nicht einmal mehr in der Lage war, sich zu bedanken. Rüdiger war umso mehr beeindruckt.

«Das war menschlich, also, ganz groß war das», sagte er. «Empathie war das.»

«Ach, Quatsch, Empathie», knurrte Tom, klammerte sich an seinen Laptop und stellte sich ganz vorne an die Bahnsteigkante. Wenn ihn jetzt noch mal jemand beklauen wollte, musste er ihn mitsamt dem Teil auf die Schienen stoßen. Und das würde ja wohl niemand ... na ja, wusste man nicht. Er trat einen halben Schritt zurück.

«Und jetzt?», fragte er. «Ab ins Hotel?»

Rüdiger stellte sich neben ihn und bejahte stumm. Er betrachtete die Zigarettenkippen zwischen den Schienen, die Glasscherben, die Papierreste. Rüdiger hätte im Moment des Einfahrens der U-Bahn nur zwei kleine Schubse gebraucht, einen für Tom, einen für sich selbst (die Reihenfolge war hierbei wichtig), und es wären alle weiteren Fragen geklärt gewesen. Dabei war der heutige Abend doch eigentlich ein Erfolg gewesen – es musste ihm nur noch jemand mitteilen. Im Moment setzte sich wieder die Trauer durch, Trauer wegen Silvia, Trauer wegen der unfreiwilligen Veränderung seines an und für sich stabilen Lebensweges. Das Gefühl mischte sich mit adrenalingeschwängerter Euphorie aufgrund all der Absonderlichkeiten, die er heute geschafft und die ihn nicht geschafft hatten. Und Florentin, der schöne Florentin, würde ziemlich schlecht schlafen, das war gewiss. Rachegedanken hatte Rüdiger immer weit von sich gewiesen, so aus rein humanistischen Gründen und weil er sich in der Rolle des Besonnenen gefiel, aber heute war alles anders, heute war alles möglich. Dieser Florentin würde sich noch umsehen, ihm die Familie wegzunehmen.

Die U-Bahn fuhr ein, Florentin war nur noch ein Gedanke, und Rüdiger bestieg als Erster den Waggon. Tom ließ sich erschöpft neben ihn sinken, den Laptop fest umklammert. Sie sprachen so wenig wie bei der Hinfahrt, sahen aus dem Fenster und in der Dunkelheit nichts als ihr unvorteilhaftes Spiegelbild. Die Bahn war gut besetzt, Menschen unterhielten sich, lachten, stritten, schwiegen, lebten. Vielleicht waren sie nicht so weit davon entfernt, wie sie gedacht hatten. Vielleicht aber auch doch.

20

Tom schloss sein Ladekabel an, machte es sich an seinem winzigen, alten IKEA-Schreibtisch bequem, den er schon als Kind bekritzelt hatte, Bob Dylan sang «Oh, Sister», und im gegenüberliegenden Hochhaus gingen so langsam die Lichter aus. Er klappte den Laptop auf, erfreute sich an dem Hintergrundbild, das ihn beim Strandurlaub in St. Peter-Ording zeigte, damals, vor vier Jahren, als er einen Job in einer Literaturagentur gehabt hatte, einer Literaturagentur, die alleine schon dadurch wenig Seriosität bewiesen hatte, dass sie ihn eingestellt hatte, ohne Referenzen, ohne Vorkenntnisse, ohne Kontakte, mit nur diesem einen Buch im Gepäck, das ihm kaum als Werbung dienen konnte. Seine einzige wirkliche Qualifikation hatte in seiner Liebe zum Geschriebenen bestanden, das hingegen traf auf drei Viertel der Bevölkerung zu, wenn man Liebesromane, Sportzeitungen oder Beipackzettel hinzurechnete. Nun, sein Chef in der Agentur war der ehemalige Programmleiter seines Buchverlags gewesen, der vielleicht einzige Mensch, der sein Buch gemocht hatte und dem es egal gewesen war, was drum herum geschehen war, Tom hatte für gute zwei Monate Geld verdient, nicht zu knapp sogar, bis es in Rekordgeschwindigkeit Unregelmäßigkeiten gegeben hatte, bis die Verlage sich geweigert hatten, mit besagtem Agenten überhaupt zusammenzuarbeiten, und er, der sich um den ganzen Schriftverkehr und die Akquise gekümmert hatte, wieder auf der Straße gestanden hatte. Ohne Blumenstrauß und Verabschiedung. Ein Vorgang von vielen, ein Job von vielen, er war ja immer so geschlittert, vorher, nachher, jahrelang und wollte doch eigentlich nichts anderes sein als ein geradliniger, in keiner Weise schlitternder Schriftsteller.

Er öffnete Word und genoss tatsächlich den weißen Bildschirm, den vertrauten, endlich, da war er, grausam, verlockend, einladend, auf boshafte und gleichzeitig unschuldige Weise blank. Wo nichts war, war nichts. Aber Tom spürte etwas, dieses Kribbeln kehrte zurück, wie konnte er es bloß kanalisieren, es war in ihm, das zweite Buch, er wusste es, jetzt oder nie, denn in ein paar Tagen konnte bereits alles vorbei sein. Er führte die Finger zur Tastatur, verfolgte sie dabei, wie sie ein R schrieben, dann ein ü. Nein, dachte er, nein, nein, nein, das ging in eine völlig falsche Richtung ... das durfte er nicht. Dem ü folgte ein d, dann kam wie von selbst das i. Albern, dachte er. Albern. Was gab es da schon zu schreiben? Aber wo er schon mal dabei war, konnte er das Wort auch zu Ende bringen, das g war schnell gedrückt, e und r lagen auf der Tastatur sowieso nebeneinander. *Rüdiger* also. Warum hatte er das getippt? Was gab es da schon zu berichten? Außer dass Rüdiger ein wahnsinnig verlorenes, betrogenes, hilfloses, flatterndes, unselbständiges, haltloses, haltungsloses, unscheinbares, quasi unsichtbares bebrilltes männliches Fähnchen im Wind war?

Genau, dachte Tom, genau das, und schrieb es auf. Wörtlich. Rüdiger. Wer war Rüdiger? Was war Rüdiger? Für was stand so ein Rüdiger? Und wie viele gab es wohl davon? Toms Finger flogen, er hatte ein schlechtes Gewissen, zunächst, dann immer weniger, beschrieb den kleinen, dünnen Lehrer bis auf die nicht relevante Blutgruppe, stellte eine Charakterstudie in den Raum, die nur ab und an mit etwas Phantasie verflochten wurde, ansonsten aber dem Vorbild auf schmerzliche Weise nahe kam. Rüdigers Frau hieß jetzt nicht mehr Silvia, sondern Silvana, das hatte mehr Glamour, und sie war eine, na ja, nymphomane, gewissenlose Fabrikerbin, irgendwas mit Textilien, Bangladesch, Kinderausbeutung, schlimme Sachen; Rüdiger war kein Lehrer mehr, sondern Buchhalter, was sowieso viel besser gepasst hätte; und Florentin hieß nicht mehr Florentin, sondern Florian und hatte zum Vollbart und den langen Haaren einen Ferrari samt Yacht an der Côte d'Azur. So wurde ein Schuh draus. Ansonsten blieb Tom ziemlich bei der Wahrheit, rannte nur ganz kurz zum Kühlschrank, brachte sich sechs Bier mit und arbeitete die im Einklang mit den zu formenden Buchstaben Stück für Stück und Schluck für Schluck ab.

Am Ende war es sechs Uhr morgens, Tom einigermaßen hinüber und um sage und schreibe fünfunddreißig DIN-A4-Seiten reicher, so viel hatte er nicht mehr geschrieben seit der Erfindung des MacBooks. Mochten die Sätze im Laufe der Stunden auch immer mehr wie hingeworfen wirken, im Endeffekt machte das ordentlich was her, es war ein Anfang, er schrieb wieder, er hatte einen Protagonisten, er hatte einen Rüdiger, er war glücklich. Und es war wichtig, so viel begriff er noch, dass dieser Rüdiger nicht von der Brücke sprang. Nicht, bevor er, der Schriftsteller Thomas Diez, seine Geschichte fertiggeschrieben hatte. Dann klappte er seinen Laptop zu und fiel vom Schreibtisch direkt ins Bett.

*

Rüdigers Euphorie (ja, das konnte man sagen) verflog in dem Moment, als er das Hotel am Tor und das damit verbundene Zimmer 102 betrat. Die frisch geputzte Leere war umso schlimmer, weil das Leben vorher so getobt hatte; das musste genau der Zustand sein, von dem die Stars immer sprachen, wenn sie nach einem Auftritt vor Tausenden von Menschen in die Stille ihres Hotelzimmers zurückkamen und das zwangsläufige Emotionsloch mit Alkohol oder anderen Drogen zu füllen versuchten. Für Rüdiger war das natürlich nichts. Weder das mit den Drogen noch das mit dem Kämpfen. Er setzte sich auf die Bettkante und sah auf die Uhr. Es war halb zehn. Er hatte keine Lust, den Fernseher anzuschalten, er hatte keine Nachrichten auf seiner Mailbox, er hatte keine Freunde, die er anrufen konnte, niemanden, mit dem er seine Erlebnisse teilen konnte. Fast niemanden. Er griff nach dem Telefon, hielt es einige Sekunden in der Hand, es mochten auch Minuten gewesen sein, dann rief er Silvia an. Weil er sie immer angerufen hatte, wenn er mal unterwegs gewesen war. Weil er ihre Telefonnummer als einzige auswendig kannte. Weil sie sein einziger Bezugspunkt war. Das Freizeichen erklang, es tutete dreimal, viermal, Rüdiger stellte sich vor, wie Silvia jetzt dasaß, in ihrem gemeinsamen Wohnzimmer, das plötzlich nur noch *ihr* Wohnzimmer war, und überlegte, ob sie wohl drangehen sollte oder nicht.

Kurz vor der Mailbox ein Klacken, ein Rauschen, ein Atmen.

«Rüdiger», hieß es schließlich am anderen Ende der Leitung.

«Silvia», sagte Rüdiger. Die Formalitäten waren geklärt.

«Ich bin eigentlich gerade auf dem Sprung ins Bett. Was willst du denn?», fragte sie. Eine gute Frage war das. Er wusste, dass Florentin nicht bei ihr war, das gab ihm etwas Auftrieb. Aber Auftrieb für was eigentlich?

«Ich würde Lilian morgen gerne von der Schule abholen», sagte er aus heiterem Himmel, der Gedanke hatte sich kurzfristig ergeben, sich wie von selbst eingefunden.

«Ach ja?», sagte Silvia. «Warum? Sie ist dreizehn, sie muss nicht abgeholt werden.»

«Ich möchte mit ihr sprechen. Ich finde, ich darf das, als ihr Vater.»

«Natürlich.» Silvia zögerte. «Oder willst du sie gegen mich aufhetzen?»

«Quatsch.»

«Gut.»

Sie schwiegen.

«Die Kinder wissen es», sagte Rüdiger dann. «Das mit Florentin.»

«Ja.»

«Schon lange.»

«Ja.»

«Warum hast du es allen gesagt, nur nicht mir?»

«Weiß nicht. Hab mich nicht getraut», sagte sie. «Ich hab dir ja schon gesagt, ich hätte das alles so weiterlaufen lassen. Die Kinder haben einfach irgendwann gemerkt, dass etwas anders war. Also, Lilian hat es gemerkt. Max natürlich nicht.»

«Wieso? Was hat Lilian gemerkt?»

«Dass es mir manchmal gutging. Dass ich gute Laune hatte.»

«Wann?», fragte Rüdiger.

«Vor vier Jahren», sagte Silvia so leise, dass das Rauschen in der Leitung das Gespräch zu übernehmen drohte.

«Vier Jahre?», fragte Rüdiger fassungslos. «Da war sie doch noch ... da war sie gerade mal neun ... Wie hast du es bloß geschafft, dass sie nichts sagt?»

«Brauchte ich gar nicht», sagte Silvia. «Lilian hatte Angst, dass du wegläufst, wenn du das erfährst, also hat sie nichts gesagt.»

«Und so was ... das mutest du unserem Kind zu?», fragte Rüdiger. «Deiner Tochter? Vier Jahre? Und machst einfach immer weiter?»

«Nicht gut, was?»

«Totale Scheiße ist das.»

«Seit wann sagst du denn Scheiße?»

«Seit heute.»

«Vielleicht bin ich auch einfach nicht die Traumfrau, die –»

«Oh, bitte keine Selbstanklage jetzt, das ist ein ganz mieser Trick. Weil du willst, dass ich das Gegenteil sage. Dass ich sage, dass du sehr wohl eine Traumfrau bist und viel zu gut für mich und ich nur ein Versagervaterlehrer. Sage ich aber nicht.»

Rüdiger war kilometerweit von einem Wutanfall entfernt, aber immerhin kurz davor, seinen gut gehüteten Trumpf aus dem Ärmel zu schütteln. Und Florentin zu verpetzen. Florentin im Magic City. Allerdings fühlte er sich bei dem Gedanken daran leider wie der Verräter, der er gewesen wäre. Und man wusste ja: Jeder liebte den Verrat, doch niemand den Verräter.

«Zieht ihr zusammen?», fragte er also.

«Noch nicht», sagte sie. «Florentin sagt es heute Abend seiner Frau. Das mit uns. Und dann mal sehen.»

Rüdiger schwieg. Nein, dachte er. Florentin sagt überhaupt nichts seiner Frau. Florentin hat Herrenabend.

«Hm», sagte er. «Aha.»

«Lilian hat sehr geweint», flüsterte Silvia. «Geh vorsichtig mit ihr um.»

«Das sagt die Richtige», konnte sich Rüdiger nicht verkneifen, dann legte er auf. Einfach so, das machte man eigentlich nicht, das wusste er, und er hatte diese Verknappung bislang für etwas gehalten, das nur im Kino vorkam, wo überhaupt niemand sich am Telefon zu verabschieden schien, vielleicht weil es dramaturgisch lahm und als Schlusspunkt einer Szene nicht pointiert genug war; im Moment aber hatte er keine Lust auf stundenlanges «auf Wiedersehen», pausenreiches Gestammel, bis dann die eine tschüs sagte und der andere gute Nacht, dann beide trotzdem nicht zum Ende kamen und es sich ewig hinzog, bis letztlich doch sie die Verbindung und das ganze Leben trennen würde. Da konnte man die Prozedur auch abkürzen, dachte er, man war ja schließlich nicht mehr sechzehn. Oder sechsundzwanzig. Er saß also da, auf der furchtbar harten Bettkante, und bemerkte eine unverrückbar beeinträchtigende Wissenslücke.

Er nahm sein Telefon und drückte auf Wahlwiederholung. Silvia nahm nach einem Klingeln ab.

«Du hast einfach aufgelegt», sagte sie und wirkte tatsächlich beleidigt. Oder beeindruckt?

«Ich weiß überhaupt nicht, wann Lilian morgen Schulschluss hat», sagte Rüdiger, ohne auf sie einzugehen.

«Um halb vier. Nach der Schauspiel-AG.»

«Was denn für eine Schauspiel-AG? Ich wusste gar nicht, dass Lilian in einer Schauspiel-AG ist?»

«Eben», sagte Silvia und legte auf. Einfach so. Das war natürlich eine Frechheit. Etwas vollkommen anderes, als wenn er das tat. Er erhob sich, sein Po war eingeschlafen, aber da kreisten dennoch Hummeln im Hintern, wie auch immer das zusammenpassen mochte. Und vorstellen mochte man sich das ja sowieso nicht.

Er ging zum Fenster und blickte hinaus. Es war schwül, es war dunkel, es war abweisend. Es war die Zeit, um die Rüdiger Bunzel normalerweise längst schlief. Dennoch: Wer sagte denn eigentlich, dass der heutige Tag beendet war? Wer wollte ihm das vorschreiben? Er war frei! Frei, zu tun und zu lassen, was er wollte. Solange das Geld reichte und er am Leben war. Wie war das noch mal? Er hatte ein frisches Abonnement! In einem Fitnessstudio! Und da musste man ja nicht gleich zur Karteileiche werden. Nicht sofort. Ha, Leiche. Er durchwühlte die Tasche, die Silvia ihm gepackt hatte, förderte irgendetwas zutage, das ihm als Sportzeug dienen konnte, räumte sämtliche andere Sachen heraus, packte T-Shirt und Jogginghose wieder hinein, dazu eines der Handtücher aus dem Bad und schloss den Reißverschluss mit der ganzen Kraft seines Herzens und seiner Hände. Dann schoss seine Energie in die Tränendrüsen, das Wasser floss ungehemmt, er streifte die Schuhe ab, legte sich in Embryonalstellung auf die Bettdecke und schlief nach wenigen Augenblicken ein. So konnte es gehen. Es war alles aus dem Gleichgewicht. Es gab keine Mitte mehr.

21

Rüdiger wachte, nein, schreckte auf, wo war er, was war passiert, es roch nicht gut, es war noch früh. Und warum wachte er überhaupt auf? Die alte Gewohnheit, die innere Uhr, der doch jegliche Bedeutung abhandengekommen war. Er hatte schließlich niemanden mehr zur Schule oder in den Kindergarten zu bringen, weder seine Kinder noch sich selbst. Er entrollte sich, sprang auf, stieß mit dem Kopf gegen die Deckenlampe, befreite damit eine veritable Staubschicht vom Schirm (die sanft und still zu Boden rieselte), trat ins Bad, stellte sich unter die Dusche, betrachtete die dreckigen, schwarzen Bodenfugen und lauschte dem Prusten der Leitung, als er den Wasserhahn aufdrehte und nichts von Belang aus dem Duschkopf drang. Er seufzte, blickte in den Duschkopf hinein und wollte den Hahn gerade wieder schließen, als das Wasser aus der Leitung schoss wie aus einem platzenden Aquarium und ihm in die Augen fuhr, es war viel zu kalt, eisig kalt, Rüdiger schrie auf und war wach, wach, wach. Er regulierte die Temperatur, sie schlug sofort ins Gegenteil um und verbrühte Haut, Haare und Brust, es dampfte, es dauerte nur eine Zehntelsekunde, bis er mit einem Hechtsatz gegen die Plastikverkleidung sprang und mit fast flehentlich erhobener Hand den Duschkopf auf die andere Seite schlug, sodass der Schlauch sich von der Halterung löste wie eine widerspenstige Anakonda, zu Boden fiel und, sich ekstatisch windend, Rüdigers Nasenlöchern, dem offenen Mund und der Decke über ihm den Garaus machte. Endlich bekam Rüdiger die Hähne zu fassen und drehte alles nach rechts, was er erwischen konnte. Es wurde ein letztes Mal eiskalt, für zwei ewige Sekunden, dann tröpfelte es nur noch, und Rüdiger hing völlig erschöpft in der Ecke wie ein Bergsteiger ohne Sauerstoffgerät nach dem Gipfelsturm.

Er war sauber, immerhin, auf eine gewisse Art, stieg aus der

Dusche, trat in eine Pfütze, wusste, dass er die Tür zum Zimmer jetzt sehr vorsichtig aufmachen musste, um keine Überschwemmung zu riskieren, trocknete sich ab, legte alle verfügbaren Handtücher auf den Boden, dann öffnete er die Tür, das Wasser schwappte dennoch auf den Teppich, er trat in den eiskalten Raum, trocknete sich mit seinem Schlafanzug ab und zog irgendwelches Zeugs an, das farblich zumindest komplementär war. Der Tag begann an und für sich nicht sehr verheißungsvoll, aber Rüdiger fühlte sich dennoch frisch. Wechselduschen sollten ja gesund sein, hieß es. Vielleicht ein bisschen mehr Kontrolle und etwas weniger Chaos, aber die Richtung stimmte.

Der Frühstücksraum war schwach besucht, noch, es war einfach zu früh oder er hatte eine Lücke zwischen zwei Stoßzeiten erwischt, jedenfalls war außer ihm niemand zu sehen. Von einer kompakten Matrone abgesehen, die an der Küchentür lehnte, ein Bein an den Türrahmen gestemmt und der nur die Kippe im Mundwinkel gefehlt hätte zu einem stimmigen Gesamtbild.

«Kaffee oder Tee?», fragte sie zur Begrüßung. Nicht direkt unfreundlich, aber auch nicht herzlicher als ein Vollzugsbeamter am Ende einer Doppelschicht.

«Guten Morgen», sagte Rüdiger demonstrativ. «Was haben Sie denn für Tee?»

Die Frau verdrehte die Augen. Vielleicht musste sie nachdenken. «Schwarz, Hagebutte und Kamille.»

«Das ist die ganze Auswahl?»

«Ja.»

«Hagebutte gibt es eigentlich nur im Krankenhaus», sagte Rüdiger.

Die Frau zuckte nicht mit der Wimper. Sie war etwa fünfzig, hatte kurze, schwarze Haare, militärisch geschnitten, so wie Schwarzenegger, als er noch die Welt rettete, und sah insgesamt aus wie ein Brikett.

«Pfefferminz haben wir noch. Muss ich im Schrank gucken.

Vielleicht», sagte sie und pulte ungeniert mit dem dicken Finger in der Nase. Was rausmusste, musste raus.

«Ich nehm Kaffee», sagte Rüdiger, setzte sich an einen der vielen freien Plätze und bemerkte erst jetzt, dass es gar kein Buffet gab.

«Das ist doch der Frühstücksraum?», fragte er, als die Frau ihm einen Becher Kaffee hinstellte.

«Was wollense denn?», fragte sie und zog die Nase hoch.

«Ein Rührei wäre super», sagte Rüdiger. «Mit Speck. Und ein Vollkornbrötchen. Haben Sie Lachs? Oder Camembert. Auf jeden Fall Marmelade, aber nicht Erdbeere. Vielleicht Brombeere? Oder Johannisbeere? In Österreich mag ich Marille. Erdbeere kann ich nicht mehr sehen, der Sommer war nur Erdbeere. Ist der Orangensaft frisch gepresst? Und das Müsli Low Carb? Das wäre mir sehr recht. Aber ohne Rosinen. Wurst muss gar nicht sein, es sei denn, Sie haben Parma-Schinken. Serrano geht auch. Aber nicht Schwarzwälder, den hab ich auch zu Hause. Die Butter bitte mildgesäuert. Keinen Süßrahm. Und die Milch darf keine H-Milch sein, aber alles über 3,2 Prozent Fett ist zu viel. Am liebsten 1,6 Prozent, das scheint mir ein gutes Verhältnis zu sein.»

«Ich hab zwei Weizenbrötchen, die sind schrumpelig, dazu eine Scheibe Käse aus der Tüte und Erdbeermarmelade», sagte die Matrone. «Aber die ist so künstlich, da sind bestimmt keine Erdbeeren drin. Es ist mehr so ein Gelee.» Sie sah ihn herausfordernd an, die Hände in den Hüften. Eine Kriegserklärung war das, aber Rüdiger war so gar nicht nach Krieg. Morgens um sieben.

«Prima, die nehme ich», sagte er also brav. «Haben Sie eine Zeitung?»

«Die Straße runter ist ein Kiosk.»

«Vielen Dank», sagte Rüdiger gut erzogen und zückte sein Smartphone. Frau Schwarzenegger ging ab, nicht ohne bei jedem Schritt den Boden des Hotels, wenn nicht der ganzen Stadt, zum Erzittern zu bringen.

Rüdiger war sehr zufrieden. Das hier war alles so dermaßen unterirdisch, dass er nur noch darüber lachen konnte. Mein Gott, sein Leben lag so was von in Trümmern. Genau wie die ganze Welt, wie er sich vergewisserte. Er las in seinem Handy die Schlagzeilen des Morgens, scrollte sich durch Kriege, Belagerungen, Flucht und Silikonbrüste, die sich rein zufällig aus ihrem viel zu kleinen BH befreit hatten. Seit es Smartphones gab und er alle Neuigkeiten dieser Welt rund um die Uhr verfügbar hatte, bestand sein ganzes Wissen nur noch aus Überschriften. Vor lauter Scrollen kam man überhaupt nicht mehr zum Lesen. Und wer wusste schon, ob man die nächste spektakuläre Nachricht verpasste, wenn man sich in den Hintergründen verlor? Dann dachte er wieder, dass bei so vielen Nachrichten eigentlich sowieso alles gleich war, dass keine Nachricht wichtiger schien als die andere, dass ihn das Einordnen und Auswerten so überforderte, dass er es lieber gleich sein ließ. Je mehr Wissen angeboten wurde, desto unwissender war er geworden. Zu viel Information für ein einzelnes Gehirn. Er wollte außerdem jemanden wie Kim Kardashian überhaupt nicht kennen, warum las er bloß jeden Tag von ihrem Hintern, wen interessierte dieser bescheuerte Hintern? Und ob ihre Mutter ihr Vater war und sich hatte umoperieren lassen und ob irgendeine Schwester auch noch irgendetwas machte, zum Beispiel moderieren oder schauspielern oder auf Instagram ihre Brüste zeigen, Herrgott. Das Essen kam, das Brikett auf Beinen knallte es vor Rüdiger auf den Tisch, sodass es fröhlich hüpfte. Die beiden Brötchen waren tatsächlich nicht größer als zwei aufgepumpte Erbsen, das Beste an der Butter waren die Rillen, der Käse war eine Scheiblette ohne Geschmack und Farbe, die Glibbermarmelade so etwas wie ein Schienenersatzverkehr für echte Früchte.

Rüdiger brauchte genau eine Minute und siebenunddreißig Sekunden, um alles herunterzuschlingen.

«Ei?», fragte er hoffnungsvoll.

«Ist noch im Huhn», sagte das Brikett und räumte mit großem Geklapper ab. Es war immer wieder schön, wenn Menschen ihren Job liebten. So wie er.

Rüdiger stand auf, verabschiedete sich mit einem ekelerregend herzlichen Gruß und wunderte sich über die fast schon masochistische Eigenart, umso freundlicher zu werden, je mehr er missachtet wurde, so als wollte er die Menschheit auf diese Weise zu mehr Höflichkeit erziehen, anstatt einfach nur Gleiches mit Gleichem zu vergelten. Vielleicht war das ja seine christliche Ader. Vielleicht auch einfach nur blöd. Oder feige. Die Bedienung beachtete ihn jedenfalls nicht, hatte ihn wahrscheinlich schon wieder vergessen, kaum dass er den Fuß aus dem Frühstücksraum gesetzt hatte, dessen Teppich dringend gereinigt werden musste. Und schuld an allem war Florentin. In Rüdiger wuchsen Rachegelüste, auch das ein neues Gefühl. Es war gut, Gefühle zu haben, dachte er. Sogar solche. Nur mit dem Ausleben musste man mal sehen.

*

Tom wachte, nein, schreckte auf, wo war er, was war passiert, es war zu laut, es war zu früh. Und warum wachte er überhaupt auf? Er war doch gerade erst ins Bett gefallen, wie spät mochte es sein, er tastete nach seinem Telefon, es war Viertel vor neun. Noch keine drei Stunden Schlaf ... Wo war er? War er tot? Nein, das war sein Schlafzimmer, das ja nicht nur das Schlafzimmer, sondern auch Wohnzimmer, Wintergarten und begehbarer Kleiderschrank in einem war. Ganz schöner Luxus eigentlich. Sein Kopf dröhnte. Kein Mensch mit sechs Flaschen Bier intus kam mit zweidreiviertel Stunden Schlaf aus, so viel stand fest. Toms Schädelplatten gerieten in Schwingung. Da war es wieder, das Geräusch, das ihn geweckt haben musste. Es klang, als hätte man direkt neben ihm den Kopf einer Kuh in einen Häcksler gesteckt. Wo kam das her?

Vielleicht aus der Nachbarwohnung. Oder dem Flur? Die Wände waren aber auch dünn.

Er rollte aus dem Bett, brachte sich in eine aufrechte Position, ihm wurde schwarz vor Augen, dann tastete er sich zur Wohnungstür, riss sie auf und schaute in das Gesicht von Hausmeister Lehmann, der nebenan bei der armen Frau Scholze zusammen mit einem geistig verflossen wirkenden Helfer im Monteursanzug versuchte, eine neue Tür einzubauen. Gegen die alte war *Herr* Scholze, als er noch davon ausging, mit Frau Scholze zusammenzuleben, das eine oder andere Mal zu oft getreten, erst von innen, dann, nach seiner endgültigen Aussperrung, zunehmend von außen (Tom konnte sich an das ganze Geschrei noch bestens erinnern), und kaum zwei Jahre später hatte die Hausverwaltung es schon geschafft, für Ersatz zu sorgen. Nur leider schien die Tür nicht ganz passend zu sein, und Hausmeister Lehmann schliff sich mit großem Gerät um Kopf und Kragen. Wenn er so weitermachte, war eine Katzenklappe samt zusätzlichem Dunstabzug für die unweit des Eingangs positionierte Kochnische bereits integriert. Allerdings hatte Frau Scholze überhaupt keine Katze, für ein weiteres Lebewesen wäre auf den großzügig bemessenen fünfundzwanzig Quadratmetern auch kein Platz gewesen.

«Was zur Hölle?», fragte Tom.

Hausmeister Lehmann, ein Hüne mit blonden, strähnigen Haaren und einem stattlichen Porno-Schnäuzer aus den Siebzigern, grüßte mit einer Cowboygeste (Zeige- und Mittelfinger zusammen zur Stirn, dann zackig nach vorne) und war ansonsten damit beschäftigt, darauf zu achten, dass die Tür nicht auf ihn drauffiel, die sein teilnahmsloser Helfer keineswegs festzuhalten gedachte.

Frau Scholze sah ihn mit blutunterlaufenen Augen an. Sie war eine sechzigjährige Alkoholikerin, die aussah wie fünfundsiebzig und von ihren vier Kindern verleugnet wurde, seit sie Hartz IV bekam. Tom kannte sie nicht näher, wusste nur, dass ihre Geschichte eine von vielen tragischen Geschichten in diesem Haus war, nicht besser oder schlechter als die anderen. Sie hielt sich ängstlich eine versiffte Diddl-Maus vor die Brust.

«Ogottogott», sagte sie. Um diese Uhrzeit war sie noch einigermaßen nüchtern, wirkte lediglich der Restalkohol der vergangenen Nacht.

«Wird schon gutgehen», sagte Tom, wollte nicht länger Teil des Scheiterns sein und zog sich schnellstmöglich in seine Wohnung zurück. Der Hausmeister fluchte, der Helfer stand, Frau Scholze begann zu weinen, was noch im Erdgeschoss zu hören sein musste.

Tom ging unter die Dusche, und während er so vor sich hin dampfte, dachte er an den gestrigen Tag, den gestrigen Abend, die gestrige Nacht. An seine Schreibversuche. An Rüdiger, den strahlenden Helden seines neuen Romans. Seines neuen Romans, an den er sich kaum erinnern konnte, den er aber selbstverständlich kurz vor dem Einschlafen abgespeichert hatte. Oder etwa nicht? Tom erstarrte. Ihm blieb die Luft weg. Das Wasser prasselte auf ihn herunter. Zwei Sekunden, drei. Dann war alles eins: Wasser aus, Duschausstieg, Abtrocknen, Luft holen, in den Wohnraum stürmen. Sein Laptop lag auf dem Schreibtisch. Er überprüfte, ob er auch wirklich trockene Finger hatte, dann klappte er ihn vorsichtig auf. Das Schreibprogramm war noch geöffnet. Da stand der Text. Toms Finger zitterten, als er auf «Speichern» drückte und nach Aufforderung den Dateinamen eingab. Wie sollte er den Kram bloß nennen? Einfach nur *Rüdiger*? Oder gleich mit Wertung? Der unscheinbare Rüdiger? Der untalentierte Rüdiger? Alles außer Rüdiger? Na, na. Rüdiger war immer noch ein Mensch. So lange er lebte. Er schrieb also «Mensch Rüdiger» und fügte noch «Fassung 3» hinzu (mit Fassung 1 anzufangen wäre zu deprimierend gewesen).

Der Computer tat unaufgeregt seine Arbeit und speicherte.

Tom war wach. Erleichtert. Er schickte sich die Datei selbst als E-Mail, damit sie auf irgendeinem Server zwischengespeichert war. Nur um sicherzugehen. Durchlesen konnte man sich das ganze Zeugs ja ein anderes Mal, wahrscheinlich würde er alles aus den letzten Stunden sowieso wieder wegschmeißen. Aus Gründen im Promillebereich.

Er zog sich ein frisches T-Shirt an. Es war schwarz wie alle anderen, allerdings bewarb er heute *The Sisters Of Mercy*. Das Handy blinkte. Seine Therapeutin hatte zurückgerufen, während er geduscht hatte. Tom hörte die Mailbox ab. Er habe zwar bei seinem Anruf wenig gesagt, sagte Frau Glöckler mit ihrer wohlklingenden, einnehmenden Therapeutenstimme, aber dem Drängen seines Atems zufolge sei er vielleicht in einer Notfallsituation. Falls dem so wäre, möge er sich doch bitte in der Psychiatrie vorstellen oder sich ein weiteres Mal für eine psychosomatische Klinik anmelden, aber er wisse ja, der Vorlauf, es dauere halt ein paar Wochen, bestenfalls acht, manchmal bis zu einem halben Jahr. Der sicherste Weg in einer Notfallsituation führe halt über die Psychiatrie. Da würde man sofort aufgenommen, manchmal, dies nur als Trick, ginge es auch über die Neurologie, die dann bei ihren Untersuchungen nichts fänden und den Patienten intern in die Psychosomatik überwiesen. Sie selbst habe leider vorläufig keine Termine frei, er könne sie aber anrufen, um in zwei bis drei Monaten etwas zu vereinbaren. Sie würde ihm gerne helfen, schließlich seien sie zusammen schon so weit gekommen, und sie wünsche ihm viel Glück, zum Beispiel mit einem neuen Roman. Alles Gute und liebe Grüße.

So geht das aber nicht, dachte Tom; er hatte ja irgendwie versprochen, sich helfen zu lassen, auch wenn das einer Person gegenüber gewesen war, die nicht Schilling, sondern Raue hieß, zum Äußersten wollte er deshalb aber nicht sofort greifen. Psychiatrie war eine Etage unterhalb des Vorstellbaren. Er griff sich aus einer halb zerknüllten Tüte zwei Scheiben eines pappigen

Rosinenstutens, der neben dem Magen leider bisweilen auch den Darm verstopfte, schlang den Brotersatz hinunter, trank große Schlucke Leitungswasser, schlüpfte in seine Turnschuhe und verließ die Wohnung. Hausmeister Lehmann, sein Gehilfe und Frau Scholze waren noch keinen entscheidenden Schritt weitergekommen. Die Tür hing in den Angeln wie ein betrunkener Matrose im Ausguck. Als Tom seine Tür mit einiger Kraft zuzog (das Schloss war bisweilen widerspenstig), gab es eine Art Kettenreaktion, Frau Scholzes neue Wohnungstür löste sich aus den Angeln, donnerte mit ohrenbetäubendem Lärm auf den Boden und riss auch noch die alte mit, die bis dahin friedlich daneben gelehnt hatte und nun wirklich nichts dafür konnte. Hausmeister Lehmann konnte gerade noch zur Seite springen, den bis dahin überflüssigen Helfershelfer im Monteursanzug riss es allerdings von den Beinen.

«Sorry», sagte Tom, weiter hinten öffneten sich gleichzeitig mehrere Türen, Köpfe wurden herausgestreckt, ein babylonisches Sprachgewirr aus Flüchen, Drohungen und Verwünschungen entstand, Hausmeister Lehmann startete wie als Drohung das Schleifgerät, drehte sich damit demonstrativ einmal im Kreis herum, Tom nahm die Treppen nach unten, traf im siebten Stock die uralte Frau Koslowski, die sich in ihrer Wohnung im elften Stock der Altersarmut hingab und auf ihren Krücken wahrscheinlich schon heute Morgen um sechs mit dem Abstieg begonnen hatte.

«Ich kann nicht mehr», stellte sie fest, als Tom sie überholte und sie sich für eine weitere Stufe nach unten tastete. Tom sah das Dilemma, überlegte nicht groß, ging zu ihr zurück, hatte absolut keine Lust auf Diskussionen und legte sich das Fliegengewicht einfach mit der linken Hand über die Schulter, obwohl das für den alten Rücken ja auch eine Tortur sein musste, so geknickt zu werden. Sie protestierte und schimpfte wie ein Rohrspatz, Tom nahm mit der rechten Hand die Krücken, und dann ging es hinunter,

Schritt für Schritt, im Eiltempo, fast hüpfend. Frau Koslowski wütete bis zum fünften Stock, einmal haute sie ihm sogar auf den Nacken, dann begann sie plötzlich zu lachen und zu jauchzen, und als sie endlich unten angekommen waren, hatte Frau Koslowski den ganzen Tag noch vor und einen privaten Kirmesausflug hinter sich, Tom ein paar redlich verdiente Schweißflecken unter den Achseln und das Gefühl, etwas sehr Sinnvolles getan zu haben. Er setzte Frau Koslowski ab, überreichte ihr die Krücken, sie nahm seinen Kopf in beide Hände, zog ihn zu sich herunter und gab ihm einen Kuss auf die Stirn. Tom lächelte. Das gab auf jeden Fall einen Empathie-Punkt. Konnte man ja mal festhalten.

Er überquerte die Straße, hatte es nicht weit, es waren nur ein paar Querstraßen, vorbei an Dönerbude und Kirchengemeinde, das Wohngebiet wurde besser und grüner, klar, als Therapeutin verdiente man gut. Ein krisensicherer Job. Er schaute auf die Uhr. Frau Glöckler hatte die Eigenart, ihre Sitzungen zur halben Stunde zu beginnen statt zur vollen, warum auch immer. Gleich war es jedenfalls halb zehn. Ein neuer Patient – oder wie es hier hieß: Klient (man arbeitete systemisch) – würde jeden Moment auftauchen. Frau Glöckler mochte es nicht, wenn die Klienten mehr als drei, vier Minuten zu früh kamen, das bläute sie allen ein, es solle ja schließlich keine Überschneidungen geben, keine unliebsamen Begegnungen auf der Straße der Niederlage.

Tom ging durch den Torbogen und betrat im Hinterhof das Treppenhaus. Sein Plan war moralisch fragwürdig, das wusste er, aber im Krieg war sich jeder selbst der Nächste. Und seine gute Tat hatte er für heute ja schon hinter sich. Er zückte sein Handy und tat so, als schriebe er eine dringende Nachricht. Er kam sich vor wie ein britischer Spion. MI6. Oder MI5? Egal. Schon nach wenigen Sekunden schlug oben eine Tür, und eine junge, sympathisch wirkende Frau kam an ihm vorbei. Sie hielt ein Taschentuch in der Hand und schien nicht wenig geweint zu haben. Das war eindeutig Frau Glöcklers vorherige Patientin.

Er sah ihr hinterher und fühlte, ja, kannte ihren Schmerz. Damit hatte Tom immer schon ein Problem gehabt. Du konntest weinen, schreien, kotzen, dir das Messer sozusagen selbst an den Hals setzen – wenn die fünfzig Minuten um waren, waren die fünfzig Minuten um. Die (im Sinne eines reibungslosen Ablaufs verkürzte) Stunde war zu Ende und man selbst einfach wieder vogelfreier Teil seines nicht funktionierenden Lebens, egal ob der Ist-Zustand sich in diesen fünfzig Minuten noch verschlimmert hatte oder nicht. Er seufzte und begann tatsächlich eine Nachricht zu schreiben. Eine Nachricht an Kilo, seinen ehemaligen Arbeitskollegen und Schichtleiter. Wieso hatte er überhaupt dessen Telefonnummer? Wegen der Schichtpläne, dachte er. Und weil man am Anfang ja immer dachte, man könnte mit irgendjemand befreundet sein. «Ich muss mit dir sprechen», schrieb er. «Es ist wichtig. Gruß, Tom.»

Er schickte die Nachricht ab und kletterte noch ein halbes Stockwerk höher. Unten ging die Tür, Schritte hallten im Flur, jemand ächzte, auch Tom setzte sich langsam in Bewegung, den Schritten entgegen. Zwischen der ersten und der zweiten Treppe begegneten sie sich, ein Mann um die dreißig mit fliehendem Kinn und birnenförmiger Figur, mit Waden, so kräftig wie zwei Bauernbrote, und einem Esprit-Shirt der Größe XXL-gedehnt.

«Wollen Sie zu Frau Glöckler?», fragte Tom traurig.

«Ja, warum?», sagte der Mann mit kindlich hoher Stimme. Er schwitzte sehr stark und traute sich nicht, Tom in die Augen zu sehen.

«Da war ich auch gerade. Schlimme Sache.»

«Wieso?»

«Sie ist leider ... na ja.»

«Was heißt das?»

«Sie kann halt nicht. Sie wissen schon.»

«Nein.»

«Ja, mein Gott», sagte Tom. «Es ist, wie es ist.»

«Aber wie ist es denn?»

Tom verdrehte die Augen. Der Typ war aber auch begriffsstutzig.

«Muss ich denn deutlicher werden?», fragte er und hoffte sehr, er musste es nicht.

Der Mann beugte sich verschwörerisch vor.

«Sagen Sie nicht, dass ...»

«Doch», bestätigte Tom.

«Scheiße.»

«Exakt.»

«Das ist aber auch schlimm.»

«Furchtbar.»

«Für so 'ne Frau.»

«Sie sagen es.»

«Und jetzt?»

«Na ja, ist halt nicht.»

Der Mann drehte sich um. «Kann man nichts machen, ne?»

Tom hob beide Hände. «Schicksal», sagte er. «Schicksal.»

«Danke.»

Tom machte eine ausladende Geste, der Mann stiefelte die Treppe wieder hinunter, Tom folgte ihm als lebendige Absperrung.

«Gerade heute hätte ich sie so dringend gebraucht», sagte er mit seiner hohen Stimme, kaum dass sie unten angekommen waren. «Meine sexuellen Phantasien werden immer schlimmer.»

«Entschuldigung, das will ich gar nicht ...»

«Ich kann an fast keinem Baum mehr vorbeigehen, ohne mich daran zu reiben.»

«O Gott.»

«Birken sind ganz schlimm. Buchen soll man ja sowieso suchen. Lust auf einen Kaffee?»

«Ich trinke nicht», sagte Tom, winkte zum Abschied und sah zu, dass er Land gewann. Frau Glöckler hatte wirklich keinen einfachen Beruf, dachte er. Den ganzen Tag so eine Scheiße. Und jetzt auch noch er. Er bog um die Ecke, wartete fünf weitere Minuten, die Sekunden zählend, Kilo antwortete zwischenzeitlich mit einem freundlichen «Leck mich» auf seine SMS, dann rief er Frau Glöckler an. Natürlich meldete sich nur der Anrufbeantworter. «Ja, hier ist Tom Diez», sagte er. «Ich wollte Sie zurückrufen wegen des Termins. In zwei Monaten geht natürlich, vielen Dank. Ich kann aber auch spontan, wissen Sie ja. Ich wohn auch gleich in der Nähe. Wissen Sie ja. Tschüs.»

Er legte auf und zählte bis zehn. Sehr langsam.

Bei achteinhalb klingelte sein Telefon.

*

Von hier aus betrachtet sah das Fitnesscenter weit weniger eindrucksvoll aus als aus dem Küchenfenster des zweiten Stocks auf der anderen Seite der Straße. Der Raum war kleiner als erwartet, die Wände hatten Risse, und die Geräte zeigten schon alleine aufgrund des großflächig abgesplitterten Lacks deutliche Abnutzungserscheinungen. Rüdiger stand leicht verloren auf dem durchgetretenen Teppich, trug seine Jogginghose, ein kostengünstiges, übergroßes T-Shirt der Größe S von Fruit Of The Loom und Straßenschuhe (Silvia hatte vergessen, seine Sneakers in die Reisetasche zu packen). Es war Viertel nach zehn. Er hatte das Gebäude mit einer gewissen Nervosität betreten, stets damit rechnend, einen der beiden Bodybuilder wiederzutreffen, die die Frau mit der Payback-Karte beschützt hatten, obwohl es da doch gar nichts zu beschützen gegeben hatte. An der Rezeption hatte ihn eine tiefschwarz gefärbte, durchtrainierte Power-Tätowierte freundlich angelächelt, gefragt, wen er denn abholen wolle, auf sein Versichern, selbst etwas für Gesundheit und Muskulatur tun zu wollen, mit höchstens leicht spöttischer Souveränität reagiert, sich aber dennoch seinen Mitgliedsausweis zeigen lassen, bevor sie ihm den Weg zu den Umkleidekabinen gewiesen hatte. Dort war Rüdiger zu seiner Überraschung lediglich auf zwei Senioren getroffen, von denen der eine nur so und leicht vorgebeugt vor der offenen Schranktür gestanden hatte, während der andere versucht hatte, eine Adidas-Trainingshose von 1974 über eine vermutlich zum Selbstschutz angelegte Erwachsenenwindel zu ziehen. Inkontinenz, dachte Rüdiger. Schlimm.

Er zog sich in Windeseile um, fühlte sich sogleich wie ein richtiger Sportler, dann betrat er den Trainingsraum, empfing elektronische Musik aus verborgenen Deckenlautsprechern, stand wie erwähnt sinnlos in der Gegend herum, nahm seine Brille ab, setzte sie wieder auf und wurde schließlich von einem schlechtbezahlten Drill-Instructor empfangen, der federnden Schrittes auf ihn zukam. «Brauchen Sie Anleitung?», fragte der Mann nach schräg unten, wo sich Rüdigers Kopf befand, der Kopf des kleinen, schmächtigen Rüdiger, und schien zu überlegen, ob die Geräte für diese Größe überhaupt passend einzustellen waren.

«Nein, danke», sagte Rüdiger. «Ich fang erst mal einfach irgendwo an.»

«Es ist nicht ungefährlich ohne Anleitung», sagte der Drill-Instructor. Er machte ein grimmiges, wissendes Gesicht, als hätte er gerade noch mitsamt der Gerätschaft gegen den Vietcong gekämpft. Und gesiegt.

«Ich hab keine Muskeln, die ich mir verletzen könnte», sagte Rüdiger und schielte zu einem der Laufbänder. Darauf war sie gelaufen. Die Schönheit. Die Effiziente mit der Payback-Karte.

«Müssen Sie selber wissen», sagte der Mann und zuckte mit seinen voluminösen Schultern. «Wenn Sie Fragen haben, fragen Sie.»

Rüdiger nickte und betrat vorsichtig das Laufband, hätte sofort dreiundzwanzig Fragen gehabt, zum Beispiel zur Bedienung, wollte sich aber selbstverständlich keine Blöße geben. Er schaute sich um. Der Raum war voller Senioren, die sich wie in Zeitlupe um eine bessere Durchblutung und die Aufrechterhaltung körperlicher Grundfunktionen bemühten. Wo waren die denn sonst immer? Ja klar, dachte Rüdiger. Das war wie im Supermarkt. Die Senioren strömten aus, wenn die Jüngeren arbeiteten. Danach verschwanden sie wieder in die Hölle des nachmittäglichen Fernsehprogramms samt Sahnetorte zum Kaffee. Auf gewisse Weise war er sogar erleichtert, bedeutete das doch, dass seine Peiniger vom vorgestrigen Abend im Moment nicht hier auftauchen würden, sondern taten, was sie tagsüber eben so taten. Geldtransporte durchführen zum Beispiel. Im Sicherheitsdienst arbeiten. Schutzgeld erpressen. Als Söldner den Irak durchkämmen. Das Übliche eben. Das Vorstellbare.

Rüdiger betrachtete auf der Konsole des Laufbands verwirrend viele Knöpfe. Ganze Bergregionen waren da abgebildet, dazu Einstellungsmöglichkeiten vom Kalorienverbrauch bis hin zum Cholesterinabbau. Er drückte einfach drauflos und freute sich, als sich das Band nach kurzer Irritation tatsächlich in Bewegung setzte. Etwas zu schnell zwar, aber er war ja nicht zum Vergnügen hier. Rüdiger lief und schaute hinaus. Auf die andere Straßenseite. In den zweiten Stock. Die Scheibe ihres Küchenfensters spiegelte, es war nichts und niemand zu erkennen. Ob sie trotzdem da war und ihn beobachtete? Silvia? Ob sie ihn vielleicht sogar ein wenig vermisste? Ihr gemeinsames Haus sah ganz schön schäbig aus, so von hier betrachtet. Die Fassade war renovierungsbedürftig, die Fensterrahmen schwarz. Klar, die Abgase. Aber dennoch – so betrachtet war sein Zuhause eigentlich kein schöner Ort.

Rüdiger wurde schwarz vor Augen, was ausnahmsweise nichts mit der insgesamt unzureichenden Gesamtsituation zu tun hatte, sondern lediglich mit falscher Atmung im Zusammenhang mit nicht vorhandener Kondition. Aber durfte er wirklich jetzt schon schlappmachen? Er war noch keine zweihundert Meter gelaufen. Andererseits: zweihundert Meter, das waren fast zwei Fußballfeldlängen. Das war ja nicht nichts. Er schaute sich um, niemand beobachtete ihn, also sprang er vom Band, stützte die Hände auf die zitternden Knie und wäre bereit gewesen für die Dusche. Stattdessen schleppte er sich zu einer Bank, auf die er sich wenigstens legen konnte, und versuchte, die darüber befindliche Stange in die Luft zu stemmen. Es war kein Problem. Rüdiger freute sich. War er doch nicht so schwach, wie er immer gedacht hatte. Er stemmte die Stange einmal, zweimal, dreimal.

«Mit Gewichten», sagte eine weibliche Stimme neben ihm.

«Was?»

«Sie müssen da Gewichte drauftun. Nur die Stange ist zu leicht.»

Rüdiger kannte diese Stimme. Es war Frau Bormann, die alte Frau Bormann aus dem ersten Stock, auch wenn sie gar nicht wie Frau Bormann aussah, sondern einen enganliegenden Leopardentrainingsbody samt Frotteestirnband und Schweißbändern an den Handgelenken trug. Es sah verheerend aus, lächerlich, aus der Zeit gefallen und gleichzeitig so ungemein mutig, selbstbewusst und damit würdevoll.

«Was machen Sie denn hier?», fragte Rüdiger, stand auf und stellte fest, dass seitlich des Geräts tatsächlich die verschiedensten Gewichtsscheiben darauf warteten, an den beiden Stangenenden befestigt zu werden.

«Von nichts kommt nichts», sagte Frau Bormann. «Ich muss mich bei Ihnen entschuldigen, Herr ...»

«Bunzel», sagte Rüdiger und zog mit aller Kraft eine 20-Kilo-Scheibe vom Stapel. Frau Bormann blickte skeptisch. Ob wegen seines Nachnamens oder der zwanzig Kilogramm, war nicht ersichtlich.

«Das war nicht in Ordnung von mir», sagte sie. «Sie wollten mir ja nur helfen. Und ich rede und rede, und kaum kommt mal was von Ihnen, werde ich ungehalten.»

«Ach was», sagte Rüdiger und schob die Scheibe auf die Stange. Es war nicht leicht, aber wie sie schon gesagt hatte, von nichts kam eben nichts.

«Haben Sie wirklich an ... na ja ...», Frau Bormann senkte die Stimme, «an Selbstmord gedacht? Das hat mich ziemlich erschreckt. Im Nachhinein.»

«Ach was», sagte Rüdiger wieder und befestigte auch die zweite Scheibe. «Sieht das hier nach Selbstmord aus?»

Er legte sich wieder mit dem Rücken auf die Bank und die Hände an die Stange.

«So wie Sie das machen, schon», gab Frau Bormann zurück.

«Ach was», sagte Rüdiger und stemmte die Stange mit der ganzen Kraft seiner vierzig Jahre in die Höhe. Sie bewegte sich nicht einen Millimeter.

«Vielleicht erst mal fünf Kilogramm?», fragte Frau Bormann. «Die nehme ich auch immer.»

«Gibt es auch zwei?»

«Ich weiß nicht, ob es hier Kindergrößen gibt. Kinder sollen ja eigentlich kein Krafttraining machen. Der Knochenwuchs ist noch nicht abgeschlossen.»

Rüdiger setzte sich auf. «Ich bin ausgezogen», sagte er. «Gestern.»

Frau Bormann sah enttäuscht aus.

«Nur weil Ihre Frau eine Affäre hat? Wie gewöhnlich.»

«Was denn? Sie wissen das auch?»

«War ja nicht zu überhören. Das ganze Haus weiß es. Ist aber auch ein toller Mann, dieser Florentin. Da kann man Ihre Frau schon verstehen, nichts für ungut.»

Rüdiger seufzte. «Sie wissen sogar, wie er heißt.»

«Aber nur, weil Ihre Frau immer so laut seinen Namen gerufen hat währenddessen.»

«Während was?»

«Herr Bunzel ...»

«Ach so.»

«Ich habe keine Ahnung, was der mit ihr gemacht hat. Manchmal hat sogar unten bei mir das Geschirr in der Vitrine geklappert.»

«Frau Bormann ...»

«Schon gut, ich hör ja schon auf. War das jetzt unsensibel von mir? Das war doch nicht unsensibel?»

«Nein, alles in Ordnung», sagte Rüdiger und hätte Frau Bormann gerne gesagt, wie verdammt unsensibel das gewesen war und dass auch ein Frotteestirnband und ein Paar Schweißbänder sie nicht wieder zu einer Tänzerin machen würden. Aber er war er und wie immer stets bemüht, sein Gegenüber nicht zu verletzen.

«Ich muss jetzt mal weitermachen», sagte er stattdessen. «Bis heute Nachmittag möchte ich ein Sixpack haben.»

Sie lachte. «Da hilft wohl nur ein Gang in den Supermarkt», sagte sie und verschwand zu irgendeinem futuristisch aussehenden Gerät, wo man mit den Armen abwechselnd irgendetwas zu sich heranzog, was dann dafür sorgte, dass sich die Beine in einem kaum nachvollziehbaren Winkel in einer Gegenbewegung ebenfalls hoben und senkten.

Rüdiger nahm die Gewichte ab, betrachtete noch einmal die alten Leute um ihn herum und hatte einen weiteren Platz gefunden, an dem er sich nicht zugehörig fühlte. Er verlor augenblicklich sämtliche Lust auf Ertüchtigung, überlegte, dass es sowieso sinnvoller wäre, sich zu akzeptieren, wie man war, sich in seinem Körper wohlzufühlen, statt auf äußerliche Veränderung zu setzen, um die innere damit zu beschleunigen, was bei aller erwiesenen Einheit von Körper und Geist sowieso eine Illusion war. Er würde immer klein sein. Immer kleiner als die anderen. Er beschloss, in diesem Fitnessstudio eine Karteileiche zu werden.

Er schlich an Frau Bormann vorbei, die ruhig und konzentriert ihre Übungen ausführte.

«Schön, dass Sie mich wiedererkannt haben», sagte er, als sie aufschaute.

«Nehmen Sie das mit Ihrer Frau sportlich», entgegnete sie gepresst. «Das Leben besteht aus Niederlagen, Enttäuschungen und Verlusten. Es geht darum, durchzuhalten. Um mehr nicht.»

«Sagt die Frau, die nachts hinter ihrer Wohnungstür weint.»

«Aber heute bin ich hier. Und es geht mir gut. Ich bekomme Muskeln! So ist das. So ist das immer.»

Rüdiger drehte sich noch einmal um, schaute durch die vollverglaste Fensterfront auf ihr Haus, nahm selbst aus dieser Entfernung eine plötzliche Bewegung hinter dem Küchenfenster im zweiten Stock wahr und ging den ganzen Weg zurück bis dicht an die Scheibe. Er glaubte sie zu sehen, wie sie dastand, hatte sie nicht sogar eine Hand zum Gruß erhoben, waren das nicht ihre Locken, er jedenfalls hob grüßend und vorsichtig die Hand, berührte das Glas, hinterließ einen Abdruck, dann war sie weg, war da nichts mehr als gähnende Schwärze und ein Umriss der Küchenuhr, nichts als ein leeres Fenster, hinter dem doch er sich immer befunden hatte und hier hinübergeblickt hatte, *London By Night* in der Hand und das ganze Leben im Kopf. Vielleicht war das alles gar nicht real. Vielleicht war er längst tot, genau wie Frau Bormann und der Mann, der in der Umkleidekabine vor seinem Spind stand, und schaute sich sein früheres Leben von der anderen Seite an. Vielleicht war das hier ein Zwischenstadium. Die Vorhölle. Was wusste er schon?

*

«Schön, dass Sie so flexibel sind», sagte Frau Glöckler und lächelte ihn an. «Mir ist da gerade ein Klient weggebrochen, ich weiß auch nicht, der hat mich wohl versetzt.»

«Kein Problem», sagte Tom. «Ich war sowieso in der Nähe.»

Frau Glöckler war höchstens ein paar Jahre älter als er, ungeschminkt, trug die langen, früh ergrauten Haare offen und strahlte die Weisheit einer Frau aus, der nichts Menschliches fremd war, die alles schon erlebt hatte und darüber weder zynisch noch verbittert geworden war. Tom hatte jede Stunde bei ihr genossen, egal, wie es ihm gerade gegangen war, wie tief das

Loch gewesen war, aus dem sie ihm hinauszuhelfen versucht hatte. Er wollte es vor sich selbst nicht zu hoch hängen, aber sie war ihm trotz des geringen Altersunterschieds eine Art Mutterfigur geworden.

Er quetschte seine annähernd zwei Meter auf den gewohnten Platz, einen engen Korbstuhl mit zu hohen Seitenlehnen, der ihm gleichzeitig Struktur gab und ihn einengte. Die Ärztin der Psychotherapie ließ sich gegenüber nieder und schlug die Beine übereinander. «Sie wissen, dass unsere Therapie eigentlich vorbei ist?», fragte sie und lächelte. «Ich habe nachgeschaut, Sie können frühestens in eineinhalb Jahren eine neue beantragen.»

«Ja, schon. Aber man kann da doch ... da gibt es doch einmal im Quartal die Möglichkeit zu einer Sitzung ... wegen der Medikationskontrolle, oder?», fragte Tom. «Die Sie abrechnen können?»

«Sie nehmen keine Tabletten», lächelte Frau Glöckler. «Also, nicht dass ich wüsste jedenfalls.»

«Das stimmt, ich nehme keine Tabletten.»

«Sehen Sie.»

«Heißt das, ich muss unser Treffen hier selbst bezahlen?»

«Mal sehen.» Frau Glöckler lächelte immer noch. Gütig. Keinesfalls herablassend. Nicht einmal gönnerhaft.

«Was kann ich denn nun für Sie tun?», fragte sie. «Geht es Ihnen wieder schlechter?»

«Schlechter ... ja, vielleicht.»

«Was heißt das?»

«Kennen Sie die Lembachtalbrücke?»

«Natürlich.»

«Da bin ich gestern fast runtergesprungen.»

Sie zog die Nase kraus. Lächelte jetzt nicht mehr.

«Was heißt ‹fast›?»

«Ich saß schon auf der anderen Seite. Vom Geländer. Es waren vielleicht noch fünf Zentimeter.»

Frau Glöckler, ihr Vorname war Barbara, stand auf und ging

zum Fenster. Sie schaute hinaus, verschränkte die Arme, dachte nach. Fixierte einen Punkt auf der gegenüberliegenden Seite, Tom wusste gar nicht, was da war, und dachte, je weniger sie sich bewegte, desto mehr passierte gerade. In ihr. Dann drehte sie sich um, blieb aber stehen. «Ich muss zugeben, ich denke über eine Zwangseinweisung nach», sagte sie.

«Das kommt mir übertrieben vor», sagte Tom erschrocken.

«Wirklich? Wie ernst war das denn mit der Brücke?»

«Schon.»

«Also?»

«Aber deswegen muss man doch niemanden einweisen.»

Sie wirkte nun ein wenig verärgert. «Herr Diez, entweder Sie veralbern mich, oder Sie sind sich selbst nicht im Klaren darüber, was Sie da gerade gesagt haben. Oder das Leben hat so wenig Wert für Sie, dass Sie nicht einmal Ihren eigenen Tod ernst nehmen.»

Sie kannte seine Vorgeschichte, natürlich kannte sie die, wusste von all den Abstürzen, Klinikaufenthalten, der verkorksten Kindheit, den ganzen Drogen, Tabletten und Panikattacken.

«Ich würde den Begriff ‹Zwangseinweisung› normalerweise gar nicht verwenden», sagte sie, «aber bei Ihnen braucht man ja so ein Geschütz, um überhaupt durchzudringen.»

«Aber wieso? Ich sitze doch hier vor Ihnen. Ich bin aus freien Stücken gekommen. Kein Schaum vor dem Mund. Ich bin nicht mal hysterisch. Ich bin ganz ruhig.»

«Das ist ja das Schlimme. Sie sind längst über den Punkt der Hysterie hinweg. Sie haben einfach keine Lust mehr auf das Leben. Richtig?»

«An sich korrekt.»

«Das scheint mir genug Grund für eine Zwangseinweisung zu sein.»

Tom zögerte. «Wie läuft das denn dann ab? Bei so einer Einweisung?»

«Ich rufe den Notarzt. Der nimmt Sie mit in die Psychiatrie.»

«Und wenn ich vorher weglaufe?»

«Dann muss ich die Polizei rufen. Die versucht Sie einzufangen.»

«Meinen Sie, damit kommt die Lust aufs Leben zurück?»

«Unwahrscheinlich. Aber mit den Therapien vielleicht. Dem Kontakt zu anderen Betroffenen.»

Tom lachte humorfrei auf. «So ein Quatsch. Das hatte ich doch alles schon im Überfluss. Wie soll einem denn der Kontakt zu anderen Betroffenen helfen? In der Psychiatrie? Wenn Sie nur noch einen einzigen weiteren Grund brauchen, um den letzten Schritt zu machen, dann gehen Sie in die Psychiatrie! Da sind sehr viele, sehr wertvolle Leute, ja klar, aber auch ziemlich viele Beweise, was für eine fehlerhafte Konstruktion der Mensch so ist.»

«Herr Diez ...»

«Das ist ja so, als wollten Sie einen Vegetarier zum Fleischessen überreden und sperren ihn aus diesem Grund in eine Legebatterie von Wiesenhof.»

«Herr Diez ...»

«Der isst doch dann kein Fleisch! Der isst nicht nur erst recht nie wieder Fleisch, der isst überhaupt nichts mehr!»

Frau Glöckler schnaufte. «Das Dumme ist, dass ich mich strafbar mache, wenn ich nichts unternehme. Wenn jemand sich selbst oder andere aufgrund einer psychischen Störung gefährdet, dann muss ich den Notarzt oder die Polizei rufen. Verstehen Sie?»

«Ich bin nicht gestört.»

«Sie wollten gestern Selbstmord begehen.»

«Begehen nur Menschen mit Störungen Selbstmord?»

«Nein», gab Frau Glöckler zu.

«Was ist mit denen, die keine Störung haben?»

Sie seufzte. «Die sind in der Regel ausgeprägte Narzissten. Bei denen darf ich gar nichts unternehmen. Die muss ich lassen.»

«Na also. Ich habe keine Störung. Zumindest nicht im Moment.»

«Was ist denn dann Ihre Idee? Warum sind Sie hergekommen?»

Tom setzte sich gerade hin. «Ich schreibe ein neues Buch. Na ja, ich versuche es.»

Frau Glöckler veränderte professionell den Gesichtsausdruck. In eine Mischung aus Neugier, Ungläubigkeit und Freude.

«Ach?», fragte sie.

«Ja, über einen Mann namens Rüdiger. Den Namen muss ich natürlich noch ändern, sonst bekomme ich Ärger.»

«Das heißt, den Mann gibt es wirklich?»

«Mehr oder weniger, ja.»

«Was heißt denn mehr oder weniger?»

«Rüdiger war auch auf der Lembachtalbrücke. Um da runterzuspringen.»

«Mein Gott.»

«Ich schreibe über ihn, solange da noch was zu schreiben ist. Lehrer in den besten Jahren, Familie, zwei Kinder, eigentlich perfekt in die Gesellschaft integriert, vielleicht sogar mit Bausparvertrag, jedenfalls kreuzunglücklich, selbstmordgefährdet, so durchschnittlich wie unsere ganze Generation, ein Spiegelbild sozusagen.»

«Ist das nicht etwas verallgemeinernd?»

Tom schüttelte den Kopf. «Vielleicht eine Zuspitzung. Aber nicht verallgemeinernd. Auf gar keinen Fall verallgemeinernd.»

«Na ja, es ist ja nun nicht so, dass man auf der Lembachtalbrücke eine Nummer ziehen muss vor lauter Gedränge», sagte Frau Glöckler. «Vielleicht sollten Sie sich in diesem Fall nicht zu sehr an den Gedanken der Normalität gewöhnen. Ihr Zustand ist nicht normal. Das Normale springt nicht von der Brücke. Es lebt.»

Tom dachte nach. «Aber auch nur für eine kurze Zeit», sagte er dann. «Das Normale ist viel länger tot, als dass es lebt. Viel, viel länger. Es gibt an und für sich nichts Normaleres, als tot zu sein.»

«Was wollen Sie denn nun von mir?», fragte Frau Glöckler. Bei aller grundsätzlichen Zugewandtheit war da durchaus ein Unterton der Ungeduld zu vernehmen.

«Ich will durchhalten, bis das Buch fertig ist», sagte Tom. «Ich will es wirklich schreiben. Und ich habe Angst, dass ich wieder den Mut verliere und versehentlich irgendwo runterspringe oder mir den Kopf wegblase oder von jemandem wie Ihnen zwangseingewiesen werde.»

Frau Glöckler stand erneut auf. «Sie möchten also Tabletten verschrieben bekommen. Richtig?»

Tom nickte.

Die Ärztin der Psychotherapie ging zu ihrem Bücherregal und betrachtete scheinbar interessiert ein Lehrbuch der Verhaltenstherapie. «Sie wissen doch, dass es Wochen braucht, bis die Medikation wirkt. Außerdem haben bei Ihnen überhaupt noch keine Wirkstoffe nachweislich geholfen. Sie gelten als resistent.»

Jetzt erhob sich auch Tom.

«Ich dachte an Ketamin», sagte er.

«Das ist ein Narkotikum.»

«Stimmt.»

«Soweit ich weiß, auch eine Partydroge.»

«Stimmt. Hilft aber echt gut gegen die schwersten Depressionen. In der richtigen Dosierung. Heißt es.»

«Ist für Ihre Indikation aber nicht zugelassen. Man darf es nicht an Patienten mit Suchtproblemen verschreiben.»

«Ich war nie süchtig.»

«Das liegt im Auge des Betrachters.»

Tom stutzte. «Haben Sie da gerade Patient gesagt? Sie haben Patient gesagt.»

Frau Glöckler wurde rot. «Das war ein Versehen. Ich meinte natürlich Klient.»

«Sie haben Patient gesagt! Sie machen mir die ganze Zeit etwas vor. Sie sagen doch immer, wir sind so tolle Menschen, so wertvolle Klienten mit ‹besonders ausgeprägter Sensibilität› – und am Ende stimmt das gar nicht? Ist das so eine Art Marketingtrick von Ihnen? In Wirklichkeit sind wir nichts als stinknormale Kranke für Sie, die einen an der Klatsche haben?»

«Aber nein. Blödsinn. Nein!»

«Verschreiben Sie mir jetzt das Ketamin?»

Frau Glöckler straffte sich. «Nein. Das ist mir zu riskant. Kein Mensch weiß, ob Sie davon Halluzinationen bekommen, schizophren oder apathisch werden oder einfach wegtreten. Mach ich nicht.»

«Dann war's das hier für mich.»

Tom ging zur Tür und riss sie auf.

«Wollen wir uns nicht noch mal setzen?», fragte Frau Glöckler hilflos. «Und über alles reden?»

«Nein. Ich hab mein ganzes Leben lang geredet. Über mich. Den ganzen Tag habe ich geredet. Mit wildfremden Menschen, die danach mit anderen wildfremden Menschen über deren wildfremdes Leben geredet haben. Und was hat es mir genützt?»

«Wir können auch noch mal tiefer gehen. Die Frage thematisieren, warum Sie dieses Buch unbedingt schreiben wollen. Ihre Kindheit thematisieren. Das Verhältnis zu Ihrer Mutter. Ich bekomme bei Ihrer aktuellen Disposition auf jeden Fall eine neue Therapie bei der Krankenkasse durch.»

«Ich will keine Therapie mehr.»

«Haben Sie noch Ihre dissoziativen Anfälle?»

«Sie meinen, ob ich noch in Ohnmacht falle? Ja, manchmal.»

«Das ist Psychosomatik, das wissen Sie doch. Sie haben eine Störung. Lassen Sie sich helfen.»

Tom atmete tief durch. «Verschreiben Sie mir das Ketamin?»

«Nein.»

«Dann bin ich hier fertig.»

Tom gab ihr nicht die Hand (sosehr er diesen kurzen Körperkontakt auch geschätzt hätte), stürmte aus der Praxis, wütend wie er war; da hatte er einmal eine lebensbejahende Idee und scheiterte an einer übervorsichtigen Ärztin, die doch eigentlich Verständnis für alles haben und ihn bei all seinen Genesungsversuchen unterstützen sollte. Ketamin ... Er dachte daran, eine Apotheke zu überfallen oder im Krankenhaus den Medikamentenraum zu plündern. Er überlegte, einen korrupten Hausarzt zu bestechen (nur, mit welchem Geld?), dann schaltete sein unkalkulierbarer, wankelmütiger Kopf um, so war das immer, jede Richtung war erlaubt, Hauptsache, der Weg verlief in Schlangenlinien, jedenfalls glaubte er plötzlich, dass Frau Glöckler recht hatte, dass sie seine einzige Freundin war, dass er sich mal nicht so anstellen sollte und dass er das Buch auch ohne fremde, chemische Hilfe schreiben konnte. Dass das die eine, große Prüfung war, die er noch zu bestehen hatte bis zur endgültigen Genesung. Wenn er das schaffte, wenn er wirklich drei- bis vierhundert Seiten zu Papier bringen würde, einen Agenten finden, einen Verlag, dann würde doch noch alles gut werden. Dann ließen sich die letzten fünfunddreißig Jahre als eine zwar misslungene, aber überschaubare Episode eines insgesamt langen und bunten Lebens abheften. Und die Lembachtalbrücke war nichts weiter als ein Ausflugsziel für Tolkien-Fans. Aber auch nur dann.

Er eilte nach Hause, hätte am liebsten die Ellbogen eingesetzt, um sich durch die Menschenmasse zu drängen, so viel Energie hatte er, nur leider begegnete ihm fast niemand (außer dem Klienten mit den Bauernbrotwaden, der verdruckst abwägend inmitten eines Grünstreifens an einer Birke herumstand und schüchtern winkte), er betrat das Hochhaus, stürmte in Rekordgeschwindigkeit die Stufen hinauf bis in den zwölften Stock (beim nächsten Mal würde er sie endlich zählen), benötigte nur eine einzige Pause, grüßte atemlos den verzweifelten Herrn Lehmann, der Frau Scholzes neue Wohnungstür mittlerweile fast auf Hundehütten-Höhe zurechtgestutzt hatte, fragte sich kurz, ob des Hausmeisters unbewegter Helfer vielleicht in der Auslebung bewundernswerten Stehvermögens längst mit geöffneten Augen verstorben war, dann betrat er seine winzige Wohnung, benötigte nur zwei Schritte bis zum Schreibtisch und klappte den Laptop auf. Mensch, Rüdiger, dachte er und empfing das erwartete Kribbeln der Fingerspitzen. Was bist du bloß für ein Mensch? Was hast du für ein Leben geführt?

Und was kann da noch kommen?

22

Sie hatten Lilian sehr bewusst auf eine andere Schule geschickt, offiziell, um sie unbeeinflusst vom Vater eine ganz normale Schullaufbahn absolvieren zu lassen, inoffiziell, um all den Spott und die Häme, die schon von Anbeginn seiner Schullaufbahn an tagtäglich auf Rüdiger niedergeprasselt waren, von ihr fernzuhalten. Nichts musste schlimmer sein für ein Kind, als sich fortwährend anhören zu müssen, was für ein schwächlicher Versager der eigene Vater war. Lilian ging also auf das Schiller-Gymnasium, eine ziemlich schnöselige Vorzeigeschule humanistischer Prägung, auf die die Besserverdienenden ihre Kinder sandten, um sie ja nicht mit dem Pöbel des Niedriglohnsektors zusammenzubringen. Hier wurde des Morgens mit dem BMW vorgefahren, SUV war okay, Audi, Mercedes und Porsche willkommen. Alles darunter war ein Grund, sich zu schämen und schleunigst an der Lohnspirale zu drehen. Rüdiger kam zu Fuß.

Es war kurz vor halb vier, er hatte nach seinem Besuch im Fitnesscenter den weiteren Tag damit verbracht, eine Zeitung zu kaufen und in den Wohnungsanzeigen zu stöbern, sich ein Leben alleine auszumalen, dann den Gedanken an einen Umzug verworfen, weil ihm vielleicht doch die Selbstüberwindung dazwischenkommen würde, dann wiederum die Selbstüberwindung verworfen, um sie umso verlockender zu finden, ein schlechtes

Gewissen bekommen, hauptsächlich der Kinder wegen, dann das Leben insgesamt ein weiteres Mal in Frage gestellt, schließlich war er erschöpft von so viel Gedankenkarussell ins Hotel zurückgekehrt, wurde mit der Information überrascht, dass ein groß gewachsener, vollbärtiger Mann (sehr gut aussehend) nach ihm gefragt hätte, kam vor Kraftlosigkeit kaum noch die Treppen hinauf und hatte sich schließlich aufs Bett gelegt, um noch ein wenig zu dösen. Aus dem Dösen war ein Schlafen geworden, um drei Uhr war er aufgeschreckt, hatte sich mühsam orientiert, war irgendwie verkatert auf die Straße gesprungen, auf die sengende, glühende Straße und hatte sich auf dem schnellsten Weg in Richtung Schiller-Gymnasium gemacht.

Er hatte Hunger, er hatte Durst, aber vor allem hatte er keine Zeit zu verlieren. Auf seiner Mailbox war erneut Frau Himmelmann zu vernehmen, die ihm ihre Hilfe anbot, dazu jetzt auch Rektor von Graben, der der Sache einen offizielleren Anstrich gab und mit Disziplinarmaßnahmen drohte, sollte er nicht umgehend seinen Dienst wiederaufnehmen oder ein ärztliches Attest anbringen. Rüdiger fragte sich, warum er nicht einfach versuchte, seine Angst von Frau Himmelmann auf Rektor von Graben zu verlagern, dort schien sie bei weitem besser aufgehoben zu sein, aber es gelang ihm nicht. Frau Himmelmann würde immer das personifizierte Grauen bleiben. Vielleicht machte sie ihm auch einfach Angst, weil sie eine Frau war, zwei Köpfe größer als er und eine Entschlossenheit ausstrahlte, mit der man jeden Rüdiger im ganzen Land umnieten konnte. Wer übrigens nicht ein einziges Wort auf seiner Mailbox hinterlassen hatte, war Silvia. Es war unter Umständen denkbar, dass sie nicht einmal angerufen hatte.

Rüdiger betrat über die Eingangsstufen den etwas höher gelegenen Schulhof, außer Atem und in den Beinen arg beansprucht (sein wenn auch kurzes Krafttraining am Morgen war nicht zu unterschätzen). Das Schiller-Gymnasium gab sich rein äußerlich keinerlei Mühe, den wie auch immer entstandenen guten Ruf zu rechtfertigen. Es war ein, ja, so musste man es sagen, alter Neubau, sprich eine schlimme Stahlkonstruktion aus den sechziger Jahren, düster, schmal und schwarz in die Höhe gebaut wie ein taubenversifftes Mahnmal architektonisch fragwürdiger Zweckmäßigkeit. Wer sich hier als Schüler wohlfühlte, der legte den Fokus auf alles andere als auf Äußerlichkeiten oder erfuhr die Gnade des Kindseins, die Dinge einfach so zu nehmen, wie sie waren.

Zu Rüdigers Zeit war das Schiller-Gymnasium jedenfalls noch eine Art letzte Ausfahrt für diejenigen gewesen, die es auf den anderen Gymnasien nicht geschafft hatten. Er selbst war da ein gutes Beispiel: Er war nach einer Ehrenrunde in der achten Klasse auf das Schiller-Gymnasium gewechselt und hatte sein Abitur hier mit Ach und Krach bestanden. Er war bei Lehrern und Mitschülern so beliebt gewesen wie ein Bandwurm im Trinkwasser.

«Ah, der Herr Bunzel», begrüßte ihn gewohnt zynisch grinsend sein alter Mathematiklehrer Herr Fersch, die Schulmappe unter dem Arm, mit einem Strohhalm an einem Trinkpäckchen Hohes C nuckelnd. Ja, der war immer noch da. Und nein, das war keine gute Nachricht. «Dass Sie einmal Lehrer werden würden, hätte ich nie gedacht», sagte Herr Fersch. «Da wundere ich mich jedes Mal, wenn ich Sie sehe.» Er lispelte nach wie vor, hatte ein langes Gesicht, eine spitze Nase, schmale Lippen, eine Brille von 1983 und hatte über all die Jahrzehnte nicht an seinen Sympathiewerten gearbeitet.

«Ich wundere mich auch», sagte Rüdiger lahm und suchte den Schulhof nach seiner Tochter ab.

«Was haben Sie denn eigentlich für Fächer? Sie müssen doch Fächer haben. Ich kann mich an keine besonderen Stärken erinnern. Mathe wird es ja wohl nicht geworden sein», sagte Herr Fersch und lachte boshaft über seinen gelungenen Scherz. Er wusste – und das war Rüdigers einzige Genugtuung – tatsächlich recht wenig über ihn, weil Rüdiger ihm schon immer aus dem

Weg gegangen war, sobald das eisgraue Haupt sich auch nur aus größerer Entfernung über das Gelände erhoben hatte. Rüdiger war ein miserabler Mathematikschüler gewesen (die Zahlen verschwammen regelmäßig vor seinen Augen und tanzten Pogo mit den Variablen) und Herr Fersch keiner von den Lehrern, die den Menschen von seiner Leistung trennen konnten. Was bedeutete: Herr Fersch war Peiniger und Rüdiger Opfer gewesen. Immer. Und vor allem an der Tafel.

«Haben Sie meine Tochter gesehen?», fragte Rüdiger.

«Ich weiß gar nicht, wer Ihre Tochter ist», sagte Herr Fersch. «Ist sie sehr klein?»

«Nein. Ganz normal», sagte Rüdiger und wandte sich ab. «Wie viele Schüler heißen denn Bunzel?», konnte er sich nicht verkneifen.

«Niemand, der mir bislang aufgefallen wäre. Schauen Sie mal bei den Fahrradständern», rief Herr Fersch ihm hinterher und lachte erneut. Was gab es denn da zu lachen? Mein Gott, er war vierzig. Das durfte ihn doch nun wirklich nicht mehr tangieren, was irgendein Lehrer von ihm hielt. Oder gehalten hatte. Er war doch selber einer. Er wusste, welche Einschränkungen diese Existenz mit sich brachte.

Rüdiger überquerte den verwaisten Schulhof, klar, es war halb vier, und landete hinten in der Ecke bei den überdachten Fahrradständern. Tatsächlich, da, in einer dunklen Ecke, stand Lilian. Mit etwas in der linken Hand, dass da nicht hingehörte und das leuchtete wie ein Glühwürmchen. Das durfte doch wohl nicht wahr sein!

Ein Junge, vielleicht zwei Jahre älter als sie, umarmte sie, küsste ihre Stirn, dann nahm auch er einen Zug von seiner Zigarette (denn er hatte immerhin eine eigene), versuchte sich an einer entspannten Körperhaltung, sah dabei so erwachsen aus wie ein frisch gebadetes Baby und brachte mit der freien Hand seine strubbelig frisierten Haare zusätzlich in Unordnung.

Ich dreh durch, dachte Rüdiger, blieb einfach stehen, wartete, bis er gesehen wurde, dann war alles eins. Erst sah ihn der Junge, ließ die Zigarette fallen, trat hastig drauf, dann einen Schritt zurück, wobei er fast über ein Fahrrad gestolpert wäre, dann drehte sich Lilian um, erbleichte, tat mit ihrer Zigarette dasselbe, in dem hoffnungslosen Versuch, unertappt zu bleiben, machte ein paar Schritte auf ihren Vater zu, der dastand wie zur Salzsäule erstarrt und nach Luft schnappte.

«Mein Gott», sagte Rüdiger. «Du bist dreizehn.»

Lilian war jetzt nicht mehr bleich, sondern rot.

«Erzähl's nicht Mama, okay?», sagte sie.

«Was tust du denn da?», fragte er. «Das wird dich umbringen. Raucher sterben fünfzehn Jahre früher. Im Schnitt. Wieso hab ich dir denn die ganzen schrecklichen Fotos von der Lunge gezeigt?»

«Papa, da war ich sechs.»

«Schwarz ist die! Die Lunge. Schwarz. Pechschwarz. Und du hast geweint.»

«Ja, weil das scheiße aussah. Erzähl's nicht Mama, okay? Ich hör auch wieder auf, ich schwör's.»

«Wie lange machst du das denn schon? Herrgott, du bist dreizehn.»

«Das war meine erste, echt wahr.»

«Das stimmt doch nicht, wenn das die erste ist, dann hustet man und muss sich fast übergeben und es geht einem schlecht. Das sah aber gar nicht so aus, als ob es dir schlechtgeht – und wer ist das überhaupt?»

Der Junge, der an sich selbst erfolglos einen Unsichtbarkeitszauber auszuprobieren schien, zuckte zusammen. «Ich bin Leon», sagte er. «Und ich geh jetzt mal.»

«Leon wer? Leon was?», fragte Rüdiger in dem Versuch, einen Hauch von Verantwortung für das ohnehin schon verdorbene Leben eines anderen zu übernehmen.

«Das ist mein Freund», sagte Lilian. «Lass doch jetzt.»

«Wieso Freund? Was denn für ein Freund? Wieso weiß ich nichts von einem Freund?»

«Du weißt gar nichts, Papa», sagte Lilian. «Können wir jetzt gehen? Das ist total peinlich hier.»

Sie gab Leon einen flüchtigen Kuss auf die Wange (was immerhin mutig und aufrichtig war, wie Rüdiger zugeben musste), dann nahm Leon sein Fahrrad aus dem Ständer und schwang sich darauf wie ein Cowboy, der nach getaner Arbeit die Stadt verlässt. Rüdiger und Lilian standen da und wussten nicht weiter, es fühlte sich ungewohnt an, zu zweit aufeinander zurückgeworfen zu sein. Sein Fehler, dachte Rüdiger, ganz klar sein Fehler.

«Gehen wir etwas spazieren?», fragte er. «Kleiner Umweg nach Hause?»

Sie nickte und kämpfte mit den Tränen.

«Sagst du es Mama?», fragte sie.

Rüdiger zuckte mit den Schultern.

Sie verließen das Schulgelände, Rüdiger atmete auf, nach all den Jahren entfaltete dieser Ort immer noch den Charme Guantanamos für ihn. Wieso bloß war er Lehrer geworden? Wieso hatten sie ihre Tochter aufs Schiller-Gymnasium geschickt? Ein Wahnsinn war das.

Lilian stiefelte neben ihm her, ganz Kind, dann schritt sie wieder ein paar Meter fast erwachsen daher, schließlich übersprang sie einen Bordstein und sah dabei aus wie acht. Es brach Rüdiger das Herz.

«Warum holst du mich überhaupt ab?», fragte sie. «Du hast mich noch nie abgeholt.»

«Ich wollte mit dir reden», sagte er. «Ungestört. Über alles.»

«Über dich und Mama?»

«Auch.»

Sie liefen am Sportplatz vorbei, der an die Schule angrenzte und hauptsächlich einen chronisch erfolglosen Fußball-Kreisligisten beherbergte. Ein ältlicher Hausmeister zog mit seinem

Wägelchen im Schneckentempo schiefe Kreidelinien nach. Lilian winkte, der Hausmeister winkte zurück.

Rüdiger wusste nicht, wie er das Gespräch anfangen sollte. «Wie war's denn heute in der Schule?», fragte er.

«Die Frage war schon immer scheiße, Papa», sagte Lilian.

«Sprich nicht so mit mir», sagte Rüdiger und wusste, dass sie recht hatte. Er nahm einen neuen Anlauf.

«Was ist mit diesem Leon? Wie lange geht das schon mit euch?»

«Fast zwei Monate.»

«Wow», sagte Rüdiger. Im Leben einer Dreizehnjährigen waren zwei Monate eine Ewigkeit. «Weiß Mama davon?»

«Bist du wahnsinnig? Ich geh doch nicht zu meinen Eltern und erzähl denen als Erstes, dass ich einen Freund habe.»

Rüdiger dachte an die Zigarette.

«Hat der dich zum Rauchen gebracht?», fragte er und verspürte Übelkeit. Es war einfach unmöglich, seine Kinder vor dem Leben zu schützen. Entweder hatte man Glück und alles ging gut, oder eben nicht.

«Nein», sagte sie. «Das kann man so nicht sagen.»

«Wie kann man das denn sagen?»

«Ich ihn.»

«Scheiße.»

«Ich hör ja bald wieder auf damit.»

«Du hörst sofort auf, solange es noch geht. Du weißt doch, wie süchtig das macht. Oder ich sage es Mama.»

«Das ist Erpressung.»

«Das ist mir egal.»

Sie verließen die Straße und bogen in ein kleines, künstlich begrüntes Tal ein, das für die Anwohner als Naherholungsgebiet gestaltet worden war, die meiste Zeit aber den Schülern nach Schulschluss zum Abhängen und Verdrecken der Grünanlagen diente. Und tatsächlich, auf der Wiese saß eine kleine Gruppe von Schülern, zwei Mädchen und drei Jungs, und ließen etwas Selbstgedrehtes kreisen, der süßlich-scheußliche Geruch verriet Rüdiger, dass es sich um eine «Sportzigarette» handelte, wie es zu seiner Zeit geheißen hatte. Ein Begriff, den er bis zur Lächerlichkeit und allzu beharrlich fehlinterpretiert hatte. In der Mitte der Jugendlichen stand eine Bong, die zusätzlich keine Fragen offenließ. «Da», sagte er bitter. «Es ist nur noch ein kleiner Schritt bis dahin.»

«Das würde ich nie machen», sagte Lilian. «Das weißt du doch.»

«Hey, Lilian», rief einer der Jungs, und alle fünf hoben grüßend die Hand. «Kommst du noch dazu? Wir chillen.»

Rüdiger blickte zu Boden, Lilian stöhnte auf. «Ich kenn die nicht», murmelte sie, grüßte aber verstohlen winkend zurück.

«Ist das dein kleiner Bruder?», fragte ein anderer Junge laut, die bekifften Schüler kicherten, Lilian zog ihren Vater am Ärmel und wechselte die Richtung.

«Wollen wir uns vielleicht irgendwo hinsetzen, wo uns niemand sieht?», fragte sie.

Rüdiger nickte. Lilian führte ihn an zwei Weiden vorbei, da war ein kleiner, mückenumschwirrter See, eine grasbefreite Schwimmstelle für den Einstieg, ein paar Steine am Ufer, auf denen man sich niederlassen konnte. Sie setzten sich. Der Grundpegel der Stadt war nicht abzuschalten, ansonsten war es hier eigentlich recht idyllisch.

«Ich bin nicht eingecremt», sagte Rüdiger.

«Worüber willst du mit mir reden?»

«Ich möchte wissen, wie du das findest, wenn ich nicht mehr bei euch wohne.»

Lilian dachte nach. «Ich finde das eigentlich gut», sagte sie. «Mama und du passen einfach nicht zusammen. Ich will aber nicht schuld sein.»

«Du bist nicht schuld. Hab ich dir ja schon gesagt. Du bist an gar nichts schuld.»

«Gut.»

Er zögerte. «Und was wäre, wenn ich gar nicht mehr da wäre?»

«Wie meinst du das?»

«Nur so. Was wäre, wenn ich gar nicht mehr da wäre?»

«In einer anderen Stadt oder so? Dann würde ich dich besuchen kommen in den Ferien. Das wäre okay. Aber es muss 'ne schöne Stadt sein.»

«Würdest du mich vermissen? Wenn ich nicht mehr da wäre?»

«Was ist das denn für 'ne uncoole Frage?»

«Entschuldige.»

Sie begann, kleine Steinchen ins Wasser zu werfen. Rüdiger spürte, wie er von Mücken zerstochen wurde.

«Hast du noch eine?», fragte er.

«Eine was?»

«Eine Zigarette.»

Sie schaute ihn ungläubig an. «Soll das 'ne Falle sein? Du rauchst doch gar nicht.»

«Keine Falle.»

Sie prüfte seinen Gesichtsausdruck, dann öffnete sie ihren Schulranzen und zog aus einem Seitenfach eine Packung Zigaretten.

«Wer verkauft dir denn so was?», fragte er. «Einer Dreizehnjährigen?»

«Typen aus der Oberstufe. Die kriegen einen Euro mehr dafür, als sie im Laden gezahlt haben.»

«Da geht dein Taschengeld hin.»

«Ich mag halt keine Gummibärchen mehr.»

Sie klopfte professionell eine Zigarette aus der Schachtel und reichte sie ihrem Vater. Als sie sich selbst eine rausholen wollte, sah ihr Vater sie warnend an. «Du natürlich nicht», sagte er. «Erst in drei Jahren. Frühestens.»

«Okay», sagte sie.

Er betrachtete die Zigarette in seiner Hand wie einen Wurmfortsatz des Teufels. Er wollte lässig wirken, sich mit seiner Tochter so ein Ding teilen und sich damit als verständnisvoller, mitfühlender Vater beweisen, über den Umweg einer Zigarette ihr Vertrauen erlangen, aber er brachte es nicht fertig. Es wäre eine wunderbare Filmszene gewesen, sie beide hier zusammen am See, in stiller Eintracht das Unvernünftige zelebrierend, aber er war eben Rüdiger Bunzel, gefangen in Körper und Geist eines spießigen Deutschlehrers und alles andere als der Star eines amerikanischen Independent-Films. Wenn das nicht ein Widerspruch in sich war.

Er seufzte, zerdrückte die Zigarette, machte eine einfordernde Geste, sie gab ihm die Schachtel, er zerknüllte sie und warf alles zusammen in den See.

«Voll die Umweltverschmutzung», schimpfte Lilian und sah ihn entsetzt an.

«Das ist deine Schuld», sagte er. «Und wenn ich dich jemals wieder damit erwische oder du auch nur danach riechst, sage ich es nicht nur deiner Mutter, sondern sorge auch dafür, dass du die nächsten zwei Jahre kein Taschengeld mehr bekommst und zur Beschaffungskriminalität gezwungen wirst.»

«Das würdest du niemals tun.»

«Und ob.»

Sie wurde wütend. «Das ist so super, Papa, erst sieht man jahrelang gar nichts von dir, und jetzt holst du mich ein einziges Mal ab und machst hier einen auf moralisch.»

Rüdiger runzelte die Brauen. «Was soll das denn heißen, man sieht jahrelang nichts von mir? Ich bin Lehrer. Ich bin sehr viel zu Hause. Da musst du aber erst mal einen Beruf finden, wo man so viel zu Hause ist.»

Lilian warf wieder Steinchen in den See, dieses Mal mit einer gewissen Aggression, und versuchte, die treibende Zigarettenschachtel damit zu treffen. «Das kann ja sein, dass du zu Hause warst, aber ich habe nichts davon gemerkt.»

«Wie bitte?»

«Du hast dich nie um Max oder mich gekümmert. Weißt du das denn gar nicht? Du bist nach Hause gekommen, hast hallo gesagt, immer mit diesem ernsten Gesicht, dann hast du dich ins Wohnzimmer zurückgezogen und da irgendwas gemacht, Arbeiten korrigiert oder so, dann Abendessen, dann hast du Fußball geguckt oder gelesen und wir sind ins Bett. Gute Nacht sagen durften wir nur in der Halbzeit oder vor dem Spiel.»

«Wenn du das natürlich *so* erzählst ... Weiß ich aber nicht, ob man das so erzählen kann.»

«Wie soll ich es denn sonst erzählen?»

«Ich verstehe gar nicht ... Reicht das denn nicht, wenn man einfach da ist? Hauptsache ist doch, dass die Eltern da sind.»

«Nein, Papa, das reicht nicht.» Lilian scharrte mit den offenen Sandalen in der Erde, bis sie schwarze Zehen hatte. «Einmal konnte ich nicht schlafen», sagte sie. «Vielleicht vor drei oder vier Jahren, keine Ahnung. Da bin ich wieder aufgestanden, Mama war in der Küche, wie immer, und die Wohnzimmertür war nur angelehnt, da wollte ich mal gucken, was du da eigentlich immer machst. Ich hab mich hingeschlichen und durch den Türspalt geguckt.»

«O Gott», sagte Rüdiger. «Und was hab ich gemacht?»

«Du hast am Tisch gesessen und Zinnfiguren bemalt. Total konzentriert, du hattest die Lippen so gespitzt, so», sie bildete einen Karpfenmund und sah ihrem Vater dabei sehr ähnlich, «und du hast den Pinsel gehalten, als wäre das etwas Kostbares. Ich fand das total schön. Und dann hab ich gedacht, wie toll das wäre, wenn wir mal was zusammen machen würden, wo du auch so aussiehst. Und dann war ich traurig, weil wir das nie gemacht haben.»

Rüdiger schluckte schwer und spürte, wie ihm etwas Nasses die Augen benetzte.

«Das war mir nicht klar», sagte er nur. «Also, dass du was vermisst. Aber wieso? Du hast immer so zufrieden gewirkt. Und Max auch.»

«Max erzählt immer allen, dass er keinen Papa hat. Wusstest du das?»

Rüdiger schwieg. Grillen zirpten, eine späte Wespe schleppte sich schlingernd am Ufer entlang.

«Manchmal warst du auch im Wohnzimmer, ohne was mit den Zinnfiguren zu machen», sagte Lilian. «Du hast nicht mal Fußball geguckt. Du hast einfach nur dagesessen. Auf dem Sofa. Im Dunkeln. Und vor dich hin gestarrt. Ich hab Mama gefragt, warum du das machst. Sie hat gesagt, sie weiß es nicht. Und dass sie das gruselig findet.»

«Das hat Mama gesagt?»

«Ja, sicher.»

«Und du? Findest du das auch gruselig?»

«Ich kann bis heute nicht schlafen, wenn im Zimmer das Licht aus ist.»

«Dann ist es vielleicht besser, wenn ich wirklich weg bin», sagte er, stand auf und klopfte Grasreste und Erde von seiner Hose ab. «Es tut mir leid, Lilian. Alles.»

Auch Lilian erhob sich. «Kommt jetzt die Nummer mit dem Selbstmitleid, oder was? Warum sagst du nicht einfach, dass du es von jetzt an besser machst?», fragte sie. «Warum willst du weggehen? Du warst doch schon weg.»

Er schüttelte den Kopf und machte sich auf den Weg zurück in Richtung Wiese. Sie folgte ihm. Er spürte ihren Atem im Nacken. Warum drehte er sich nicht einfach um, nahm sie in den Arm und versprach Besserung? Sie hatte ihm sämtliche Türen geöffnet. Warum war er sich bloß trotzdem so sicher, dass sie das nicht wollte? Warum war er bloß so verdammt kompliziert?

«Ich geb mir Mühe, auch mal was richtig zu machen», sagte er und blieb stehen.

Sie schaute ihn an. «Papa ...?», begann sie.

«Ja?»

«Sagst du es Mama?»

«Was?»

«Das mit den Zigaretten.»

«Vorläufig nicht.»

Sie umgingen die Wiese mit den kiffenden Kindern, nahmen einen anderen Ausgang aus dem Park und standen wieder mitten im Leben, mitten im Verkehr, der schlechten Luft und der drückenden Hitze, die keinen Millimeter nachgab. Rüdiger hatte Atemprobleme, obwohl er doch gar nicht geraucht hatte, spürte Druck auf der Brust, Lilian ging einen Schritt zu schnell, hatte den Schulrucksack auf den Rücken geschnallt (früher war es wichtig gewesen, den Riemen nur über eine Schulter geworfen zu haben, heute schien das keine Rolle mehr zu spielen), verschränkte aber zum Schutz die Arme vor dem T-Shirt, unter dem sich zwei deutlich sichtbare Brüste abzeichneten. Die waren doch vorgestern noch nicht da gewesen? Seine Tochter wurde erwachsen, das war wohl so. Und Rüdiger merkte plötzlich, wie viel auf dem Weg dahin er verpasst hatte.

«Es ist gut, dass ich ausziehe», sagte er. «Vielleicht ist das gut für uns.»

«Warum sollte es?», fragte Lilian.

«Wir können dann nicht mehr so einfach nebeneinanderher leben», sagte er. «Wir müssen uns verabreden, was zusammen machen.»

Sie schüttelte den Kopf. «Das ist jetzt zu spät, Papa. Das hättest du früher machen müssen. Ich bin fast vierzehn. Da machen Kinder nicht mehr so viel mit ihren Eltern. Eigentlich gar nichts mehr. Es wäre auch total super, wenn du ... na ja ...»

«Was?»

«Wenn du mich nicht noch mal von der Schule abholen würdest. Das ist mir peinlich. Ich komme schon alleine nach Hause.»

Rüdiger nickte. «Ich frage mich gerade, ob ich dich demnächst aus irgendwelchen Drogenhöllen rausholen muss.»

«Musst du nicht, Papa.» Lilian lächelte. «Das macht dann Mama.»

Rüdiger grinste dezent, dann schwangen sie sich für den letzten Kilometer aufeinander ein, gingen fast im Gleichschritt, was deutlich dadurch erleichtert wurde, dass Lilian mittlerweile genauso groß war wie ihr Vater. Sie hatte seinen Gang geerbt, dieses leichte Auseinanderklaffen der Füße, wodurch es immer ein wenig so aussah, als würden die Bunzels sich den Weg freischaufeln. Schließlich bogen sie in ihre Straße ein, standen vor dem großen, grün-gelben Wohnhaus gegenüber dem Fitnesscenter, in das nur einer von ihnen beiden hineingehen würde, während der andere in sein Hotel zurückkehren und irgendwas mit dem restlichen Tag anfangen würde, das überhaupt keinen Sinn ergab. Wie war das? Ziele? Aufgaben? Daran fehlte es Rüdiger enorm.

«Bei Max ist es noch nicht zu spät», sagte Lilian zum Abschluss. «Mit dem kannst du noch was machen.»

«In sieben Monaten», sagte er.

«Was?»

«Du wirst erst in sieben Monaten vierzehn.»

Sie lächelte, dann winkte sie ihm zu, schloss die Tür auf und verschwand in den kühlen Flur, während er draußen blieb und hinter ihr herschaute wie ein Hündchen, das nicht verstand, warum Frauchen in den Supermarkt hineindurfte und es nicht.

*

Er hatte den ganzen Tag geschrieben, nichts gegessen, nichts getrunken, Frau Scholze nebenan weinen und fluchen gehört (bis Hausmeister Lehmann irgendwas von einer gefälligst zu haltenden Schnauze gebrüllt hatte), eine so spontane wie aufgeheizte Mieterversammlung im Flur und den folgenden Polizeieinsatz ignoriert, der das Chaos zunächst vergrößert und schließlich aufgelöst hatte und in dessen Verlauf die mittlerweile hörbar volltrunkene Frau Scholze in Sicherheitsverwahrung genommen worden war. Zumindest glaubte Tom das, denn mit dem letzten Treppengepolter war Ruhe im Karton gewesen. Für ihn machte das keinen Unterschied. Es hätte auch ein mit Sprengköpfen beladenes Atom-U-Boot an der Hausfassade entlang nach oben gezogen worden sein können, es hätte ihn nicht weiter beunruhigt, er war ganz in seiner eigenen, also in Rüdigers Welt verschwunden. Er war so tief in das Leben des Lehrers eingetaucht, dass er ihn plötzlich ganz klar sah, da war nichts mehr verschwommen, Rüdigers Gesicht hatte Konturen bekommen, sein ganzer Körper, sogar seine ausgebeulte Cordhose hatte eine Geschichte, einen Hintergrund, eine Motivation.

Tom hatte immer mehr erfinden müssen, klar, er kannte diesen Rüdiger ja kaum, wusste nur die paar Dinge, die er miterlebt hatte, dazu von einer unglücklichen Ehe, dem Lektor Florentin, der Schule, hassenden Schülern, zwei Kindern und einem Leben, das an Farblosigkeit nicht zu überbieten war. Aber gerade weil das so wenig war, weil da keine verborgenen Abgründe zu vermuten waren, war es geradezu befreiend, die Welt aus der Sicht eines Unsichtbaren zu beschreiben. Die Worte flossen in die Tastatur, als wären sie viel zu lange eingesperrt gewesen. Wie konnte etwas, das so wenig hergab, so viel Betrachtung ermöglichen? Tom schrieb von der Brücke, von dem Stripclub (bei ihm hieß er Pussy Pub, darüber würde er noch einmal nachdenken müssen), von Perspektivlosigkeit, von tiefer Depression, Freudlosigkeit, später Erkenntnis, Trauer und dem Versuch, sich eine Zukunft zu erarbeiten, nur um an der Gegenwart zu scheitern. Am Ende hatte er zweiundvierzig Seiten geschrieben, das war sehr, sehr viel für einen einzigen Tag, ihm war schwindelig, es war schon dunkel, er hatte Hunger, er hatte Durst und wollte doch niemals wieder mit dem Schreiben aufhören. Es war das Sinnvollste, das er seit mehr als einer Dekade getan hatte. Es war das Einzige, das Sinn ergab. Sein Telefon klingelte. So langsam wurde das zur Gewohnheit.

Er speicherte ab (das tat er nunmehr etwa sechzigmal pro Stunde), schaute auf das Display und erstarrte. Die Nummer kannte er, natürlich kannte er sie, eine Handynummer war das, eine sehr alte Handynummer, eine Handynummer aus der Zeit, als die Vorwahlen noch streng nach Anbieter getrennt waren. Eine Nummer, die er das letzte Mal an seinem Geburtstag gesehen hatte und die er erst an Weihnachten wieder erwartet hatte. Sein Finger schwebte über dem roten Auflege-Symbol, dann drückte er auf Grün.

«Mama ...», sagte er.

Seine Mutter nahm dies zum Anlass für den ersten Tadel.

«Man meldet sich mit Namen, wenn man abhebt», sagte sie. Ihre Stimme war so streng wie eh und je, aber etwas Kratziges mischte sich in die Schärfe. Sie wurde halt nicht jünger.

«Hier ist Thomas Diez», sagte Tom spitz. «Dein Sohn.»

«Um diese Uhrzeit?», fragte seine Mutter. «Reichlich spät für einen Anruf!»

Tom seufzte. «*Du* hast angerufen, Mama.»

«Was ich bereits bereue.»

Tom schwieg. Das hier war der Grund, warum er stets sorgsam darauf geachtet hatte, dass sich ihre Glückwunsch-Telefonate an Geburtstagen oder Weihnachten so ziemlich exakt auf fünfzehn Sekunden beschränkten. Das reichte für einen herzlichen Glückwunsch, Peace, Love und Happiness, die anschließende Dankesbezeugung und die eilige Versicherung, man sei leider gerade zwischen zwei Terminen an einer Hauptverkehrskreuzung und in unglaublicher Zeitnot, freue sich aber selbstverständlich über den Anruf. Seine Mutter war jedes Mal aufs Neue beleidigt gewesen, aber Tom hatte aus Gründen der Seelenhygiene penibel aufgepasst, seiner Mutter kein adäquates Zeitfenster für die üblichen Beleidigungen, Vergiftungen und Demütigungen zu bieten. Heute aber war alles anders, heute waren die fünfzehn Sekunden bereits nach der Begrüßung verstrichen, heute war weder Weihnachten noch sein Geburtstag.

«Wie geht es dir denn?», fragte sie. «Wenn ich schon mal anrufe, dann sprich gefälligst auch mit mir, Herrgott.»

«Nicht besonders», sagte Tom. «Ich habe überlegt, mich von der Lembachtalbrücke zu stürzen. Obwohl ich da noch gar nicht wusste, dass du anrufen würdest.»

«Also nichts Neues. Selbstmord hier, Selbstmord da. Nimmst du noch immer diese Depressiva?»

«Antidepressiva, Mama. Anti. Die sind dagegen. Nicht dafür.»

«Du sollst mich nicht verbessern.»

«Ich nehme nichts.»

«Sehr vernünftig. Arbeitest du noch als Pförtner bei Wiedemann und Jung?»

«Schon lange nicht mehr.»

«Schade, die hatten sehr schöne Schrauben.»

«Weshalb rufst du an, Mama?»

«Deine Tante Betti ist gestorben.»

«Das tut mir leid.»

Tante Betti war in ihrer Familie die Stimme der Vernunft gewesen, eine leider nur sehr leise, zurückhaltende Stimme. Dafür hatten ihr Toms erste sexuelle Phantasien gegolten. Sie war die Ehefrau des Bruders seiner Mutter (die kein Wort miteinander sprachen), seine einzige nennenswerte Verwandte. Seinen Vater hatte er nie kennengelernt. Seine Mutter weigerte sich bis heute, auch nur ein Wort über ihn zu verlieren. In früherer Kindheit hatte Tom noch nachgefragt, immer wieder, aber spätestens als sie damit angefangen hatte, ihm bei jeder weiteren Nachfrage einen kräftigen Schlag auf den Hinterkopf zu geben, hatte er damit aufgehört.

«Vor sechs Jahren», sagte sie.

«Was?»

«Tante Betti ist vor sechs Jahren gestorben.»

«Mama ...»

«Und deswegen rufe ich natürlich nicht an.»

Tom begann sich zu ärgern. «Du sagst mir jetzt erst, dass Tante Betti schon vor sechs Jahren gestorben ist?»

«Du gibst mir ja nie Zeit für irgendwas.»

«Eigentlich müsstest du auch erst mal ein paar Fragen stellen. So von Mutter zu Sohn. ‹Was machst du so? Schreibst du noch? Muss ich mir Sorgen machen? Geht es dir gut? Wovon lebst du? Warum geht es dir nicht gut? Wieso die Lembachtalbrücke?› zum Beispiel wären so Fragen.»

Seine Mutter räusperte sich. «Na gut», sagte sie. «Wieso die Lembachtalbrücke?»

«Was? Weil das Leben ...»

«Wieso kein Hochhaus?», unterbrach sie. «Das wäre doch viel naheliegender. Warum fährst du denn da extra zu einer Brücke? Du wohnst doch in einem Hochhaus. Da brauchst du doch nur das Fenster aufzumachen. Wohnst du noch in einem Hochhaus?»

Tom resignierte. «Die Fallhöhe ist dieselbe», sagte er und wunderte sich, warum er immer wieder aufs Neue etwas erwartete. Oder einforderte, was einfach nicht einzulösen war. Nach all den Jahren. Nach einer ganzen Kindheit voller Ereignisse und Nicht-Ereignisse, die ihn zu dem gemacht hatten, der er heute war. Die Wurzel des Guten oder Bösen lag nun mal im eigenen Elternhaus, da hatte Frau Glöckler schon recht. Und trotzdem – die simple Hoffnung auf Einsicht, Nähe oder Empathie würde wohl niemals schwinden. Egal, wie viele Schläge man als Kind auf den Hinterkopf oder in die Magengrube bekommen hatte. Oder als Erwachsener.

«Also, sprich: Wie geht es dir, Mama?», fragte er, auch wenn der größte Teil seines verletzten Egos es gar nicht wissen wollte.

«Endlich fragst du», sagte sie patzig. «Wird ja auch Zeit. Ich hab's ein bisschen mit dem Rücken, na ja, das Alter. Wir wohnen ja hier ganz alleine, draußen im Wald, da ist das schlecht mit dem Rücken. Schon alleine wegen dem Garten.»

Wegen *des Gartens*, dachte Tom. «Was für ein Wald?», fragte er.

«Ach, das weißt du ja gar nicht. Dein Stiefvater und ich haben uns ein Häuschen im Wald gekauft. Es war ganz günstig. Könnte an der fehlenden Anbindung liegen. Und jetzt haben wir natürlich den Salat. Mit dem Rücken. Ich sehe auch nicht mehr so gut. Ich habe fast fünf Minuten gebraucht, um deine Nummer ins Telefon zu tippen. Du hättest dir ruhig eine leichtere aussuchen können.»

«Was denn für ein Stiefvater?», fragte Tom und spürte, wie sich ihm die Härchen aufstellten.

«Ach, das weißt du ja gar nicht», wiederholte seine Mutter und schien sich buchstäblich vor die Stirn zu klatschen. Zumindest erklang in der Leitung ein in diesem Sinne interpretierbares Geräusch. «Ich habe vor fünf Jahren wieder geheiratet. Bernhard. Ein guter Mann. So einfühlsam, schlau und gebildet.»

«Äh, Moment, hast du *wieder* gesagt? Wieso *wieder* geheiratet?»

«Herrje, du hast wirklich ein Gedächtnis wie ein Sieb. Weil Viktor vor zwölf Jahren verstorben ist. Dachtest du etwa, ich will mein ganzes Leben allein bleiben?»

«Ich habe noch nie irgendwas von einem Viktor gehört», sagte Tom und musste jetzt doch lachen. Endlich. «Mama, wir sprechen gerade zum ersten Mal seit zwanzig Jahren länger als fünfzehn Sekunden miteinander. Da ist das vielleicht normal, wenn mir ein paar Informationen fehlen.»

«Das ist überhaupt nicht normal. Du hättest dich ja ruhig mal etwas interessieren können. Aber du musstest ja immer irgendwohin. Termine, Termine, Termine. Keine Zeit, um mit deiner einzigen Mutter zu telefonieren.»

«Welche einzige Mutter genau? Die, die mich damals wegen jeder Kleinigkeit geschlagen hat?»

«Ich hab dich nicht geschlagen. Das waren Klapse. Die sind erwiesenermaßen gut fürs Denkvermögen. Und nur weil heute jeder Feld-, Wald- und Wiesenpädagoge der Meinung ist –»

«Oder die Mutter, die mich von einer Klinik in die nächste geschickt hat?», unterbrach Tom. «Weil sie mit mir überfordert war? Reden wir von der einzigen Mutter, die im Schlafzimmer so laut Sex mit irgendwelchen Typen hatte, dass ich nicht schlafen konnte, wenn ich überhaupt mal zu Hause war? Die mich für schwer erziehbar gehalten hat, weil ich nicht ganz so brav war wie die anderen Kinder? Die nichts auf die Reihe gekriegt hat mit ihrem einzigen Kind? Diese einzige Mutter?»

Er nutzte das ungewohnte Schweigen in der Leitung und stellte sich seine Mutter vor, fragte sich, ob sie noch immer diese blonden, hochtoupierten Haare besaß (waren sie mittlerweile gefärbt?), ob sie immer noch so überschminkt war wie damals, als sie jeden Tag über eine Stunde fürs Bemalen gebraucht hatte und ihn daher nicht einmal zur Schule bringen konnte, vom Frühstückzubereiten ganz zu schweigen. Er hatte seine komplette Kindheit des Morgens alleine mit einer Schüssel Cornflakes am Tisch in der abgedunkelten Küche verbracht (er hatte die Jalousien nicht alleine hochziehen dürfen). Ob man damals schon wusste, wie wichtig so ein Frühstück für die Entwicklung war? Wie Dunkelheit Depressionen förderte?

«Normalerweise würde ich jetzt auflegen», sagte sie. «Du bist immer noch eine Riesenenttäuschung. Da hat sich nichts geändert.»

«Warum rufst du an, Mama?»

«Dein Stiefvater ist gestorben», sagte sie.

«Wann? Vor vier Jahren? Oder vor zehn?»

Sie senkte die Stimme. «Heute. Vor achtundfünfzig Minuten.»

«Oh.» Tom schloss die Augen. «Das tut mir leid. Aber wieso erzählst du mir denn dann erst was von Tante Betti? Oder von deinem Rücken?»

«Wenn er doch weh tut.»

«Okay. Und ... äh ... wieso? Wieso ist er gestorben? Mein ‹Stiefvater›?»

«Er ist erstickt. Im Bett.»

«Wie geht das denn?»

«Mit einem Kissen», sagte seine Mutter. «Das war eigentlich ganz einfach. Und jetzt brauche ich deine Hilfe.»

*

Am Abend war Rüdiger wieder da. Es wurde bereits dunkel, der Verkehr vor ihrem Haus war stark rückläufig, die Lichter des Fitnesscenters verliehen der Straße einen blassen Heiligenschein. Er überlegte, ob er klingeln sollte, hätte dies aber als Kapitulation empfunden, als Zugeben der Nicht-Zugehörigkeit, und nahm folgerichtig den Schlüssel. Er betrat den Hausflur, ließ die Tür nicht zuknallen, sondern schloss sie behutsam, wie er es immer tat um diese Uhrzeit (auch wenn er stets der einzige Mieter gewesen war, der diese Rücksicht genommen hatte), er stieg die Stufen hinauf, die hallenden, klackernden Stufen und hoffte, dass Silvia das Schloss nicht ausgewechselt hatte. Das Treppenhaus wirkte fremd, so wie es manchmal war, wenn man aus dem Urlaub zurückkam und die gewohnte Umgebung mit frischen, aufmerksameren Augen neu betrachtete. Bei Konopkes im Hochparterre standen dreckige Turnschuhe verschiedener Größen auf der Fußmatte, hinter Bela Borsigs totenkopfverzierter Wohnungstür wütete lebensverachtender Death Metal (Borsig war Sozialarbeiter).

Rüdiger ärgerte sich darüber, dass die anderen einfach so weiterlebten, als wäre nichts geschehen, wusste natürlich, dass das so sein musste, dass die meisten Mieter überhaupt keine Ahnung hatten, was in der Wohnung der Bunzels vor sich gegangen war, hätte sich dennoch irgendeine obskure Solidarität erhofft, vielleicht hätten sie wenigstens mal für fünf Minuten gemeinsam das Licht ausmachen oder DIN-A4-Zettel mit seinem Namen an ihren Türen befestigen können, irgend so etwas halt. Aber die Welt war grausam, am Ende war sich jeder selbst der Nächste, war man sowieso allein, gab es keine Liebe unter den Menschen und so weiter und so fort.

Im ersten Stock hielt er kurz inne und hörte Frau Bormann hinter der Tür weinen. Das gibt es doch nicht, dachte er, wie war das mit den Muskeln und der Kraft und dem Leopardenbody? Jetzt stand sie wieder da und weinte. Vielleicht saß sie auch. Lief das immer abwechselnd ab? Vielleicht sogar jeden Tag? Er schüttelte den Kopf, beschleunigte und nahm zwei Stufen auf einmal. Dann war er oben, stand vor ihrer Tür, vor seiner Tür, beachtete das vor Ewigkeiten von Silvia und Lilian gebastelte Schild mit dem Vogelhäuschen und der Aufschrift *Hier wohnen Silvia, Rüdiger, Lilian und Max*. Es würde schwer sein, seinen Namen aus dem Kunstwerk zu tilgen, dachte er, und Florentin hatte zwei Buchstaben mehr. Ha, Florentin.

Er klopfte, ganz leise, wartete, bekam keine Reaktion, dann schloss er die Tür auf und lauschte in den Wohnungsflur hinein. In der Küche war Licht, die Kinderzimmertüren waren geschlossen, das Wohnzimmer war dunkel. «Hallo?», rief er. «Silvia?»

Ihr Kopf tauchte aus der Küche auf. «Was machst du denn hier?», fragte sie.

«Mit dir reden», sagte er und schloss die Tür. Er bemühte sich, möglichst wenige Eindrücke zu sammeln, spürte lieber das Foto der Kinder in der hinteren Hosentasche, das er immer noch spazieren trug, und ging schnurstracks durch bis in die Küche.

«Wieso rufst du nicht an, bevor du kommst?», fragte sie, lehnte sich mit dem Po gegen die Spüle und verschränkte die Arme. Sie sah gut aus. Besser denn je eigentlich.

«Weil ich Angst hatte, dass du es mir ausredest. Oder dass du mich nicht reinlässt.»

«Dann hattest du ja einmal recht. Was willst du?»

«Ich brauche ein paar von meinen Büchern. Und Sportschuhe. Und ich will wissen, wie es jetzt weitergeht. Ich kann doch nicht ewig im Hotel bleiben. Das kostet ja auch.»

Sie zeigte auf eine aufgeschlagene Zeitung. «Florentin und ich suchen nach einer Wohnung.»

«Ihr wollt hier raus?»

«Wir suchen für *dich*, Rüdiger.»

Rüdiger empörte sich. «Wie bitte? Das ist ja wohl der Gipfel der Entmündigung. Das kann ich selbst! Selbst kann ich das!»

«Wie viele Wohnungsanzeigen hast du dir denn schon angeguckt? Oder Wohnungen?»

«Na ja ...»

«Siehst du.»

Er senkte den Blick. «Ich hab nicht gewusst, dass das so endgültig ist. Das alles.»

Silvia lächelte. Wieso lächelte sie?

«Du warst immer schon ein Träumer, Rütze», sagte sie. «Entschuldige, Rüdiger.»

Er presste die Lippen aufeinander. «Jeder träumt doch von was. Immer. Sonst hält man das ja gar nicht aus, das Leben. Ich bin mir auch gar nicht sicher, ob du nicht auch von etwas träumst, was du nicht kriegen kannst», sagte er.

Silvia stellte sich aufrecht hin. «Wie meinst du das?»

«Hab ich was verpasst?», fragte eine wohlbekannte, tiefe, männliche Sympathiestimme, deren Besitzer im Vollbesitz seines Charismas überraschend hinter Rüdiger auftauchte. Florentin war wohl im Bad und unter der Dusche gewesen, zumindest deuteten das nasse, mit Rüdigers Lieblingshandtuch frisch abgerubbelte Haar und der freie Oberkörper (dessen Proportionen wirklich beeindruckend waren) unzweideutig darauf hin.

«Rüdiger will ein paar Bücher holen», sagte Silvia.

«Sehr gut», sagte Florentin. «Lesen bildet und erhält mir den Job.»

Rüdiger fühlte sich nicht ernst genommen, dafür von oben herab behandelt, und verpasste auch nicht den warnenden Blick, den Florentin ihm zuwarf. Das reizte ihn zusätzlich.

«Hat dir dein Florentin schon erzählt, wie er es seiner Frau erzählt hat, das mit euch?», sagte er und schaffte es leider nicht, seinem, na ja, Rivalen dabei in die Augen zu schauen. Das wäre deutlich souveräner gewesen, so kam seine Frage etwas hinterrücks daher.

«Hat er», sagte Silvia steif.

«Hab ich», sagte Florentin gelassen.

«Ich kann mir das lebhaft vorstellen», sagte Rüdiger. «So bei sich zu Hause, die Frau hat gerade das Abendessen gemacht, irgendwas ohne Kohlenhydrate und Gluten, die Kerzen brennen, der Wein steht auf dem Tisch, gleich würde man vielleicht noch einen Film gucken, irgendwas mit weinenden Kamelen oder was Altes mit Romy Schneider und Michel Piccoli, da kommt der vollkommen nüchterne Florentin um die Ecke und sagt ‹Du Schatz, wir müssen da noch was besprechen, denn ich hab es bisher irgendwie versäumt, dir das mitzuteilen, aber ich gehe schon seit vier Jahren fremd, obwohl man da ja gar nicht mehr fremd sagen kann, und ich würde jetzt gerne mit dieser Frau, sie heißt Silvia, zusammenziehen, das verstehst du sicher und du weißt doch, dass ich keine Auberginen mag, warum hast du denn Auberginen gekauft, aber ich hätte hier einen leckeren Apfelkuchen, den ich nur für dich gebacken habe, sozusagen zum Abschied, denn wenn ich etwas kann, dann ist es Apfelkuchen, es ist eine Frage des Zuckeranteils, und jetzt entschuldige mich bitte, denn ich gehe jetzt zu ihr, zu dieser Silvia, ein schöner Name übrigens, findest du nicht, denn sie hat gerade ihren Mann rausgeschmissen und wir können endlich auch abends Sex haben, denn stell dir vor, morgens mag sie das gar nicht so, dabei haben wir das jahrelang nur morgens gemacht, weil dieser Trottel von Ehemann ja leider Lehrer ist oder war und immer schon nachmittags zu Hause, und dann saß der in seinem Wohnzimmer rum und hat Zinnfiguren bemalt und Löcher in die abgedunkelte Luft gestarrt, aber währenddessen konnte man natürlich trotzdem keinen Sex haben, am Ende hätte der noch was gemerkt und das wäre zwar auch egal gewesen, du weißt ja, meine Erektionen halten länger als eine Duracell-Batterie, aber es hätte den Spaß vielleicht doch ein klein wenig beeinträchtigt und jetzt können wir es sozusagen offiziell machen und ich wünsche dir noch viel Spaß mit dem weinenden Kamel und müsste dann jetzt auch noch mal los.›»

«Bist du fertig?», fragte Silvia.

«Ja», sagte Rüdiger erschöpft.

«Dein Apfelkuchen steht im Kühlschrank», sagte sie.

«Zu Hause backe ich nie Apfelkuchen», sagte Florentin. «Und das Ganze war ja auch ein klein wenig anders.»

«Ach ja?», fragte Rüdiger gehässig.

«Ja. Weil ich es meiner Frau gestern gar nicht gesagt habe», gab Florentin zu. Leider wirkte er dabei immer noch entspannt. Warum bloß war er entspannt? «Ich habe es ihr heute Abend gesagt. Deswegen bin ich jetzt ja auch hier. Es wäre nicht gut gewesen, die Nacht zu Hause zu verbringen.»

«Ich weiß, dass Florentin gestern im Stripclub war», sagte Silvia. «Mit zwei Autoren und seinem Verleger. Er hat es mir schon erzählt. Auch, dass er dich dort getroffen hat. Und dass er Angst hatte, dass du es mir vor ihm erzählst. Und wie das dann wohl gewirkt hätte.»

«Und das hat dich nicht gestört?», fragte Rüdiger aggressiv und seines einzigen Trumpfes beraubt. «Dass man als Lektor in so einen Stripclub gehen muss?»

«So schlimm war das nun auch wieder nicht», sagte Florentin leichthin.

«Der Spießer von uns beiden bist du», sagte Silvia kühl. «Mich wundert viel mehr, was *du* da gemacht hast?»

«Ich muss mich doch jetzt hier nicht verteidigen?»

«Natürlich nicht. Du bist ein freier Mann.»

«Muss ich mich verteidigen?»

«Sagte ich doch gerade, nein.»

«Ich habe einen Laptop gesucht», sagte Rüdiger würdevoll, sah an Silvias skeptischem Gesichtsausdruck, dass diese Erklärung gelinde gesagt erklärungsbedürftig gewesen wäre. Dazu hatte er allerdings keine Lust. «Glaub es, oder glaub es nicht», knurrte er.

«Was soll Mama glauben?», fragte eine kindliche Stimme neben dem Türrahmen ängstlich. Lilian stand da. Im Nachthemd, auf dem lauter Snoopys auf Hundehütten kauerten. «Was soll Mama glauben, was?»

«Nicht das, was du denkst», sagte Rüdiger entschieden. «Wieso schläfst du denn nicht?»

«Was denkt Lilian, was ich glauben soll, was ich nicht glaube?», fragte Silvia. Florentin blickte höchst interessiert. Vielleicht auch nur wegen der komplexen Formulierung.

«Nichts», sagte Rüdiger. «Das ist eine Sache zwischen Vater und Tochter.»

Lilian atmete auf und verfiel ansatzlos in pubertäres Überlegenheitsgetue. «Ihr habt Lärm gemacht», sagte sie. «Da kann man nicht schlafen. Wenn Kinder so einen Lärm machen würden um die Uhrzeit, gäbe es sofort wieder Ärger.»

«Kannst du mir trotzdem den Gefallen tun und mir zwei, drei Bücher aus dem Wohnzimmerregal holen? Egal was, linke Seite, die oberen beiden Reihen habe ich noch nicht gelesen. Davon, bitte. Aber keinen Krimi. Und nichts mit Liebe oder Kummer. Zu spannend darf es auch nicht sein.»

Lilian nickte, drehte sich wie ferngesteuert um und ging ins Wohnzimmer.

«Wieso hört die denn plötzlich auf dich?», fragte Silvia verblüfft. «Sogar ohne Widerworte?»

«Wir hatten ein gutes Gespräch heute Nachmittag», sagte Rüdiger.

Florentin nickte anerkennend. Fast wohlwollend. Oder schon wieder herablassend?

«Sag mal, kannst du dir bitte mal ein T-Shirt anziehen?»

Silvia blickte genervt zu dem überaus männlichen Lektor, der sogleich lächelnd und wie ein frisch geöltes Model aus der Küche schritt, wahrscheinlich, um sich wie in dieser alten Deo-Werbung kopfüber eine noch zu findende Felsküste hinabzustürzen und dabei verdammt gut auszusehen. So zumindest dachte sich Rüdiger das und hoffte, unterhalb der imaginären Felsküste fehlte das Wasser.

«Ich möchte mehr Zeit mit Max verbringen», sagte er.

«Weiß ich nicht, ob das gut ist», sagte Silvia. «Ich wollte dir diese typische Regelung vorschlagen, dass du deine Kinder jedes zweite Wochenende siehst.»

«Wieso das denn?», fragte Rüdiger entsetzt. «Damit nimmst du mir ja jegliche Aufgabe. Dann bin ich gar nicht mehr Teil ihres Lebens.»

«Ich glaube, es ist wichtig, dass die Kinder in ihrer Struktur bleiben.»

«Ich glaube, es ist wichtig, dass die Kinder ihren Vater sehen.»

«Das hat dich doch vorher auch nicht interessiert.»

«Das stimmt nicht.»

«Doch, das stimmt.»

«Jetzt interessiert es mich.»

Lilian kam zurück. In ihrer zittrigen Hand trug sie drei Kinderbücher, es ging um zwei Rattenkinder namens Eliot und Isabella, die sicherlich nicht allzu spannende, liebeslüsterne oder traurige Abenteuer erlebten. Dafür gab es viele bunte Bilder.

«Was anderes hab ich nicht gefunden», sagte sie.

«Das passt schon», sagte Rüdiger. «Ach, Lilian ...»

«Ja?»

«Du bist dreizehn.» Rüdiger betonte die Zahl besonders, wie um seine Tochter an etwas zu erinnern. «Reicht es dir, wenn wir uns alle zwei Wochen am Wochenende sehen?»

«Reicht es dir denn?»

«Nein, mir reicht es nicht.»

«Dann reicht es mir auch nicht», sagte Lilian brav. «Am Wochenende will ich mit meinen Freunden abhängen. Papa möchte ich lieber an einem Donnerstag sehen. Oder Dienstag oder so. Oder beides. Wie Papa das will.»

Silvia machte ein misstrauisches Gesicht. Irgendwas war hier faul, sie erkannte ihre Tochter nicht wieder. Florentin kam zurück und trug ein rotes T-Shirt, auf dem in gelber Schrift *ABC-Schütze* stand. Alle Blicke galten ihm. Nicht einer davon konnte angenehm sein.

«Soll ich lieber wieder rausgehen?», fragte er. «Ich hab noch ein anderes T-Shirt, das ich anziehen kann. Ich kann mir auch Zeit lassen, beim Anziehen.»

Silvia verdrehte die Augen, Rüdigers Handy vibrierte in seiner Hosentasche. Das war so ungewohnt für ihn, dass er zunächst dachte, er hätte ein nervöses Leiden. Wäre ja auch nicht unverständlich gewesen, in dieser Situation. Er zog das Handy heraus und schaute es an wie etwas sehr Fremdes, sehr Obskures. Die Nummer kam ihm irgendwie bekannt vor. Er ging ran.

«Ja?», fragte er misstrauisch.

«Ich bin's, Tom», sagte Tom.

«Mensch», sagte Rüdiger. «Das ist gerade ein bisschen schlecht.»

«Ja, bei mir auch», sagte Tom. «Hast du ein Auto?»

«Nein, hab ich nicht, wieso?»

«Scheiße, ich brauche ein Auto. Jetzt.»

«Kennst du denn niemanden, der ein Auto hat?»

«Ich hab keine Freunde», sagte Tom und wirkte selbst für seine Verhältnisse verzweifelt. «Ob mit Auto oder ohne.»

«Aber du willst nicht damit gegen einen Baum fahren?», fragte Rüdiger.

«Nein, will ich nicht», sagte Tom. «Zu meiner Mutter will ich. Muss ich.»

«Ich komme mit», sagte Rüdiger sofort. Das konnte die Aufgabe sein, die er jetzt benötigte. Ein Ziel.

«Du kommst auf gar keinen Fall mit.»

«Ich komme mit.»

«Aber zu zweit haben wir immer noch kein Auto», sagte Tom. «Außerdem ist dann ja auch die Frage, wo man übernachtet. Bei meiner Mutter jedenfalls nicht. Und die wohnt mitten im Wald. Da gibt's kein Hotel oder so. Und im Auto kann ich auch nicht. Ich bin zu groß.»

«Da bräuchte man ja fast ein Wohnmobil», sagte Rüdiger.

Tom schwieg.

«Hallo?», fragte Rüdiger.

«Ich kenne jemanden, der ein Wohnmobil hat. Komm so schnell wie möglich zur Lembachtalbrücke. Aber nach unten. Auf den Campingplatz. Und spring nicht runter, nimm den Fußweg.»

«Sehr witzig.»

Tom legte auf, Rüdiger tat es ihm gleich. Mit gewichtiger Miene.

«Ich habe einen Termin», sagte er. Sein Ton war fester als gewöhnlich. «Jetzt.»

Er gab seiner verblüfften Tochter einen Kuss auf die Stirn (musste dafür ein wenig auf die Zehenspitzen steigen), nahm die Kinderbücher und ließ die anderen stehen. Er durchquerte den Flur, es machte ihm nichts aus, das musste gar nicht mehr sein Flur sein, er hatte eine Aufgabe, ein Ziel, obwohl er keine Ahnung hatte, was mit Toms Mutter überhaupt los war, ob sie krank war, gestorben, in Schwierigkeiten oder einfach nur anderweitig hilfsbedürftig. Es war ihm egal. Es ging nur darum, etwas zu tun. Gegen die Depression, gegen eine Leere, die gleichzeitig Enge bedeutete (klang das nicht nach einem Vakuum?), gegen den Todeswunsch, das Gefühl von Sinnlosigkeit, den Überdruss. Er fand, er machte Fortschritte. Die morschen Planken konnten nach wie vor jederzeit brechen und ihn in den Abgrund reißen, aber er war auf dem steten Weg über die nur gelegentlich wackelnde Hängebrücke. Und vielleicht würde er eines Tages sogar drüben ankommen, dort, wo das Gras immer grüner und die Weiden saftiger waren.

Er zog die Wohnungstür leise hinter sich zu, nahm immer zwei Stufen auf einmal, einmal sogar drei, hatte die Turnschuhe, die er mitnehmen wollte, völlig vergessen und passierte den ersten Stock. Erst eine halbe Treppe später registrierte er den langgezogenen Klagelaut aus Frau Bormanns Wohnung, der nur deshalb langgezogen war, weil Rüdiger so ein Tempo drauf gehabt hatte. Eigentlich schluchzte Frau Bormann auf die gewohnte Weise, ruckhaft, unrhythmisch und herzzerreißend. Rüdiger zerrte an sich selbst wie ein ungeduldiges Rennpferd, ging zwei Stufen hinunter, dann wieder einige hinauf, verdrehte die Augen, schimpfte vor sich hin, dann stand er vor Frau Bormanns Tür, auf ihrer Matte, und klingelte.

Sie brauchte keine zwei Sekunden, dann öffnete sie, in ihrer Blümchenschürze, unterwürfig sah sie aus, ganz klein, die Augen verheult, nichts erinnerte an Leopardendress, Stirnband und das Selbstbewusstsein vom Vormittag.

«Herr Bunzel», sagte sie undeutlich. «War ich zu laut?»

«Nein», sagte er und drückte ihr die Kinderbücher in die Hand. «Überhaupt nicht. Lust auf ein Abenteuer?»

TEIL 3

23

Der Taxifahrer hatte viermal nachgefragt und war sich immer noch nicht sicher, ob er es richtig verstanden hatte.

«Sie wollen wirklich auf die Lembachtalbrücke, ja?», fragte er erneut.

Rüdiger und Frau Bormann saßen nebeneinander auf dem Rücksitz und bejahten. Frau Bormann allerdings leicht zeitversetzt und nur, weil Rüdiger es ihr vorgemacht hatte. Sie hatte keine Ahnung, warum sie am späten Abend, der gerade eben so noch nicht der nächste Tag war, ausgerechnet dorthin fuhr, was sie dort sollte oder worin ihr groß angekündigtes Abenteuer bestehen würde. Auf der anderen Seite, und das war das eigentlich Schöne, weckte diese Unkenntnis ihre seit langem verschüttete Neugier. Und verschaffte ihr damit bessere Laune.

«Der Kunde ist König», murmelte der Fahrer, ein voluminöser Bär mit Taliban-Bart und Holzfällerhemd, für den das Taxi eigentlich eine Nummer zu klein war.

Sie hatten das Zentrum hinter sich gelassen, fuhren schon auf dem Zubringer, es war eine schwüle, unfreundliche Sommernacht, der Taxifahrer hatte exakt acht Minuten gebraucht, um Rüdiger und Frau Bormann von zu Hause abzuholen, acht Minuten, in denen sich Frau Bormann etwas Schickes angezogen (ein durchaus elegantes, blaues Kleid mit Brosche, das sie früher gewiss zu offiziellen Anlässen getragen hatte und das nur an wenigen Stellen gestopft war) und sich die Tränen aus dem Gesicht geschminkt hatte. Dann war sie bereit gewesen, hatte keine weiteren Fragen gestellt, sich ganz und gar dem doch eigentlich fremden Herrn Bunzel ausgeliefert, sogar die drei Kinderbücher, die er bei sich trug, in den Tiefen ihres Flurschränkchens in Verwahrung genommen und schien nur froh zu sein, nicht länger in ihrer Wohnung zu sitzen, diesem Museum, zurückgeworfen auf die vielen, vielen Fotos an den Wänden, die damit verbundenen Erinnerungen und das Dröhnen des eigenen Schweigens.

Rüdiger hingegen hatte sein spontanes Angebot bereits mehrfach bereut, so ehrlich musste man sein, denn Frau Bormann vermisste die Stille wirklich so gar nicht. Sie redete und redete, er wollte schlicht nicht versiegen, der Redefluss, außerdem wusste Rüdiger auch gar nicht, wie Tom darauf reagieren würde, wenn er nicht alleine kam. Noch dazu mit einer alten Dame im Gepäck, die als helfende Hand wahrscheinlich keine allzu große Rolle spielen, dafür aber dank mangelnden Tempos in Kombination mit ausgeprägter Erzählfreudigkeit ein sicheres Hindernis darstellen würde. Für was auch immer.

Frau Bormann beschallte das Taxi jedenfalls im Alleingang, gewissenhaft plappernd, sie hatte von Fischen auf Fidschi berichtet, von Tigern in Thailand und Rotkehlchen in Rosenheim. Sie hatte ihre Familiengeschichte geplündert, ihren weltmännischen Mann ein weiteres Mal verbal hingerichtet, die beiden Kinder verherrlicht bis zur Ikonisierung und von Tanzauftritten in Paris berichtet, bei denen die sogenannten Herren der Schöpfung am Ende ihre Krawatten auf die Bühne geworfen hätten, weil es mit der Unterwäsche damals nicht so gängig gewesen sei.

«Das letzte Mal Taxi bin ich gefahren, als mein Mann noch gelebt hat», erzählte sie gerade. «Das war in Französisch-Kongo, da hieß es aber schon Volksrepublik Kongo, da sind wir mit dem Taxi nach Gabun rüber, weil ich beim improvisierten Theater, ich habe nämlich auch mal Theater gespielt, weil ich beim improvisierten Theater kurzzeitig vergessen hatte, dass das Land sozialistisch war, und einen flammenden Appell für die kapitalistische Leistungsgesellschaft gehalten habe, in der Rolle natürlich nur, ansonsten bin ich da wesentlich differenzierter, jedenfalls mussten wir ganz schnell verschwinden, das gab vielleicht einen Zwischenfall, auch in Bonn. Da spielt man einmal Theater und wird schon von der Bühne gejagt. Mein Mann musste beim Bundeskanzler persönlich antreten damals, die haben eine halbe Flasche Whisky geleert, da hat er noch Jahre von erzählt.»

«Sagen Sie mal, Sie wollen die Frau aber nicht runterstürzen, von der Lembachtalbrücke, oder?», fragte der Taxifahrer gemütlich. «Da müsste ich dann doch Meldung machen.»

«Nein, nein», sagte Rüdiger. «Von der Brücke runterstürzen, absurd.»

«Junger Mann, war das gerade eine Frechheit?», fragte Frau Bormann irritiert, aber der Taxifahrer und Rüdiger verneinten im Gleichlaut.

«Wo soll ich Sie denn rauslassen?», fragte der Taxifahrer. «In der Mitte?»

«Wieso denn ausgerechnet in der Mitte?», fragte Rüdiger.

«Keine Ahnung. Wegen der Symmetrie, dachte ich. Jedenfalls haben Sie von da den besten Blick.»

«Nein, nein, einfach an den Rand, bringen Sie uns einfach an den Rand. Wir wollen auch gar nicht auf die Brücke, wir wollen *unter* die Brücke. Dahin, wo der Campingplatz ist.»

«Warum haben Sie das denn nicht gleich gesagt?», fragte der Taxifahrer. «Da kann ich Sie doch hinbringen. Da müssen Sie doch nicht über Stock und Stein. Mit der alten Dame. Bei allem Respekt.»

«Ach, da gibt es einen anderen Weg?»

«Ja, natürlich», sagte der Taxifahrer. «Oder glauben Sie, die Wohnwagen sind den Abhang hinuntergeklettert?»

«Wussten Sie, dass in Mosambik einmal ein Taxifahrer aus seinem Taxi gezogen und spontan hingerichtet worden ist, weil er die falsche Abzweigung genommen hatte?», sagte Frau Bormann. «Ich stand direkt daneben. Der Pistolenschuss war so laut, dass ich mehrere Tage auf dem linken Ohr taub war. Das war sehr radikal, auch nicht schön anzusehen, aber irgendwie konsequent.»

«Letzte Chance», seufzte der Taxifahrer. «Doch lieber auf die Brücke? Ich erzähl's auch nicht weiter.»

«Nein, nein», sagte Rüdiger. «Der Campingplatz genügt.»

*

Tom hatte die S-Bahn genommen und sorgsam die Nähe zu anderen Passagieren vermieden (vor allem zu Frauen mit Smartphones, hohen Absätzen und sichtbarer Blumenaversion), zumal er in seinem Rucksack den Laptop trug, die einzige Verbindung zu einer im besten Falle zufriedenstellenden Zukunft. Er würde den Teufel tun und den Computer jemals wieder in der Öffentlichkeit herausholen. Sein Arm schmerzte noch, vor allem wenn er an ihn dachte, den Arm, oder an den Messerstecher mit den heruntergetretenen Schuhen; an der Haltestelle Lilienstraße überkam ihn kurzzeitig sogar ein Hauch von Panik, so unfassbar der Zufall auch hätte sein müssen, aber vielleicht, das sollte zumindest bedacht werden, stand er ja auch den ganzen Tag hier, der Übeltäter, und wartete auf Opfer jeglicher Couleur oder einfach direkt auf ihn, den MacBook-Besitzer mit den schulterlangen Haaren und der enormen, aber nicht ausreichend einschüchternden Körpergröße.

Als die Türen sich öffneten, stieg jedoch lediglich ein Rentner mit Hut und Rollator ein, der bei allem zur Verfügung stehenden Platz direkt hinter dem Eingang stehen blieb, um kommenden Fahrgästen den Zutritt wirkungsvoll zu versperren. Tom atmete durch. Das Lembachtal näherte sich unwiderruflich. Er fragte sich, warum er das hier überhaupt tat, was ihn antrieb, sich dem Ruf einer Mutter, die ihm sowohl eine unglückliche Kindheit als auch lebenslange Folgeschäden beschert hatte, einfach so zu fügen? So als wären sie eine ganz normale Familie, wo der eine für den anderen einstand? Sie waren aber keine ganz normale Familie. Sie waren überhaupt keine Familie. Sie waren so weit weg von einer Familie wie eine Zwangsverbindung aus Huhn und Hamster. Warum ließ er sie nicht einfach auf ihrer Leiche sitzen und ins Gefängnis wandern? Wäre das nicht sogar eine allzu berechtigte Rache gewesen? Er dachte darüber nach und kam zu dem Schluss, dass Blutsverwandtschaft wohl doch eine Bedeutung haben musste, die nicht logisch zu ergründen war. Und dass man trotzdem sein Leben lang immer wieder versuchte, es seinen Erzeugern recht zu machen.

Als die Türen sich am Lembachtal öffneten, war Tom erneut der einzige Fahrgast, der die S-Bahn verließ oder betrat, was ihn zu der grundsätzlichen Frage der Sinnhaftigkeit dieser Haltestelle verleitete. Sie schien an und für sich keine weitere Funktion zu haben, als potenziellen Selbstmördern die Anreise zur Brücke zu erleichtern. Rein städteplanerisch war das fragwürdig.

Tom eilte nach oben, auf der fahrenden Rolltreppe, immer zwei Stufen auf einmal nehmend, er hörte schon aus größerer Entfernung den Hall eines einsamen Saxophonspielers am Eingang, der «Summertime» mit melancholischer Bestimmtheit in eine Ode der Traurigkeit verwandelte (aber in der Wahl seines Auftrittsortes wenig Geschick bewiesen hatte). Er blieb kurz stehen, betrachtete die schwarz gekleidete, zerfurchte Gestalt mit dem breitkrempigen Hut, warf zwei Euro in den Koffer, verließ die Haltestelle, trat in ein Kaugummi, streifte es mühsam und umständlich ab, ging ein paar Meter den Bürgersteig entlang, dann nahm er den Weg ins Tal und bemühte sich, so viel Krach zu machen wie nur irgend möglich, Äste brechen zu lassen, elefantös über Stock und Stein zu springen und dabei so laut zu fluchen wie ein Sumo-Ringer, der sich versehentlich auf einen Marathon begeben hatte. Schon nach wenigen Augenblicken erlosch im einzig beleuchteten Wohnmobil des Campingplatzes das Licht. Keiner da. Dass das wirklich funktionierte, dass die Männer vom Ordnungsamt da tatsächlich auf Durchzug schalten sollten, übertraf Toms Vorstellungsvermögen.

Wolken waren aufgezogen, es wurde immer drückender, der Campingplatz lag vollkommen im Dunkeln bei absoluter Windstille. Es kündigte sich etwas an. Etwas Donnerndes. Etwas Blitzendes.

«Heiner», rief Tom, kaum hatte er den Grund erreicht. Es waren nur wenige Schritte bis zu seiner Tür. «Hallo?!»

Heiner reagierte nicht. Aus seinem abgedunkelten Wagen drang der nicht gerade dezente Groove von 10ccs «Dreadlock Holiday». Heiners Tarnung war mit oberflächlich tatsächlich ausnehmend wohlwollend beschrieben.

«Nun komm schon raus», rief Tom. «Ich sag jetzt ‹du›. Ich bin's, Tom.»

Die Wohnmobiltür öffnete sich quietschend.

«Meine Fresse», sagte Heiner. «Hast du mich erschreckt. Das ist doch gar nicht die Uhrzeit für die vom Ordnungsamt.»

«Das wollte ich nicht», sagte Tom.

«Hast du deinen Laptop schon wieder verloren?», fragte Heiner, schaltete seine Taschenlampe an und leuchtete prophylaktisch die Umgebung ab. Im Gehölz raschelte ein Tier.

«Nein», sagte Tom.

«Runtergeschmissen? Von da oben?» Heiner leuchtete in Richtung Brücke, aber der Strahl verreckte auf halbem Weg.

«Auch nicht.»

«Also, was willst du dann hier?»

«Dich besuchen», sagte Tom leichthin.

Heiner grunzte. «Dass das mal nicht zu einer schlechten Angewohnheit wird. War ich wohl zu nett, was?»

Tom grinste. «Die Suppe war zu gut.»

Heiner drehte sich um und schaltete das Licht an. «Hab aber keine mehr. Weiß ich auch gar nicht, ob ich jetzt immer Besuch haben will. Das Gras ist auch alle.»

«Was denn für Gras?»

«Ach, nix.»

«Darf ich trotzdem reinkommen?»

Heiner nickte und machte den Weg frei. Tom betrachtete das Wohnmobil aufmerksam, wie um es auf seine Fahrtüchtigkeit zu prüfen. Es war aber auch von innen und auf den dritten Blick nichts weiter als ein altes, verdrecktes Wohnmobil, das in der Gegend herumstand und sich langsam, aber sicher, mit dem Gelände gleichmachte.

«Was guckst du denn so?», fragte Heiner. «Bist du vielleicht doch vom Ordnungsamt? Gesundheitsamt? Ich muss dich warnen, ohne Gras bin ich etwas paranoid. Einmal war ich vier Tage ohne, da habe ich ein Loch hinter dem Wohnmobil gegraben, mit einem Löffel, und meine sämtlichen Vorräte darin verbuddelt. Ich hab gedacht, wenn da jetzt eine Pershing auf mich draufﬂiegt, eine Pershing vom Ordnungsamt, dann bin ich zwar hin, aber meine Vorräte sind gesichert, für die Nachwelt und so. Und wenn ich gerade mal containern bin, zufällig, und die schießen dann eine Pershing, dann hab ich zwar kein Dach mehr über dem Kopf, aber wenigstens meine Konserven.»

«Aber wieso denn ausgerechnet eine Pershing? Wieso sollten die denn eine Pershing schießen? Gibt doch gar keine Pershings mehr», sagte Tom und dachte sich, dass das bestimmt das Letzte war, was Heiner politisch mitbekommen hatte, der russisch-amerikanische Rüstungswettlauf in den Achtzigern, das ganze Dilemma rund um die Stationierung der Pershing-II-Raketen in Deutschland. Heiner hatte bestimmt dagegen demonstriert. Er war so ein Typ. So ein Typ mit Kippe im Mund und Norwegerpullover und Palästinenserschal und Spruchband über dem Kopf.

«Ist ja nur ein Bild», beschwichtigte er. «Steht für alles Böse und so.»

«Die sind zerstört worden, die Dinger», sagte Tom.

«Ja, sag ich ja, ein Bild. Gibt doch bestimmt noch andere Raketen, oder?»

«Aber nicht beim Ordnungsamt.»

«Weiß man's?»

Heiner grinste und öffnete ein Schränkchen unterhalb der Spüle. Darin waren zwei Dosen Pfirsiche. «Hier, vom Feinsten», sagte er. «Höchstens drei Jahre alt. Und gerade mal einen Monat drüber. Willste?»

«Nee», sagte Tom und dachte, er musste dringend zum Punkt kommen. «Hör mal», sagte er. «Du hast doch dieses Wohnmobil ...»

Heiner wurde auf der Stelle misstrauisch. «Ja?»

«Wie machst du das eigentlich, wenn du mal irgendwo hinmusst?»

«Wie, wie mache ich das?»

«Ja, wie machst du das?»

«Aufs Klo, oder was? Dann geh ich einfach. Das funktioniert noch.»

«Nein, nicht aufs Klo. Weiter weg. Also, zum Arzt. Oder einkaufen.»

«Dann fahre ich dahin.»

«Aha!», triumphierte Tom. «Dann fährst du dahin! Mit dem Wohnmobil!»

«Nee, mit der Bahn», sagte Heiner. «Da oben ist doch 'ne Haltestelle. Hast du gar nicht gesehen? Direkt da oben? Weiß eigentlich gar nicht, warum. Also, warum da 'ne Haltestelle ist. Da ist irgendwie nie jemand.»

«Okay, du fährst also mit der Bahn.» Tom wurde ungeduldig, «Du könntest aber auch mit dem Wohnmobil fahren, richtig?»

Heiner sah sich um, als wäre ihm der Gedanke noch nie gekommen. «Ja, klar, das müsste gehen, sicher. Ist halt schon lange nicht mehr bewegt worden, weiß gar nicht, ob da noch Benzin im Tank ist.»

«Wenn da jetzt aber Benzin im Tank wäre und irgendjemand würde auf die Idee kommen zu sagen, komm, ich mach dir den voll, den Tank, würdest du es dann in Erwägung ziehen, noch mal 'ne Runde mit dem Ding zu drehen?»

«Da müsste bestimmt Luft in die Reifen.»

«Das ließe sich doch einrichten.»

«Und Scheibenwischflüssigkeit.»

«Auch das.»

Heiner wog sorgfältig ab, was sich durch ein Pendeln des Kopfes Ausdruck verlieh.

«Nee», sagte er dann. «Mir geht es doch gut hier. Warum soll ich wohin fahren? Nachher ist der Platz weg, wenn ich wiederkomme.»

Tom schüttelte den Kopf. «Der Platz ist nicht weg. Wer soll dir denn den Platz wegnehmen?»

«Die vom Ordnungsamt?»

«Quatsch, was wollen die denn mit deinem Platz? Außerdem können wir da doch einen Stuhl hinstellen oder ein Schild oder so etwas.»

Heiner räumte die Konserve mit den Pfirsichen wieder in den Schrank und verschloss die Tür sorgfältig. «Warum willst du denn unbedingt, dass ich hier wegfahre?», fragte er. «Ich bin zwar alt, aber ich kann echt unangenehm werden. Vor allem, wenn ich kein Gras habe. Und wenn ich das Gefühl habe, da will mich jemand in die Scheiße reiten.»

«Will ich gar nicht», sagte Tom. «Also gut: Ich brauche eine Mitfahrgelegenheit.»

«Wann?»

«Jetzt.»

«Jetzt? Es ist dunkel.»

«Hat dein Wohnmobil kein Licht?»

«Ich bin nachtblind. Komm, hau ab.»

Heiner stand auf, hatte die Faxen eindeutig dicke, wedelte mit den Armen und öffnete die Tür.

«Vielleicht kann ich dir erst mal sagen, wo ich unbedingt hinmuss», sagte Tom.

«Kein Interesse.»

«Und warum ich dahin muss.»

«Verschwinde. Ich bereue es, mit dir meine Broccolisuppe geteilt zu haben.»

«Die war sehr lecker.»

«Eben. Geh auf die Brücke und spring da runter. Aber eher rechts, bitte.»

«Meine Mutter. Ich muss zu meiner Mutter.»

«Schöne Grüße.»

«Mein Stiefvater ist tot. Heute gestorben.»

«Mein Beileid.»

«Meine Mutter hat ihn mit einem Kissen erstickt.»

Jetzt schwieg Heiner. Zunächst. «Das ist doch eine Räuberpistole», sagte er dann. «Das ist doch eine von den Geschichten, die ich sonst immer erzähle, um mich wichtig zu machen.»

«Ich glaube nicht.» Tom wusste, er hatte ihn am Haken. «Ich habe meine Mutter seit zwanzig Jahren nicht gesehen und auch nur wenig gesprochen, aber heute hat sie angerufen und gesagt, sie hätte meinen Stiefvater mit einem Kissen erstickt, obwohl ich bisher überhaupt nichts von einem Stiefvater gewusst habe.»

«Aber das ist nicht der Grund, oder?»

«Was?»

«Dass sie deinen Stiefvater erstickt hat, weil du nichts von ihm gewusst hast.»

«Was? Nein. Ich weiß nicht, was der Grund ist. Ich weiß gar nichts. Ich weiß nur, dass meine Mutter mich um Hilfe gebeten hat und dass sie irgendwo im Wald wohnt, in einem Kaff namens Durendorf und dass das über hundert Kilometer weit weg ist, und dass ich kein Auto und keine Ahnung habe, wie ich da hinkommen soll. Und dann stelle ich mir vor, wie meine Mutter mit dieser Leiche im Schlafzimmer sitzt und nicht weiterweiß und vollkommen aufgelöst ist und –»

«Ja, ja, ist ja gut», sagte Heiner mürrisch und warf einen Blick in Richtung Steuer. «Hast du denn keine Freunde? Freunde mit Auto?»

«Nein.»

«Eigentlich müsste ich jetzt die Polizei rufen.»

«Unter welchem festen Wohnsitz noch mal?»

«Anonym. Ich könnte die Polizei anonym rufen.»

«Das stimmt.»

«Aber vielleicht ist das ja auch alles ganz anders gewesen, und dann kommt die Polizei und nimmt deine alte Dame mit, und dann geht die elendig zugrunde, im Knast, dabei wäre das ganz gut gewesen, wenn sich das vorher mal jemand angeguckt hätte, bevor man da einfach so zu den Formalien übergeht.»

«Genau mein Gedanke.»

«Vielleicht hat dein Stiefvater die ja geschlagen?»

«Verstehen könnte man's.»

«Was?»

«Nix.»

Heiner strich sich übers Kinn und klopfte auf den winzigen Holztisch vor ihm. «Außerdem wäre das ja auch ganz gut, mal wieder etwas Bewegung ins morsche Getriebe zu kriegen.»

«Das wäre ganz, ganz großartig», sagte Tom aufrichtig. Sie hörten das Geräusch eines näher kommenden Autos. Heiner schaltete sofort auf Paranoia.

«Um diese Uhrzeit?», fragte er hastig, betätigte den Lichtschalter und zog die Tür wieder zu. «Du hast mir eine Falle gestellt. Oder? Hast mich hingehalten! Sie kommen. Sie kommen, um mich zu holen. Oder?»

«Nein, nein», sagte Tom beschwichtigend. «Das ist nur Rüdiger.»

«Rüdiger wer, Rüdiger was?»

«Rüdiger von der Brücke. Mit dem ich da oben gesessen habe. Der auch runterspringen wollte. Du hast uns zusammen mit dem Fernglas gesehen.»

«Na super», schimpfte Heiner. «Der nächste Bekloppte. Was will der denn hier?»

«Der kommt mit.»

«Du hast das alles geplant», fauchte Heiner. «Das ist eine großangelegte, manipulative Verschwörungsorgie! Was seid ihr? Illuminaten?»

«Absolut», bestätigte Tom. «Nur ohne die Orgie, und großangelegt ist das auch nicht. Aber manipulativ ist das, bis zum Anschlag manipulativ sogar.»

Jetzt konnte Heiner nicht mehr anders, er musste lachen. Er lachte sehr tief, von sehr weit innen, sympathisch war das, dann öffnete er die Wohnmobiltür und trat dem Neuankömmling, der gerade ein paar Geldscheine durch das Fahrerfenster des Taxis reichte, mit weit ausgebreiteten Armen entgegen. Tom war sich zunächst nicht sicher, ob das eine Kapitulationsgeste sein sollte, aber es diente wohl doch als Willkommensgruß. Als das Taxi zurücksetzte, bemerkte Tom, dass Heiner sich gar nicht dem unscheinbaren und daher sowieso leicht zu übersehenden Rüdiger zugewandt hatte, sondern einer zweiten Person, die mit ernstem Gesichtsausdruck, einem schönen, blauen Sommerkleid und einer übergroßen Handtasche dastand. Sie war kaum größer als Rüdiger, dafür sehr alt und um eine aufrechte Haltung bemüht.

«Darf ich vorstellen», sagte Rüdiger, der nicht beleidigt über die Missachtung zu sein schien (es war wohl eine Frage der Gewohnheit). «Das ist Frau Bormann.»

«Heiner», sagte Heiner.

«Tom», sagte Tom.

«Charlotte», sagte Frau Bormann.

«Ach?», sagte Rüdiger. «Ich bin übrigens Rüdiger.»

«Heiner», sagte Heiner.

«Wir kennen uns», sagte Tom.

«Frau Bormann», sagte Frau Bormann.

«Ach?», wiederholte Rüdiger. «Für Tom und Heiner sind Sie

Charlotte und für mich Frau Bormann, obwohl Sie die beiden noch nie gesehen haben und wir im selben Haus wohnen?»

«Ebendeswegen», sagte Frau Bormann. «Eine gesunde Distanz erleichtert das Zusammenleben. Ich hätte meinen Mann am besten auch gesiezt. Aber als ich das kapiert hatte, war es schon zu spät. So was nimmt man ja eher nicht mehr zurück.»

Rüdiger dachte nach. «Das heißt, ich bin Ihnen eigentlich näher als die beiden hier, weil wir uns nicht duzen?»

«Wenn Sie so wollen.»

Damit war Rüdiger einverstanden.

Heiner zeigte auf sein Wohnmobil. «Ich hab keine Ahnung, wieso wir jetzt plötzlich zu viert sind, aber ich hab vorne nur drei Plätze. Wenn wir uns quetschen. Das heißt, einer muss auf jeden Fall nach hinten, da hab ich nur leider keine Gurte. Und eigentlich auch keine richtigen Sitze. Und erlaubt ist das auch nicht. Das heißt, Charlotte hier fällt aus, das ist mir nämlich zu riskant, keine Kompromittierung, meine Liebe, aber im Vergleich zu Ihnen bin ich sozusagen olympiareif, obwohl ich vierundsiebzig bin und die letzten dreißig Jahre nur herumgesessen habe. Also sitzen Sie schön vorne, angeschnallt und festgetackert, und einer von den beiden Jungspunden hier muss nach hinten. Es sei denn, es kann sich noch einer zu dem Sprung von der Brücke durchringen, dann wäre das Platzproblem gelöst.»

«Nicht witzig», sagte Rüdiger. «Mit so etwas scherzt man nicht.» Er stellte sich aufrecht hin und wuchs damit immerhin auf die Größe einer Kaffeekanne. «Ich gehe nach hinten», legte er fest.

Tom betrachtete die Möglichkeit, sich zwischen Heiner und Frau Bormann eingepfercht stundenlang Geschichten vom Krieg anhören zu müssen. Keine sehr verlockende Aussicht.

«Wisst ihr was? Ich glaube, es ist nur fair, wenn ich auch nach hinten gehe», sagte er. «Zwei vorne, zwei hinten.»

«Aber wenn du nach hinten gehst, kann ich nach vorne», sagte Rüdiger mit unbestechlicher Logik.

«Du nimmst da ja sowieso keinen Platz weg, aber vielleicht magst du mir auch hinten Gesellschaft leisten», sagte Tom. «Wir könnten zum Beispiel über die Liste reden. Oder über den Grund unserer Reise.»

Rüdiger nickte. Er hatte verstanden.

«Was denn für eine Liste?», fragte Frau Bormann.

«Mich interessiert keine Liste», sagte Heiner. «Mich interessiert unser Fahrziel. Wo müssen wir hin?»

«Nach Durendorf», sagte Tom.

«Nie gehört.»

«Wikipedia sagt, Durendorf hat zweihundertfünfzig Einwohner, die sich über ein großes Waldgebiet verteilen. Und meine Mutter wohnt da irgendwo zwischen zwei Bäumen.»

«Wer ist denn jetzt wieder Wikipedia?», fragte Frau Bormann.

«Keine Ahnung», sagte Heiner. «Dem Namen nach ein indianischer Stammeshäuptling. Vielleicht ein Schoschone. Oder Apache. Eher kein Delaware. Irokese könnte sein. Muss aber nicht. Wahrscheinlich nach Deutschland geflüchtet, über den Atlantik. In einem Schlauchboot. Hat auf jeden Fall eine große Allgemeinbildung.»

«Egal», sagte Tom. «Es sind etwas über hundert Kilometer in diese Richtung.» Tom zeigte auf die Brücke und dann weg von der Stadt. «Den Rest macht das Navi.»

«Was denn für ein Navi?», fragte Heiner. «Ich hab doch kein Navi, wofür brauche ich denn ein Navi? Zu meiner Zeit gab es noch keine Navis, und wir sind auch überall angekommen.»

Tom seufzte und hoffte, sein Smartphone hatte genug Akku für die Kartenfunktion. Rüdiger kletterte ins Wohnmobil und setzte sich auf dem Fußboden neben die Standheizung.

«Also, von mir aus kann's losgehen», konstatierte er, um mal etwas Schwung in die Angelegenheit zu bringen.

Und – es war so verblüffend wie ein Gänseblümchen im Tiefschnee – der Appell funktionierte. Da waren tatsächlich drei Leute, die weder dement noch mit Geld bestochen waren und trotzdem auf ihn hörten. Das war nach der Sache mit seiner Tochter schon das zweite Mal am selben Tag. Etwas schien im Begriff, sich zu verändern. Es fühlte sich gut an. So hätte es mal in der Schule laufen sollen, dachte er, dann wäre vielleicht alles anders gekommen und er würde jetzt nicht hier auf dem Boden eines morschen Wohnmobils hocken.

Heiner kam als Erster herein, dann folgte Frau Bormann, die die zwei Stufen behänder, eleganter und schwungvoller nahm als Rüdiger und Heiner vor und Tom nach ihr. Tom schloss die Tür (die sich knarrend dagegen wehrte) und rieb sich die Hände.

«Zu jeder guten Geschichte gehört ein Road Trip», sagte er.

«Nein, nein, Road Trips sind eigentlich vollkommen out», widersprach Rüdiger, der erwiesenermaßen mehr Bücher las, als Tom bislang geschrieben hatte. «Komplett auserzählt, tausendfach vorgekommen, immer wenn den Autoren nichts mehr einfällt, gehen sie mit ihren Figuren auf einen Road Trip. Und dann wird der Sinn des Lebens entdeckt, und am Ende stirbt der Schwächste von ihnen, aber alle sind trotzdem irgendwie glücklich. Das ist so öde.»

«Mach dir nichts draus, der ist ja nur kurz, unser Road Trip», sagte Tom grinsend. «Die hundert Kilometer.»

«Ja, aber dann geht wieder irgendwas schief, und dann dauert das doch ewig», sagte Rüdiger. «Der Motor springt nicht an oder ein Reifen platzt mitten auf der Autobahn oder wir werden überfallen und der Axtmörder lauert schon im Wald. Und am Ende überlebt das Ganze nur einer oder höchstens zwei und die Nebenfiguren werden sowieso als Erstes getötet.»

«Dann ist ja nur die Frage, wer die Nebenfiguren sind.»

«Ich bin schon mein ganzes Leben lang eine Nebenfigur.»

«Dann hättest du es doch eigentlich gar nicht bis hierhin schaffen dürfen. So viel zu deiner Theorie.»

Frau Bormann kämpfte vorne mit dem Gurt, Heiner saß neben ihr am Steuer, sah sich das Elend an, war zwei-, dreimal versucht, helfend einzugreifen, ließ es dann aber doch lieber bleiben und räusperte sich schließlich vernehmlich.

«So, willkommen im Luxusliner Heiner auf dem Weg nach Durendorf», rief er, als sie endlich fertig war und sich zurückgelehnt hatte. «Schnallen Sie sich bitte an, stellen Sie das Philosophieren ein und halten Sie einfach generell mal kurz die Klappe, ich muss mich nämlich konzentrieren.» Er drehte den Schlüssel im Zündschloss. «Auf geht die wilde Fahrt!»

Nichts passierte.

«Das war so klar», seufzte Rüdiger.

«Jetzt noch mal mit Kupplung», rief Heiner und bewegte den Schlüssel erneut. Nichts passierte.

«Das ist die Batterie, ganz klar die Batterie», sagte Frau Bormann. «Wir mussten einmal mitten im Dschungel von Borneo eine Batterie überbrücken, das war vielleicht –»

«Versuchen Sie es noch mal», unterbrach Rüdiger, und Heiner gehorchte zügig.

Der Motor sprotzte, würgte, erbrach sich, dann schnurrte er plötzlich wie ein sanftmütiges Kätzchen.

«So», sagte Heiner. «Kein Problem.»

Tom schnallte seinen Rucksack ab und ließ sich gegenüber von Rüdiger auf den Fußboden nieder. Im Schneidersitz. Das Wohnmobil setzte ruckartig vor, Frau Bormann ächzte auf, Tom bekam eine Blechtasse an den Kopf und Rüdiger die Schranktür hinter sich ins Kreuz.

«Wir haben das Ding gar nicht fahrtüchtig gemacht», beschwerte sich Tom. «Hier fliegt schon alles durch die Gegend.»

«Dann stellt ihr die Sachen eben wieder hin», rief Heiner von vorne. «Bisschen Flexibilität, bitte, das ist ja keine Kreuzfahrt hier.»

Heiner wendete steif in achtundzwanzig Zügen, Frau Bormann verlangte nach etwas zu lesen, weil ihr sonst schon während der Fahrt schlecht werden würde und nicht erst hinterher, und Rüdigers linker Fuß schlief ein. Sonst war eigentlich alles in Ordnung. Tom betrachtete Heiners Bibliothek und pendelte zwischen Schopenhauer und Walt Disney, dann reichte er Frau Bormann das Lustige Taschenbuch Nr. 82. Sie zuckte nicht mit der Wimper, bedankte sich, dann verließen sie rumpelnd und ruckelnd im Schneckentempo den Campingplatz. Es piepte dramatisch.

«Aha! Tank ist auf Reserve», rief Heiner und blinkte. Das begleitende Geräusch klang wie ein brechender Knochen. «Wir müssen tanken. Sehr bald.»

«*Donald vor! Noch ein Tor!*», las Frau Bormann laut den Titel. «Ich liebe Fußball. Besonders den Hansi Müller.»

«Direkt hinter der Brücke ist eine Tankstelle», sagte Tom und rieb sich den Schädel.

«Seit wann das denn? Die war doch früher noch nicht da?», fragte Heiner und ließ Unverständnis darüber durchklingen, dass die Welt sich weiterentwickelte, kaum war man mal ein paar Jahrzehnte nicht präsent.

«Eigentlich war da immer schon eine Tankstelle», sagte Tom. «Soweit ich mich erinnern kann jedenfalls.» Der Motor röhrte wie ein verhaltensgestörter Hirsch, Heiner nahm die zehnprozentige Steigung zur Lembachtalbrücke wie ein junger Gott, Rüdiger und Tom hielten sich irgendwo fest, wo es ihnen im Zweifelsfall nichts nützen würde, dann waren sie endlich oben, Heiner bog links ab und fuhr direkt auf die Brücke, die unzweifelhaft zu Toms und Rüdigers Lebensmittelpunkt geworden war.

«Jetzt geht's los», murmelte Tom, Rüdiger blickte entschlossen, es vergingen ein oder zwei Minuten gebannten Schweigens – da hielt das Wohnmobil auch schon wieder, um zu tanken.

«Ah», sagte Rüdiger. «Erst mal ein' Kaffee.»

«Will jemand was? Wer braucht was?», fragte Heiner. «Ich hab übrigens kein Geld.»

«Ich hab Geld», sagte Frau Bormann. «Ich bin aber nicht bereit, es über die Maßen zu verschwenden.»

Heiner nickte anerkennend, stieg aus und fand die Tanköffnung fast auf Anhieb.

«Warum genau ist diese Charlotte eigentlich bei uns?», fragte Tom flüsternd.

«Immer, wenn ich nach Hause komme, weint sie hinter ihrer Tür», erklärte Rüdiger und dachte, das müsse als Begründung reichen.

«Ich kann Sie hören», sagte Frau Bormann und blätterte in ihrem Comic.

«Oh», sagte Rüdiger.

«Na ja, ich weiß zwar nicht, ob das gut ist, aber irgendwie ist es schon gut, denn wenn wir jeden mitnehmen würden, der hinter seiner Tür weint, würde hier drin wenigstens nichts mehr runterfallen können, so eng wäre das», sagte Tom und fand das selbst ein wenig verquer.

Rüdiger nickte. «Genau. Das ist halt irgendwie Empathie und so. Die Liste. Ich weiß ja selbst, dass uns Frau Bormann wahrscheinlich nicht viel nützen wird.»

«Ich kann Sie sehr gut hören», sagte Frau Bormann.

«Nichts für ungut», sagte Tom. Tatsächlich gab er sich mit der seltsamen Begründung Rüdigers zufrieden. So soziophob er auch war, es waren sowieso alle Gesetze seines Lebens außer Kraft, da konnte er sich auch mit alten Leuten herumtreiben, die auf ihre Art erwiesenermaßen nicht weniger unglücklich waren als er. Und seine Gesetze gehörten sowieso überarbeitet.

«Vielleicht sollten wir uns mal nützlich machen», sagte er, Schwung und Verantwortung nehmend, schließlich war das hier auch irgendwie seine Veranstaltung. «Wer kommt mit raus und überprüft Luftdruck, Öl und so weiter?»

Niemand regte sich.

«Okay», seufzte Tom. So funktionierte das nicht. Natürlich

nicht. «Rüdiger, kommst du bitte mit raus und guckst dir die Reifen an?»

«Natürlich», sagte Rüdiger. Er benötigte klare Ansagen, so einfach war das.

Sie verließen das Wohnmobil, streckten ihre Rücken durch, blinzelten ins helle Neonlicht der Tankstelle und spürten augenblicklich diese Einsamkeit, die nur Tankstellen bei Nacht ausstrahlten.

Heiner hielt den Tankstutzen in der Hand und grinste, Rüdiger orientierte sich in Richtung der Reifen, Tom stellte sich vor die Motorhaube und hatte keine Ahnung, wie diese aufzubekommen war. Im Inneren schaute Charlotte kurz von ihrem Comic hoch, bemerkte Toms Misere, beugte sich nach links und zog an irgendeinem Hebel. Die Motorhaube öffnete sich ächzend und stöhnend. Tom stemmte sie hoch und betrachtete das Innere. Er hatte nicht sonderlich viel Ahnung von Autos, aber als Zuhause einer Marderfamilie sah das hier drin wirklich gemütlich aus. Er entfernte Blätter, Morast und Stöcke und verlor augenblicklich die Lust auf weitere Details.

«Öl ist in Ordnung», verkündete er lautstark und knallte die Motorhaube wieder zu. Heiner hob den Daumen. Rüdiger kniete derweil vor dem Reifen hinten links und betrachtete ihn wie ein Tierarzt ein angefahrenes Reh. «Ist Luft drin», sagte er fachmännisch. «Das sollte reichen.»

«Prima», sagte Tom. «Dann ist ja alles klar.»

Heiner hängte den Stutzen in die dafür vorgesehene Halterung. «Wer zahlt? Wer muss noch mal?», fragte er.

«Ich», sagte Tom, «natürlich.»

24

Sie würden ungefähr eine Stunde auf der Autobahn verbringen, so viel hatte Tom herausgefunden, dann würde es rechts ab auf eine Landstraße gehen, eine sich windende, vermutlich schlecht ausgeleuchtete Landstraße, sie würden mehrere winzige Örtlichkeiten durchfahren, deren Ortseinfahrts- und Ortsausfahrts-Schilder man auch mit einer kurzen Hundeleine hätte verbinden können, schließlich käme sehr viel Wald, und dann würde man erst mal gucken müssen. Rüdiger trank Kaffee und fiel nicht weiter auf, Heiner beugte sich sehr weit vor (das mit der Nachtblindheit schien zu stimmen), Frau Bormann hatte, in ihre Lektüre vertieft, mehrmals entsetzt den Kopf geschüttelt und einige Male herzhaft gelacht. Tom konnte sich nicht erinnern, bei irgendeinem Lustigen Taschenbuch von den vielen, die er in seiner Kindheit gelesen hatte, auch nur ein Mal verhalten gegrinst zu haben, Frau Bormann aber schien Donald Ducks Pechserien sehr amüsant zu finden. «Ich weiß gar nicht, warum die immer abwechselnd eine Doppelseite bunt und eine schwarzweiß gemacht haben», wunderte sie sich gerade. «Das sieht doch sehr uneinheitlich aus. Ästhetisch ist das nicht.»

«Angeblich, damit die Kinder die schwarzweißen Seiten ausmalen», knurrte Heiner. «In Wirklichkeit bestimmt, um das Geld für die Farbe zu sparen. Heute machen die das nicht mehr, heute ist alles bunt.»

«Das beweist endgültig, dass früher nicht alles besser war», stellte Frau Bormann fest, legte hemmungslos die immer noch ansehnlichen Beine aufs Armaturenbrett und las sich fest. Was bedeutete, dass sie nicht sprach. Was bedeutete, dass alle anderen zufrieden waren.

«Glaubst du, da geht was?», fragte Rüdiger leise und hoffte, dass der Motor laut genug war, dass sie vorne nicht gehört wurden.

«Wo geht was?», fragte Tom.

«Na, bei Frau Bormann und dem Heiner.»

Tom setzte einen angewiderten Blick auf. «Weil die da vorne nebeneinandersitzen? Oder weil beide alt sind und seit hundertzwanzig Jahren Single? Meinst du, es reicht aus, dass man alt und einsam ist, um sich in irgendjemanden zu verlieben, der auch alt und einsam ist? Ich bin alt, du bist alt, lass uns eine Familie gründen? Wir kennen uns zwar gar nicht, aber wir haben beide graue Haare, das muss reichen. Ich hab Rückenbeschwerden und du? Ah, die Prostata. Toll, das passt. Wen interessiert schon der Charakter, komm, los jetzt, es kann jeden Moment zu spät sein.»

«Ist ja gut», murrte Rüdiger. «Ich hab doch nur was gefragt. Und das war noch nicht mal ernst gemeint.»

«Entschuldige», sagte Tom. «Bin ein bisschen angespannt.»

Heiner schob eine alte Musikkassette in den Schlitz seines Autoradios. «Sweet Home Alabama» quoll scheppernd aus den Boxen, Heiner erhob die Stimme in purem Übermut, es klang wie eine Mischung aus Guns N' Roses, Louis Armstrong und Kermit, dem Frosch. Es war schrecklich. Die damit einhergehende Lebensfreude machte es allerdings wieder wett. Heiner gefiel, was er hier tat, so insgesamt, und das war schon mal viel wert. Frau Bormann hielt sich die Ohren zu, dann lachte sie und sang den Refrain mit, glockenhell und erfolgreich um Schönheit bemüht.

«Was wollen wir eigentlich da, bei deiner Mutter?», fragte Rüdiger. «Ich weiß das ja noch gar nicht.»

«Oh», sagte Tom. «Ach so.»

Er überlegte, ob es schlau war, Rüdiger die ganze Wahrheit zu erzählen. Bei Heiner war er sich sicher gewesen, Heiner war ein Außenseiter, ein Gesetzloser, ein Vogelfreier, den sprachen wahrscheinlich gerade Geschichten an, die völlig unwahrscheinlich waren und einen absurden Knackpunkt beinhalteten, aber

Rüdiger? Rüdiger war ebenfalls Außenseiter, aber hauptberuflich Spießbürger. Da wusste man nicht, wie der reagierte.

«Meine Mutter hat ein Problem», sagte Tom. «Ich hab nämlich einen Stiefvater.»

«Aha», sagte Rüdiger. «Und der ist ein Problem.»

«Ja, der ist ein Problem. Der ist nämlich tot.»

«Oh, das tut mir leid.»

«Ja, ja. Der liegt jetzt jedenfalls zu Hause herum, und sie weiß nicht weiter. Und braucht Hilfe.»

«O mein Gott.»

«Ja, ja.»

«Warum ruft sie keinen Leichenwagen?»

«Was?»

«Warum ruft sie keinen Leichenwagen? Oder einen Notarzt?»

«Weil ... weil sie nicht weiß, wie man das macht.»

«Warum rufst du keinen Leichenwagen?» Rüdiger hatte offenkundig seine spitzfindigen fünf Minuten. «Ich meine, das kann man doch auch von woanders tun. Dafür muss man ja nicht vor Ort sein.»

Tom seufzte. «Meine Mutter hat nicht gesagt, los, Tom, ruf einen Leichenwagen für mich, sie hat gesagt, komm her zu mir, ich brauche Hilfe.»

«Und da bist du nicht auf die Idee gekommen, zu widersprechen?»

«Nein.»

«Obwohl das von deiner Mutter kommt? Ich denk, die hat dich schlecht behandelt, da widerspricht man doch schon automatisch. Selbst wenn so jemand einfach nur einen guten Morgen wünscht.»

«Ich hab halt nicht widersprochen.»

«Nein, hast du nicht. Sonst hättest du ja längst einen Leichenwagen gerufen und dir die ganze Reise sparen können. Und uns.»

Tom wurde langsam sauer. «Sag mal, was willst du eigentlich von mir? Niemand hat dich gezwungen mitzukommen.»

«Doch», sagte Rüdiger. «Die Liste.»

«Was?»

«Die Liste. Ich kann hier jede Menge Punkte auf einmal abhaken. Und du auch.»

Er zog den Kassenzettel von McDonald's aus der Hosentasche (erwischte zunächst das Foto seiner Kinder) und betrachtete die Rückseite. «Liebe, Ziele, Freude, Empathie, Vergebung, Risiko», las er vor. «Risiko hatten wir schon, in dem Keller von dem Nachtclub, aber um diese Uhrzeit mit einem Nachtblinden in einem kaum verkehrstüchtigen Wohnmobil über die Autobahn zu brettern ist jetzt ja auch nicht ohne. Liebe ... ja, bei dir ist das dann natürlich die Liebe zu deiner Mutter, die dich –»

«Liebe am Arsch», unterbrach Tom aufbrausend, aber Rüdiger ließ sich nicht beirren.

«Das muss doch Liebe sein, mitten in der Nacht wildfremde Menschen zu einem Ausflug in die Walachei zu überreden. Da kannst du auch gar nichts machen, gegen so eine Elternliebe, die ist genetisch implantiert. Ich weiß das, meine Kinder lieben mich nämlich auch, und das will echt was heißen. So, durchgestrichen. Und Ziele ... Ziele haben wir sogar beide: nämlich das Ziel, deiner Mutter zu helfen, damit sie ihr Leben weiterleben und vielleicht sogar verbessern kann. Das ist doch ein sehr ehrenwertes Ziel!»

«So funktioniert das aber nicht mit dieser Liste. Und das hatten wir doch auch gar nicht gemeint, als es um Ziele ging», zischte Tom. «Wovon du sprichst, ist eine Aufgabe. Wir hatten gemeint, was für allgemeine Ziele wir für unser Leben definieren können. Wo wir mal hinwollen. Was uns erfüllen könnte. Und dass uns ohne ein Ziel der Sinn des großen Ganzen fehlt. Du nimmst das mit dieser Liste viel zu wörtlich, es geht um einen inhaltlichen Überbau.»

«Ja, aber das ergibt doch Sinn, wenn wir jetzt dahin fahren.»

«Du verstehst es immer noch nicht. Das, was wir jetzt machen, ist doch irgendwann fertig, und dann ist der Sinn wieder weg. Also, die Aufgabe. Das Ziel. Herrgott.»

«Trotzdem.» Rüdiger schien entschlossen, ausnahmsweise keinen Millimeter nachzugeben. «Empathie», sagte er. «Du bei deiner Mutter und ich bei Frau Bormann.»

«Ich bin nicht empathisch», mauerte Tom. «Weder bei dir noch bei meiner Mutter, noch bei irgendjemandem sonst. Das klingt ja auch wie eine Krankheit, Empathie! Ich will das nicht haben, Empathie.»

«Und Vergebung packst du gleich noch mit obendrauf», sagte Rüdiger. «Das ist wahrscheinlich der schwierigste Punkt.»

«Kannst du knicken», sagte Tom. «Ich vergebe nicht. Nicht einmal mir selbst.»

Rüdiger seufzte. Tom wusste, dass er neue Rekorde in puncto destruktive Engstirnigkeit aufstellte, aber er kam da gerade nicht raus. Frau Bormann kicherte, Heiner fluchte in die Dunkelheit hinein. Wahrscheinlich sah er immer noch nichts oder immer weniger.

«Am Ende fehlt sowieso das Wichtigste: die Freude», stellte Tom mit einem Blick auf den Zettel leise fest. «Und ohne Freude ist alles andere auch egal.»

«Ja, das ist die Königsdisziplin.»

«Wenn überhaupt, dann müssen wir da dran arbeiten.»

«Wir arbeiten dran.»

Rüdiger wusste überhaupt nicht, woher er diese ganze Zuversicht nahm, sie war völlig untypisch für ihn, so wie es auch untypisch für ihn war, des Nachts in ein Kaff namens Durendorf zu fahren, weit weg von jedem gewohnten Supermarkt oder Ärztehaus, weit weg auch von seinem Bett, wo er um diese Uhrzeit längst gewissenhaft zu schlafen hatte, und zwar genau acht Stunden mit einer einzurechnenden Einschlafphase von zehn Minuten.

Frau Bormann legte den Comic beiseite und erzählte jetzt abwechselnd mit Heiner Anekdoten aus ihrem Leben. Weil beide es nicht schafften, länger als zwanzig Sekunden den Mund zu halten, überschnitten sich ihre Geschichten, sehr zum gegenseitigen Vergnügen, und bildeten in der Summe etwas Eigenes, das auch irgendwie Sinn ergab. Das klang ungefähr so:

«Wir waren ein paarmal beim Schah von Persien zum Essen eingeladen. Ein furchtbarer Mensch, beängstigend, aber auch faszinierend und irgendwie anziehend, wie diese Despoten eben so sind. Man will sie hassen und gleichzeitig zu ihrem Hofstaat gehören», sagte Frau Bormann, und Heiner nickte begeistert. «Ich hatte auch mal einen Hofstaat», sagte er. «Der bestand aus zwölf Hunden, ganz verschiedene Rassen waren das, groß, klein, dick, dünn, aber alle hatten einen guten Charakter. Meine Frau hat gesagt, ich hätte sie nicht alle, als ich mit dem ersten ankam. Beim zweiten hat sie dann gelacht, beim zwölften waren wir geschieden. War ganz schön schwierig mit dem Gassigehen. Gut, dass man damals noch nicht diese albernen Plastiktüten gebraucht hat zum Aufheben, wissen Sie. Das hätte mein Rücken niemals mitgemacht.»

«Der Schah hatte es auch immer mit dem Rücken. Der wurde beim Essen massiert, einmal hat der Masseur im falschen Moment hintendrauf gedrückt, da ist ihm das Essen im hohen Bogen wieder rausgekommen. Also, dem Schah. Ich hab den Masseur nie mehr wiedergesehen. Ich glaube, niemand hat den Masseur jemals wiedergesehen. Obwohl das ein sehr fescher Kerl war.»

«Ich war auch mal ein sehr fescher Kerl. Ich hatte mal, das muss so 1972 gewesen sein, da hatte ich sieben Freundinnen auf einmal. Für jeden Wochentag eine. Ich will nicht übertreiben, aber ich glaube, es war gut, dass die Woche auch damals schon nur sieben Tage hatte. Ich hab Tagebuch geführt, um bloß nichts durcheinanderzubringen. Am Ende wurde es trotzdem kompliziert, die ganzen Lügen, wem hatte ich was erzählt, und hatte jetzt

Monika die Blinddarm-OP oder war das doch Regina? Da konnte man ja auch nicht immer direkt nachgucken. Also, im Tagebuch, meine ich. Ich hatte mir das so gut eingeteilt. Eselsbrücken, wissen Sie? Montags war Monika, dienstags Diana, mittwochs Miranda, donnerstags Doris. Aber für Freitag, ja für Freitag hatte ich niemanden mit F. Ich hab's versucht, aber mit Frauke und mir hat es einfach nicht gepasst.»

Tom und Rüdiger hörten ein wenig zu, dann fühlte sich Tom inspiriert, zog seinen Laptop aus dem Rucksack und klappte ihn auf.

«Ich schreibe wieder», sagte er.

«Das ist toll», sagte Rüdiger, nahm seine Brille ab, setzte sie wieder auf und wünschte, er hätte eine ähnlich greifbare Perspektive. «Worüber denn?»

Tom zögerte. Hätte er mal nichts gesagt. «Ach nix. So Zeugs halt.»

«Was denn für ein Zeugs?»

«Ach, da geht es um so einen Mann. Irgendeinen Mann. Der hat eine existenzielle Krise, der Mann. Eigentlich ein guter Typ, bisschen langweilig vielleicht, aber, na ja, er weiß mit dem Leben nichts mehr anzufangen. Und fühlt sich verraten.»

«Von wem?»

«Von allem. Von seiner Familie, dem Job, dem Leben an sich.»

«Gutes Thema», sagte Rüdiger. «Naheliegend, irgendwie. Geht es gut aus?»

«Weiß ich noch nicht. Er gibt sich jedenfalls Mühe. Kann aber auch sein, dass er trotzdem jeden Moment springt.»

«Wie, springt? So wie wir?»

«Nee, nicht so wie wir. Von einem Hochhaus, dachte ich. Vielleicht von einem Hochhaus. Auf keinen Fall von einer Brücke. Das wäre ja viel zu ähnlich.»

«Trotzdem. Auch nicht besser», murmelte Rüdiger und senkte die Stimme. «Mir geht's wie deinem Protagonisten da. Ein kleiner

Impuls könnte ausreichen, dass alles wieder umkippt. Ich spüre das einfach, ich spüre die Depression, die sitzt mir im Nacken, in jeder Sekunde, die ist wie ein Vulkan kurz vor dem Ausbruch. Selbst wenn obendrüber mal die Sonne scheint. Die kann da ganz schön scheinen, die Sonne, aber der Vulkan hört dann ja nicht auf, der ist trotzdem noch da und brodelt. Verstehst du, ich kann da völlig normal drüber reden, als würden wir uns hier über Fußball oder Bücher unterhalten, aber das ist nur, weil ich an die Gefühle nicht rankomme, ich komme nicht zu den Gefühlen, wenn überhaupt, dann kommen die Gefühle zu mir. Und wenn sie kommen, weiß ich nicht, wie ich damit umgehen soll. Ich kann jederzeit irgendwo herunterspringen. Oder eine Firma gründen. Oder eine Überdosis Tabletten nehmen. Oder den Nobelpreis für Physik gewinnen. Oder mir ein japanisches Schwert kaufen und Harakiri begehen. Es ist alles möglich.»

Tom starrte auf seinen Laptop, der ein gespenstisches Licht auf sein Gesicht warf. «Stört es dich eigentlich, wenn ich ein bisschen mitschreibe?»

«Nee. Doch. Wieso denn?»

«Nur so. Inspiration und so.»

«Weiß ich nicht. Wie sollte ich schon als Inspiration dienen? Es gibt niemanden, der langweiliger ist als ich. Ich kann überhaupt nichts. Ich spiele kein Instrument, ich kann nicht Fußball spielen, ich kann ehrlich gesagt nicht mal Fußball gucken, denn ich schlafe immer ein dabei, das darf aber niemand wissen, vor allem nicht Silvia, denn sonst muss ich samstagnachmittags mit den Kindern spielen, was ich übrigens auch nicht kann. Ich gewinne immer da, wo ich besser verlieren sollte, und verliere da, wo ich aus erzieherischen Gründen gewinnen sollte. Auf jeden Fall gibt es Tränen. Immer wenn ich mal mit den Kindern gespielt habe, gab es Tränen. Ich kann nicht singen, ich kann nicht malen, ich kann nicht schreiben. Nicht mal Postkarten. Ich habe sehr wenig Humor und kann keine Witze erzählen. Ich kann kein

Öl wechseln, ich hab keine Ahnung, was ein Keilriemen ist. Wenn ein Rohr verstopft ist, muss ich den Klempner rufen, und im Bett reicht meine Potenz genau für drei Minuten. Nicht dass ich viel Gelegenheit bekommen hätte, die zu steigern.»

«Das ist doch nicht nichts», sagte Frau Bormann von vorne. «Ich hätte mich früher über drei Minuten gefreut.»

«Ja, vielen Dank», sagte Rüdiger. «Sie sollen nicht zuhören, Sie sollen selbst erzählen.»

«Wir fanden das da hinter uns plötzlich interessanter», sagte Heiner. «Habt ihr gar nicht gemerkt, was?»

«Nee», sagte Rüdiger und fühlte sich trotzdem seltsam getröstet. Die drei hier schienen ihn nicht abzulehnen, trotz allem. Sie zeigten weder Vorbehalte, noch urteilten sie über ihn.

Tom lächelte und schrieb. «Ist doch super», sagte er halb abwesend, «ich finde, alleine deine Selbsteinschätzung macht dich schon interessanter als die meisten anderen Leute. Und viel sympathischer.»

«Soll ich weitermachen? Mir fallen bestimmt noch ein Dutzend andere Dinge ein, die ich nicht kann.»

«Die würde ich gerne hören. Wie lange denn eigentlich noch auf der Autobahn?», fragte Heiner. Tom blickte auf die Kartenfunktion seines Handys. Sein Akku verlor quasi sekündlich Prozente. Im Moment hatte er noch siebenundzwanzig. «Vier Kilometer», rief Tom. «Dann rechts runter und wieder rechts.»

Heiner legte als Zeichen des Verstehens die Handkante an eine imaginäre Fahrermütze, Rüdiger betrachtete Frau Bormann. Sie war ein echtes Chamäleon, passte sich perfekt ihrer jeweiligen Umgebung an. Wahrscheinlich eine Spätfolge ihrer Diplomatengattinnentätigkeit. Gerade sah sie aus wie eine typische Campingtouristin, die von Amsterdam bis zum Lago Maggiore quer durch Europa reiste, Jahr für Jahr und in jeder freien Minute, die nur ein Mal in der Woche duschte, den Campingkocher mit Wiener Würstchen befüllte und den Casual Look zum

Lebensstil erhoben hatte. Daran änderte auch das schöne, blaue Kleid nichts.

Tom hörte den Blinker und musste wieder an den Knochenbruch denken. «Jetzt noch achtundvierzig Kilometer durch die Pampa», murmelte er. «Immer weiter hinein in die Dunkelheit.»

Sie verließen die Autobahn, bogen ab, der Motor beruhigte sich und klang fast froh über die nicht länger benötigte Last einer erzwungenen Beschleunigung. «Was für ein Tempo darf man noch mal auf einer Landstraße?», fragte Heiner. «Immer noch hundert?»

«Immer noch hundert», sagte Tom. «Musst du aber nicht.»

«Kann ich auch nicht», sagte Heiner. «Wie lange geradeaus?»

«Halbe Stunde», sagte Tom. «Ungefähr.»

In diesem Moment begann es zu regnen. Sehr stark zu regnen. In noch relativ weiter Entfernung zuckten Blitze.

«Scheiße», sagte Heiner und betätigte mehrmals einen Hebel an seinem Lenkrad. «Die Scheibenwischer gehen nicht. Und ich seh doch sowieso schon nichts.»

«Vielleicht lieber mal halten», sagte Tom. «Kommt auf ein paar Minuten nicht an.»

«Dann sind wir ja noch später da», murrte Heiner. «Ich hab doch nicht die ganze Nacht Zeit.»

«Und was ist, wenn eine Kurve kommt?», fragte Rüdiger. «Oder ein Haus? Ein Baum? Ein Sendemast?»

«Dann sind wir hier vorne angeschnallt und ihr nicht», sagte Heiner trotzig.

Frau Bormann gab ein Schnalzen von sich, dann löste sie ihren Gurt. «Papperlapapp», sagte sie. «Ich übernehme jetzt das Steuer. Meine Augen sind noch eins a mit Sternchen!»

«Sie kommen doch gar nicht an die Pedale», schimpfte Heiner. «Und ich hab schon gesagt, ich hab keine Lust anzuhalten.»

«Hat ja auch keiner von anhalten gesprochen. Los, weg da»,

befahl sie. Und ein weiteres Mal bestaunte Rüdiger eine von Frau Bormanns Metamorphosen. Plötzlich war die tanzende Diplomatengattin keine Camperin mehr, sondern die Anführerin eines (wenn auch reichlich zahnlosen) Wolfsrudels. Heiner unterwarf sich jedenfalls artgerecht der Stärkeren, schnallte sich verdutzt ebenfalls ab, dann tauschten die beiden die Plätze, bei voller Fahrt, was in einem Spielfilm zu einer sicherlich rasanten Action-Sequenz geführt hätte, hier aber vor allem langsam vonstattenging, sehr, sehr langsam, man war halt nicht mehr der und die Jüngste; Lenkrad, Gaspedal und vor allem die Bremse waren teils mehrere Sekunden unbeaufsichtigt, man hätte bequem eine Werbepause dazwischenschalten können, der Wagen wechselte mehrmals die Spur (obwohl es auf dieser Landstraße doch nur eine pro Richtung gab), während alle drei ächzten, Heiner, Frau Bormann und das Wohnmobil, Tom sich festhielt und Rüdiger einfach die Augen schloss.

Irgendwann aber saß die alte Dame fest hinterm Steuer, waren sie wieder in der Spur, Gegenverkehr war entweder glücklicherweise nicht vorhanden gewesen oder unbemerkt beseitigt worden, sie hatte das Lenkrad fest im Griff, betätigte mit spitzen Zehen das Gaspedal, aus dem Kassettenrecorder dröhnte «Highway To Hell», sie lachte, sah aus wie eine Piratenkönigin und sang den Refrain mit einer Inbrunst, dass Heiner nicht anders konnte, als einzustimmen, schließlich auch Rüdiger (der tatsächlich nicht singen konnte, da hatte er nicht übertrieben), nur Tom tat nichts dergleichen, er hackte in die Tastatur seines Laptops und dachte, wenn das so weiterging, schrieb sich sein nächster Roman ganz von selbst, das war ja alles viel zu schön, um wahr zu sein. Es blitzte immer häufiger, immer bedrohlicher, nun donnerte es auch lautstark, übertönte sogar AC/DC, aber Frau Bormann schien auch ohne Scheibenwischer zu reichen, was sie sah, sie war nun keine Tänzerin, keine Bodybuilderin, keine Anführerin mehr, sie war die Nummer eins im Cockpit eines Formel-1-Rennstalls oder die Führende der Rallye Paris–Dakar, nur ohne Wüste, dafür mit dem unübersichtlichen Gegenteil davon.

«Tom», rief Heiner nach hinten. «Große Schranktür, Besen.»

Tom gehorchte, drehte sich um, öffnete die Tür und zog einen großen Kehrbesen mit Teleskopstiel heraus.

«Und jetzt?», fragte er.

«Zu mir», sagte Heiner, Tom stand auf und gab ihm den Besen, nicht ohne mehrere Tassen, Geschirr und einen Radiowecker dabei abzuräumen.

«So, Achtung», sagte Heiner, kurbelte trotz des Unwetters sein Fenster so weit herunter, dass sein Arm samt Besen genau hindurchpasste, dann knickte er sein Handgelenk ab und wischte in genau ausbalanciertem Winkel mit dem Besen über die Frontscheibe. Er wischte, wischte und wischte. Es sah sehr anstrengend aus, war es wahrscheinlich auch, aber Frau Bormann jubilierte und feuerte Heiner an, dieser strahlte, während sein Gesicht langsam nass wurde, und Tom und Rüdiger dachten, dass das vielleicht doch nicht so weit hergeholt war mit Heiner und Charlotte und der gemeinsamen Zukunft.

*

«Und jetzt?», fragte Frau Bormann.

Sie hatten soeben das Ortsschild Durendorf passiert, der Regen hatte mal ab-, mal zugenommen, die Blitze übernahmen die Arbeit der nicht vorhandenen Laternen, Fuchs und Hase sagten sich hier längst nicht mehr gute Nacht, sondern waren vor Langeweile verstorben. Um sie herum war das erwartete Waldgebiet, hinter dem Ortsschild standen wie zum sichtbaren Beweis einer Siedlung zwei, drei Einfamilienhäuser und eine Apotheke, dahinter führten vor allem Feldwege von der Hauptstraße in das undurchdringliche Gehölz hinein.

Frau Bormann hielt an und setzte den Warnblinker.

«Wie ist denn die genaue Adresse?», fragte Rüdiger. Er und Tom waren nach vorne gekommen und standen jetzt geduckt hinter Fahrerin und Beifahrer.

«Hier heißt alles Dorfstraße», sagte Tom. «Wir sollen hinter der Apotheke den dritten Waldweg links nehmen, dann an den ersten drei Häusern vorbei und an einer Schranke halten. Da sollen wir parken und dann etwa hundert Meter zu Fuß. Also, ich soll das alles machen, von euch weiß meine Mutter natürlich nichts.»

«Puh», sagte Heiner. Er hatte die Kassette ausgestellt, wodurch eine gewisse Nüchternheit eingekehrt war. «Bei dem Wetter.»

Es donnerte nun so lautstark, als würde sich der Himmel über irgendeine Unverschämtheit beschweren. Heiner hatte den Besen schon vor einiger Zeit wieder hereingeholt, sein Arm war zwischenzeitlich erlahmt. Aber er hatte länger durchgehalten, als man es einem alten Knochen wie ihm zugetraut hätte.

«Schauen wir mal», sagte Frau Bormann. «Das erinnert mich hier übrigens sehr stark an den Dschungel von Myanmar.»

Heiner runzelte die Stirn. «War da nicht Militärdiktatur? Da war doch Militärdiktatur.»

«Richtig. Natürlich.»

«Die haben gar keinen reingelassen in Myanmar. Fünfzig Jahre lang.»

«Richtig.»

«Ich glaube nicht, dass Sie jemals in Myanmar waren, Charlotte.»

Frau Bormann lächelte nur, dann machte sie den Warnblinker aus und fuhr langsam weiter. Es war niemand zu sehen. Natürlich nicht. Dafür prasselte der Sommerregen kerzengerade auf die Straße.

«Hier müssen wir abbiegen», sagte Tom. «Wenn ich mich nicht verzählt habe.»

Frau Bormann blinkte («Vollkommen überflüssig», murrte

Heiner), dann befuhren sie einen von hohen Bäumen gesäumten Lehmweg, der von den Wassermassen ganz schön zugerichtet war.

«Hoffentlich bleiben wir nicht stecken», sagte Rüdiger, der so wach war wie kaum jemals zuvor. Er wünschte sich fast, irgendetwas würde schiefgehen und sein Improvisationstalent kitzeln. Falls er so etwas überhaupt besaß. Konnte man ja nur vermuten. Er war aufgeregt, fühlte sich lebendig. Dachte an die Frau mit der Payback-Karte, ganz plötzlich war sie wieder da, wanderte durch seinen Kopf, sah gut dabei aus, aber auch ein bisschen weniger faszinierend als noch vor ein oder zwei Tagen. Rüdiger wunderte sich endlich über seine Begeisterung für eine Person, die ihn so offensichtlich ablehnte. Vielleicht war das sein Schema, dachte er. Vielleicht gehörte es zu seinem Leben, sich immer wieder jemanden zu suchen, der ihn noch kleiner machte und klein hielt. Hier jedenfalls würde ihr das Stückchen Plastik nichts nützen, dachte er, hier zählten andere Werte. War ja auch Quatsch, so eine Payback-Karte.

«Jetzt wäre es natürlich schon ganz schön, etwas sehen zu können», sagte Frau Bormann und lenkte nach Helligkeit und Schattierung. Was blieb ihr anderes übrig. Die Scheinwerfer des Wohnmobils funktionierten zwar, waren aber so trübe wie Rinderbrühe. Keine große Hilfe.

«Niemand von uns hat eine Regenjacke dabei», sagte Tom und versuchte durch das Seitenfenster über der Spüle etwas zu erkennen.

«Ich hab natürlich eine», sagte Heiner. «Schließlich fahren wir hier mit meinem Haus.»

Sie passierten zwei eher schlichte, in den Wald gestellte Holzhäuser mit Giebeldach, dann eine richtige Villa mit Pool und Veranda, schließlich tauchte auf der rechten Seite tatsächlich eine Schranke auf. «Da ist was Rot-Weißes», stellte Frau Bormann fest und den Motor ab. Der Wagen rollte noch ein paar Meter durch den Matsch und kam vor der mutmaßlichen Schranke zum Stehen.

«Handbremse», sagte Heiner. «Handbremse!»

Frau Bormann betätigte die Handbremse. Stille senkte sich über sie. An das Geprassel des Regens hatten sie sich so sehr gewöhnt, dass sie es nicht mehr als Geräusch wahrnahmen.

«Alles klar», sagte Tom. «Danke fürs Bringen.»

Die anderen schwiegen.

«Ja», sagte Tom. «Gut.»

Die anderen schwiegen.

«Würdest du mir deine Regenjacke leihen?», fragte Tom Heiner, der zwar nickte, aber aus irgendeinem Grund wenig begeistert wirkte.

«Danke», sagte Tom. «Ich ... ich geh dann mal.»

Frau Bormann schnallte sich ab, Rüdiger richtete sich zu voller Größe auf, Heiner kam nach hinten und zog aus einer über der Koje angebrachten Schublade eine Regenjacke von 1974 heraus.

«Sag mal, das ist alles?», formulierte Rüdiger schließlich das, was alle anderen dachten.

«Wie, das ist alles?», fragte Tom. «Was denn noch?»

«Na ja, wir fahren hier mitten in der Nacht mit dir durch die Gegend, und jetzt, wo es spannend wird, sollen wir warten?»

«Mir gefällt das auch nicht. Das ist ja wie im Kino, wenn man nach dem Vorfilm rausgeht», meinte Frau Bormann, die sicherlich schon sehr lange nicht mehr im Kino gewesen war.

Tom schüttelte den Kopf. «Wie stellt ihr euch das denn vor? Meine Mutter sitzt da allein zu Hause mit der Leiche ihres Mannes. Da kann ich doch nicht zu viert ankommen, wie sieht denn das aus? Da fehlen ja nur noch Würstchen und Bier für die Party.»

«Hab ich beides da», sagte Heiner. «Würstchen sind gerade mal zwei Tage drüber. Im Glas macht das aber nix. Die sind ewig haltbar.»

«Ihr wisst schon, wie ich das meine.»

Die anderen nickten widerwillig, Heiner reichte Tom die Regenjacke, der schlüpfte rein und freute sich, dass sie nur ein wenig zu klein war. Er atmete tief durch und öffnete die Seitentür. Es erwartete ihn die Sintflut.

«Hier», sagte Heiner und reichte ihm eine Taschenlampe. Tom trat hinaus, mitten in den Matsch, und hätte statt seiner ab sofort rettungslos verlorenen Halbschuhe Gummistiefel gebraucht. Er schlug die Tür zu, schaltete die Taschenlampe an, tauchte unter der rostigen Schranke durch und ging einfach drauflos. Nur hundert Meter sollten es sein, hatte seine Mutter gesagt, hundert Meter durch den Regenwald von Durendorf. Seine Jeans klebten innerhalb von Sekunden auf der Haut, die Kapuze war viel zu groß, sie hing ihm in die Stirn und erschwerte die Sicht zusätzlich, bei jedem Schritt gab es ein widerliches, klebriges Geräusch, wenn die Füße nicht so schnell wieder aus dem Morast herauszuziehen waren, wie sie hineingeraten waren. Es ging um ein paar Kurven, einmal lag sogar ein Baumstamm im Weg, immer wieder trat er auf vom Unwetter heruntergerissene Äste und verlor nach und nach den Kontakt zur Zivilisation. Zumindest kam es ihm so vor.

Plötzlich gabelte sich der Weg. Ach, dachte er und blieb stehen, davon war im Vorfeld nicht die Rede gewesen. Er zog sein Handy heraus, noch zwölf Prozent Akku. Und vor allem: kein Empfang. Er konnte seine Mutter also nicht einmal anrufen, um sie zu befragen. Tja, was nun? Links oder rechts? Er überlegte, wog ab, wusste nicht, was es abzuwägen gegeben hätte, und nahm den rechten Weg, widersprach demnach aus alter Gewohnheit seiner inneren Stimme, die laut «links, links» geschrien hatte und der keinesfalls zu trauen war.

Er stiefelte weiter, gegen den Schenkeldruck seiner nassen Hose, hatte das Gefühl, schon mehrere Kilometer zurückgelegt zu haben, einmal war er sich sicher, die glühenden Augen eines Wildschweins gesehen zu haben (das konnte des Nachts gefährlich sein), einmal lag ein halb zerfetzter Computerlüfter am

Wegesrand, wie auch immer der dorthin gelangt sein mochte. Dann sah er es endlich näher kommen, ein beleuchtetes Haus auf einer kleinen Lichtung. Ein Bungalow mit Vorgarten. Seine Mutter wohnte in einem Bungalow? Tom mochte keine Bungalows, Bungalows sahen aus, als hätte sie jemand platt geklopft wie ein widerspenstiges Schnitzel, Bungalows waren niedrig, Bungalows waren pragmatisch, Bungalows waren überhaupt keine ordentlichen Häuser.

Hoffentlich war er hier richtig.

Er öffnete das kniehohe Gartentor, fand am Zaun keine Klingel und schritt über einen schmalen Kiesweg zur Haustür, die wuchtig, massiv und überdacht war. Da war sie, die Klingel. *Diez/Lüdke* stand darunter, in golden geschwungener Gravur auf schwarzem Grund. Okay, dachte er, wenn es sich hierbei nicht um einen sehr, sehr großen und daher unwahrscheinlichen Zufall handelte, dann war dies das Haus seiner Mutter. Und seines Stiefvaters. Die Reihenfolge der Namen auf dem Klingelschild überraschte ihn nicht.

Er klingelte. Spürte augenblicklich Spannung auf der Brust, nahm die Schwingungen seiner Kindheit wahr wie eine Aura, obwohl er noch niemals hier gewesen war. Er überlegte ernsthaft, umzudrehen, hielt das alles plötzlich für eine Schnapsidee und wusste wieder, warum schon drei Telefonate im Jahr eigentlich drei zu viel waren.

Es dauerte lange, bis etwas passierte. Tom hätte genügend Zeit gehabt, sich umzuentscheiden, den Weg zurückzugehen, Rüdiger und den anderen irgendeine fadenscheinige Begründung zu liefern, aber er blieb, trat ungeduldig von einem Fuß auf den anderen, war nervös wie vor seiner Abiturprüfung, die er ja auch nach allen Regeln der Kunst versemmelt hatte. Beim ersten Mal zumindest.

Endlich öffnete sich die Tür, langsam, vorsichtig, so als gelte es, andere im Haus befindliche Personen nicht zu erschrecken.

Tom bekam einen Anflug von Panik – und da stand sie. Wie eine Erscheinung, wie ein an den Seiten angerissenes Foto aus der Vergangenheit. Sie wirkte immer noch größer, als sie war, was teils an ihrer Frisur, teils an ihrer Haltung lag, gealtert war sie, aber aufrecht wie immer, anscheinend ungebrochen in ihrem Selbstbewusstsein, das sie viel zu oft mit Trotz verwechselt hatte. Ihre Haare waren grau geworden, sie färbte sie nicht, die Augen stachen blau hervor wie früher und befanden sich immer noch im Widerstand gegen die Welt. Toms Mutter stammte aus einer Generation, in der der Russe böse war und alle Italiener Verbrecher, in der Polen Autos klauten und «die da oben» sowieso machten, was sie wollten. Selbstreflexion, ja, Zweifel gab es nur in homöopathischer Dosis, wenn überhaupt, und war keinesfalls Tischthema oder Gegenstand irgendeiner Diskussion. Tom fielen spontan alle Wände wieder ein, gegen die er als Kind und Jugendlicher gerannt war. Es waren die Wände, aus denen dieses Haus gebaut war. Und es war ein Witz, wenn man bedachte, dass seine Mutter vor ihrem Ruhestand Familientherapeutin gewesen war. Eine sehr erfolgreiche Familientherapeutin sogar. Was bewies, dass man Menschen klug und kompetent zu Themen beraten konnte, von denen man privat keine Ahnung hatte. Und dass das Leben einen ziemlich schrägen Sinn für Humor besaß.

«Du hast nichts von einer Weggabelung gesagt», beschwerte er sich zur Begrüßung.

«Wie wäre es, wenn du dich erst mal für die späte Stunde entschuldigen würdest», tadelte sie ihn und schloss die Tür ein wenig zu fest. Da standen sie nun. Eine Umarmung wäre normal, inhaltlich und formal aber undenkbar gewesen.

«Wie entschuldigen? Du wolltest doch, dass ich komme», sagte Tom.

«Aber doch nicht so spät.»

«Das ging nun mal nicht schneller. Du musstest ja in den Urwald ziehen.»

«Du fängst schon wieder an zu streiten.»

«Du hast immer noch dieselbe Frisur.»

«Und du gar keine», sagte sie abfällig. «Lass dir mal die Haare schneiden. Ab vierzig sind lange Haare bei Männern endgültig unmöglich.»

«Lustig, dass du das sagst. Da fällt mir nämlich wieder ein, dass du mich als Kind nie zu Oma gelassen hast, weil du Angst hattest, dass sie über meine langen Haare schimpft. Mit *dir* schimpft. Dabei war sie mit Abstand die netteste Person in unserer Familie. Außer Tante Betti. Ich werde immer lange Haare haben.»

«Und es sieht immer noch so schrecklich aus wie früher. Bombenleger haben sie dich genannt.»

«Wer soll mich denn so genannt haben?»

«Na, alle. Zum Beispiel Herr Schmitz von nebenan.»

«Herr Schmitz war bei der Waffen-SS.»

«Ja, mein Gott, da muss man jetzt ja auch nicht so darauf herumreiten. Das heißt ja nicht, dass er nicht auch mal recht gehabt haben kann.»

Genau, dachte Tom, diese sympathische Frau war seine Mutter. Der Albtraum seiner Jugend. Das Trauma seines Lebens. Es schien, so auf den ersten Blick, charakterlich keine besondere Weiterentwicklung stattgefunden zu haben.

Sie trug ein knöchellanges Sommerkleid von Strenesse, ihre Falten als Trophäe, und war dennoch stark geschminkt. Stocksteif war sie, noch steifer als früher, und Tom versuchte sich mit dem Gedanken zu beruhigen, dass das hier auch für sie eine emotionale Herausforderung sein musste, dass auch in ihrem Kopf einiges gearbeitet haben dürfte, als er geklingelt hatte, an der Tür ihres neuen, kinderfreien Zuhauses, das wahrscheinlich schon gar nicht mehr neu war und so weit weg von seiner und ihrer früheren Lebenswirklichkeit wie ein Regenwurm vom Mars.

«Wieso wohnst du eigentlich hier?», fragte er. «Hier ist nichts.»

«Eben», sagte sie. «Das ist der Grund. Ich brauche nichts

mehr. Ich will nichts mehr. Und Hartmut benötigt Ruhe zum Schreiben.»

Aha, beginnen wir also mit der Demütigungsroutine, dachte Tom. Hartmut (es konnte sich nur um seinen Stiefvater handeln) *schrieb* also, natürlich, wahrscheinlich hatte er ein Buch nach dem anderen *geschrieben*, Fachliteratur, Romane, egal, jedenfalls hatte er *geschrieben*. Im Gegensatz zu ihm, der nun jahrelang eben nicht *geschrieben* hatte.

«Wenn ich das richtig verstanden habe, hat Hartmut jetzt sehr viel Ruhe», sagte Tom möglichst unsensibel. Angriff war die beste Verteidigung.

Sie nickte, Schmerz durchzuckte ihr Gesicht.

«Was ist passiert?», fragte Tom. «Warum hast du das gemacht? Mit dem Kissen? Streng genommen und wenn ich das richtig verstehe, ist das Mord! Nee, nicht streng genommen. Das *ist* Mord.»

«Kannst du bitte die Schuhe ausziehen? Du machst den ganzen Boden nass. Und dreckig.»

«Mama, das ist doch jetzt wirklich vollkommen egal.»

«Für den Moment ist das vielleicht egal, aber wenn die Wogen sich geglättet haben und du wieder weg bist, muss ich dann trotzdem putzen.»

Tom schlüpfte aus den Schuhen, trat beiseite und ließ sie einfach dort stehen, wo er sie ausgezogen hatte, mitten im Flur, der eigentlich eine Art Empfangshalle war, mit der erwartet niedrigen Decke allerdings und einer Holzvertäfelung des Grauens. Er stand auf nassen Socken und sah sich um. Zwei Bilder erkannte Tom wieder, einen silbernen Sonnenaufgang (kitschig) und einen Druck von Dalí. Landschaft mit Schmetterlingen. Alles andere hatte keinen Platz in seiner Erinnerung. Waren das da an der Wand etwa Jagdtrophäen? O Gott. Tatsächlich. Sein Stiefvater war ein Jäger gewesen. Oder seine Mutter? Sie bückte sich, hob die verschlammten Schuhe mit spitzen Fingern auf und stellte sie hinter die Tür. Psychospielchen, dachte er. Alles Psychospielchen.

«Schreibst du noch?», fragte sie. Aber sie fragte es mit ihrem berühmten Zitronen-Gesicht. «Oder hast du es endlich aufgegeben?»

«Ich schreibe», sagte Tom. «Gerade schreibe ich wieder. Hast du mein erstes Buch eigentlich gelesen?»

Sie schüttelte den Kopf. «Ich hatte noch nicht die Zeit.»

«Mutter, als das Buch erschienen ist, hatten wir fast noch die D-Mark.»

«Mein Gott, es muss ja nicht immer um dich gehen. Ich habe ein eigenes Leben. Ein sehr erfülltes Leben.»

«Ja, das sieht so aus. Was ist denn passiert? Mit, äh, Hartmut?»

Seine Mutter zeigte auf die Flügeltür (zitterten ihre Finger?), die nach nebenan führte. «Komm mit», sagte sie, da klingelte es erneut. Beide erstarrten. Zwei Sekunden passierte nichts, außer dass es übertrieben blitzte. Und donnerte. Es war wie in einem alten Edgar-Wallace-Film, seine Mutter war Brigitte Horney. Oder Lil Dagover. Elisabeth Flickenschildt. Auf jeden Fall eine alte Gräfin, die ein dunkles Geheimnis hütete. Er, Tom, war dann wohl Joachim Fuchsberger. Oder Harald Leipnitz. Schlimmstenfalls Heinz Drache. Gleich jedenfalls würde Klaus Kinski mit irrem Blick auf der Matte stehen. Durchnässt. Furchteinflößend. Der Axtmörder. Tom wurde schwarzweiß vor Augen.

«Hast du die Polizei gerufen?», fragte seine Mutter entsetzt.

«Natürlich nicht», sagte Tom.

Sie seufzte erleichtert, warf einen routinierten Blick in einen runden Spiegel mit Goldrahmen (doch, auch den kannte Tom), ordnete mit spitzen Fingern ihre Haare und öffnete die Haustür. Der Regen peitschte augenblicklich in den Flur hinein, der Wind heulte, die Bäume bogen sich ihnen entgegen. Draußen stand eine alte, sehr kleine Dame, mit einem durchweichten *Playboy*-Heft über dem Kopf und in einem blauen Sommerkleid, das mehr enthüllte, als man sehen wollte.

«Es tut mir leid», sagte Frau Bormann. «Ich weiß, ich sollte nicht stören. Aber ich müsste mal dringend. Und im Wohnmobil kann ich das nicht. Ich hab's versucht, aber es geht nicht.»

«Wer sind *Sie* denn?», fragte Toms Mutter indigniert. «Und warum klingeln Sie ausgerechnet bei mir?»

«Das ist Frau Bormann», half Tom aus. «Sie ist mit mir gekommen.»

«Du kennst die?»

«Sonst wüsste ich ja nicht, dass das Frau Bormann ist. Es kann ja nicht einfach irgendjemand bei dir klingeln, du öffnest die Tür, und ich weiß dann, wie die Person heißt. Herrgott.»

Frau Diez trat beiseite und Frau Bormann ein. Sie verwandelte den Flur endgültig in ein Schwimmbecken.

«Es war übrigens nie die Rede von einer Weggabelung», sagte die alte Dame und schüttelte sich wie ein nasser Hund. «Was wäre gewesen, wenn ich links abgebogen wäre?»

«Dann wären Sie woanders gelandet. Bei einer sehr, sehr bösen Frau», sagte Toms Mutter, der nächste Blitz brach sich im Spiegel neben der Haustür und verstärkte ihren stechenden Blick.

«Da hab ich aber Glück gehabt», stellte Frau Bormann trocken fest. «Wo ist es denn?»

«Was?»

«Das Klo, Mutter», half Tom. «Und ein paar Klamotten wären hilfreich. Frau Bormann holt sich ja den Tod.»

«Davon ist sie ja nun eh nicht mehr allzu weit entfernt», stellte seine Mutter gnadenlos fest, dann zeigte sie auf eine schmale, schmucklose Tür in unmittelbarer Nähe. «Da ist das Gäste-WC. Aber machen Sie bitte nicht alles nass. Ich schaue mal, ob ich in Toms Kindersachen etwas für Sie finde.»

Sie ließ sie stehen und wandelte durch die Flügeltür in das angrenzende Zimmer. Frau Bormann betrachtete Tom mit einem Blick zwischen Mitleid und allumfassendem Verständnis. «Warum sind Sie bloß kein Junkie geworden? Ich wäre ein Junkie geworden. Sogar mein Sohn ist ein Junkie geworden, obwohl ich viel netter war als Ihre Mutter.»

«Hab ich alles schon hinter mir», sagte Tom. «Obwohl, ein richtiger Junkie konnte ich gar nicht werden, dafür hab ich zu viele Tabletten geschluckt. Da wird man träge.»

«Haben Sie noch welche davon? Ich hätte Interesse.»

«Nur im Grundwasser.»

Sie schüttelte den Kopf. «Lassen Sie uns lieber schnell wieder verschwinden. Man muss wissen, wann es besser ist, das Kriegsgebiet dem Feind zu überlassen. Ich fühle mich sehr an meine Begegnung mit den Rebellen im Nigerdelta erinnert», sagte sie und gab sich Mühe, auf dem Weg zum Gäste-WC den Fußboden auch noch in den äußersten Ecken zu wässern. Heiners *Playboy* ließ sie auf dem kleinen Flurschränkchen neben der Tür liegen.

Tom blickte ihr hinterher, empfand Frau Bormann als lebende Wohltat und hätte bei aller zur Schau gestellten Selbstironie und Festigkeit dennoch beinahe die Nerven verloren. Dieser Ort wirkte auf ihn, als hätte ein fremder Regisseur eine Biographie seiner Kindheit gedreht, nicht an Originalschauplätzen, aber in gruselig originalgetreuer Besetzung, und er wäre irgendwie versehentlich in den fertigen Film gelangt. In wie vielen Therapien war ihm geraten worden, seinen Frieden mit seiner Vergangenheit zu machen? Mit seiner Mutter? Es hatte all die Jahre ums Verrecken nicht funktioniert. Dann war der entgegengesetzte Weg eingeschlagen worden, hatte er Wut empfinden sollen, seine Mutter konfrontieren sollen, um sich auf diesem Wege von ihr zu befreien, das war ebenso erfolglos gewesen. Nun war er hier, fühlte sich plötzlich wieder wie acht oder sechs oder zehn und seiner engsten Verwandten hilflos ausgeliefert.

Sie brauchte nicht lange, kam durch die Flügeltür zurück, in der Hand einen ausgeleierten Jogginganzug, den Tom zu seiner Konfirmation geschenkt bekommen hatte. «Die soll das anziehen», knurrte Frau Diez und legte die Sachen auf den nassen

Parkettboden. Kurz überlegte sie anscheinend, ihn mit den Klamotten vorher zu wischen. Dann sah sie ihn an, von oben herab, obwohl sie doch einen Kopf kleiner war. So etwas schaffte auch nur sie. Tom kämpfte gegen die Versuchung an, in sich zusammenzusinken.

«Was fällt dir eigentlich ein, irgendwelche fremden Leute in mein Haus zu bringen?», schimpfte sie. «Das ist so typisch für dich. Da bittet man dich einmal um Hilfe, und du musst wieder irgendwelchen Blödsinn machen. Willst du ihr das mit Hartmut vielleicht erklären?»

«Das weiß sie schon. Glaube ich. Ich hab vergessen, wem ich was erzählt habe.»

«Wie, wem? Wie viele sind da denn noch?»

«Ich kann Sie übrigens hören», drang es dumpf aus dem Gäste-WC. «Erstaunlich, wie gut meine Ohren noch sind. Das habe ich eben im Wohnmobil auch schon bemerkt.»

«Ohne Frau Bormann wären wir überhaupt nicht hier», sagte Tom.

«Wer zum Teufel ist wir?»

Es blitzte, es donnerte. Es klingelte erneut. Toms Mutter fügte dem stechenden Blick nun einen Schuss Wahnsinn hinzu. «Wer?», fragte sie drohend.

«Ich hab keine Ahnung», sagte Tom.

Seine Mutter schlitterte fast durch Frau Bormanns Wasserspur und riss die Tür auf. Ein alter Mann mit Glatze, Spitzbart und beschlagener John-Lennon-Brille stand vor der Tür. Eine Regenjacke hätte ihm gut zu Gesicht gestanden. Aber die hatte ja Tom.

«Guten Abend», sagte er. «Die Mutter von unserem Großen hier, nehme ich an?»

Tom schlug sich die Hand vor die Stirn.

«Richtig», sagte seine Mutter und drehte sich zu ihrem Sohn um. «Kommt der Rest der Kelly Family auch noch?»

«Na ja, Rest», sagte Tom schwach.

«Entschuldigen Sie die Störung», sagte Heiner, «aber ich hab mir plötzlich Sorgen um Frau Bormann gemacht. Ist sie hier? Sie ist doch hier, oder? Den ganzen Weg alleine unterwegs, bei Matsch und Sturm und Regen. Was, wenn sie irgendwo hingefallen ist, habe ich mir gedacht. Oder ein Ast fällt auf sie drauf. Übrigens war da eine Abzweigung, von der ich nichts wusste. Ich habe mich für rechts entschieden, allerdings nicht aus politischen Gründen. Scheint richtig gewesen zu sein.»

«Richtig», wiederholte Toms Mutter und gab mit einer übertriebenen Verbeugung den Weg frei. «Können alle reinkommen», sagte sie. «Die große Totenfeier beginnt in wenigen Minuten.»

«Oh ja, auf die Geschichte bin ich sehr gespannt», sagte Heiner mit unverfälschter Offenheit und trat staunend und tropfend hinein. «Ich bin übrigens Heiner.»

«Und ich nicht interessiert», antwortete Toms Mutter schnippisch.

«Sie heißt Renate», sagte Tom. «Renate Diez.»

«Angenehm», sagte Heiner. «Einigermaßen.»

«Wie viele noch?»

«Höchstens einer», sagte Tom. «Wenn überhaupt.»

«Und der ist auch nur sehr klein», sagte Heiner. «Ich hab ihm gesagt, er soll auf das Wohnmobil aufpassen, aber ich könnte mir vorstellen, dass er das nicht allzu lange aushält.»

«Ein Kind?»

«Nein. Ein Rüdiger», sagte Heiner ernsthaft. «Guter Mann. Bisschen labil vielleicht.»

Tom seufzte. «Hauptsache, er nimmt nicht die falsche Abzweigung.»

25

Rüdiger saß auf dem Beifahrersitz des Wohnmobils, beobachtete den Regen, der gegen die Frontscheibe prasselte, und versuchte, die letzten Stunden und Tage irgendwie zu verarbeiten. Bilder rasten durch seinen Kopf, er sah grienende Schüler, grinsende Florentins, greinende Bodybuilder, eine wütende Payback-Karte. Und seine Tochter, rauchend. Plötzlich ging der Blick nach vorne, Lilian saß im Park und kiffte. Er sah Silvia und sich beim Unterzeichnen der Scheidungspapiere. Er sah sich beim Jugendamt, auf einem viel zu harten Holzstuhl sitzend, um die Kinder kämpfend, um das Recht, Anteil an ihrem Leben zu haben, mitentscheiden zu dürfen. Er sah Silvia und Florentin auf dem Standesamt, sah Max und Lilian Blumen streuen bei einer kirchlichen Hochzeit, die selbst von der Rama-Familie als zu kitschig abgelehnt worden wäre. Er sah sich, wie er hinter einer Säule hervorlugend die Zeremonie heimlich verfolgte, als Obdachloser, unrasiert, die Schnapsflasche in einer braunen Papiertüte verborgen, obwohl sie doch gar nicht in Amerika waren.

Er dachte an Frau Bormann, die überaus vielschichtige Frau Bormann, er dachte an diesen Heiner (was hatte der eigentlich für einen Nachnamen?), ja, er beneidete ihn plötzlich ein wenig um sein einfaches und klar strukturiertes Leben, der hatte es hinter sich, das Hin und Her, dachte Rüdiger, der hatte einen Hafen gefunden, einen auf vier Rädern sogar. Dann schüttelte er den Kopf und schalt sich selbst einen unsensiblen Trottel. Heiner hatte dieses Leben nicht gewählt, er hatte schlicht kein Geld für ein anderes. Das war ein großer Unterschied. Aber Heiner beherrschte es immerhin, sich in seinen Umständen einzurichten. Das war wohl die eigentliche Kunst. Schwierig genug. Ob ihm das auch gelingen würde? Sich einzurichten in einem Leben ohne Silvia? Dafür mit dem schönen Florentin, der seinen Platz einnehmen und auffällig unauffällig im Hintergrund herumlungern würde, wenn er seine Kinder abholte oder besuchte? Ob er das alles überhaupt aushielt? Oder ob das andere Gefühl, das Gefühl des Wunsches nach Erlösung, nach der endgültigen Aufgabe von Verantwortung, auf die Dauer doch stärker sein würde? Rüdiger traute sich, seinem Selbstwertgefühl im Besonderen und seinem Selbstbewusstsein im Speziellen keine zehn Meter weit. Schon jetzt, wo für einen Moment Ruhe eingekehrt war, kehrten die ersten Dämonen zurück, zögerlich zwar, nur mit ein paar spitzen, gekrümmten Fingern um die Ecke langend, aber spürbar. Die Depression setzte ein, öffnete sich selbst die Tür, breitete sich nach und nach in ihm aus. Wie ein mies gelaunter, gewalttätiger Verwandter, der regelmäßig zu Besuch kam, der einen Schlüssel besaß und gegen den kein Kraut gewachsen war.

Rüdiger trommelte mit den Fingern auf das Handschuhfach. Die Kunst schien es zu sein, beschäftigt zu bleiben, im Kontakt mit anderen und darüber im Kontakt mit sich selbst. Um somit den ungeliebten Verwandten doch noch irgendwie zu vertreiben. O Gott, er klang schon wie sein eigener Esoterik-Berater. Rüdiger stand auf, ging nach hinten, sah sich um und klappte die kleine Sitzbank hinter dem Tischchen hoch, einfach so, ohne groß darüber nachzudenken. Wahrscheinlich, um von sich abzulenken. Heiners Hab und Gut kam in dem Hohlraum darunter zum Vorschein. Rüdiger sah ein paar weitere Comics, zwei Krimis von Andrew Vachss und Ellery Queen, eine Biographie von Keith Richards, günstig als Remittende gekauft. Eine Schachtel, aus der unsortierte Fotos quollen, dazu ein eingerahmtes Bild von Heiners Familie, in deren Mitte der Hausherr posierte, ziemlich übergewichtig, behaart, selbstbewusst und raumgreifend. Der heutige, professorale, einmal gebrochene und wieder neu zusammengesetzte Heiner gefiel Rüdiger um Klassen besser. Hatte ja vielleicht doch alles sein Gutes, dachte er. Jede Niederlage macht dich besser. Irgendwie. Blablabla. Rüdiger sah eine Kiste mit Medikamenten (ein kompletter Querschnitt durch den aktuellen Stand der Pharmaindustrie) und darunter, nicht einmal sonderlich versteckt, ein paar Pornohefte. Gut. Klar.

Rüdiger schloss die Sitzbank wieder, peinlich berührt, auch ein bisschen beschämt. Er war gerade in die Intimsphäre eines Fremden eingedrungen, das war eigentlich nicht in Ordnung. Aber interessant. Interessant war es schon.

Die Minuten verrannen, und Rüdiger fragte sich zunehmend, worauf er hier eigentlich wartete, aufpasste. Und warum das Leben wieder einmal woanders tobte, ohne ihn, warum die anderen drei wahrscheinlich jetzt schön um ein Totenbett herumstanden und gewichtige Dinge sagten und taten, während er wie üblich auf der Ersatzbank des Geschehens hockte und es nicht mal wagen durfte, darauf zu hoffen, eingewechselt zu werden. Wie üblich. So geht das nicht, dachte er. So geht das nicht weiter. Er fasste einen Entschluss, lauschte dem Gewitter, dem Regen, dem Biegen der Äste, knarrte da nicht sogar die Windschutzscheibe vor Gegendruck? Nichts versprach einen freundlichen Empfang jenseits der Wohnmobiltür, dennoch riss er sie auf, schaltete pflichtbewusst das Licht hinter sich aus und stieg einfach so hinaus, mehr oder weniger ungeschützt gegen die beeindruckenden, ja geradezu beängstigenden Naturgewalten. Er duckte sich, fluchte, so richtig derbe, echte Flüche waren das, ungefiltert und nicht einmal ansatzweise abgeschwächt, dann schlug er die Tür wieder zu, machte eine Art Schrankenlimbo (manchmal war seine geringe Körpergröße auch ein Vorteil) und sich auf den Weg ins Ungewisse. Es war ihm letztlich egal, ob er klatschnass wurde, es war ihm auch egal, ob er sich erkältete; das hier war sein Abenteuer, es ging nicht, dass er immer derjenige war, der fernsah oder ein Buch las, wenn das Leben die wirklichen Dramen erzählte. Er wollte teilhaben. Er wollte relevant sein.

Rüdiger atmete tief durch, sog jeden Wassertropfen ein wie einen kleinen Triumph, störte sich nicht an seiner sommerlich unpassenden Kleidung oder dem, was davon übrig war. Die Augen gewöhnten sich an die Dunkelheit, nahmen rasch mehr wahr als nur die Schemen der Wipfel, die Blitze erhellten die Szenerie zusätzlich. Richtig dunkel wurde es eigentlich nie. Wie war das noch mal? Buchen sollst du suchen, Eichen sollst du weichen? Alles Quatsch, dachte er. Erklär das mal einem Blitz, das da ist eine Buche, die lässt du in Ruhe, zieh weiter, da vorne steht 'ne Eiche. Dafür hat der gar keine Zeit, der Blitz. Rüdiger lief, es kam ihm ewig vor, das waren doch niemals nur hundert Meter, da tauchte vor ihm eine Weggabelung auf.

Er blieb stehen. Davon war nie die Rede gewesen, von so einer Weggabelung. Aber die anderen drei mussten hier auch vorbeigekommen sein und sich entschieden haben, entweder linksherum oder rechtsherum, eine Entscheidung war quasi unumgänglich, dabei hatte Rüdiger es doch nicht so mit Entscheidungen, schon gar nicht mitten in der Nacht im Dunkeln im Regen. Er überlegte. Nahm die Brille ab. Wischte sie an der Hosennaht ab. Setzte sie wieder auf. Sah dadurch auch nicht besser. Haderte. Hatte keine Ahnung. Nach rechts ging es vielleicht wieder zurück in Richtung Straße, wenn der Weg nicht noch eine große Biegung machte (was natürlich jederzeit möglich war), nach links ging es dann wohl tiefer in den Wald hinein. Das Haus von Toms Mutter sollte nur etwa hundert Meter entfernt sein, diese Strecke war er doch eigentlich längst gelaufen, das hieß, wenn er jetzt nach rechts ging und nicht sofort ein Haus auftauchte, nach der nächsten Ecke, konnte er ja immer noch umdrehen und den linken Weg nehmen, was bedeutete, dass er in dem Fall aus der anderen Richtung betrachtet scharf nach rechts abbiegen musste, um nicht unverhofft wieder vor dem Wohnwagen zu stehen. Das war ja nun kein komplizierter Weg, das konnte er sich merken, da musste man sich gar nicht so anstellen.

Wie die anderen wohl gewählt hatten? Rüdiger dachte an den Anti-Atomkraft-Aufkleber auf dem Heck des Wohnmobils, der ihm natürlich nicht entgangen war (guter Beobachter, der er war), das hieß, Heiner war sicher sofort nach links gegangen, schon aus politischen Gründen, Frau Bormann als Diplomatengattin eher nach rechts (Diplomaten waren in Rüdigers Vorstellung grundsätzlich eher konservativ), oder sie hatte als Protest gegen die Gesinnung ihres ungeliebten Mannes eben doch den linken Weg gewählt. Tom hätte bestimmt am liebsten aus nonkonformistischem Trotz die Mitte genommen, aber Rüdiger vergewisserte sich, dass da niemand eine Schneise geschlagen hatte. Und er? Wofür stand er noch mal genau? Für Entscheidungsunfähigkeit. Das musste sich ändern. Genau jetzt. Sein Gefühl sagte es ihm doch, es war ganz einfach, warum hörte er nicht einfach auf das, was seine innere Stimme ihm laut und deutlich ins Ohr brüllte, was sollte dieses ewige Hadern und Zaudern? Das alleine war schon ein Grund, warum er als Jugendlicher ein so miserabler Fußballer gewesen war: Wenn ihm der Ball mal zugespielt wurde, also *wenn*, dann hatte er so viele Optionen im Kopf, so viele Ideen, was sich mit so einem Ball anfangen ließe – man konnte ihn zum Beispiel mit dem Innenrist weiterspielen oder mit dem Außenrist schlenzen, oder erst zwei Gegenspieler umdribbeln und dann flach selbst abschließen, oder scharf in die Mitte passen –, dass ihm vor lauter Möglichkeiten und unter Berücksichtigung seiner enormen technischen Mängel der Ball längst wieder abgenommen worden war, ohne dass er sich auch nur dagegen gewehrt hatte. Zeig mir, wie du Fußball spielst, und ich sag dir, wer du bist, dachte er und beschloss, sich zumindest im Moment nicht länger mit der Vergangenheit zu quälen. Hier nämlich, jetzt nämlich, es war an der Zeit: die Entscheidung. Rüdiger zuckte mit den Schultern – an und für sich war es ja auch egal, hing nicht sein Leben davon ab, fast nichts war endgültig – und ging selbstverständlich nach links.

*

Der Weg machte etliche Biegungen, kleine, zuckende Biegungen, war buckelig, eine einzige Stolperfalle. Man musste sich schon sehr konzentrieren, um nicht plötzlich aus dem Tritt zu geraten. Rüdiger watete durch tiefe Reifenspuren, das war ein gutes Zeichen, vor ihm musste Leben sein, irgendwo mussten die ja schließlich hinführen. Etwas Unförmiges lag am Wegesrand, ein Karton? Ein Koffer? Rüdiger schaltete die Lampe seines Handys an: Nein, kein Karton. Eine alte Autobatterie. Der Regen machte ihm nichts mehr aus, wenn man erst mal nass war, war man nass, das war überhaupt das Schöne am Nasswerden, es war nur bedingt steigerbar, hier war der Mensch mal brauchbar konstruiert, im weitesten Sinne wasserdicht und dennoch luftdurchlässig.

Rüdiger hatte (um der Wahrheit die Ehre zu geben) schon nach zehn Metern überlegt, umzukehren, den rechten Weg zu nehmen, aber jetzt hatte er sich nun mal entschieden, es fühlte sich komisch an, ungewohnt, normalerweise wurden auch noch die abseitigsten Optionen in seinem Kopf so ausgiebig gewälzt, bis sich die Ursache erledigt hatte. Ein Trick, mit dem er sein ganzes Leben gut durchgekommen war. Na ja, was hieß schon gut. Was hieß schon durchgekommen. Er bog um eine weitere Ecke und sah endlich Lichter. Na also, er hatte es geschafft! Da stand ein Haus, ein kleines Haus, viereckig, mit Reetdach, es war von schräg unten durch bläuliche Bodenstrahler erleuchtet und wirkte im Zusammenspiel mit Blitz und Donner unheimlicher als das Kinderwagengeschiebe im Prenzlauer Berg am Samstagmorgen. Knusper, Knusper, Knäuschen, dachte Rüdiger und war so mit dem Anblick beschäftigt, dass er nicht mehr auf den Weg achtete. Es kam, wie es kommen musste: Er trat in ein Loch, verlor das Gleichgewicht und fiel der Länge nach hin, mit dem Gesicht zuerst, die Brille bremste nur unzureichend, tja, wäre er ein Wildschwein gewesen, es wäre wahrscheinlich einer der schöneren Momente des Tages gewesen, so aber roch und schmeckte er Erde, war von oben bis unten in Schlamm getaucht und zog sich nach drei ausgiebigen Schrecksekunden so mühsam und schwerfällig aus dem Matsch wie das Ding aus dem Sumpf.

Immerhin, er schrie nicht auf, schimpfte nicht, blieb ganz und gar stoisch, betrachtete den Unfall letztlich als logische Fortsetzung seiner Reise, wenn nicht seines ganzen Lebens. Er nahm die Brille von der Nase, wischte sie an seinem Hemd ab (was nicht zur Reinigung beitrug), dann an seiner Cordhose (das war auch nicht besser), setzte sie wieder auf, streckte die Arme vom Körper wie eine Vogelscheuche, triefte und blinzelte. Der Dreck klebte an ihm wie flüssige Schokolade, er hätte am liebsten alle Körperteile ausgeklinkt, jede noch so kleine Bewegung verstärkte das Gefühl, nicht länger in der eigenen Haut zu stecken, es blieb ihm dennoch nichts anderes übrig, als die letzten Schritte bis zum Haus zu stapfen, um sich demütig dem Staunen und Spott der anderen auszusetzen. Wenn sie bei seinem Anblick nicht kollektiv in Ohnmacht fielen. Das war natürlich auch eine Möglichkeit.

Rüdiger schleppte sich bis zur Haustür, trat auf die Matte, die auch schon bessere Zeiten gesehen hatte, registrierte den überaus bewachsenen Vorgarten, der wie ein wildes Sammelsurium aus Gräsern, Sträuchern und Büschen einer ganz eigenen Ordnung zu folgen schien, dann las er das Namensschild unter der Klingel. Le Fevre stand da. Klar, dachte er. Wenn Toms Mutter geheiratet hatte, dann hatte sie eben den Nachnamen ihres Mannes angenommen. Eines Mannes, der bestimmt Franzose war. Oder Däne. Norweger ging natürlich auch.

Er klingelte, lauschte dem wohlfeilen Klang erlesener Glocken und wartete. Es blitzte und donnerte mit nur geringfügiger Verzögerung, der Boden erzitterte, da war auch dieses hochfrequente Knirschen, das sich mit dem Donner mischte und das die eigentliche Bedrohung ausmachte. Der Blitz musste irgendwo in der Nähe eingeschlagen haben. Rüdiger erschauderte, stellte sich zersplitternde Bäume vor, dann seinen gespaltenen Schädel und klingelte ein zweites Mal.

Nun wurde der Flur hinter der teilverglasten, mit unklaren Symbolen bekritzelten Holztür in weiches Licht getaucht. Rüdiger hörte nichts, aber er stellte sich schlurfende Schritte vor, vielleicht so in der Art Frau Bormanns, obwohl die ja eher glitt. Aber in der Altersklasse.

Eine Sicherheitskette wurde geräuschvoll auf der anderen Seite befestigt, dann öffnete sich die Tür einen Spaltbreit.

«Nicht erschrecken», sagte Rüdiger. «Ich bin hingefallen.»

Die Andeutung eines Kopfes versuchte durch die Ritze Details zu erspähen.

«Das sieht ja übel aus», sagte der Kopf. Die dazugehörige Stimme war weiblich, das war keine Überraschung, aber sie war keinesfalls alt, eher jung, dynamisch, freundlich und ernsthaft besorgt.

«Ist nichts passiert», sagte Rüdiger. «Sind Sie Toms Mutter?»

«Eigentlich wollte ich Sie gerade fragen, ob Sie ihr Sohn sind. Ergibt aber jetzt keinen Sinn mehr, die Frage.»

«Nee, das wäre widersinnig. Dann würde ich ja von mir selbst in der dritten Person sprechen und meine eigene Mutter nicht wiedererkennen.»

«Vielleicht vorübergehender Gedächtnisverlust? Könnte doch sein. Durch den Sturz in die Pampe. Der Schock. Sie sind mit dem Schädel auf einem Stein gelandet. Oder so. Und wissen nicht mehr, ob ich Ihre Mutter bin.»

«Sind Sie meine Mutter?»

Sie lachte. «Ich bin nicht Ihre Mutter.»

«Gut.»

«Und davon abgesehen bin ich jünger als Sie. Behaupte ich mal.»

«Auch das ist natürlich ein Argument.»

Sie machte Anstalten, die Tür zu schließen. Was sollte das denn?

«Ich bin ein ... ein Freund von Tom», sagte Rüdiger hektisch. «Und ich suche das Haus seiner Mutter.»

«Da sind Sie an der Abzweigung falsch abgebogen. Da hätten Sie nach rechts gehen müssen.»

«Natürlich», seufzte Rüdiger. «Und ich nehme an, ich bin der Einzige, der heute hier gestrandet ist? Keine drei anderen, davon ein alter Mann mit Glatze und eine noch ältere Frau im blauen Sommerkleid?»

«Absolut niemand.» Die Frau lachte. Es klang wirklich nett.

«Ja, dann ...», sagte Rüdiger und wandte sich ab. Es donnerte erneut.

«Warten Sie.»

Sie schloss die Tür, entriegelte die Kette und öffnete ganz. Rüdiger sah eine Blondine, etwas größer als er (aber wirklich nur etwas), mit Pferdeschwanz, einem hübschen, runden Gesicht und Sommersprossen. Für ihren Mund war das schöne Wort Schnute erfunden worden, eine Schnute, die man als ausgesprochen süß bezeichnen durfte. Zusammengefasst, dachte Rüdiger, war das leider nicht seine Kragenweite. Eine komplett andere Liga. Champions League, überraschend in der Provinz stationiert, während er eher als graue Maus die Kreisliga beackerte. Rüdiger fühlte sich noch unsichtbarer als sonst. Wenn man die Kruste abwischte, würde nichts von ihm übrig bleiben.

«Wir müssen Sie trockenlegen», sagte sie. «So können Sie doch nicht weiterziehen.»

Rüdiger freute sich, ging ihr einen Schritt entgegen, blieb dann aber stehen.

«Wenn ich reinkomme, müssen Sie renovieren», sagte er.

«Das muss ich sowieso», sagte sie, lachte wieder und gab den Eingang frei.

«Haben Sie gar keine Angst, irgend so 'nen fremden Typen in Ihr Haus zu lassen?», wunderte sich Rüdiger. «Bei Gewitter? Mitten in der Nacht?»

«So richtig gefährlich sehen Sie nicht aus. Und wenn ich ein Triebtäter wäre, was ich natürlich nicht bin, aber wenn ich ein

Triebtäter wäre, würde ich bestimmt nicht bei so einem Wetter durch die Gegend schleichen und mich sogar noch vor der Tat extra in den Matsch werfen. Da vergeht einem ja alles.»

«Das stimmt.»

«Sehen Sie.»

«Aber es gibt da bestimmt einen Fetisch», warf Rüdiger ein. «Es gibt immer für alles einen Fetisch.»

Sie lachte ein weiteres Mal. «Sie meinen, dass Sie vielleicht sexuelle Lust nur bei Gewitter und Ganzkörperverdreckung erleben können?»

«Zum Beispiel.»

«Das täte mir sehr leid. Ich habe aber trotzdem keine Angst vor Ihnen.»

Rüdiger überlegte. «Und wenn ich jetzt kein Triebtäter, sondern ein Dieb wäre? Oder ein Mörder? Da wäre mir das Wetter ja vielleicht egal.»

«Glaube ich nicht. Sie fahren doch nicht bei Gewitter in den Wald, um mich umzubringen. Da können Sie doch auch bis morgen warten. Außerdem kann ich mich gut verteidigen.»

«Das mag sein, aber Sie können das drehen und wenden, wie Sie wollen, ich würde mich niemals hineinlassen, das steht fest», sagte Rüdiger streng, trotzig und durchaus mit erzieherischem Hintergrund.

«Grundsätzlich, oder jetzt wegen der Umstände?», fragte sie interessiert.

«Grundsätzlich!»

«Dann nehmen Sie sich bitte an mir ein Beispiel und schauen Sie gut zu.»

Sie öffnete die Tür bis zum Anschlag, verbeugte sich tief, Rüdiger bröckelte ein wenig, seufzte, betrat das Haus und hinterließ dabei eine Schneise der Verwüstung. «Ich gehe keinen Schritt weiter», sagte er im Flur. «Das kann ich mit meinem Gewissen nicht vereinbaren.»

Sie lachte erneut. Rüdiger hatte noch nie jemanden so ausdauernd zum Lachen gebracht.

«Ich heiße le Fevre», sagte sie. «Marie le Fevre.»

«Bunzel», sagte Rüdiger. «Rüdiger Bunzel. Marie le Fevre klingt aber besser.»

Und wieder lachte sie. Unfassbar war das.

«Ich fürchte, Sie müssen aus den Klamotten raus», sagte sie. «Oder Sie stellen sich mit unter die Dusche. Also, mit den Klamotten. Also, angezogen.»

«Und wie komme ich dahin, ohne dass Ihr Boden hinterher rausgerissen werden muss?»

Sie lachte schon wieder. Hatte sie was genommen? Die hatte doch was genommen! Niemand lachte über Rüdiger Bunzels Bemerkungen einfach so. Über Rüdiger selbst vielleicht. Aber nicht über das, was er sagte.

«Ich hab eine Idee», sagte sie. «Moment.» Sie ging die Treppe hinauf in den ersten Stock und ließ ihn unten zurück. Rüdiger nutzte die Gelegenheit, um sich umzusehen. Es hatte wirklich was von einem Hexenhaus. Vollgestellt war es, vollgehängt auch, Zweige, umgedrehte Blumen am Gebälk, Kräutersäckchen, die Möbel waren antik, teils abgeschabt, aber auf eine gepflegte, umso reizvollere Art. Marie le Fevre schien zu malen, jedenfalls hingen die Wände voller Bilder, sehr, sehr dunkler Bilder, die ihrer zur Schau gestellten guten Laune zuwiderliefen, es waren Bilder voller Elend, Tod und Verderben. Sie kam zurück, fröhlich und unbeschwert, und legte vor seinen Füßen vier Handtücher aus, die sie geschickt übereinanderschob. «Dadrauf», befahl sie, «und dann einfach die Füße in Richtung Dusche schieben.»

Rüdiger nickte und zeigte mit einem schwarzen Finger auf die Wand. «Sie malen aber düster», sagte er. Sie betrachtete die Bilder, als sähe sie sie zum ersten Mal. «Jeder Mensch hat viele Seiten», sagte sie, dann klatschte sie in die Hände und feuerte ihn an, als ginge es um den ersten Platz beim Eierlaufen und er wäre zwischen all den Sechsjährigen der abgeschlagene Letzte. Rüdiger schob sich vorwärts, ließ sich über das Parkett in Richtung Badezimmer dirigieren und schaffte es mit einer geschickten Hüpfbewegung sogar, die mittlerweile an seinem Matsch klebenden Handtücher über die Fußbodenleiste zu hieven. Das Bad war sehr hell, der eigene Anblick im Spiegel ließ ihn fast einen Infarkt erleiden.

«Am besten, ich wasche mich tatsächlich komplett», sagte er und stieg, so wie er war, in die bodentiefe Dusche. Er schloss die Glastür, ließ das Wasser laufen, sie schaute ihm interessiert dabei zu und schob mit den Füßen die Handtücher auf dem Boden zusammen.

«Kennen Sie Frau Diez gut?», fragte Rüdiger, während der Strahl den oberflächlichen Dreck abwusch und die weißen Fliesen tiefgrau färbte.

«Nicht besonders», sagte sie. «Wir sind keine Freunde oder so. Ich glaube, es ist nicht ganz einfach, mit ihr befreundet zu sein. Und dann ist da natürlich auch noch der Altersunterschied.»

«Warum?», fragte Rüdiger, schluckte Wasser und nahm das Shampoo, das in der Ablage wartete. Bio-Lavendel. «Warum ist es nicht einfach, mit ihr befreundet zu sein?»

Seine Gastgeberin machte eine einfordernde Geste, Rüdiger verstand sofort, nahm die Brille von der Nase, öffnete die Duschtür vorübergehend und reichte sie ihr.

«Frau Diez ist kein sehr netter Mensch», sagte sie. «Sie lässt an niemandem ein gutes Haar, dafür kämpft sie den ganzen Tag gegen die Welt und findet einfach alles furchtbar. Es ist schwer, sich längere Zeit mit ihr zu unterhalten, ohne sich hinterher so zu fühlen, wie Sie gerade aussehen.»

«Warum ist sie so?», fragte Rüdiger und stellte die Dusche ab. Den gröbsten Schmutz dürfte er los sein. Marie reichte ihm ein Handtuch, mit dem er sich abzutupfen begann.

«Ich weiß es nicht. Hass auf alles. Hass auf alle. Keine Freunde, eine unglückliche Ehe. Keine Ahnung, was der Grund ist. Ich weiß auch, dass sie mich für einen schlechten Menschen hält.»

«Warum tut sie das?»

«Ich habe ihre Katze überfahren.»

«Oh.»

«Versehentlich natürlich. Das dumme Ding ist einfach nicht aus dem Weg gegangen.»

Rüdiger watete aus der Dusche.

«Schön wieder aufs Handtuch», befahl sie.

Rüdiger tat, wie ihm geheißen.

«Tee?», fragte sie.

«Mit Zucker?», fragte er zurück.

«Wenn es Rohrohrzucker sein darf?»

«Sehr gern.»

Er folgte ihr plitschend und platschend in die Küche (das Handtuch unter seinen Füßen hatte mehr symbolische Bedeutung), die sehr klein, zugebaut und ungemein gemütlich war. An den Wänden hingen Postkarten und Fotos, auf allen wurde gelacht, was das Zeug hielt, selbst ihre Freunde sahen sympathisch aus, und man sollte einen Menschen ja anhand seiner Freunde beurteilen, dachte Rüdiger, zählte alle seine Freunde an null Fingern ab und bedauerte schmerzhaft, dass da niemand war, anhand dessen jemand ihn beurteilen konnte. Sie legte weitere Handtücher auf der Sitzbank aus, Rüdiger ließ sich nieder und hüllte sich ein, so gut es eben ging. Marie le Fevre befüllte den Wasserkocher und holte einige Kräuter aus einem Glas.

«Kommt jetzt der Haken?», fragte er. «Werde ich vergiftet?»

«Das mache ich nur mit kleinen Kindern», sagte sie und lachte. «Ich zeige Ihnen nachher den Keller, da sind sie alle fein säuberlich nebeneinander aufgehängt.»

Rüdiger sog die Luft ein. «Sie haben einen ganz schön scharfen Humor», sagte er.

«Was für ein Humor?», fragte sie ernsthaft und gab Kräuter in die Kanne. Murmelte sie dabei etwas? Rüdiger wurde mulmig. Sie murmelte doch etwas ... Zaubersprüche? Verwünschungen? Flüche?

«Wie bitte?», fragte er vorsichtshalber und um klarzustellen, dass ihm ihre Lautmalerei nicht entgangen war.

Marie le Fevre schüttelte den Kopf. «Ich habe nur abgezählt», sagte sie. «Das muss genau dosiert sein, dann wirkt es Wunder. Sie werden sehen. Wenn Sie sich nach diesem Tee immer noch erkälten, ist Ihr Immunsystem ein echtes Krisengebiet.»

«Ich will das nicht ausschließen», sagte Rüdiger. «Was machen Sie eigentlich so allein hier im Wald?»

«Wer sagt, dass ich allein bin?»

Stimmt, dachte Rüdiger. Logisch. Das Wunschdenken des einsamen Wolfes, der des Nachts bei Sturm in Rotkäppchens Waldhütte gerät.

«Stimmt», sagte er. «Logisch. Mit Mann sicherlich. Auf keinen Fall alleine. Wäre ja auch zu krass hier. Ohne Mann. Oder Frau. Mitten im ... Je nachdem ...»

Sie lachte wieder und schnitt ihm damit das Wort ab. «Ich wohne alleine hier», sagte sie. «Vollkommen alleine.»

Rüdiger grinste schief. Marie le Fevre zeigte auf all die Beutelchen und Gläser um sich herum. «Ich bin eine Kräuterhexe», sagte sie.

Rüdiger nickte grinsend und schätzte schon mal den Fluchtweg ein.

«Kräuterhexe? So im Sinne von zaubern? Also, hexen?», fragte er.

«Fast. Diplom-Kräuterpädagogin bin ich. So nennt sich das. Gibt es wirklich. Das ist mein Beruf. Und deshalb wohne ich im Wald. An der Quelle sozusagen.»

«Ist das nicht wahnsinnig einsam?»

«Aber nein. Bei so interessanten Begegnungen.»

«Warten Sie ab, bis Sie mich in trockenem Zustand gesehen haben.»

«Oha», sagte sie. «Selbstwert-Alarm. Brauchen Sie aber nicht zu haben. Sie sehen sehr nett aus. Nicht direkt attraktiv, aber wegrennen muss jetzt auch niemand.»

«Danke», sagte Rüdiger und wusste nicht, ob er sich über dieses verquere Kompliment nun freuen sollte oder nicht. Sein Blick fiel auf eine Ablage über der Arbeitsfläche. Da stand ein Buch. Ein Buch, das Rüdiger sehr bekannt vorkam.

«Sie haben es gelesen?», fragte er.

«Was?»

«Die verb(r)annte Generation. Das Buch von Tom.»

«Nein», sagte sie. «Heute Nachmittag war seine Mutter hier und hat es mir in die Hand gedrückt.»

«Warum?»

«Sie wollte nicht, dass es bei ihr im Haus ist, wenn ihr Sohn kommt.»

«Wieso das denn nicht?»

«Ich hab keine Ahnung. Vielleicht will sie nicht, dass er weiß, dass sie es gelesen hat?»

«Da hätte sie es doch irgendwo verstecken können.»

«Wollte wohl kein Risiko eingehen.»

Sie nahm das Buch von der Ablage und reichte es ihm. Er blätterte darin herum. Es war voller Markierungen, Einzeichnungen, Unterstreichungen. Am Rand standen Bemerkungen, manchmal sogar ein «toll» oder «wichtig». Ein paar Fragezeichen waren auch zu sehen, einige Passagen waren gelb markiert. Es war ziemlich zerfleddert.

«Mein Gott», sagte Rüdiger. «Die hat das nicht nur ein Mal gelesen.»

«Ich würde sagen, sie kennt es auswendig.»

Rüdiger nickte. «Ich bin übrigens Rüdiger», sagte er.

Seine Gastgeberin schenkte ihm Tee ein. Er roch stark, gesund und würzig.

«Marie», sagte sie. Und lächelte.

26

Frau Bormann hatte sich geweigert, den Jogginganzug anzuziehen, blieb lieber im Flur stehen und rubbelte sich mit einem rosa Handtuch trocken, gleichfalls Heiner, der an ihrer Seite voll und ganz zufrieden zu sein schien, egal in welchem Zustand. Tom und seine Mutter hatten sich kurz angesehen, dann hatte sie die Flügeltür geöffnet und war vorausgegangen, vielleicht ein wenig hüftsteifer als in Toms Erinnerung. Sie durchquerten ein geräumiges Wohnzimmer mit weiteren Jagdtrophäen an den Wänden, einem riesigen Flachbildschirm und einem Kamin als optischem Blickfang. Alles wirkte gutbürgerlich, gediegen, furchtbar symmetrisch. Tom hatte den Eindruck, dass sich etwas veränderte, dass seine Mutter unsicherer wurde, langsamer, sie rieb sich die Hände, schaute zur Seite, atmete schwerer. Hinter dem Wohnzimmer begann ein schmaler, dunkler Gang, von dem mehrere Türen abgingen, sie alle wurden von ihr ignoriert, bis vor Kopf nur noch die letzte Tür übrig blieb. Sie hielt inne, legte die Hand auf die Klinke, dann gab sie sich einen Ruck und öffnete die Tür so leise, als hätte sie Angst, jemanden aufzuwecken. Tom machte sich auf das Schlimmste gefasst.

Aber der Raum überraschte ihn. Das Schlafzimmer hätte jedem Krankenhaus gut zu Gesicht gestanden. Einem hochmodernen Krankenhaus für Privatpatienten allerdings. Ganz in der Ecke stand das Ehebett, es wirkte ungenutzt und fast fehl am Platze. In der Mitte des Zimmers dominierte ein Krankenbett, so ein richtiges, klassisches Krankenhausbett mit Geländer an den Seiten, damit der Kranke nicht hinausfallen konnte, mit einer Hydraulik zum Heben und Senken des Rückenteils oder gleich der ganzen Liege. Um das Bett herum waren Schränke aufgestellt, Kommoden, mehrere Großpackungen Windeln stapelten sich auf dem Boden, Feuchttücher, Tuben, Quaste, Dosen. Am Fußende stand ein überdimensionaler Fernseher, ja, tatsächlich, er lief. Wenn auch ohne Ton. Ein Spartensender zeigte einen Film mit Errol Flynn, den Tom sofort erkannte. Den Film nicht, aber Errol Flynn. Auf einem roten Plüschsessel lag ein Kissen, das da nicht hingehörte. *Das* Kissen, dachte Tom. Es sah aus wie ein ganz normales Kissen, unschuldig weiß und flauschig.

In dem Bett lag Hartmut, sein Stiefvater, mit geöffnetem Mund und weit aufgerissenen Augen, erstaunt sah er aus, ansonsten ganz friedlich, eher so wie jemand, den man zwischen zwei Atemzügen in einem etwas ungünstigen Moment fotografiert hatte. Er war ein hageres Männchen mit eingefallenen Wangen, wirrem, weißen Haarkranz und einem wuchernden Vollbart, dessen zuletzt niemand mehr Herr geworden war.

«Ich habe es nicht geschafft, ihm die Augen zu schließen», sagte Toms Mutter leise. «In den Filmen machen die das immer so beiläufig, es scheint ganz leicht zu gehen. Ich habe mich nicht getraut, ihn anzufassen.»

Tom nickte, stellte sich neben sie und damit ganz nah an das Totenbett, dachte darüber nach, ob das eine Aufforderung gewesen sein mochte, Hand anzulegen, wusste aber, dass auch er das nicht konnte. Er kannte diesen Mann nicht. Wie sollte er ihm da so nah kommen?

«Erzähl», sagte er heiser.

«Siehst du ja», sagte sie. «Hartmut war krank. Sehr krank. Dement. Alzheimer. Seit acht Jahren. Vielleicht schon länger, weiß man ja nicht so genau. Ich habe ihn gepflegt, rund um die Uhr. Es wurde immer schlimmer. Es gab Tage, da war es etwas besser, da hat er fast normal gewirkt, Witze gemacht, von einem Buch gesprochen, das er unbedingt noch fertig schreiben muss, da hab ich natürlich gehofft, dass das alles etwas bringt, was ich ... was wir hier machen. Dass man die Krankheit doch noch umdrehen kann, oder verbessern, ich weiß es nicht. Es waren aber immer nur Strohfeuer. So kleine Gemeinheiten, damit man weitermacht.»

Tom sah seine Mutter an und sah eine völlig fremde Frau vor sich. Eine neue Frau. Eine Frau mit weichen Gesichtszügen. Eine Frau, die nicht mit dem in Einklang zu bringen war, was er von ihr wusste. Eine Frau, die über Jahre hinweg ihren Mann gepflegt und sich für ihn aufgeopfert hatte.

«Vor fünf Jahren hat er bemerkt, dass er uns nicht mehr regelmäßig erkennt», sagte sie. «Er hat noch zwei Töchter, weißt du. Die hat er zuerst verwechselt. Dann hat er mich mit dem Namen seiner Exfrau angeredet und sich fürchterlich erschrocken, wenn ich es ihm gesagt habe. Dann fielen ihm Sachen nicht mehr ein, die er jeden Tag benutzt hat. Er wusste nicht mehr, wo er wohnt. Wo wir hier sind. Und trotzdem waren das seine letzten klaren Momente. Ich musste ihm versprechen, dass ich ihn erlöse, wenn er nichts und niemanden mehr erkennt. Wenn er nur noch irgendwo anders ist, aber nicht hier. Er hat es andauernd gesagt: Renate, wenn ich nur noch eine Hülle bin, bring es bitte zu Ende. Was soll die Quälerei, hat er gesagt.»

«Und das hast du heute gemacht», sagte Tom leise.

«Ja. Aber ich habe drei Jahre dafür gebraucht. Er liegt seit drei Jahren in diesem Bett, weißt du, es ist irgendwann rasend schnell gegangen, plötzlich ging gar nichts mehr von selbst, er war wie eine Marionette, wo die Fäden runterhingen, ich habe ihn alle zwei Stunden gewendet. Ich weiß nicht, wann ich das letzte Mal geschlafen habe. Er hat auf nichts mehr reagiert, ich hab ihn gefüttert, seine Scheiße weggemacht, darauf geachtet, dass er beim Schlucken nicht erstickt.»

«Warum hast du ihn nicht in eine Einrichtung gegeben?», fragte Tom.

«Ich konnte nicht», sagte sie. «Ich hab mir das angeguckt. Aber ich konnte es einfach nicht. Und heute ...»

Sie zeigte auf das Kissen.

«Heute war der Tag», sagte Tom.

Sie nickte.

«Ich glaube nicht, dass er gelitten hat», sagte Tom. «Er hat es wahrscheinlich gar nicht gemerkt.»

Sie begann zu weinen. Tom hatte seine Mutter noch nie weinen gesehen, nicht ein einziges Mal. Das hier war absolutes Neuland für ihn. Plötzlich stand da ein Mensch vor ihm, ein richtiger Mensch, ein Mensch mit Gefühlen, zerrissen, verzweifelt. Plötzlich war alles vergessen, was sie ihm angetan hatte. Ob vorübergehend oder für immer, würde sich zeigen.

«Wie kann ich dir jetzt helfen?», fragte er.

«Ich habe einen Menschen umgebracht», schniefte sie. «Wenn das rauskommt ... ich will nicht, dass das rauskommt. Ich weiß eh schon nicht, wie es weitergehen ... ich habe Angst vor dem Gefängnis.»

«Das kommt nicht raus», sagte Tom, hatte aber keine Ahnung, wieso nicht. «Kann er nicht einfach vergessen haben, zu atmen?»

Sie schüttelte den Kopf. «Es ist ihm immer schwerer gefallen, das schon, aber er war körperlich gesund. Ausreichend gesund zumindest. Der Arzt war vorgestern noch hier und hat ihn untersucht.»

Tom dachte nach. Es waren wilde Gedanken. «Wir können ihn nicht einfach begraben», sagte er. «Hinterm Haus. Im Garten. Es braucht eine offizielle Todesursache. Eine Bestätigung seines natürlichen Todes.»

«Aber wie denn?»

«Ich weiß es nicht. Wir können es andererseits auch darauf ankommen lassen und einfach einen Leichenwagen rufen.»

«Und wenn da jemand auf die Idee kommt, ihn zu obduzieren? Und feststellt, dass er erstickt wurde? Seine Töchter mögen mich nicht. Die wollen bestimmt eine Obduktion!»

«Wie stellt man so was denn fest?»

«Was weiß ich denn? Vielleicht finden die Faserspuren vom Kissen in seiner Lunge? Oder so? Die können doch heute alles.»

«Okay.»

So aufgewühlt hatte Tom seine Mutter wirklich noch nie erlebt. Der Eisklotz war aufgetaut, vor lauter Angst und Verzweiflung. Leider nicht seinetwegen. Aber immerhin. Er trat zum Fenster und schaute hinaus in den Regen, der sich unbeugsam gab. Hinter den Tropfen war alles schwarz. Plötzlich hatte er eine Idee, die so verrückt war, dass sie wahrscheinlich nur heute, in dieser besonderen Nacht, funktionieren konnte.

«Ich muss mal telefonieren», sagte er.

*

«Ich muss dich was fragen», sagte Rüdiger und setzte wie in Zeitlupe seine Brille wieder auf. Sie lagen da wie ein ganz normales Liebespaar, so wie man es aus längst vergangenen Zeiten kannte, als man zum Sex noch nicht überredet werden musste und sogar Spaß daran gehabt hatte. Keiner von beiden rauchte die Zigarette danach (das war um die Jahrtausendwende irgendwie aus der Mode gekommen), dennoch gaben sie ein gutes, klassisches Bild ab. Nur dass Rüdiger etwas tiefer in Maries Arm lag anstatt umgekehrt. Bei aller Emanzipation mochte das immer noch eine Ausnahme sein. Duftkerzen flackerten auf der Fensterbank, warfen Schatten an die Wand und verstärkten den fast tranceartigen Zustand, in dem Rüdiger sich befand und in dem er gerne sein ganzes, restliches Leben verweilt hätte.

«Ich höre», sagte sie ebenso träge und tätschelte sein mittlerweile komplett sauberes und wohlduftendes Seitenscheitel-Haar.

Rüdiger dachte nach. Nach der dritten Tasse Tee und nachdem er es immer wieder geschafft hatte, sie zum Lachen zu bringen, war ihm dann doch etwas klamm geworden, und Marie hatte ihn überredet, eine zweite Dusche zu nehmen, allerdings komplett textilfrei und im Sinne der Grundrestauration inklusive Haarwäsche und Fingernagelreinigung. Rüdiger war darauf eingegangen, leicht verschüchtert zwar, aber folgsam. Er hatte sich auch nicht weiter daran gestört, dass sie das Bad nicht verlassen, sondern sich stattdessen mit verschränkten Armen ein umfassendes Bild der körperlichen Schlichtheit Rüdigers gemacht hatte. Bei der zweiten Haarwäsche mit geschlossenen Augen hörte er ein schabendes Geräusch, es war die Duschkabinentür, dann stand sie plötzlich neben ihm, ziemlich nackt, ziemlich schön und versetzte ihn gleichzeitig in einen Zustand der Aufregung und des Schocks. Der erste Kuss war eine Explosion, zumindest für ihn, seiner Selbsteinschätzung zufolge musste es für sie weit weniger eindrucksvoll gewesen sein, so unbeholfen schob er seine Zunge hin und her, so sehr wusste er plötzlich nicht mehr, wann man beim Küssen was in welcher Reihenfolge machte und warum überhaupt. Er war ein Teenager, war wieder Jungfrau, kam gerade erst in die Pubertät und würde sicherlich mit frischen Pickeln aus der Dusche kommen. Dennoch, Marie war nicht leicht zu erschüttern gewesen, und sie waren tatsächlich irgendwie im Bett gelandet, er hatte seine an und für sich schon erfreuliche Erektion halten können, dann kam ein Vorspiel, das Dr. Sommer begeistert hätte und für ihn den schönsten Moment der letzten Jahre darstellte, so zärtlich war sie, so lustvoll, so behutsam, gefolgt von einem zwar nicht allzu langen, aber aus sportlich objektivierter Sicht durchaus konkurrenzfähigem sexuellen Akt, der pflichtgemäß mit der Entledigung reisewilliger Körpersäfte geendet hatte. Rüdiger war erschöpft, Rüdiger war verwirrt, aber, und das war die Hauptsache: Rüdiger war glücklich.

«Was für eine Frage denn nun?», fragte sie.

«Es sind sogar mehrere Fragen», sagte er. «Thema Selbstwertgefühl. Bitte nur mit Ja oder Nein antworten.»

«Oha», sagte sie und nahm ihn fester in den Arm. «Schieß los.»

«Hast du aus Mitleid mit mir geschlafen?»

«Nein.»

«Findest du mich nicht unattraktiv?»

«Nein. Äh, Moment. Wie ist denn das jetzt richtig? Warte. Ja, ich finde dich nicht unattraktiv. So.»

«Hältst du mich für so harmlos, dass du einfach mal mit mir schläfst, weil ich gerade da bin, und dann denkst du, ich schick den weiter?»

«Was? Nein. Mein Gott.»

«Hattest du einen Orgasmus?»

«Nein. Das solltest du eigentlich gemerkt haben.»

«Hättest du gerne einen gehabt?»

«Natürlich.»

«Bist du also enttäuscht?»

«Nein. Höchstens noch drei Fragen, bitte. Sonst bekomme ich Depressionen.»

«Hast du schon mal mit jemandem geschlafen, den du gar nicht kennst?»

«Ja. Klar.»

«War es besser?»

«Sag mal ...»

«Und?»

«Ja. Na gut, ja.» Sie lachte.

«Würdest du es trotzdem wiederholen? Also, mit mir?»

«Weiß ich noch nicht. Ist das wichtig?»

Rüdiger lehnte sich so weit zurück, wie es ging. «Im Moment nicht», sagte er und dachte, doch, das war wichtig. «Ich warte ehrlich gesagt immer noch darauf, dass das dicke Ende kommt. Die böse Pointe, weißt du? In meinem Leben gibt es immer eine böse Pointe.»

«Du meinst, ob ich einen Eispickel unter dem Bett liegen habe, mit dem ich dich jetzt absteche?»

«So was in der Art, ja.»

«Wie eine Gottesanbeterin, die das Männchen nach dem sexuellen Akt tötet?»

«Wie Sharon Stone in *Basic Instict*. Genau.»

«Ich bin Atheistin.»

«Hab ich ein Glück.»

Rüdiger versuchte, die Situation anzunehmen und zu genießen, wie sie war. Aber er schaffte es nicht. Er verspürte zwar immer noch das lang erhoffte Glücksgefühl, im Rahmen seiner Möglichkeiten, aber echter Genuss, nein, echter Genuss setzte eine gewisse Entspannung voraus. Und so weit war er noch nicht. Noch lange nicht.

«Warum ich?», fragte er also weiter.

«Na hör mal», empörte sie sich amüsiert. «Du bohrst jetzt so lange herum, bis ich dir endlich sage, was für ein Totalausfall du bist, oder was?»

«Hm», sagte Rüdiger.

«Okay, okay», begann sie und legte die Stirn in Denkerfalten. Selbst das sah gut aus. «Ich kann dir sagen, warum du. Die ungeschönte Wahrheit ist: Weil Jude Law und Ryan Reynolds einfach nicht geklingelt haben. Den ganzen Tag sitze ich hinter dieser Tür und lauere darauf, dass endlich einer kommt, der groß, gutaussehend und bestückt ist wie ein Blauwal. Und dann klingelt es endlich, nach vielen, vielen Jahren – und es ist nicht Ryan Reynolds, es ist nicht mal Benedict Cumberbatch, es bist einfach nur du. Ach komm, denke ich, einmal ist keinmal, teilweise männlich ist er ja, also wird es schon irgendwie gehen. Meine Enttäuschung ist aber so groß, dass ich die ganze Zeit lachen muss. Außerdem ist mir kalt, ich habe nämlich einen niedrigen Blutdruck, und irgendetwas muss mich ja wärmen, weil ich aus umwelttechnischen Gründen auf eine Heizung verzichte. Da nützt auch der ganze, heiße Sommer nichts, also nehme ich den Sex in Kauf, die fünf Minuten gehen auch vorbei, denke ich, und hinterher hab ich einen schönen, lebendigen Ofen. So habe ich mir das gedacht und so ist es gekommen. Vielen Dank also dafür.»

Rüdiger verarbeitete die umfangreichen Informationen. «Jude Law spielt in derselben Liga wie Ryan Reynolds?», fragte er das Naheliegende.

«Aber klar», sagte sie und lachte erneut. Woher kam bloß all die Fröhlichkeit? Rüdiger musste auch Kräuterhexe werden, dachte er. Kräuterhexe schien der ultimative Beruf für ein glückseliges Leben zu sein. Ein klarer Fall für die Liste.

«O Gott», sagte er und schreckte hoch. «Die anderen werden mich vermissen.»

(Hatte er das gerade wirklich gesagt? Dass ihn jemand vermissen würde?)

«Welche anderen eigentlich?», fragte Marie.

«Na, Tom. Und Frau Bormann. Und Heiner.»

«Natürlich, wer sonst.»

«Das ist etwas kompliziert. Erzähle ich dir ein anderes Mal. Aber ich muss jetzt leider los.»

Er gab ihr einen ziemlich professionellen Kuss auf die Stirn, der gleichzeitig liebevoll, verbindlich und gedrängt wirken sollte, dann sprang er aus dem Bett, schlüpfte in seine nassen Klamotten (nicht ohne begleitende, wenig männliche Ekelgeräusche von sich zu geben) und wandte sich zur Tür. Mit traurigem Gesichtsausdruck. Er hätte diesen Augenblick so gerne festgehalten. Diesen vielleicht großen Wendepunkt seines Lebens.

Marie stand ebenfalls auf, ihre Nacktheit war Versprechen und vorweggenommene Enttäuschung zugleich. Sie war einfach zu perfekt. Rüdiger würde sich ihr immer unterlegen fühlen, der Druck würde immens sein, es hatte eigentlich gar keinen Sinn, auf etwas Festeres, eine Fortsetzung zu hoffen. Sobald er aus der Tür war, würde er vergessen sein.

«Legst du das Geld dann in die Schale neben der Haustür?», fragte sie und zog eine obersüße Schnute.

«Was?»

«Neunzig Euro. Wäre super, wenn du es passend hättest. Ich kann nämlich nicht wechseln.»

In Rüdiger zog sich alles zusammen, was nichts mit den nassen Klamotten zu tun hatte.

«Wieso denn ... wieso denn neunzig Euro?»

«Hat dir das keiner gesagt? Das ist mein Tarif. Für eine Stunde. Da bist du schon drüber.»

Sie zog sich einen Morgenmantel an und sah ihn ernst an. Was bedeutete, sie lachte nun nicht mehr.

«Du bist eine ... du verkaufst dich?», fragte er.

«Ja, was hast du denn gedacht? Von Kräuterpädagogik kann doch kein Mensch leben.»

«Ich ...»

«Jetzt tu doch nicht so, als wärest du zufällig hier vorbeigekommen.»

«Aber ...»

«Bei dem Wetter kommt keiner zufällig hier vorbei.»

«Aber ich hab doch gesagt, ich suche das Haus von Toms Mutter.»

«Ein Rollenspiel.»

«Du glaubst, das war ein Rollenspiel? Ein Rollenspiel? Bei dem Wetter? Und der Matsch?»

«Ein Fetisch. Hast du doch selbst gesagt.»

«Was? Nein!»

«Neunzig Euro», sagte sie bestimmt.

«So viel hab ich gar nicht dabei.»

Sie sah jetzt sehr streng aus.

«Was soll das heißen? Willst du die Zeche prellen?»

«Zeche? O mein Gott, Zeche. Und ich hab tatsächlich ganz kurz gedacht, du interessierst dich für mich.»

«Nimm's nicht persönlich. Wie viel hast du denn?»

Rüdiger zog seine aufgeweichte Geldbörse aus der Hosentasche und öffnete sie.

«Fünfundzwanzig Euro», sagte er zerknirscht.

«Na gut, mehr waren die paar Minuten auch nicht wert.»

Rüdiger zog das Geld heraus und reichte es ihr. Mit einem Gesicht, als hätte er gerade seine Großmutter verkauft und dabei festgestellt, dass er ein Kuckuckskind war. Marie betrachtete ihn ausgiebig und forschend, dann veränderte sie ihre Haltung, gab jegliche Strenge auf, ihm das Geld zurück, erbebte innerlich und begann endlich wieder zu lachen. Mehr denn je. Rüdiger konnte damit nicht umgehen.

«Was denn?», fragte er ärgerlich.

«Mensch, Rüdiger!», sagte sie atemlos. «Ich mach doch nur Spaß. Komm her.»

Sie zog ihn zu sich heran und gab ihm einen Kuss auf den Mund, so einen richtigen, feuchten, herzhaften Kuss. Dann schob sie ihn wieder weg und lachte, bis ihr endgültig die Tränen kamen.

27

Und genau das ist der Grund, warum ich niemals in ein Pflegeheim gehen werde», sagte Heiner. Er und Charlotte standen vor dem Krankenbett, das jetzt ein Totenbett war und betrachteten den Leichnam von Toms Stiefvater. «Da hast du das andauernd. Du spielst gerade eine Runde Schach oder guckst fern oder isst maschinell gefertigten Pflaumenkuchen, und währenddessen rollen sie vorbei, die Toten, wie am Fließband, werden aus ihren Zimmern geschoben oder legen einfach direkt vor dir den Kopf auf die Tischplatte, während du den Bauern auf E4 setzt. Vorher wird über den Tod natürlich nicht geredet, dafür aber über das Wetter, die Blümchen auf dem Tisch und vor allem darüber, was früher alles gut war, Mann, war da alles gut, selbst wenn da gar nichts gut war und die heimliche Erkenntnis dich noch verbitterter macht und du nur noch mit einer vollen Dröhnung Klosterfrau Melissengeist einschlafen kannst. Ob du an Gott glaubst oder nicht, über deinem Bett hängt ein Kreuz, vorsichtshalber, man kann ja nie wissen, irgendwann hast du keinen Schachpartner mehr, und wenig später bist du selbst keiner mehr. Das geht ganz schnell. Den ganzen Tag nur Tod und Trauer und Ignoranz von Tod und Trauer, und weil das kein Mensch aushält, regst du dich lieber darüber auf, dass der Billigapfel, den sie dir als Nachtisch hinlegen, eine Druckstelle hat und sowieso viel saurer ist als der vom Vortag. Wenn du ihn denn überhaupt noch kauen kannst. Das ist doch kein Leben.»

«Dieser Mann hier hatte wenigstens das Glück, bis zu seinem Tod gepflegt zu werden», sagte Frau Bormann. «Zu Hause. Das ist ein Privileg. Früher oder später enden wir alle so. Wenn wir jemanden haben, der uns pflegt. Oder wir kippen einfach so unter der Dusche um.»

«Das klingt gut», sagte Heiner. «Wenn man das hinkriegt, ist das doch toll. Dazu muss man natürlich erst mal eine Dusche haben.»

«Und wenn man eine hat, muss man es noch hineinschaffen. Ich weiß nicht, wie lange das noch geht. Zumindest bei mir. Ich hab manchmal fürchterliche Schmerzen in den Knien.»

Tom schwieg und ließ die beiden alten Leute reden. Kompensation war das. Der Tod wurde einfach zugequatscht, bis er entnervt den Raum verließ. Und für Heiner und Charlotte hatte es selbstverständlich noch eine spezielle Bedeutung, was sie hier sahen: Es war eine mögliche Variante ihrer eigenen, unmittelbaren Zukunft. Kein sonderliches Vergnügen.

Seine Mutter war nebenan, Tom hatte sie gebeten, solange hinauszugehen, um die Reaktion der anderen nicht miterleben zu müssen. Erstaunlicherweise war sie seiner Aufforderung gefolgt, das war alles andere als selbstverständlich.

«Wir müssen ihn mitnehmen», sagte er nun.

«Wie bitte?», fragte Heiner. Frau Bormann hob die Augenbrauen.

«Mitnehmen müssen wir ihn. Er kann nicht hierbleiben», sagte Tom. «Wir bringen ihn ins Krankenhaus.»

«Das ist ja nun ein wenig spät», sagte Heiner. «Kann ihm eigentlich mal jemand die Augen schließen? Ich fühle mich beobachtet.»

«Ich schaff's nicht», sagte Tom. «Ich krieg's nicht hin.»

Frau Bormann beugte sich vor, griff beherzt zu und schob die Augendeckel nach unten. «So ist es würdevoller», sagte sie. «Er sieht gleich viel friedlicher aus, nicht wahr?»

Sie hatte recht. Tom traute sich endlich, seinen Stiefvater genauer anzusehen. Er hatte ein ausdrucksstarkes Gesicht, ein intelligentes, humorvolles Antlitz mit einer großen Adlernase und lauter Lachfalten um die Augen. Erstaunlich, dachte Tom. Dieser Mann war immerhin mit seiner Mutter verheiratet gewesen. Lachfalten liefen dem zuwider.

«Wir nehmen ihn auf keinen Fall mit», sagte Heiner. «Das geht zu weit.»

«Wir brauchen die Bestätigung eines natürlichen Todes», sagte Tom. «Die kriegen wir hier nicht.»

«Aber im Krankenhaus oder was?», fragte Heiner verständnislos.

«Vielleicht», sagte Tom. «Ich habe einen Plan.»

«Plan hin oder her. Mitnehmen bedeutet, ihn im Wohnmobil mitzunehmen. Das Ding krieg ich hinterher nie wieder so sauber, dass ich darin weiter wohnen kann. Wenn der Tod erst einmal zu Besuch ist, geht der nicht mehr weg. Der holt sich gleich den Nächsten. Außerdem liegt der fremde Mann dann in meiner Koje, und niemand liegt in meiner Koje außer ich bin es selbst oder sie ist weiblich und ich hab sie ausdrücklich dazu eingeladen. Auf keinen Fall liegt eine Leiche in meinem Bett, nicht in meiner Werder-Bremen-Bettwäsche!»

«Auf die Idee mit der Koje bin ich noch gar nicht gekommen», sagte Tom. «Ich hatte mir schon vorgestellt, wir müssen ihn auf dem Beifahrersitz festschnallen. Das mit der Koje ist ja viel besser.»

«Vergiss es», schimpfte Heiner. «Inakzeptabel!»

«Auf jeden Fall sehr verwegen», sagte Frau Bormann. «Das gefällt mir. Dürften wir den genauen Plan denn mal erfahren?»

«Nein», sagte Tom. «Denn wenn ich den genauen Plan verrate, sagt ihr, dass das ein schlechter Plan ist und dass der sowieso nicht funktioniert und dass wir es dann auch bleiben lassen können und besser gar nicht erst losfahren.»

«Das ist exakt das, was ich auch so sage», stellte Heiner fest.

Charlotte Bormann schob die Unterlippe nach vorn. «Wir tun das dann also für Ihre Mutter?», fragte sie.

«Ja, na klar», sagte Tom. «Sie ist die Leiche los und braucht keine Angst mehr zu haben, ins Gefängnis zu kommen.»

«Erstens ist deine Mutter nicht gerade eine Sympathieträgerin, Junge. Und zweitens gehört sie da streng genommen natürlich hin, in so ein Gefängnis», sagte Heiner. «Über die Problematik von Sterbehilfe könnte man ja wenigstens mal diskutieren.»

«Heiner», sagte Charlotte.

«Ich sage ja gar nicht, dass ich dagegen bin, ich sage nur, dass man mal darüber diskutieren könnte. Es gibt ja auch Argumente. Also, dagegen, meine ich.»

«Aber doch nicht jetzt», sagte Tom. «Das wäre reine Zeitschinderei. Und die Zeit drängt.»

«Für wen?», fragte Heiner und zeigte auf Hartmut. «Für den da?»

«Nein, für uns», sagte Tom. «Ich weiß nicht, wie lange so eine Leiche transportabel ist. Bevor sie ... äh, riecht.»

«Wir machen es», entschied Frau Bormann. Heiner öffnete den Mund. «Heiner!», sagte sie entschieden. «Wir machen es.»

Tom nickte, Charlotte nickte, schließlich und mit einigem Geknirsche in den Halswirbeln auch Heiner.

«Wartet bitte kurz hier, ja?», sagte Tom, verließ das Schlafzimmer, schloss leise die Tür hinter sich und suchte seine Mutter, die im Wohnzimmer auf der Kante des Sofas saß, unter einem Hirschgeweih, ein zerknülltes Stofftaschentuch mit Karomuster in der Hand. Wer hatte heutzutage noch Stofftaschentücher, dachte Tom, aber er fand es nicht schlimm. Er mochte es sogar. Er setzte sich neben sie, mit eineinhalb Metern Sicherheitsabstand. Sie drehte die Knie zur anderen Seite.

«Also», sagte er. «Wir nehmen deinen Mann mit.»

«Was? Nein!»

«Doch», sagte Tom. «Du wolltest, dass ich dir helfe – ich helfe dir. Ich habe einen Plan.»

«Das bedeutet nichts. Du hattest in deinem Leben schon so viele Pläne. Haben alle nicht funktioniert.»

«Mama, du bist wie ein Politiker, der nicht aus dem Wahlkampf rauskommt, obwohl die Sache längst gelaufen ist. Vertrau mir einfach.»

«Kann ich nicht», sagte sie. «Nicht bei deiner Vorgeschichte. Bei unserer Vorgeschichte.»

Tom wurde wütend. «Ich weiß, ich bin an allem schuld», sagte er bitter. «Ich bin schuld daran, nicht der Sohn zu sein, den du wolltest. Alles habe ich falsch gemacht. Ich war zu wild, ich war nicht schlau genug, ich war zu unkonzentriert, ich war nicht höflich, ich habe auf niemanden gehört, ich hab mich nicht für die anderen Kinder interessiert, ich war zu laut, ich habe herumgeschrien, dann war ich plötzlich zu schüchtern, zu verschlossen, zu miesepetrig, dafür habe ich bei jedem deiner verdammten Schläge auf den Hinterkopf versucht, dich zu treten oder irgendwie anders zurückzuhauen, ich habe gespuckt, ich habe getobt und dann wieder tagelang geschwiegen. Und so weiter und so fort. Weiß ich alles noch. Ich weiß auch noch, dass du von deinem Kind Nummer eins so enttäuscht warst, dass du ein Kind Nummer zwei nicht einmal in Erwägung gezogen hast. Hast du mir oft genug unter die Nase gerieben. Ohne jede Rücksicht. Okay, okay. Ich will dir jetzt auch mal was sagen: Ich nehme deinen Mann mit. Nicht für dich, ganz bestimmt nicht für dich, sondern für ihn. Und für mich. Weil es gut ist. Du hast deinen Teil getan. Du hast mich um Hilfe gerufen. Jetzt bin ich dran.»

Ihre Augen wurden feucht. Schon wieder. Er konnte sie nicht trösten, im Gegenteil, ihr Verhalten, ihre Abwehr ließen ihn nur noch kälter werden.

«Das hätte ich mir früher mal gewünscht», sagte er. «Das mit den Tränen. Einmal nur.»

«Früher war alles anders», sagte sie. «Ich habe Hartmut geliebt.»

«Wie hast du das bloß geschafft?»

«Manche Menschen passen eben zueinander», sagte sie.

«Und manche nicht», sagte Tom. «Geh jetzt hinein und verabschiede dich von ihm. Dann wartest du am besten in der Küche, bis wir weg sind. Du wirst das nicht sehen wollen.» Er stand auf und wandte sich ab. «Ich werde nicht wiederkommen, Mama. Und ich möchte auch nicht mehr mit dir telefonieren. Aber ich wünsche dir trotzdem alles Gute.»

*

«Ich verstehe das nicht», murrte Heiner und trat in eine Pfütze. «Wieso darf der Einzige von uns, dem es vollkommen egal ist, gemütlich in Plastik eingepackt durch die Gegend getragen werden, und wir anderen werden schon wieder klatschnass? Das ist doch total unlogisch. Eigentlich müssten wir uns diesen Hartmut über den Kopf halten wie ein umgedrehtes Ruderboot. Das wäre nur fair. Schließlich bringen wir ihn von hier weg.»

Das Gewitter hatte sich verzogen, aber vergessen, den Regen mitzunehmen. Der Boden erinnerte zunehmend an Nordseeschlick bei nachlassender Flut und hatte jegliche Festigkeit endgültig eingebüßt. Das Wasser schien von allen Seiten zu kommen, sogar von unten, und kroch gemein und irgendwie lüstern durch die Ritzen ihrer eh schon nassen Kleidung. Tom trug Hartmut über der Schulter, ähnlich wie er es mit Frau Koslowski bei sich zu Hause im Treppenhaus geübt hatte. Rein vom Gewicht her war das kein großer Unterschied, allerdings war Hartmut deutlich sperriger als die alte Dame, dafür immerhin wehrte er sich nicht. Frau Bormann marschierte stoisch vor sich hin, Heiner gab sich betont knurrig, obwohl er als Einziger eine Regenjacke trug. «Der wird staunen, der Rüdiger», sagte er gerade. «Sitzt da gemütlich in meinem Wohnmobil, kriegt den Finger kaum aus der Nase, und da kommen die drei Seelöwen zurück und bringen einen blinden Passagier mit. Ha, blinder Passagier. Blind und taub und stumm!»

«Jetzt ist aber mal gut», wehrte sich Tom. «Du redest hier immerhin über meinen Stiefvater.»

«Den ich genauso gut kenne wie du», sagte Heiner. Bei ihm war offenbar eine emotionale Entladung vonnöten. «Vorsicht, Ast.»

«Was?», fragte Tom, aber es war schon zu spät. Tom bekam einen herabhängenden Zweig mit voller Wucht ins Gesicht, Hartmut zeigte sich Toms so panischer wie reflexartiger Abwehrreaktion nicht gewachsen und rutschte von der Schulter direkt in den Matsch. Es spritzte zu allen Seiten und sah allgemein nicht gut aus.

«Ach, Scheiße», sagte Tom.

«Igitt», sagte Frau Bormann.

«Na toll», schimpfte Heiner. «So kommt der mir nicht ins Haus. Dass das mal klar ist. Wir sind doch hier nicht in Wacken.»

Tom nahm Hartmut wieder hoch, immerhin mit Heiners Hilfe, und war einmal mehr froh, dass sie für ihn eine Plastikplane in der Garage gefunden hatten. Er horchte in den Regen hinein und war sich der Absurdität der Situation bewusst. Er trug nicht nur Hartmut, nein, er trug den Tod bei sich, ganz nah an seinem Ohr, es war derselbe Tod, den er noch vor wenigen Tagen für sich erzwingen wollte (verschiedene Arten von Tod gab es ja wahrscheinlich gar nicht), und doch fühlte es sich anders an als in seiner Vorstellung. So endgültig. Fast beiläufig. Kein Glamour. Kein Pathos, keine große Geste, keine Aussage, kein Ausrufezeichen. Der Tod schien ein enttäuschend unaufgeregter Zustand zu sein. Das Sterben, gut, das Sterben mochte ein Finale furioso sein, der Tod hingegen war wie ein ewiger Epilog, indem alle Fragen geklärt, alle Geschichten erzählt waren. Vergleichbar höchstens mit der kompletten letzten Stunde im dritten Herr-der-Ringe-Film. Und wenn man den Zustand des Todes erst erreicht hatte, war nichts mehr von Bedeutung, da konnte man sogar als nasser Sack über einer Schulter hängen, es machte keinen Unterschied mehr.

Tom fragte sich, ob der echte Hartmut, das, was man zu Lebzeiten als Hartmut bezeichnen konnte, seine Seele oder sein Geist, ob der im Moment vielleicht ganz froh war über die Befreiung aus seinem körperlichen Gefängnis, ob er jetzt wieder über die innere Mauer der Demenz hinausschaute, ob er vielleicht sogar über ihnen schwebte oder in irgendeiner anderen Dimension, ob er die Welt bestaunte und sich freute oder einfach nur verärgert war über den doch recht unehrenhaften Abtransport aus seinem gewohnten Umfeld. Oder ob das alles nur menschliches Wunschdenken war und Hartmut einfach fort war. Wobei man «fort» ja dann auch wieder nicht sagen konnte, denn «fort» beinhaltete streng genommen immer auch eine Ankunft anderswo. Weg war er. Tot halt. Vielleicht. Es war auf jeden Fall seltsam: Das menschliche Gehirn war in räumlichen Dimensionen nicht in der Lage, sich die Unendlichkeit vorzustellen, stieß immer irgendwo an

Wände, Grenzen und Begrenzungen, aber wenn es um den eigenen Tod ging, dann war da plötzlich kein Hindernis mehr, dann war die Angst vor der persönlichen Nulllinie größer als die Einschränkungen des Bewusstseins.

Sie passierten die Weggabelung, an der sie allesamt rechts abgebogen waren. Nun war es nicht mehr weit bis zu der rostigen Schranke, hinter der das Wohnmobil parkte und Rüdiger bestimmt das Lustige Taschenbuch Nr. 82 bald ausgelesen hatte. Charlotte konnte sich nicht länger dagegen wehren, sie ließ sich von Heiners schlechter Laune anstecken und trat mehrmals effektvoll in die braune Brühe vor ihr, so als wollte sie Mutter Natur ihren nicht versiegenden Trotz demonstrieren.

«Egal, was noch passiert», knurrte Heiner, «am Ende wird mich niemand über der Schulter durch den Regen tragen. Dafür bin ich einfach zu groß und zu schwer. Ich werde sehr viel Schokolade containern zukünftig, sehr, sehr viel Schokolade. Verdammt noch mal.»

«Hartmut ist das alles egal», ächzte Tom. Er wusste langsam nicht mehr, wie er den immer glitschigeren Plastikkörper halten sollte, traute sich aber auch nicht, Heiner um Hilfe zu bitten. Der hatte ja auch schon genug geleistet mit seinem Wohnmobil, genau wie Charlotte, die heldenhafte Fahrerin und heimliche Anführerin.

«Buh», machte es plötzlich neben ihnen. Es war ein ziemlich albernes «Buh», keineswegs ein gruseliges, gefährliches «Buh», aber es kam eben aus unerwarteter Richtung, und da konnte selbst das albernste «Buh» seine Wirkung frei entfalten. Charlotte und Heiner erschraken, ja, man konnte sagen, sie erschraken fast zu Tode, danach fluchten sie undifferenziert und nur in Charlottes Fall leidlich wohlerzogen, Tom ließ erwartungsgemäß Hartmut fallen, zum zweiten Mal innerhalb von fünf Minuten, sprang zur Seite und fiel auf dem Hintern ins nasse Moos. Neben ihnen stand Rüdiger, der kleine, durchnässte, grinsende Rüdiger, der offensichtlich von der anderen Seite der Abzweigung gekommen war und sich über das entstandene Chaos freute.

«Sag mal, spinnst du?», schimpfte Tom. «Haben sie dir das Gehirn weggeätzt? Was glaubst du eigentlich, was das hier ist? Ein Abenteuerausflug für Sonderschüler? Fünf Freunde auf der Fahrt des Todes? Die Trottel von Burg Schreckenstein? Herrgott!»

Diese heftige Reaktion verblüffte Rüdiger dann doch. «Tut mir leid ... ich wollte nur ... Spaß und so», stammelte er. Dann erst bemerkte er das imposante Paket im Matsch.

«Was ist das denn?», fragte er.

«Das ist Hartmut», fauchte Tom und rappelte sich auf. «Mein Stiefvater. Und es ist mir scheißegal, wie du das anstellst, aber ich heb den nicht noch mal hoch. Den trägst du jetzt schön bis zum Wohnmobil. ‹Spaß und so›!»

Charlotte und Heiner sagten nichts und gingen einfach weiter, und wenn Tom sich nicht irrte, sogar irgendwie Hand in Hand, dann folgte er und ließ Rüdiger stehen, Rüdiger mitsamt dem länglichen Paket in der Plastikplane im Dreck.

«He», sagte Rüdiger laut in die Dunkelheit hinein. «Das ist nicht witzig. Hallo?»

Niemand antwortete. Als nur noch das unnachgiebige Prasseln des Regens im Blätterdach zu hören und er somit ganz alleine war, ganz allein mit Hartmut, brauchte er noch ein paar Augenblicke, ekelte sich ein wenig, vor sich und der Situation, vor allem aber vor der Situation, wollte dem Tod nicht noch näher kommen, zumindest nicht so, dann erkannte er die Alternativlosigkeit, ging schulmäßig in die Knie und stemmte Toms Stiefvater hoch. Mühsam war das. Hartmut schien sich irgendwie zu wehren, bog sich mehrmals durch und kippte vorne wieder hin, wenn er hinten in der Luft stand, obwohl sich das mit dem Vorne und dem Hinten gar nicht so genau bestimmen ließ. Schließlich hatte Rüdiger ihn so weit, hielt ihn vor sich wie ein Surfbrett, umklammerte ihn mit beiden Armen, bog den eigenen Rücken nach hinten durch und ging langsam vorwärts, wie eine Hochschwangere im zehnten Monat, seiner eben noch vorhandenen guten Laune nachhaltig beraubt. Das war die Strafe für Übermut, dachte er, die gerechte Strafe.

Als er am Wohnmobil ankam, war mehr als eine gefühlte Viertelstunde vergangen, hatte es bestimmt schon drei geschlagen, irgendwo, wo Turmuhren nachts um drei noch schlagen durften, jedenfalls hatten die anderen bereits alles hergerichtet für die Aufbahrung der Leiche und eine zügige Abfahrt. Rüdiger wollte gerade klopfen, da riss Heiner auch schon die Tür auf und streckte ihm die flache Hand entgegen. «Na endlich», sagte er. «Keinen Schritt weiter. Erst mal runter mit der Plastikhülle.»

Rüdiger nickte, legte die Leiche auf dem nun immerhin asphaltierten Boden ab, öffnete die beiden Gürtel, mit denen die Hülle um die Leiche befestigt worden war, dann entfaltete sich das Plastik und gab den Blick frei auf Hartmut, der alt, blass und unbeeindruckt mit geschlossenen Augen und gekreuzten Armen dalag, als wäre er ein Vampir und während des Schönheitsschlafs aus der Gruft geholt worden.

«O mein Gott», sagte Rüdiger.

Tom schob sich an Heiner vorbei. «Gib mal her», sagte er, hob Hartmut hoch und hievte ihn die zwei Stufen hinauf ins Innere des Wohnmobils. Heiner und Rüdiger folgten ihm. Es war plötzlich ganz schön eng, niemand wollte in Kontakt mit der Leiche kommen, und Tom manövrierte Hartmut nach hinten in die Koje, nicht ohne mehrmals mit ihm irgendwo anzustoßen. Dann lag sein Stiefvater endlich auf dem Rücken, Tom ordnete seine Arme auf der Brust neu, und mit einem Mal sah es ganz friedlich aus, wie er dalag, auf grün-weißer Bettwäsche, die mit *Lebenslang der SVW* beschriftet war.

«Lass uns losfahren», brummte Heiner. «Je eher der hier wieder raus ist, desto besser.»

«Das verstehe ich. Ist schon ein bisschen unheimlich», bestätigte Rüdiger und deckte Hartmuts Kopf zu, dann mochte er sich die damit verbundene Atemnot nicht vorstellen, auch wenn er natürlich wusste, dass Leichen nur in äußersten Notfällen atmeten, und deckte ihn wieder auf. Und zu. Und auf.

«Ich rede nicht von der Leiche», sagte Heiner und warf ihm einen finsteren Blick zu.

Rüdiger verstand. «Es tut mir leid», sagte er. «Ich wollte nur einen Witz machen. Es tut mir leid, euch so erschreckt zu haben, okay?»

«Wo bist du eigentlich hergekommen?», fragte Tom.

«Wie, wo bin ich hergekommen?»

«Ja, wo bist du hergekommen? Ist ja jetzt nicht so schwer zu verstehen, die Frage.»

«Wo ich hergekommen bin?»

«Ja, wo du hergekommen bist. Wo bist du hergekommen?»

«Ach so.»

«Wie jetzt, ach so?»

«Na ja. Von Marie», versuchte es Rüdiger betont beiläufig.

«Von Marie», wiederholte Heiner, schüttelte den Kopf, ging nach vorne und setzte sich auf den Beifahrersitz.

«Ich bin müde», sagte Frau Bormann. «Aber ich fahre. Wohin genau?»

«Krankenhaus», sagte Tom knapp. «Stephansviertel.»

*

Die durchaus euphorische Aufbruchsstimmung der Hinfahrt war ausgeprägter Nüchternheit gewichen. Niemand mochte «Highway To Hell» singen (es wäre in Anbetracht ihres speziellen Passagiers vielleicht auch ein wenig makaber gewesen), Charlotte fuhr langsam und vorsichtig, mit dem Kinn überm Lenkrad. Der Regen hatte zwar nachgelassen, aber die Sicht war immer noch eingeschränkt. Heiner und sie unterhielten sich wie zwei ganz normale, müde Senioren, es ging nicht mehr um Myanmar, Tiger, Hunde und die Höhepunkte eines hinreichend gelebten Lebens, es ging um Gebrechen, Wehwehchen und Rentenversicherungen, um Altersarmut, die besten Ärztehäuser und die Angst davor, wochenlang tot in der eigenen Wohnung zu liegen, bis irgendjemand auf den Geruch aufmerksam würde und die Tür aufbrach. Die üblichen Sorgen des Alters eben. Heiner und Charlotte waren in die Realität zurückgekehrt, die vorübergehende Adoleszenz des Abends war von der Nacht und Hartmut negiert worden. Er erklärte ihr, dass er Gras rauche gegen Arthritis und Rheuma und weil es ihn von allzu düsteren Gedanken abhielt, sie verriet, dass sie aus denselben Gründen den ZDF-Fernsehgarten und die lustigen Kochsendungen schaute, obwohl sie sich das Essen schon lange liefern ließ. Er gab zu, manchmal ein wenig zu tröpfeln und dass ihm das furchtbar unangenehm war, sie offenbarte ihre Angst, im unpassenden Moment ihres künstlichen Gebisses verlustig zu gehen. Er stellte fest, dass jeglicher Moment unpassend wäre, in beiden Fällen, sie lachte und schaltete vor Freude in den vierten Gang.

Rüdiger saß auf dem Boden direkt unterhalb von Hartmut, darauf achtend, ihm nicht zu nahe zu kommen, während Tom der Koje den Rücken zugedreht hatte und die Hände über den Knien verschränkt hatte.

«Das ist das erste Mal, dass ich so etwas aus der Nähe sehe», sagte Rüdiger. «Ist mir eben aufgefallen. Ich habe vorher noch nie einen Toten gesehen. Also, im Fernsehen natürlich schon, in den Nachrichten, aber das ist ja nicht dasselbe.»

Tom reagierte nicht.

«Wie ist er eigentlich gestorben?», fragte Rüdiger vorsichtig.

Tom seufzte. Da war sie also, die Diskussion, die er so gerne vermieden hätte. «Meine Mutter», sagte er.

«Hat sie ihn erschreckt?»

«Nicht direkt. Also vielleicht schon. Eher aber nicht.»

«Was heißt das?»

«Erstickt hat sie ihn. Mit einem Kissen.»

Rüdiger lief rot an. «Wie jetzt, erstickt?», fragte er. «Absichtlich?»

«Ich glaube nicht, dass man jemanden unabsichtlich ersticken kann», sagte Tom. «Dazu müssten schon sehr viele ungünstige Zufälle aufeinandertreffen. Man dürfte zum Beispiel nicht merken, dass man auf einem Kissen liegt, unter dem sich noch jemand befindet. Und derjenige unter dem Kissen dürfte sich nicht wehren oder auch nur wackeln, denn sonst würde man es ja spüren und das Ersticken höchstwahrscheinlich abbrechen. Im Zweifelsfall ist es wahrscheinlich unmöglich, dass man einen erwachsenen Menschen unabsichtlich erstickt.»

«Aber warum? Warum hat sie das getan? Das darf man doch gar nicht. Ist das nicht streng genommen sogar Mord, wenn man jemanden erstickt?»

«Streng genommen schon.»

«Moment mal, ganz kurz, machst du mich hier gerade zu so einer Art Mittäter?»

«Er hatte Alzheimer», sagte Tom müde. «War schon ewig im Endstadium. Er hat es bestimmt gar nicht mitbekommen.»

«Sterbehilfe also? Reden wir hier von so einer Art Sterbehilfe?»

«Wir reden über Sterbehilfe.»

«Ich bin absolut gegen Sterbehilfe!», rief Rüdiger entsetzt. «Ich hätte das nie ... nur Gott darf Leben geben und nehmen. Das ist meine feste Überzeugung. Ich hab dir doch gesagt, ich glaube an Gott. Ich glaube an die Bibel!»

«Bitte jetzt nicht dieses Thema», sagte Tom. «Das ist doch auch zu spät. Oder willst du ihn zurückbringen und aufwecken?»

«Aber wie konnte deine Mutter das bloß tun?» Rüdiger war sehr aufgebracht. «Dazu gehört jede Menge kriminelle Energie. Da muss man Hemmschwellen ... Hemmschwellen muss man da überwinden. Ich verstehe das nicht, das ist absolut unmenschlich!»

«Im Gegenteil», sagte Tom ernst. «Es ist das erste Mal, seit ich sie kenne, dass sie etwas wirklich Menschliches getan hat. Hartmut wollte das so. Sie hat ihm versprochen, dass sie ihn erlöst, wenn er niemanden mehr erkennt. Und dann war es so weit, und sie hat ihn trotzdem noch drei Jahre gepflegt, rund um die Uhr, weil sie es nicht fertiggebracht hat.»

«Sagt sie.»

«Ich glaube ihr.»

«Und warum heute? Warum war es ausgerechnet heute so weit?»

Tom schaute auf die Uhr. «Gestern.»

«Das ist doch jetzt völlig egal!»

«Ist es nicht. Manche Prozesse dauern eine ganz bestimmte Zeit, bis das Fenster offen ist, bis man endlich handeln kann. Und dieser Zeitpunkt war eben gestern. Nicht vorgestern und nicht morgen: nein, gestern. Morgen wäre es vielleicht schon wieder zu spät gewesen. Bei uns ist das doch auch nicht anders.»

«Bei uns?»

«Mit der Brücke. Wir sagen doch nicht am Sonntag, wir wollen nicht mehr, und stellen uns am Montag auf die Brücke. Das ist doch ein Prozess. Das hat eine Vorgeschichte. Das dauert ewig, bis man da mal zum Punkt kommt. Bis man merkt, so, jetzt ist das Ende der Geschichte.»

«Aber ...» Rüdiger verstummte. Ihm fiel nichts mehr ein. Dafür Tom.

«Moment mal», sagte er und setzte sich aufrechter hin. «Apropos Brücke: Hast du gerade gesagt, nur Gott darf Leben geben und nehmen?»

«Ja, das habe ich gesagt», sagte Rüdiger leise.

«Und was ist mit uns?», fragte Tom. «Mit dir? Der Lembachtalbrücke?»

«Ich bin eben schwach», sagte Rüdiger. «Ich habe ja auch ein schlechtes Gewissen deswegen. Ich glaube nicht, dass es egal ist, ob ich mich umbringe oder nicht. Ich glaube, dass es falsch ist. Dass man das nicht darf. Aber etwas nicht zu dürfen ist doch kein Argument mehr, wenn man erst einmal so weit ist, dass man es trotzdem machen würde.»

Tom überlegte kurz, dann hatte er verstanden. Einigermaßen. Glaubte er.

«Eigentlich eine Win-Win-Situation», sagte er. «Wenn du von der Brücke springst, geht es dir besser, weil es dir sozusagen gar nicht mehr geht, und wenn du nicht von der Brücke springst, geht es dir auch besser, weil du kein schlechtes Gewissen zu haben brauchst. Wegen deines Glaubens. Wobei das mit dem schlechten Gewissen im Falle des Sprungs oder Fallens natürlich auch nur vorübergehend ist, wahrscheinlich kommt man auch gar nicht mehr richtig dazu. Man will wahrscheinlich gerade anfangen mit dem schlechten Gewissen, da schlägt man unten auf.»

«Es sei denn, man ist anschließend in der Hölle und hat sehr lange Zeit, darüber nachzudenken, ob das mit dem Selbstmord so eine gute Idee war.»

«Ich glaube nicht an die Hölle. Die Hölle ist auf Erden», sagte Tom und drehte sich zu Hartmut um. «Ist das nicht komisch ... der sieht ganz friedlich aus. Der hat es hinter sich und sieht nicht unglücklich aus. Das ist doch kein unglückliches Gesicht, oder?»

«Nein», bestätigte Rüdiger. «Ist es nicht.»

«Wie kann der Typ mit meiner Mutter zusammen gewesen sein und trotzdem nicht unglücklich aussehen? Ich verstehe das nicht. Ich frage mich langsam ... Wenn ich das so sehe, dann kann es doch eigentlich nur bedeuten, dass meine Mutter recht hat, dass ich tatsächlich schuld bin an allem. An dem ganzen Ärger. Den Tabletten, den Therapien. Dass ich mich vielleicht irre, wenn ich ihr die Schuld gebe. Hartmut hat meine Mutter geliebt. Sie hat ihn geliebt. Mich konnte sie nicht lieben. Ende der Durchsage.»

«Ich wette, sie liebt dich auch», sagte Rüdiger. «Kann es vielleicht nur nicht so zeigen.»

«Das war immer schon der dümmste Spruch. Wenn dich jemand mehrmals am Tag schlägt, nützt dir der Gedanke nichts, dass er dich vielleicht heimlich liebt. Dadurch tut es ja nicht weniger weh. Eher mehr.»

«War das wirklich so?»

«Was?»

«Hat deine Mutter dich wirklich so oft geschlagen?»

«In meiner Erinnerung schon», knurrte Tom. «Vielleicht war es auch nur ein Mal am Tag. Oder montags war prügelfrei. Was weiß ich.»

Sie schwiegen, lauschten dem Brummen des Motors, während Heiner Charlotte etwas von dem Vorteil erzählte, als Wildcamper keine laufenden Kosten zu verursachen.

Rüdiger griff in seine Regenjacke, die bei der Hinfahrt noch nicht da gewesen und die Tom noch gar nicht aufgefallen war. Er zog ein Buch heraus. *Das* Buch.

«Ach du Scheiße. Wo kommt das denn her?», fragte Tom.

«Von Marie», sagte Rüdiger. «Deine Mutter hat es Marie gegeben, bevor du gekommen bist.»

«Warum das denn?»

«Damit du es nicht siehst. Damit es aus dem Haus ist.»

«Aber warum?»

«Guck es dir an. Dann weißt du es.»

Tom nahm das Buch mit spitzen Fingern, ungläubig, misstrauisch. Rüdiger machte Platz, so gut es eben ging. Dies war Toms Moment, den sollte er für sich haben.

Tom blätterte in dem Buch, *seinem* Buch, zögerlich zunächst, denn das hatte er seit Erscheinen nicht mehr getan. Er runzelte die Stirn, sah die Einzeichnungen seiner Mutter, verstand das Ganze zunächst nicht, dann begriff er, schlug das Buch weiter auf, blätterte immer schneller, bemerkte ihre Detailgenauigkeit, die

Kommentare, stellte fest, wie zerlesen es war, wie verknickt, vergilbt und doch immer wieder neu bearbeitet. Er sah die Markierungen, die Unterstriche, die Fragezeichen, jedes einzelne Ausrufezeichen. Manches war mit Bleistift vorsichtig kommentiert, manches mit rotem Kuli umkringelt.

Kein einziger Satz aber war durchgestrichen.

«Danke», sagte Tom, als er fertig war. Seine Augen war rot umrandet. «Das ist ... danke.»

28

Auch ohne akute Stichwunde und den damit verbundenen Schock war die Notaufnahme kein bisschen heimeliger als am Montag, im Gegenteil, sie strahlte immer noch die pure Traurigkeit aus, eine dumpfe, neongetränkte Melancholie, war abweisend wie die Nacht und kühler als ein Meer im Eisregen. Und das war nur der Eingangsbereich. Tom schauderte. Er hatte es beim letzten Mal nicht so richtig eingeordnet (er war bekanntlich leicht abgelenkt gewesen), aber man musste sage und schreibe vierzehn Treppenstufen emporsteigen, um zur Patientenannahme zu gelangen. Vierzehn! Stufen! Ein Unding war das! Was, wenn man sich ein Bein gebrochen hatte? Oder den Knöchel? Das Knie? Was, wenn einem Glassplitter aus Augen und Hals ragten? Oder man erblindet war, weil man zu lange in die Sonne geschaut hatte? Vierzehn Stufen! Sollte das der Abschreckung dienen? Dass man besser gar nicht erst kam, wenn etwas wirklich Schlimmes passiert war? Dass man einen Krankenwagen rief, anstatt sich selbst auf den Weg zu machen? Aber wozu? Damit die Jungs vom Rettungsdienst sich nicht so langweilten? Vierzehn!

Tom atmete in seinen Bauch. Er hatte Rüdiger mitgenommen,

der gewohnt unauffällig in der Gegend herumstand und der selbst hier, wo nichts und niemand mit ihm konkurrierte, Gefahr lief, übersehen zu werden. Heiner und Charlotte waren im Wohnmobil geblieben. Erstens, damit Hartmut nicht so alleine war, und zweitens, um adäquat reagieren zu können, falls ein schlafloser Polizist die Rechtmäßigkeit ihres Parkaufenthalts in Frage stellte.

Schwester Erika, in Wesen und Auftreten seit ihrer ersten Begegnung unverändert, hatte *Beef* offensichtlich abgefrühstückt und las in einer Ausgabe von *Men's Health*. Sie saß hinter ihrem Tisch wie Buddhas missratene Schwester und brauchte alleine für das Umblättern länger als so mancher für das Lesen der Artikel. Tom und Rüdiger warteten eine geschlagene Minute, schweigend, fassungslos, bis Tom sich endlich bemerkbar machte und mit dem Zeigefinger an die Scheibe klopfte.

«Schwester Erika», sagte er vorsichtig. Er wusste, die Frau war purer Sprengstoff. Da hieß es, Gelassenheit zu demonstrieren, Gelassenheit und die innere Ruhe Hartmuts.

«Moment», sagte sie, es klang bestenfalls undiplomatisch. Sie hob einen dicken Zeigefinger, ließ ihn in der Luft stehen und widmete sich weiter ihrem Magazin.

«Schwester Erika!», wiederholte Tom mit wohldosiertem Nachdruck. Sie seufzte, klappte das Heft zu, ruckte es hin und her, bis es gerade lag, und blickte gelangweilt nach oben.

«Erkennen Sie mich?», fragte Tom und zeigte auf seinen Oberarm.

«Nein», sagte Schwester Erika. «Ist das hier eine Quizsendung?»

«Wissen Sie nicht mehr? Montagnacht. Die Messerstecherei. Also, es war gar keine Messerstecherei, denn ich habe ja gar nicht mit dem Messer gestochen. Sie haben gesagt, es wäre eine Messerstecherei gewesen, dabei war es nur ein Angriff, ein Messerangriff, denn zu einer Messerstecherei gehören ja mindestens zwei. Da war aber nur einer. Einer, der mich angegriffen hat. Ich habe geblutet. Im Warteraum. Sie haben eine Putzhilfe geschickt. Zum Aufwischen.»

«Schreiben Sie meine Biographie?», fragte sie. «Was soll denn das? Haben Sie mal auf die Uhr geguckt?»

«Ich möchte gerne zu Frau Doktor Raue», sagte Tom. «Sie hat Nachtdienst, ich weiß das. Ich habe angerufen und gefragt.»

Schwester Erika schnaubte. «Das hier ist die Notaufnahme und keine Sprechstunde. Wenn Sie Ihre winzige Wunde nachsehen lassen wollen, dann tagsüber bei Ihrem Hausarzt.»

«Sie erinnern sich ja doch.»

«Ich erinnere mich nicht an Sie, ich erinnere mich an die kleine Kerbe und das Gewese, das Sie gemacht haben.»

Tom sah einen kurzen Spielfilm vor seinem geistigen Auge, einen sehr schnell geschnittenen Spielfilm, in dem er die Glasscheibe vor sich mit dem Ellbogen einschlug und Schwester Erika an ihrem weißen Kragen um ihren fetten Hals von ihrem viel zu kleinen Bürostuhl zog, sie ohrfeigte, links und rechts und links und rechts, ihr mit dem Knie zwischen die Beine trat, nur um mal zu schauen, ob das auch bei Frauen irgendeine Wirkung erzielte, und dabei das volle Programm von zynischen Einzeilern, obszönen Gesten, Flüchen, Verwünschungen und sexistischen Beleidigungen abspulte, es war eine Wonne, leider kam auch schon der Abspann, Tieren war während der Dreharbeiten kein Schaden zugefügt worden, und er begriff, dass er sich beherrschen musste, die Kontrolle behalten, sich zusammenreißen im Sinne eines größeren Ganzen.

«Rufen Sie sie bitte an», sagte er ruhig. «Fragen Sie, ob ich sie sprechen darf. Ich warte gerne.»

Schwester Erika hob den Hörer ab, nahm ihn kurz ans Ohr, legte wieder auf und blickte Tom herausfordernd an. «Sie hat leider keine Zeit», sagte sie. «Frau Doktor Raue ist sehr beschäftigt.»

«Wer ist denn eigentlich Frau Doktor Raue?», fragte Rüdiger.

«Frau Doktor Schilling», sagte Tom zwischen den Zähnen hindurch.

«Die Unternehmensberaterin?»

«Ja.»

«Mit dem weißen BMW?»

«Ja.»

«Und die ist hier?»

«Ja.»

«Um diese Uhrzeit?»

«Jaha.»

«Aha», sagte Rüdiger und fand die Erklärung entweder gegen alle Logik zufriedenstellend oder traute sich nicht, weiter nachzufragen. Schwester Erika schlug ihr Magazin wieder auf und betrachtete interessiert eine Werbeanzeige für Rasierschaum. Die riesige Bahnhofsuhr über der Scheibe wies darauf hin, dass es Viertel vor vier war.

«Es wäre wirklich wichtig», sagte Rüdiger. «Ein Notfall sozusagen. Ganz bestimmt.»

Schwester Erika gönnte ihm und seiner Füllwortspende nicht einmal den kleinstdenkbaren Erfolg einer Antwort.

«Sie kommen hier nur rein, wenn Sie krank, verletzt, vergiftet oder bewusstlos sind», sagte sie und sah Tom dabei an.

«Gilt das auch für mich?», fragte Rüdiger.

Keine Antwort.

«Mein Herz ist vergiftet», knurrte Tom. «Reicht das?»

«Nein», sagte Schwester Erika. Toms rechte Hand fing an zu zittern, Rüdiger sah es und griff nach seinem Arm.

«Lagebesprechung? Draußen?», fragte er.

«Vierzehn Stufen», sagte Tom.

«Was?»

«Es sind vierzehn Stufen.»

Sie machten auf dem Absatz kehrt, die Schiebetür öffnete sich, die Nacht empfing sie mit stumpfer Tristesse, sie eilten die Treppe hinunter und klopften an die hintere Tür des Wohnmobils, das genügsam vor dem Krankenhaus im absoluten Halteverbot stand.

Heiner öffnete.

«Alles klar?», fragte er.

«Nichts ist klar», knurrte Tom. «Sie lassen uns nicht zu ihr.»

«Zu wem?»

«Der Ärztin. Frau Doktor Raue.»

«Die ist nämlich gar keine Unternehmensberaterin», sagte Rüdiger.

«Warum nicht?», fragte Charlotte aus dem Hintergrund.

«Weil sie Ärztin ist», sagte Rüdiger.

«Nein, warum ihr nicht zu ihr dürft?»

«Wir sind zu gesund», sagte Tom. «Es ist halt die Notaufnahme. Wir haben keine Not.»

«Und wenn wir uns deinen Schwiegervater einfach auf den Rücken schnallen und damit noch mal zurückgehen?», fragte Rüdiger.

«Dann ruft Schwester Erika nicht Doktor Raue, sondern die Pathologie. Und die Polizei.»

«Stimmt.»

Sie betraten das Wohnmobil, schlossen die Tür hinter sich und bildeten einen Kreis um ein imaginäres Lagerfeuer. Kriegsrat sozusagen. Die natürliche Scheu vor Hartmut schwand dabei zusehends, man hatte ja schon einiges zusammen erlebt. Rüdiger setzte sich auf die Bettkante und schob seinen Körper einfach ein wenig zur Seite.

«Die Ärztin kommt doch nur runter, wenn sie muss», sagte Charlotte. «Die ist doch ansonsten auf ihrer Station.»

«Ja, und?», fragte Tom.

«Na ja, wenn sie nicht runterkommt, kommen wir vielleicht rauf?»

«Das geht nur durch den Haupteingang, und da ist jetzt ein Pförtner oder eine Nachtwache oder Security, was weiß ich.»

«Die Security, die ich kenne, war nie sehr aufmerksam», sagte Charlotte. «Einmal, in Tansania ...»

«Tansania hält jetzt leider auf, Gnädigste», unterbrach Heiner. «Wenn wir etwas Gras hätten, dann könnten wir die Pförtner vielleicht bestechen. Einmal hab ich den Männern vom Ordnungsamt ...»

«Wir haben aber kein Gras», sagte Rüdiger. «Gut, ich könnte meine Tochter fragen, aber die schläft jetzt hoffentlich. Morgen ist Schule.»

«Wir kommen nur da rein, wenn einer von uns verletzt ist», sagte Tom. «Einer von uns braucht ein Loch im Kopf. Oder eine ausgekugelte Schulter. Eine Schusswunde.»

«Ich hab ein bisschen Bauchschmerzen», sagte Charlotte.

«Danke, das ist sehr nett», sagte Tom.

«Können wir nicht so tun, als ob?», fragte Rüdiger. «Wasser ins Gesicht? Als Tränenersatz? Hier, Frau Bormann hat doch mal geschauspielert.»

Tom schüttelte den Kopf. «An Schwester Erika kommen wir so nicht vorbei. Die ist viel zu ausgebufft. Die hätte sogar das Trojanische Pferd aufgehalten.»

Heiner stand auf. «Also brauchen wir ein Opfer. Irgendwelche Freiwilligen?»

Charlotte schüttelte den Kopf. «Nehmt es mir nicht übel, aber ich bin fünfundachtzig. Und ich hab mir in meinem ganzen Leben nicht einmal eine Rippe gebrochen, trotz Zweitem Weltkrieg und dem ganzen Tralala danach. Ich würde ungern jetzt noch damit anfangen. Das heilt in meinem Alter einfach nicht mehr.»

Tom nickte. «Starkes Argument», sagte er. «Und sonst?»

Heiner blickte zu Boden. «Ich fahr dich gerne hin und her, Junge, auch noch ein weiteres Mal, aber bei Blut, Schweiß und Tränen hört es bei mir auf. Ich bin außerdem Bluter, da ist das gar nicht so eine gute Idee, irgendwo ein Loch in mich hineinzumachen.»

«Verstehe», sagte Tom und runzelte die Stirn. «Stimmt das mit dem Bluter?»

«Nein», gab Heiner ohne Zögern zu. «Trotzdem.»

«Klare Sache», sagte Tom und blickte Rüdiger fragend an.

Der wusste selbst nicht genau, was in ihm vorging, hatte das natürlich nicht im Detail durchdacht, aber heute war ja sowieso schon alles anders, also warum nicht auch noch das? Er hatte in den letzten Tagen so viele unvorhergesehene Dinge erlebt und getan, so viele Rüdiger-untypische Entscheidungen getroffen, überhaupt Entscheidungen getroffen, da kam es auf eine mehr oder weniger nicht an. Die Liste, dachte er. Die Liste.

Er konnte gar nicht genau definieren, welchen Punkt er damit abzuarbeiten gedachte, mittlerweile stand die Liste eher als Oberbegriff für alles, was das Leben ausmachte. Was es bedeutete. Und manchmal waren das eben auch Schmerzen. Besser Schmerzen, als gar nichts zu fühlen, dachte er, empfand sich als tapfer, mutig, engagiert, voller Herz und damit so gar nicht als den Rüdiger, den er kannte. Das war es, dachte er. Das war das Ziel. Das war der Weg.

«Ich mach's», sagte er fast ein wenig übereifrig. «Ich bin dabei.»

Die anderen schwiegen, dann tat Tom etwas, was Rüdiger noch nie erlebt hatte, vielleicht das letzte Mal in der Grundschule, obwohl man sich da nie sicher sein konnte, ob es Erinnerung oder Wunschdenken war, jedenfalls: Tom umarmte ihn, Rüdiger versteifte, dann umarmte er zurück, so lange, bis Tom irritiert die Umklammerung löste und einen Schritt zurückging.

«Okay, okay», sagte Tom.

«Kann losgehen», sagte Rüdiger und dachte an Silvia, Florentin, Lilian und Max, seine Schüler und die Frau mit der Payback-Karte. «Einer muss mir weh tun.»

«Das ist zu viel für mich», sagte Charlotte, stand auf, quetschte sich nach vorne auf den Beifahrersitz und griff nach dem Comic.

«Es müsste sichtbar sein», sagte Heiner. «Eine Wunde, mit der man sofort durchgewinkt wird. So wie ein abgetrennter Arm zum Beispiel.»

«Äh, wie bitte?», sagte Rüdiger und nahm die Brille ab.

«Ist ja nur ein Beispiel. Du darfst deinen Arm natürlich behalten.»

«Augenbrauen bluten schnell und stark», sagte Tom. «Kennt man ja vom Boxen, das kriegst du kaum gestillt.»

«Nicht die Augenbrauen», sagte Rüdiger. «Bitte nicht die Augenbrauen.»

«Es kann ja auch der Verdacht auf einen Bruch sein», sagte Heiner. «Muss ja gar nicht wirklich gebrochen sein.»

Rüdiger setzte die Brille wieder auf.

«Muss aber so aussehen», sagte Tom. «Vielleicht knickst du einfach mit dem Fuß um? Knöchelbruch? Bänderriss? Dass das so richtig dick wird?»

«Ich weiß nicht, ob man das von selbst einfach so ...», sagte Rüdiger. «Ich kenne den Befehl gar nicht. Den Befehl für meinen Kopf. Da gibt es doch Hemmschwellen. So Automatismen, die das verhindern.»

«Gerade wolltest du noch von 'ner Brücke hüpfen», knurrte Heiner. «Da war das mit der Hemmschwelle auch kein Thema.»

Rüdiger schüttelte den Kopf. «Doch, war es. Ich glaube, was Klassisches wäre besser. Warum bricht mir nicht einfach einer die Nase?»

«Ach? Die Nase ist okay, nicht aber die Augenbrauen?», fragte Tom.

«Bei den Augenbrauen kommt die Wucht von vorne, da kann ja alles Mögliche passieren, bei der Nase geht es auch von der Seite.»

«Aber nicht hier drinnen», sagte Heiner. «Das spritzt ja auch. Und die Flecken gehen nur ganz schwer wieder raus.»

Tom stand auf, öffnete die Wohnmobiltür und stieg hinaus.

Heiner und Rüdiger folgten ihm, Letzterer jetzt mit nur noch eingeschränkt heroischen Gefühlen. Das Krankenhaus war erleuchtet, zumindest in den Gängen und manchen Patientenzimmern, ansonsten waren alle Fenster der umgebenden Häuser dunkel. Die Welt schlief den Schlaf der teilweise Gerechten.

Ein leichter Wind wehte, eine Ratte flitzte im Hintergrund über die Straße und verschwand durch einen schmalen Spalt unter dem Bürgersteig in die Kanalisation. Das Licht der Laternen war gespenstisch und fahl. Zur Vervollständigung des Gesamtbildes fehlte nur noch ein durchs Bild rollender Steppenläufer.

Tom und Heiner stellten sich mit dem Rücken zum Wohnmobil, Rüdiger baute sich ihnen gegenüber auf, jetzt doch einigermaßen angespannt. Es sah tatsächlich aus wie ein Duell, wie der Showdown eines Westerns, in dem es nur einen Verlierer geben konnte. Den ohne Pistole.

«Nimm die Brille ab», sagte Tom. Rüdiger gehorchte und übergab die Gläser Tom, der sie achtlos in die Hosentasche stopfte.

«Möchtest du noch irgendetwas sagen?», fragte Heiner.

«Sind das jetzt meine letzten Worte? Das sind doch nicht meine letzten Worte, oder? Wir hatten uns auf die Nase geeinigt, ja? Nur auf die Nase!»

Heiner grinste. «Keine Panik. Ein Scherz. Zur Auflockerung.»

«Wer von euch schlägt zu?», fragte Rüdiger. «Bitte, ich würde das gerne vorher wissen, ich muss mich darauf –»

Tom gab Rüdiger einen Schlag ins Gesicht, der sich gewaschen hatte. Es klatschte so laut, dass Tom sich nicht gewundert hätte, wenn alle Lichter der Stadt gleichzeitig angegangen wären. Leider aber war der körperliche Effekt geringer als der akustische und er in Sachen Schlägerei so ungeübt, dass er die flache Hand benutzt hatte, was zwar höllisch weh tat, Rüdigers Nase aber formal eher unbeeindruckt zurückließ.

«Au», rief Rüdiger, «scheiße! Spinnst du? Blutet es? Wie sieht's aus? Läuft's?»

«Nix», sagte Tom enttäuscht.

«Du musst die Faust nehmen», erklärte Heiner fachmännisch. «Den Daumen dabei nicht hineinstecken, sonst brichst du dir den vielleicht. Und versuch die Nase mit den Fingerknöcheln zu erwischen.»

«Aua, verdammt!» Rüdiger hielt sich die Nasenwurzel. «Das tut vielleicht weh.»

«Tut mir leid», sagte Tom und sah Heiner an. «Ich weiß das wirklich zu schätzen.»

Er täuschte mit der linken Faust an, Rüdiger zuckte zurück, dann schlug Heiner von rechts zu. Fachmännisch, wie ein Schwergewichtsboxer, der sein ganzes Körpergewicht in den Schlag legte. Rüdiger flog nach hinten, es war aber auch zu unfair, er war doch höchstens Fliegengewicht, legte ein, zwei Meter in der Horizontalen zurück, dann lag er da, auf dem Boden, wie ein zappelnder Käfer, den man aus humanitären Gründen eigentlich umzudrehen hatte. Er sah Sterne, der Asphalt federte aber auch wirklich so gar nicht nach, die Nase schien nach innen anzuschwellen, aber – er schmeckte immer noch kein Blut.

«Gibt's doch gar nicht», murmelte er benommen und rappelte sich auf. In einem Film hätte sich jetzt auch der besttrainierte Statistenbösewicht garantiert nicht mehr bewegt, hätte ohnmächtig dagelegen wie Fallobst (gab es eigentlich ohnmächtiges Fallobst?) und den Helden auf seiner Mission nicht länger behindert. Tja, das Leben war nun mal kein Film.

«Nur noch ein Mal, okay?», nuschelte er. «Ich glaub, ich hab genug. Wenn's jetzt nicht klappt, hab ich genug.»

«Ich weiß nicht, es wäre doch Quatsch, auf halbem Weg umzukehren, oder?», sagte Tom und half Rüdiger auf. «Da hättest du ja ganz umsonst gelitten.»

«Bitte», sagte Rüdiger und klang wirklich schon ziemlich nasal. «Plan B. Es gibt bestimmt noch einen Plan B. Wir haben nur noch nicht richtig nachge–»

Heiner schlug erneut zu. Wenn Tom seinen Gesichtsausdruck dabei richtig deutete, schien es ihm fast ein wenig Spaß zu machen. Auf seine alten Tage.

Rüdiger ging in die Knie, dachte, dass es stimmte, dass man wirklich Sterne sah, dass das keine abgenutzte Metapher, keine einfache Umschreibung einer Gehirnerschütterung war, tatsächlich, da war der Große Wagen, da die Venus, außerdem geschah es ihm ganz recht, so allgemein, war das die gerechte Strafe für sein verkorkstes Leben, vielleicht so eine Art Katharsis, vielleicht konnte er nach dieser Nacht auferstehen wie Phönix aus der Asche und endgültig von vorne beginnen. Dann wurde es in seinem Rachen salzig, bitter und vor allem zähflüssig. Heiner jubilierte wie ein Siegtorschütze in der letzten Minute, er hatte es geschafft, Rüdiger spuckte auf seine Hand, betrachtete das Blut, seine Nase schwoll an, der Boden unter ihm färbte sich in Windeseile dunkelrot. Charlotte klopfte an das Beifahrerfenster und reckte den Daumen in die Höhe, Tom und Heiner winkten ihr zu, sie hoben Rüdiger hoch, er legte seine Arme um ihre Schultern, dann trugen sie ihn halb in Richtung Krankenhaus, seine Füße berührten den Boden kaum, er hielt den Kopf gesenkt und hinterließ eine tropfende Fährte wie dereinst Hänsel und Gretel mit ihren Steinen im Wald.

Vierzehn anstrengende Stufen später saß da Schwester Erika, machte ein saures Gesicht, pfefferte *Men's Health* in die Ecke, betrachtete Rüdiger, betrachtete Tom, durchschaute das Spektakel und konnte doch nichts dagegen tun.

«Chipkarte», zischte sie.

Tom wollte schon aufbegehren, doch Rüdiger zappelte sich frei und zog sein Portemonnaie aus der Hosentasche. Als er die Chipkarte aus dem Fach nahm und sie Schwester Erika reichte (ein Blutstropfen verirrte sich dabei auf das Plastik), fiel ihm etwas auf. Er hatte zuletzt hundert Euro abgehoben. In kleinen Scheinen. Jetzt waren noch zehn Euro da. Es fehlten also neunzig.

Genau neunzig. Rüdiger schniefte. Es tat weh. Marie, dachte er. Scheiße. Marie.

29

Sieh mal einer an», sagte Frau Doktor Raue, konnte sich ein kühles Grinsen nicht verkneifen und lud Rüdiger mit einer Geste zum Hinlegen ein. Sie befanden sich im Behandlungsraum Nummer fünf. Rüdiger tastete sich rückwärts auf die Liege, Tom setzte sich auf einen Drehstuhl, rollte hin und her und genoss es trotz der Umstände redlich, am Ziel zu sein, einen Plan entwickelt zu haben, der funktioniert hatte. Die Regel war das ja schließlich nicht, da hatte seine Mutter schon recht.

Sie hatten lediglich eine Stunde gewartet, zwei Knochenbrüche kommen und gehen sehen und ansonsten weitestgehend geschwiegen, ein weiteres Mal das Leben bewertet, jeder für sich allein, waren zu uneindeutigen Ergebnissen gekommen und hatten schließlich ihren Kummer in Gemüsebrühe aus dem Automaten ertränkt, Rüdiger unter großen Schmerzen, Tom mit gespieltem Mitgefühl. Rüdigers Blutung war mit provisorischen Tamponaden gestoppt und mit Eis gekühlt worden, Schwester Erika hatte jede erdenkliche Frage zum Unfallhergang gestellt und Tom sich an ihr gerächt, indem er ihr eine Räuberpistole aufgetischt hatte, die jedem Drehbuchautor mit nach oben hin offenem Budget als verlockende Inspirationsquelle hätte dienen können. Dass darin keine Drachen, Raumgleiter und Meerjungfrauen aufgetaucht waren, war alles. Rüdiger hatte zusammengefasst die Welt gerettet und sich dabei eben eine blutige Nase geholt. Schwester Erika hatte fleißig mitgeschrieben, kein Wort gesagt, am Ende den ganzen Kram demonstrativ durchgestrichen und sich wieder in ihr Kabuff begeben, um den nächsten Notfallpatienten zu drangsalieren, der kaum eine Viertelstunde mit herunterhängendem Gesicht und abgespreiztem Arm auf ihr Erscheinen gewartet hatte. Für Tom ein Sieg auf ganzer Linie.

Er fand Gesa Raue nicht weniger attraktiv als am Montag, vielleicht ein wenig abgekämpfter, aber das war ja auch kein Wunder, wenn man die Uhrzeit und die allgemeinen Mühen unterbezahlter Krankenhausärzte in Nachtschicht bedachte.

«Warum sind Sie eigentlich keine Unternehmensberaterin?», fragte Rüdiger kaum verständlich und machte insgesamt einen reichlich derangierten Eindruck.

«Warum haben Sie sich eigentlich die Nase gebrochen?», fragte sie entspannt zurück, zog die Tamponaden heraus und blickte interessiert in beide Nasenlöcher.

«Um mit Ihnen sprechen zu können», sagte Tom. Er hatte sich überlegt, dass der direkte Weg in diesem Fall der beste sein mochte. Der Weg der Wahrheit. «Rüdiger hat sich geopfert. Man ließ uns nicht zu Ihnen.»

«Ja, Schwester Erika ist gut», sagte Doktor Raue. «Immer noch.»

«Schwester Erika ist die Pest. Immer noch.»

Die Ärztin lachte. «Also, ich hab ja schon viel erlebt, aber dass sich jemand die Nase brechen lässt, um mit mir zu reden, das ist schon ein einsamer Höhepunkt. Warum sind Sie nicht auf die Station gekommen? Einfach am Haupteingang nachfragen, die hätten oben angerufen, und dann hätten Sie kommen können. Es war eh nichts zu tun.»

Rüdiger hustete schmerzhaft, Tom senkte den Blick.

«Das war wohl zu einfach für uns», gab er zu. «Wir sind kompliziert.»

«Ich weiß», sagte sie. «Sie sind jetzt aber nicht hier, damit ich Sie noch einmal vom Selbstmord abhalte, oder? Ich kann das nicht andauernd machen, ich will das auch gar nicht. Sie sollten sich doch professionelle Hilfe holen.»

«Wir helfen uns schon», sagte Tom «Mit Selbstmord hat das hier nichts zu tun. Eher mit dem Gegenteil.»

Sie zeigte auf Rüdigers deformierte Nase. «Dem Leben?»

«Nein. Dem anderen Gegenteil. Mord. Also, vielleicht.»

Und Tom fing an zu erzählen. Einfach so. Alles. Er erzählte von seiner Mutter, streifte seine Kindheit, beschrieb die Probleme, die sie immer schon gehabt hatten, erzählte von Heiner und Frau Bormann, von seinem Stiefvater, von seiner Unkenntnis über die Existenz seines Stiefvaters, von dessen Erkrankung, der Pflegearbeit seiner Mutter, ihrer Liebe zu ihm, dem Versprechen der Erlösung und der um drei Jahre verspäteten Ausführung.

Rüdiger geriet darüber etwas in Vergessenheit, aber das war in Ordnung. Dieses eine Mal war es in Ordnung für ihn. Er lag auf seiner Liege, schloss die Augen und hörte einfach zu, hatte seinen Teil getan, jetzt war es an den anderen, die Geschichte zu einem guten Ende zu bringen. Wenn es so etwas überhaupt gab.

Gesa Raue lehnte sich gegen das Waschbecken, zunächst mit verschränkten Armen, dann fing sie an, mit ihren Fingerspitzen zu spielen, fuhr sich durchs blonde Haar und betrachtete die Decke, den Boden, die eigenen Füße, nur Tom nicht und schon gar nicht Rüdiger.

«Und Sie wollen jetzt von mir, dass ich einen natürlichen Tod bescheinige, richtig?», fragte sie, nachdem Tom geendet hatte. Alles Grinsen, alle Leichtigkeit war von ihr gewichen. Sie sah jetzt sehr ernst aus, sehr erwachsen, es war unmöglich, Sympathie oder Antipathie aus ihrer Haltung herauszulesen.

«Ja», sagte Tom. «Das ist das Einzige, was mir eingefallen ist.»

«Sterbehilfe ist ein schwieriges Thema», sagte sie. «Die Grenzen sind da fließend. Eigentlich ist es in diesem Fall noch schwieriger, weil Ihr Stiefvater keine Gelegenheit hatte, zu widersprechen oder es sich anders zu überlegen.»

«Aber er hat ja gesagt, er will nicht mehr leben, wenn er niemanden mehr erkennt.»

«Das ist Jahre her, richtig?»

«Richtig.»

«Wer sagt Ihnen, dass er es heute nicht ganz anders sehen würde? Dass er sich in seiner Einschränkung nicht vielleicht sogar ganz wohl gefühlt hat? In seiner eigenen Welt? Wer sagt Ihnen, dass Ihre Mutter nicht am Ende nur sich selbst befreit hat, auf seine Kosten?»

«Niemand», sagte Tom leise. Rüdiger befingerte seine Nase.

«Ihre Mutter hat sich ganz klar strafbar gemacht», sagte Gesa Raue. «Vielleicht nicht direkt Mord, aber mindestens schwere Körperverletzung mit Todesfolge. Auf jeden Fall ist es ein Delikt. Das hier ist nicht die Schweiz. Aktive Sterbehilfe ist in Deutschland immer noch verboten.»

«Ich weiß, dass es schwierig ist», sagte Tom. «Deswegen kommen wir doch zu Ihnen. Ich habe meine Mutter gesehen, ich habe das Zimmer gesehen, in dem Hartmut untergebracht war. Meine Mutter kann überhaupt keine Gefühle zeigen. Das konnte sie noch nie. Aber heute hat sie geweint. Mehrmals. Weil sie ihn geliebt hat. Sie hat das mit dem Kissen nur gemacht, weil in Hartmuts Körper keiner zum Lieben mehr da war. Das war kein selbstsüchtiges Verhalten. Dieses Mal nicht.»

«Es ist eine sehr grundsätzliche Frage, ob sich Körper und Seele überhaupt trennen lassen. Ob das nicht immer noch Hartmut war, den sie getötet hat.»

«Das kann ich nicht beantworten.» Tom wurde immer leidenschaftlicher. Es stand ihm gut. «Ich weiß nur, dass sie sich gequält und für ihn aufgeopfert hat. Obwohl das überhaupt nicht zu ihr passt. Und dass sie am Schluss nur getan hat, was Hartmut wollte.»

«Und warum genau, verraten Sie mir das, warum genau sind Sie so motiviert, ihr zu helfen? Nachdem Sie doch eigentlich wütend auf sie sein sollten? Nachdem Sie fast von einer Brücke gesprungen wären, weil Sie nicht mehr ausgehalten haben, was das Leben und Ihre Mutter aus Ihnen gemacht haben?»

«Das ist mir zu viel Pathos», sagte Tom. «Damit kann ich nichts anfangen.»

Sie schwiegen einen Moment.

«Ich *bin* wütend auf sie», sagte Tom. «Jeden Tag. Von morgens bis abends. Aber vielleicht ist das hier ja meine Art von Vergebung. Ist doch okay, oder? Vielleicht hilft mir das sogar.»

Gesa Raue sah ihn an, mit irgendwie verändertem Gesichtsausdruck, dann griff sie in ihren Arztkittel und förderte eine Packung Zigaretten zutage.

«Sie wollen doch jetzt nicht hier drin rauchen?», fragte Rüdiger entsetzt. «Ich atme das dann doch alles ein! Durch den Mund! Ich geh doch nicht mit kaputter Nase in ein Krankenhaus, um mit Lungenkrebs wieder rauszukommen!»

«Was? Nein!», sagte die Ärztin, aus ihren Gedanken gerissen, und steckte die Packung wieder ein. «Versetzen Sie sich mal in meine Lage», sagte sie. «Da halte ich mit meinem Auto auf der Lembachtalbrücke und hindere zwei, Verzeihung, höchst labile Männer am Sprung in den Tod. In derselben Nacht kommt der eine der beiden wieder und hat eine Messerverletzung am Oberarm, was ihn nicht daran hindert, mich um ein Date zu bitten. Und nur wenige Tage später tauchen Sie beide hier gemeinsam auf, mitten in der Nacht, der eine mit blutiger Nase, der andere mit der Leiche seines Stiefvaters im Gepäck. Was soll ich denn davon halten? Und wo ist der überhaupt? Dieser Stiefvater? Wie heißt der? Hartmut?»

«Draußen», sagte Tom. «Im Wohnmobil. Vor dem Krankenhaus.»

Gesa Raue schüttelte den Kopf. «Sie machen mich echt fertig. Ich rufe einen Rettungssanitäter, der soll ihn reinholen.»

«Das ist keine gute Idee», sagte Tom eilig. «Der sieht doch dann sofort, dass da nichts mehr zu machen ist. Und dann stellt sich die Frage, warum wir den nicht gleich reingebracht haben. Außerdem, was ist, wenn der sieht, dass Hartmut erstickt worden ist? Kann man das überhaupt sehen?»

«Das kann man sehen. Es gibt da so Erstickungsblutungen am Kopf. Petechien.» Sie überlegte. «Hat die Totenstarre schon eingesetzt?»

«Woher soll ich das wissen?»

«Das merkt man doch.»

«Ich hab nichts gemerkt.»

«Wie lange ist er denn schon tot?»

«Keine Ahnung, ein paar Stunden. Also? Können Sie mit rauskommen?»

«Sie riskieren meinen Job. Meine Approbation. Ist Ihnen das klar?»

«Sie können immer noch nein sagen.»

Die beiden sahen sich an, von Augenpaar zu Augenpaar. Lange. Intensiv. Dann hatte Tom den entscheidenden Teil des eh schon bröckelnden Eisbergs tatsächlich zum Schmelzen gebracht. Es war aber auch wirklich sehr spät, die Nacht war lang gewesen, der Widerstand entsprechend gering.

«Andererseits wäre das auch nicht das erste Mal», seufzte Gesa Raue. «Es soll schon Ärzte gegeben haben, die zum Beispiel Krebspatienten im Endstadium ... na ja. Etwas zu viel Morphium, und Feierabend.»

«Das heißt, Sie kommen mit raus?»

«Ich schau mir das mal an. Aber erst muss ich mich um Ihren Freund hier kümmern.» Sie wandte sich Rüdiger zu. «Wie war Ihr Name noch mal?»

«Bunzel», näselte Rüdiger dann doch ein wenig beleidigt. «Rüdiger Bunzel.» Konnte es denn so schwer sein, sich das wenigstens für kurze Zeit zu merken? Die Ärztin nahm Rüdigers Kopf, spiegelte das Innere der Nase, dann gab sie ihm einen Klaps auf die Schulter.

«Herr Bunzel, Sie haben Glück gehabt. Die Nasenscheidewand steht wie eine Eins. Eine Schwellung des äußeren Bereichs, das war es auch schon. Kein Bruch.»

«Und was macht man da jetzt?», fragte Rüdiger ängstlich.

«Nix. Warten, dass es vorbeigeht. Ich geb Ihnen ein Medikament, um die Blutung zu stoppen. Sie kühlen, bis der Arzt kommt. Das war's.»

«Mensch», sagte Rüdiger und erhob sich. Sein Schädel widersprach.

«Bleiben Sie lieber noch etwas liegen», sagte Doktor Raue. «Wir holen jetzt mal den Hartmut her, und dann machen Sie beide einen fliegenden Wechsel.»

Rüdiger sank erleichtert zurück und freute sich, vorübergehend aus dem Spiel genommen zu sein. Er würde die Augen schließen und von besseren Zeiten träumen oder auch nur von einem aussagekräftigen Frühstück. Tom und Gesa Raue verließen den Behandlungsraum, sie nahm so beiläufig wie schwungvoll einen an der Wand stehenden Rollstuhl mit, dann öffnete sich die automatische Tür zum Wartesaal, in dem ausnahmsweise absoluter Totentanz herrschte.

Ihr Handballen auf einem Druckknopf öffnete die nächste Tür, sie schoben an Schwester Erika vorbei, die nicht einmal von ihrem Magazin aufsah. Das vermutete Tom zumindest, denn er würdigte sie seinerseits keines Blickes. Nun war er gespannt, wie die Ärztin mit dem Rollstuhl die vierzehn Stufen angehen würde, die skandalösen vierzehn Stufen, wappnete sich schon für eine engagierte Rede wider die Krankenhausbürokratie und für mehr sozialen Pragmatismus, da ließ sie die Treppenstufen einfach rechts liegen, umging die nächste Säule und drückte auf der Rückseite auf einen Fahrstuhlknopf.

«Den hab ich ja noch gar nicht gesehen», knurrte er, der Fahrstuhl kam mit frischem Schwung, öffnete seine Pforten, sah geräumig, freundlich, hell und modern aus.

«Echt?», sagte sie. «Ist doch ein großes Schild unten an der Treppe.»

«Schild, Schild», echote Tom, weil es ansonsten nicht viel zu sagen gab, dann waren sie sich nah, ging es abwärts, waren sie für seinen Geschmack viel zu schnell ebenerdig, eine weibliche Automatenstimme annoncierte das Erdgeschoss, überflüssig war das, die Tür öffnete sich, sie liefen auf das Wohnmobil zu, das wie ein Fremdkörper auf dem Seitenstreifen stand und gleich mehrere Parkplätze auf einmal blockierte.

Es war immer noch dunkel. Der in Sachen Paranoia bestens geübte Heiner hatte sie natürlich längst bemerkt (wahrscheinlich schon bevor sie losgegangen waren) und öffnete schwungvoll die hintere Tür. Ein strenger Geruch drang nach draußen. «Willkommen», sagte er. «Hier sind Sie richtig.»

Gesa blickte Tom irritiert an. «Das ist jetzt aber nicht Hartmut?», fragte sie.

Tom hätte fast gelacht. «Nein», sagte er. «Entschuldigung, ich hab gar nicht erwähnt, dass wir zu viert sind.»

«Jakobs», sagte Heiner, gab ihr die Hand und deutete einen Handkuss an. Es war das erste Mal, dass Heiner seinen Nachnamen preisgab. Er war sich der Wichtigkeit eines gewinnenden Auftritts offensichtlich bewusst.

«Raue», sagte die Ärztin skeptisch und blickte von Heiner zu Tom und wieder zurück. «Wieso zu viert?», fragte sie.

«Ach, da gibt es noch die Charlotte», sagte Heiner heiter. «Aber die war so müde, die musste sich ein bisschen hinlegen.»

Tom schnupperte. Der strenge Geruch war der strenge Geruch gerauchten Grases. Heiner hatte wohl doch noch unter irgendeinem Reserverad eine heimliche Reserve gefunden und sie mit Charlotte geteilt. Wozu Langeweile halt so führte.

«Wo hat sie sich hingelegt?», fragte er und wollte nicht denken, was er gerade dachte.

«Na, wo wohl?», fragte Heiner rhetorisch zurück und kicherte. «So viele Möglichkeiten gibt es hier ja nicht.»

Tom schloss die Augen und fragte sich, was das wohl für einen Eindruck machen musste, das alles, so insgesamt, nächtliche Besuche im Krankenhaus, blutende Nasen, Leichen im Wohnmobil, Stichwunden, die Brücke, o Gott, die Brücke, dazu alte Leute mit Schlafdefizit und bekiffter Pietätlosigkeit.

«Wenn ich da jetzt reingehe, komme ich dann high wieder raus?», fragte Doktor Raue und sah Tom streng an. «Das hängt dann ja auch in den Klamotten. Wie erkläre ich denn das den Kollegen?»

«Wieso, die Kollegen kennen das doch», sagte Heiner. «Ich hab noch nie einen nüchternen Arzt getroffen. Vor allem in Nachtschicht.»

«Ja, aber wir nehmen Tabletten, die riechen nicht.»

«Dafür sind die ungesund.» Heiner hob spielerisch den Zeigefinger. «Diese ganze Chemie, die bringt euch noch um.»

Gesa Raue seufzte, parkte den Rollstuhl seitlich zum Eingang, zog die Bremsen an und betrat das schaukelnde Wohnmobil. Tom folgte ihr und warf Heiner einen Blick zu, nach dem dieser eigentlich augenblicklich tot umfallen und Hartmuts Platz einnehmen musste. Heiner aber grinste nur glückselig und klopfte Tom auf die Schulter.

Hartmut war an seinem Platz, natürlich, im weitesten Sinne jedenfalls, lag auf der Werder-Bremen-Bettwäsche ganz am Rand der Koje auf dem Rücken, die Hände über der Brust verschränkt, das Gesicht zu einer Maske erstarrt. Da hatte sich nichts geändert. Neben ihm aber, fast kuschelig, lag Charlotte auf der Seite und atmete tief. Sie hatte sich einen Zipfel der Bettwäsche gekrallt und hielt ihn direkt oberhalb des Kinns fest wie eine Dreijährige ihr Schnuffeltuch. Die beiden Alten sahen oberflächlich betrachtet wie ein ganz normales Rentnerehepaar mit Fußballtick aus, von dem der eine einen besonders festen Schlaf hatte.

«Es ist mir so unfassbar peinlich», sagte Tom.

Gesa Raue ertastete den Puls, um sicherzugehen. «Ich hab schon Schlimmeres gesehen», sagte sie, dann hob sie Hartmuts Augendeckel.

«Ja, der ist tot.»

«Alles andere wäre jetzt auch echt bescheuert», sagte Heiner und kicherte erneut.

«Hast du nicht irgendwo vorne noch einen Scheibenwischer zu reparieren oder so?», fragte Tom genervt, aber Heiner schüttelte gut gelaunt den Kopf. «Nee, regnet nicht mehr. Immer schön situativ bleiben. Wenn ich jetzt den Scheibenwischer repariere, springt nachher vielleicht der Motor nicht an, und dann hab ich den Scheibenwischer umsonst repariert.»

Gesa Raue zog einen Einwegplastikhandschuh aus ihrer Kitteltasche, stülpte ihn über die rechte Hand und ging auf die Knie, um näher an Hartmut heranzukommen. Sie drehte ihn vorsichtig hin und her und begutachtete den Körper, Zentimeter für Zentimeter, von oben bis unten.

«Er hat kaum noch Muskeln», sagte sie.

«Weil er nicht mehr aufstehen konnte», sagte Tom. «Mehrere Jahre schon, glaube ich.»

«Aber Wundstellen hat er keine», sagte sie. «Das heißt, er ist wirklich regelmäßig gewendet worden. Und eingecremt.»

«Und?»

«Das spricht für Ihre Mutter. Dafür, dass es stimmt, was Sie gesagt haben. Dass sie ihn geliebt hat.»

Tom versetzte es immer noch einen Stich, wenn jemand (und sei es er selbst) seine Mutter in Verbindung mit dem Begriff Liebe setzte. Das wollte einfach nicht zusammenpassen.

«Helfen Sie mir?», fragte er.

Sie fuhr Hartmut vorsichtig durchs wirre Haar und tastete ihn ab.

«Hier ist eine Verletzung am Schädel. Sieht frisch aus.»

«Die ist von mir», sagte Tom. «Ich bin mit ihm beim Einsteigen gegen die Tischkante gestoßen. Er ist ein bisschen unhandlich. Könnte sein, dass Sie noch was finden.»

Gesa Raue nickte, atmete tief durch, ließ sich etwas zurücksinken und hockte schließlich auf ihren Fersen. Die Luft war zum Schneiden. «Wenn ich noch länger in dieser Drogenhölle bleibe, flechte ich mir einen Blumenkranz und singe Lieder aus dem Musical Hair.»

«Dann lassen Sie uns zurückgehen», sagte Tom. «Ins Krankenhaus. Mit Hartmut.»

«Ich weiß nicht», sagte sie. «Das ist so schräg.»

«Bitte», sagte Tom. «Mehr kann ich nicht sagen. Nur bitte.»

Heiner begann, «Aquarius» zu pfeifen, Charlotte schnarchte laut auf und drehte sich zu Hartmut um.

«Bitte», sagte Tom. «Ich kriege sonst gleich einen Anfall.»

«Gut», sagte Gesa Raue. «Gut.»

30

Rüdiger schlenderte durch die späte Nacht, die eigentlich der frühe Morgen war, und versuchte, eine Haltung sich selbst gegenüber zu finden, mit der er auch den kommenden Tag bewältigen würde. Allerdings, jetzt allein zu sein nach diesem Rausch der Gemeinsamkeit, nach diesem so aufregenden wie verstörenden Abend, nach der Entdeckung von Freundschaft und Zusammenhalt, war eine harte Prüfung für ihn. Er hatte ja sowieso keinen Rhythmus mehr, keine Struktur, keinen Hafen und keinen Anker, war in den letzten Tagen durch sein eigenes Leben geschlingert wie ein betrunkener Matrose in unbekannten Gewässern, aber bislang war es ihm irgendwie richtig vorgekommen, als logische Konsequenz, Wendepunkt, Neubeginn, Teil einer Orientierungsphase, so zwangsläufig sie auch sein mochte. Hier und jetzt aber, beleuchtet von Laternenlicht und flankiert von wenigen schlechtgelaunten Frühaufstehern auf dem Weg zur Arbeit, fühlte er sich einfach nur noch einsam. Nach dem Hoch folgte das Tief, dachte er. So war es immer. Kannte man ja. Kein Wunder, dass er zeit seines Lebens die Mittellinie bevorzugt hatte. Keine Ausschläge nach oben oder unten. Ausschläge taten weh. Das steckte ja schon im Wort.

Er dachte an Tom und die Ärztin, die keine Unternehmensberaterin war. Sie hatten ihn hinausgeschickt, kaum dass sie zurückgekommen waren, mit Hartmut im Schlepptau beziehungsweise Rollstuhl, dabei seltsam riechend und kichernd wie zwei Schulkinder, die ihrem Lehrer Doppelklebeband auf den Stuhl gepappt hatten. Rüdiger hatte keine Fragen gestellt, an ihrer Eintracht gemerkt, dass er überflüssig war, das erkannte er wieder, es war wie so oft in seinem Leben, wenn Menschen sich aneinander amüsierten, während er beobachtend danebensaß und zu niemandem wirklichen Zugang fand. Also war er von seiner Liege aufgestanden, hatte pflichtgemäß gelächelt und verkündet, dass er jetzt mal losziehe, den Platz frei mache, nicht länger im Weg stehe. Die beiden hatten nicht widersprochen, sondern Hartmut auf den noch warmen Liegenplatz gehievt, komische Bemerkungen gemacht und sich insgesamt für ein Arzt-Patienten-Verhältnis eindeutig zu gut verstanden.

Er war hinausgestolpert, konnte gegen das innere Gefühl des Verletztseins nichts ausrichten, hatte sich kurz orientieren müssen, war an Schwester Erika vorbeigeeilt, hatte sie sogar kurz hinter ihrer Scheibe lächeln sehen, nachtragend war sie demnach nicht, vielleicht bewunderte sie sogar sein Engagement, dann war er die vierzehn Stufen hinabgestiegen, hatte aus Heiners Wohnmobil laute Musik von Bruce Springsteen vernommen, es waren «Glory Days», der Motor lief, und gerade als er klopfen wollte, um sich von ihm und Frau Bormann zu verabschieden, fuhr das Wohnmobil los, in einem großen Bogen, und ließ ihn einfach stehen, mitten auf der Straße, vor einem milchig beleuchteten, kalten Krankenhaus zu dieser viel zu frühen Stunde. Sie hatten ihn wohl nicht bemerkt. Hoffte er. Alles andere wäre noch deprimierender gewesen. Rüdiger hielt die Faust noch für einige Sekunden zum Klopfen erhoben, sein Herz schlug schnell, sein Atem war unruhig, dann hatte er den Arm runtergenommen, sich umgedreht und sich zu Fuß auf den Weg gemacht in Richtung Zentrum.

Er dachte an Silvia, dann an Marie, sie kam ihm jetzt schon unwirklich vor. War das wirklich passiert in diesem Häuschen im Wald? Hatte er tatsächlich Sex gehabt, körperlichen Sex mit einer richtigen Frau, die weder Silvia war noch eine Projektion aus dem Internet? Und wie außergewöhnlich war das eigentlich? Seltsamerweise ärgerte er sich nicht über die neunzig Euro, eigentlich erleichterte es ihn sogar, dass sie es am Ende doch des Geldes wegen getan hatte. Man konnte nicht gegen allgemeine Lebensunlust ankämpfen und gleichzeitig eine Beziehung aufbauen zu einer Frau, die einem in allen Belangen überlegen war. Das hätte den Druck nur erhöht, den Lieferdruck, und Lieferdruck war das Letzte, was er jetzt gebrauchen konnte.

Er bog in die Rudolf-Breitscheid-Straße ein. Ja, genau, dachte er. Alle Städte, die er kannte, hatten eine Rudolf-Breitscheid-Straße. Friedrich Ebert und Rudolf Breitscheid. Er musste sich bald entscheiden, ob er in sein Hotel zurückkehren, sich eine Runde Schlaf gönnen würde und anschließend ein leckeres Frühstück bei einem freundlichen Brikett einnahm oder ob es Alternativen gab.

Ein Schluchzen. Rüdiger erschrak. In dem Hauseingang eines Mehrfamilienhauses zu seiner Rechten kauerte eine Gestalt, ganz klein gemacht hatte sie sich, direkt unter dem beleuchteten Klingeltableau lungerte sie, mit langen schwarzen Haaren, einem länglichen, bleichen Gesicht und schwarz unterlaufenen Augen. Rüdiger erkannte ihn sofort wieder. Professor Snape. Neo aus der Selbsthilfegruppe.

«Hab ich mich erschreckt», sagte er. «Was machst du denn hier? Mitten in der Nacht?»

Neo blickte auf. Er sah trotz seiner Körpergröße kümmerlich aus. Bemitleidenswert. Verweint.

«Was?», fragte er mit brüchiger Stimme. «Kennen wir uns?»

«Die Selbsthilfegruppe», sagte Rüdiger. «Ich war mit Tom da.»

Neo nickte. Eventuell erinnernd. Und schniefte.

«Kann ich dir irgendwie ... helfen?», fragte Rüdiger, besah sich den Fußboden näher, entdeckte nicht allzu viel groben Schmutz und setzte sich kurzerhand daneben. Es roch nach Patschuli.

«Was ist mit deiner Nase?», fragte Neo, der kurz aufgeblickt hatte.

«Die ist doch jetzt egal. Was ist mit dir?»

«Erinnerst du dich an Lizzy?»

Rüdiger dachte nach und erhaschte den Schatten einer ausgemergelten, viel zu dünnen Frau, deren konkretes Gesicht ihm bereits entglitten war.

«Etwas», sagte er.

«Sie ist weg», sagte Neo. «Sie hat's geschafft. Überdosis. Heute Nacht.»

«Oh, das ist ... was heißt geschafft? Ist das gut? Das ist doch nicht gut?»

Neo schüttelte den Kopf und begann wieder zu weinen. Das restliche Kajal rann die Wangen herunter. Rüdiger schaffte es nicht, den Arm um ihn zu legen oder eine andere tröstende Geste anzubringen. Es hätte wohl auch zu albern ausgesehen. Neo zeigte auf die Klingelfläche über ihm.

«Hier hat sie gewohnt. Ganz oben. Sie war der einzige Mensch, den ich hatte. Der sich um mich gekümmert hat. Ich hab mich nicht genug um sie gekümmert.»

«Das kann man doch gar nicht sagen. So war das doch bestimmt nicht.»

«Woher willst du das denn wissen?»

Das stimmte. Rüdiger seufzte. «Was hältst du denn vom Aufstehen? Wollen wir nicht mal aufstehen?», fragte er und wusste keineswegs, was das bringen sollte oder wie es dann weitergehen würde.

Neo schüttelte erneut den Kopf. «Ich will nicht mehr aufstehen. Ich will hier sitzen bleiben.»

«Aber das geht doch nicht. Gleich wachen die alle auf und gehen zur Arbeit und so. Was glaubst du, was die machen, wenn die aus ihrer Wohnung kommen und du dann hier unten in der Ecke sitzt? Die holen die Polizei. Mindestens.»

«Mir egal.»

«Ich rufe einen Notarzt.»

«Mir egal.»

«Der Notarzt kann dir was geben.»

«Ich brauche keinen Notarzt. Ich brauche Lizzy.»

«Das ist ein Schock. Du hast einen Schock.»

«Lass mich in Ruhe. Kümmer dich um deinen eigenen Scheiß!»

Rüdiger stand auf und streckte Neo die Hand entgegen. Aber Neo ergriff sie nicht. Er verbarrikadierte sich hinter seinen angezogenen Knien und sah jetzt aus wie ein trotziger Dreijähriger mit verschmierter Wasserfarbe im Gesicht.

«Ich kann dich doch nicht einfach hier so zurücklassen», sagte Rüdiger.

Neo wurde wütend. «Warum denn nicht? Was gibt dir überhaupt das Recht, dich einzumischen? Wir kennen uns überhaupt nicht! Du weißt nichts von mir. Wir sind uns ein einziges Mal begegnet, und jetzt glaubst du, mir hier irgendwas mitteilen zu können? Leck mich, Alter! Geh anderen Leuten auf den Sack und verpiss dich!»

Rüdiger kämpfte gegen den Drang, beleidigt zu sein. Das war eine Extremsituation, da musste man Neo das ein oder andere nachsehen.

«Ich wollte dir nur helfen», sagte Rüdiger.

«Da hättest du zwanzig Jahre früher kommen müssen.»

Neo spuckte neben sich auf den Boden, dahin, wo Rüdiger zuvor gesessen hatte.

Rüdiger drehte ab und ließ ihn sitzen, einfach so, sprachlos, hilflos, endlos verstört von den Abgründen des Lebens, die tiefer waren, als er es jemals in seiner Puppenstube voller Zinnfiguren auch nur hätte in Betracht ziehen mögen.

Er fragte sich, ob Neo sich nun wohl auch etwas antun würde, endgültig, Lizzy folgend, und wie groß sein Anteil daran wäre und ob er richtig reagiert hatte und ob es in Ordnung war, einen so offensichtlich Verzweifelten einfach seinem Schicksal zu überlassen, sosehr er auch darum gebeten hatte.

Rüdiger stellte fest, dass das eine Verantwortung war, die er nicht zu tragen bereit war, zückte sein Mobiltelefon und rief den Notarzt, gab die Adresse durch, schilderte seine Beobachtung und bat um Eile. Seinen eigenen Namen nannte er nicht. Er legte auf und beschleunigte seine Schritte, seine Nase schmerzte, komischerweise hielt er sie permanent in Bewegung, so als hätte er Niesreiz, das war wie mit Speiseresten in Zahnzwischenräumen, die Zunge musste da immer hin, obwohl sie doch gar nichts ausrichten konnte. Er fasste einen Entschluss, noch einen, wollte nicht da enden, wo Neo hockte, wollte mutig sein, mutig war das neue feige, es war halb sechs, er würde nach Hause gehen, in sein altes, richtiges Zuhause, und versuchen, mit Silvia zu reden, ein wahrhaftiges, gutes Gespräch zu führen, über seine Zukunft, ihre Zukunft, die Zukunft ihrer Kinder, dann würde er Frühstück machen, für die ganze Familie, sich behutsam zurückziehen und hoffentlich Wirkung entfaltet haben, eine Wirkung, die Silvia zum Umdenken bewegen würde. So war der Plan. Marie war aufregend gewesen, Marie war die Verheißung eines Lebens jenseits aller Grenzen, aber Marie war nicht wirklich, die Wirklichkeit hieß Silvia, eine Frau, die ihn nicht liebte und nie geliebt hatte und die er trotzdem nicht loszulassen bereit war. Man musste ja auch wissen, wo die Flexibilität aufhörte. Bei Rüdiger eben ganz am Anfang.

Er betrat ihre Straße. Das Fitnesscenter gegenüber war bereits hell erleuchtet (das konnte nur der Reinigungsdienst sein), Rüdiger kramte nach seinem Schlüssel und fragte sich, ob Silvia vielleicht das Schloss ausgetauscht hatte. Unten kam er jedenfalls hinein wie immer, es fühlte sich gewohnt an und gleichzeitig fremd, wie beim letzten Mal, als er hier gewesen war. Er öffnete den Briefkasten und fand ihn überquellend vor. Konnte es sein, dass Silvia den Briefkasten nicht öffnete? Warum öffnete sie den Briefkasten nicht? Es waren Rechnungen drin, mehrere Rechnungen, Werbung, sogar verspätete Geburtstagspost von Tante Hedi und Onkel Bertram. Beklebt mit diesen unfassbar geschmacklosen Stickern von jauchzenden Engeln und strahlenden Glücksschweinen, die Onkel Bertram sammelte und bei jeder Gelegenheit der Verwandtschaft postalisch aufdrängte. Na ja, er meinte es ja gut. Rüdiger sortierte den Brief trotzdem hinter der Werbung einer Kreditbank ein. Er stieg die Treppen hinauf. Es waren mehr als vierzehn Stufen, aber er fing jetzt garantiert nicht an zu zählen. Im ersten Stock weinte niemand hinter der Wohnungstür, Kunststück, wahrscheinlich war Frau Bormann noch immer mit Heiner unterwegs oder schlief den ausgedehnten Erschöpfungsschlaf der Fünfundachtzigjährigen; er war ein wenig enttäuscht, dass sie sich nicht bei ihm bedankt hatte. Aber vielleicht kam das ja noch.

Dann war es so weit, stand er vor der Tür im zweiten Stock. Irgendetwas war anders, ach ja, das von Max gemalte Bild ihrer Familie war abgehängt worden; ein zwar künstlerisch zu verschmerzender Verlust, hatte Max doch Silvia mit riesigen Brüsten bis zu den Knien gemalt und ihn kleiner als Lilian, was ja nun auch wieder übertrieben war. Dennoch schmerzte ihn der Symbolgehalt dieser Aktion, zögerte er nun sogar, ob er wirklich eindringen sollte in das Leben einer Familie, der er so offensichtlich nicht mehr angehörte. Was war eigentlich, wenn Florentin da war? Höchstwahrscheinlich war er da. Er schaute auf die Uhr.

Fünf Minuten vor sechs. Gleich würde hinter dieser Tür der Wecker klingeln.

Er drehte den Schlüssel im Schloss, ganz leise, einmal, zweimal (Max fragte jeden Abend nach, ob die Tür auch wirklich zweimal abgeschlossen war), dann war er drin, nahm den vertrauten Geruch wahr, es war immer ein wenig zu muffig, zu schlecht gelüftet, die Kinderzimmertüren waren geschlossen, der Flur war dunkel, aber in der Küche war schon wieder Licht. Vor dem Wecker. Er legte die Post auf das kleine weiße Schränkchen neben der Tür, überlegte, wie er sich jetzt zu verhalten hatte, ob er noch mal hinausgehen sollte, klingeln, oder einfach wie selbstverständlich polternd durch den Flur hineinmarschieren sollte, da hörte er aus der Küche Stimmen, leise Stimmen, hektische Stimmen, so wie zwei Menschen klangen, wenn sie sich stritten und es niemand mitbekommen sollte. Rüdiger konnte nicht anders, er vergaß alle erlernten moralischen und vernunftorientierten Verhaltensmaßregeln, schlich sich unbemerkt bis zum Türrahmen, spähte mit dem rechten Auge um die Ecke, zog sich wieder in die Dunkelheit zurück und lauschte.

Florentin und Silvia standen sich gegenüber, so viel hatte er gesehen, von zwei Seiten über den Tisch gebeugt, die flachen Hände auf der Tischplatte abgestützt.

«Du bist so ein dummes Arschloch», schimpfte Silvia gerade leise zischend. Sie trug den Bademantel, den Rüdiger ihr zum fünften Hochzeitstag geschenkt hatte. «Warum ... was genau ist das hier eigentlich für dich? Ein Spiel, oder was? Wenn dir Sex einmal in der Woche gereicht hat, dann sag es doch einfach! Leg dich doch mal fest! Sei nicht so ein Feigling! Ich war viel zu lange mit einem Feigling zusammen, das reicht für mein ganzes Leben!»

Rüdiger versuchte sich für einen schmerzvollen Moment einzubilden, dass sie damit nicht ihn gemeint hatte.

«Komm mal wieder runter», zischte Florentin. «Diese ganze künstliche Aufregung geht mir auf den Sack. Kein Wunder, dass dein Mann immer nur Fußball geguckt hat. Das hält ja kein Mensch aus. Wenn du immer gleich so ein Fass aufmachst.»

«Was heißt hier Fass? Das ist ja wohl nicht zu viel verlangt, dass du dich endlich mal entscheidest? Nur weil deine Kirsten das mitmacht, dass du durch fremde Betten hüpfst, heißt das ja nicht, dass das hier mehr ist als eine Affäre. Und darauf habe ich einfach keine Lust mehr. Du erzählst mir was von Liebe und großen Gefühlen und alles muss anders werden, aber du kriegst überhaupt nichts auf die Reihe. Wie wäre es denn mal mit Konsequenzenziehen?»

Kirsten also, dachte Rüdiger. Kirsten war demnach Florentins Rüdiger. Sozusagen.

«Ich hab auch Kinder», zischte Florentin. «Das weißt du doch. Das macht es eben kompliziert.»

«Sich nicht entscheiden zu können macht es kompliziert», sagte Silvia. Rüdiger kratzte sich an der Schläfe. Wie kam es eigentlich, dass er Florentin gerade sympathischer fand als seine Frau?

«Ich hab mich ja entschieden», sagte Florentin, um Ruhe bemüht. «Sonst wäre ich doch gar nicht hier.»

«Dann sag ihr das», fauchte Silvia. «Genau so. Und was deine Kinder betrifft – natürlich ist das nicht einfach für die. Max hat wieder angefangen, sich einzunässen, und Lilian weint fast jeden Abend. Da muss man halt dann durch, wenn man sich sicher ist. Es gibt ja nicht nur die Kinder, wir haben auch ein Leben. Die werden sich schon dran gewöhnen.»

Rüdiger spürte etwas Feuchtes neben der lädierten Nasenwurzel. Seine Kinder vermissten ihn. Sie liebten ihn. Gut, Kinder hatten da bis zu einem bestimmten Alter auch keine wirkliche Wahl, aber man musste es sich ja nicht gleich wieder schlecht reden. Sie liebten ihn. Das war nicht nur Behauptung gewesen. Oder weinte Lilian, weil sie Angst hatte, dass Rüdiger sie verriet?

«Du klingst mir viel zu hart», sagte Florentin. (Rüdiger nickte beipflichtend.) «Ich kann nichts damit anfangen, wenn du so aggressiv bist. Hast du mal auf die Uhr geguckt? Warum streiten wir uns jetzt? Gleich stehen deine Kinder auf. Meine Kinder sehe ich nicht, wenn sie aufstehen. Und warum nicht? Weil ich bei dir sein wollte. Ich bin mir gerade aber nicht mehr sicher, ob das so eine gute Idee war.»

Keine gute Idee, dachte Rüdiger. Also, das Argument war keine gute Idee. Silvia mit ihren Defiziten zu konfrontieren führte niemals zur Einsicht, nur zu noch mehr Streit. Darum hatte er es vor vielen, vielen Jahren aufgegeben. Und schaute eben Fußball. Und las. Und bemalte Zinnfiguren. Er fragte sich, ob Florentin seine Zinnfiguren übernehmen würde.

«Dann ist es doch vielleicht besser, wenn du einfach wieder gehst», fauchte sie erwartungsgemäß und ging zum Angriff über. «Geh nach Hause zu deinen Kindern. Und deiner Kirsten.»

Florentin richtete sich auf. «Ob ich nach Hause gehe, weiß ich nicht. Aber ich gehe», sagte er. «Bis du dich wieder beruhigt hast.»

Rüdiger bemerkte zu spät, was das bedeutete. Aber er hätte es wahrscheinlich sowieso nicht mehr geschafft zu reagieren. Es dauerte nämlich keine zwei Sekunden, da hatte Florentin, der schöne Florentin, die Küche verlassen, das Flurlicht angeschaltet und stand ihm in fünfzig Zentimeter Entfernung gegenüber. Mit nacktem (wirklich ausgesprochen beeindruckendem) Oberkörper und einer gestreiften Pyjamahose. Sie sahen sich erschrocken in die Augen, während Silvia in der Küche vor sich hin fluchend den Wasserkocher aufsetzte. Beide Männer waren wie paralysiert, sagten kein Wort, Florentin schaute auf ihn herunter wie auf eine geradezu beängstigende Erscheinung, Rüdiger riss die Augen auf wie das Kaninchen, als das er sich selbst immer beschrieben hatte, wenn Lilian ihn gefragt hatte, welches Tier er wohl wäre. Florentin war ein Löwe, dachte Rüdiger, ganz klar, und führte den Zeigefinger an die Unterlippe, behutsam, leicht zittrig, Florentin nickte ebenso behutsam, dann zeigte er fragend auf Rüdigers Nase, Rüdiger zuckte mit den Schultern, befingerte die Schwellung, ging langsam rückwärts, bis er an der Wohnungstür war, sie vorsichtig öffnete und sich durch einen schmalen Spalt hinausdrückte. Er winkte Florentin zum Abschied zu (die gute Erziehung), Florentin erwiderte den Gruß, das war überraschend, dann klingelten hinter den Kinderzimmertüren die Wecker. Die eine Show war vorbei, die nächste Show begann. Rüdiger zog die Tür zu, fühlte ein tiefsitzendes Schluchzen aus der Magengegend aufsteigen, schluckte es runter, es ging wieder abwärts, Stufe für Stufe, mit jedem Schritt begrub er ihre Ehe etwas mehr, betrauerte das eigene Freiheitsgefühl, bei Frau Bormann blieb er stehen, stellte sich auf ihre Fußmatte und lauschte. Ja, sie war zu Hause. Sie sang. Es war sechs Uhr in der Frühe und Frau Bormann sang. Das beruhigte ihn ein wenig, er zwang sich zu einem künstlichen Lächeln, Autosuggestion war das, er verließ die Fußmatte, stieß sie dabei gegen die Haustür, und nur zwei Sekunden später, er war gerade auf dem Treppenabsatz angekommen, öffnete sich ihre Tür.

«Ich habe wirklich sehr gute Ohren», sagte Frau Bormann gut gelaunt. «Das ist für mich die Entdeckung der Nacht, was ich für gute Ohren habe.»

Rüdiger schaute betreten zu Boden. Er wäre gerne schlagfertig gewesen, doch er hatte nichts parat. Sie trug zwei große, gelbe Gummihandschuhe, die bis über ihre Ellbogen ragten.

«Frühstück?», fragte sie gut gelaunt. «Es gibt Reis, Baby.»

«Was?»

«Kennen Sie doch? Es gibt Reis, Baby. Von Helgo Schneider.»

«Helge.»

«Genau. Frühstück?»

«Warum nicht.»

Er betrat die Wohnung, die heute wie ein Museum aussah, das für eine neue Ausstellung hergerichtet wurde. Die Stühle standen auf dem Wohnzimmertisch, gleich mehrere Putzeimer mit den verschiedenfarbigsten Flüssigkeiten säumten den Weg. «Sie putzen?», fragte er. «Um sechs Uhr morgens? Nach dieser Nacht?»

«Ich bin viel zu aufgeregt, um zu schlafen», sagte sie. Sie beugte sich vor. «Stellen Sie sich vor, was ich gemacht habe? Zum ersten Mal in meinem Leben?»

Rüdiger grinste. «Ich habe keine Ahnung.»

«Ich habe gekifft.»

«Ach, hören Sie auf.»

«Wirklich wahr. Wenn das mein verstorbener Mann noch miterlebt hätte.»

«Dann?»

«Dann hätte er sich scheiden lassen.»

«Gut.»

«Wunderbar. Ei zum Schwarzbrot?»

«Ich frühstücke doch kein Schwarzbrot.»

«Kein Schwarzbrot?»

«Wollen Sie mich umbringen? Es ist sechs Uhr morgens.»

«Ich frühstücke immer Schwarzbrot. Ich bin sehr alt damit geworden.»

Sie betraten die Küche. «Ich nähme dann einfach nur das Ei», sagte er. «Gerührt. Gerne gerührt.»

Rüdiger setzte sich an den Küchentisch und betrachtete die kleine, starke Frau, die er in den letzten Tagen in so vielen unterschiedlichen Phasen erlebt hatte. Bei ihr gab es keine Mittellinie. Sie litt entweder furchtbar oder genoss das Leben in vollen Zügen. Wahrscheinlich war sie damit älter geworden als mit dem Schwarzbrot. Sie holte eine Pfanne aus einer Schublade, machte den Herd an und öffnete einen zur geschätzten Erwerbszeit, also ungefähr in den sechziger Jahren, völlig banalen, heute aber stylischen Kühlschrank, um daraus ein Ei zu entnehmen.

«Die Handschuhe», sagte Rüdiger. «Vielleicht ist es doch besser, Sie ziehen die Handschuhe aus.»

Sie lachte, es war ein dreckiges, herzhaftes Lachen, dann zog sie die gelben Gummimonster höher.

«Sie wissen, dass ich die jetzt anlassen muss», sagte sie. «Wenn mir einer sagt, ich soll nicht in die Sackgasse gehen, dann gehe ich in die Sackgasse.»

«Und dann kommen Sie doch irgendwann wieder heraus. Geht ja nicht anders.»

«Ja, irgendwann. Ich weiß leider nicht, was das jetzt für ein Rührei gibt.»

«Soll ich mir das selber machen? Ich kann mir das auch selber machen. Sie können ja währenddessen versuchen, sich mit den Handschuhen ein Schwarzbrot zu schmieren.»

Sie verweigerte lachend, aber vehement die Preisgabe ihrer Küche und kämpfte sich durchaus ansehnlich durch die Tücken ihrer selbstgewählten Umstände. Keine fünf Minuten später saßen sie am Tisch und genossen den Geruch gebratenen Eis. Die Handschuhe hatte Frau Bormann allerdings dann doch ausgezogen.

«Was macht eigentlich Heiner?», fragte Rüdiger.

«Schläft», sagte Frau Bormann.

«Sind Sie da so sicher? Vielleicht dreht der ja auch immer noch Runden mit dem Wohnmobil. Wo es jetzt schon mal fährt.»

Sie zeigte mit dem Daumen über ihre Schulter.

«Der schläft. Dahinten.»

Rüdiger hielt inne. «Dahinten? In Ihrem Schlafzimmer? Ein fremder Mann?»

Sie zwinkerte. «Alt, aber oho», sagte sie.

Rüdiger lachte, der Kessel pfiff, die alte Dame erhob sich und goss den Tee auf.

«Und Sie?», fragte sie. «Wo kommen Sie überhaupt her?»

«Na, von wo schon? Von oben. Ich wollte mit Silvia reden, habe aber gerade festgestellt, dass ich nicht mehr mit ihr zusammen sein will.»

«Und ist das gut oder schlecht?»

«Das ist beunruhigend. Ich habe kein anderes Leben.»

«Dann wird es aber Zeit. Muss ja nicht bei jedem so laufen wie bei mir.» Sie schenkte ein, es roch nach Earl Grey, und setzte sich wieder auf ihren Platz. «Ich würde vielleicht immer noch tanzen, wenn ich mich getraut hätte, eine falsche Entscheidung nicht einfach lebenslang auszuhalten. Meine Kinder wären vielleicht weniger unglücklich geworden, wenn sie nicht die ganze Zeit ein falsches Leben als das richtige vorgespiegelt bekommen hätten. Wer weiß.»

«Ja, wer weiß.»

«Sie müssen sich eine Wohnung suchen.»

«Stimmt.»

«Sie können solange auf dem Sofa schlafen.»

«Danke.»

«Aber keine Damenbesuche nach zehn Uhr abends.»

«Ha, Damenbesuche.»

Sie lachte erneut auf diese ungemein dreckige Weise, hieb ihm auf die Schulter wie ein Bierkutscher, stand auf und kickte einen Schwarzbrotkrümel unter den Tisch, wo er vorläufig nicht gesehen werden würde.

«Den Job müssen Sie ja vielleicht trotzdem nicht gleich aufgeben», sagte sie. «Gehen Sie hin, zeigen Sie's Ihren Schülern, suchen Sie sich was Neues und halten Sie es bis dahin aus. Alles ist endlich. Arsch hoch, verdammt noch mal.»

Rüdiger nahm eine Gabel von seinem Ei. Es fehlte Salz, eindeutig. Sonst war es ziemlich in Ordnung.

31

Als die Sonne aufging, hatten sie einen Logenplatz. Sie saßen nebeneinander auf dem Dach des Krankenhauses, ließen Seele und Beine baumeln, teilten sich eine Zigarette und genossen das im Sommer an und für sich gar nicht mal so ungewöhnliche Schauspiel. Die Dächer unter ihnen glänzten, die Autos waren aus Lego, die Menschen vereinzelte Sandkörner auf einem Pflasterstein. Alles, wirklich alles, wurde aufs angenehmste klein. Es wehte eine leichte Brise, auch heute würde es wieder heiß werden, sie tranken schlechten Kaffee aus Pappbechern, zwinkerten in das sich aufspreizende Licht, hofften, dass die Strahlen alle Zweifel und schlechten Schwingungen ein für alle Mal vertreiben würden. Gesa Raue hatte Tom hier heraufgeführt, ihm eingebläut, es handele sich um einen Vertrauensbeweis, vor allem in der Hinsicht, dass er die Gelegenheit nicht nutzen würde, um über die Dachkante zu springen, er hatte gelacht und behauptet, niemals weiter von einem Sprung entfernt gewesen zu sein als jetzt.

Damit war sie beruhigt gewesen, hatte die Stahltür aufgeschlossen, war auf dem erstaunlich verwinkelten Flachdach vorausgeeilt, an Stahlantennen vorbei und hatte sich mit ihm bis an die Begrenzung auf der anderen Seite vorgearbeitet. Sie kamen sich vor wie Abenteurer. Piraten. Freibeuter. Was dasselbe war. Aber doch anders. Die letzten eineinhalb Meter waren sie auf dem Hinterteil gerobbt, um nicht im ungünstigsten Moment Übergewicht in die falsche Richtung zu bekommen und die Geschichte auf diese Weise zu einem kuriosen Ende zu führen. Jetzt saßen sie also hier, am Rand, auf der Kante, mit freier Sicht auf die Stadt, dicht nebeneinander, gelegentlich berührten sich ihre Knie, Toms Herz war weiter geöffnet als ein Theatervorhang kurz vor Ende des dritten Aktes.

Das hier, so dachte er, war nichts weniger als der schönste Moment der letzten vierzig Jahre. So weit würde er gehen. Selbst sein erster Sex hielt keinem Vergleich zu diesem Sonnenaufgang stand – vor allem war er kürzer gewesen.

Seine Mutter? Abgehakt. Hartmut? War offiziell um 23 Uhr 35 des gestrigen Tages auf natürliche Art und Weise aus dem Leben geschieden, lag jetzt in einem Kühlfach im Keller und würde den soliden, abgesicherten Weg aller im Krankenhaus Verstorbenen gehen.

Er selbst? Tja. Er selbst fühlte sich, so musste man das sagen, erstmals in seinem Leben ganz mit Mutter Erde verbunden, egal wie wenig ihm die esoterisch angehauchte Wortwahl schmeckte und wie weit oberhalb besagter Mutter er sich gerade auch befinden mochte.

«Ich heiße übrigens Gesa», war das Erste, was sie zu ihm sagte, nach fünf bis zehn wunderschönen Minuten, in denen niemand auch nur die Notwendigkeit einer Wortmeldung verspürt hatte.

«Tom», sagte er und lächelte.

Dann schwiegen sie wieder, ausdauernd, selbst ein mit Blaulicht und Martinshorn eintreffender Krankenwagen konnte ihre kleine, private Inselidylle nicht trügen.

«Komisch», sagte er irgendwann. «Unter uns ist so viel Tod und Schmerz. Und direkt darüber der schönste Platz der Welt. Das soll ein Mensch aushalten.»

«Darüber darfst du nicht nachdenken», sagte sie. «Dann wirst du wahnsinnig.»

Sie öffnete den Verschluss ihres Namensschilds, nahm es ab und steckte es in ihre Kitteltasche.

«Gesa Schilling», sagte er. «Du kannst heißen, wie du willst. Für mich bist du immer noch Gesa Schilling.»

Sie lachte. «Raue klingt nicht so schön, was?»

«Schilling klingt auf jeden Fall freundlicher.»

«Tja, Augen auf bei der Partnerwahl», sagte sie.

Toms Bauch zog sich nur kurz zusammen. Er hatte sich natürlich schon gedacht, dass sie liiert war. Verheiratet. Sie war Ärztin, war also schlau, verdiente ordentlich, sah gut aus, hatte Humor, Witz und Engagement und war außerdem in einem Alter, in dem sich fast alle Menschen an einen Partner gebunden hatten (diese Formulierung klang eigentlich überhaupt nicht erstrebenswert, dachte Tom) – bis auf die, die übrig geblieben waren natürlich. Er war nun mal übrig geblieben. Und er hatte keineswegs erwarten können, dass sie ihm den Gefallen tat, es ebenfalls zu sein.

«War das jetzt der Wink mit der Chinesischen Mauer?», fragte er.

«Kann schon sein», sagte sie. «So etwas lässt man ja nicht ohne Grund fallen. Ich hab da allerdings gar nicht groß drüber nachgedacht.»

«Warum können Mann und Frau nicht einfach in einem hochromantischen Moment auf dem Dach eines Krankenhauses nebeneinandersitzen, ohne dass es gleich um die Beziehungsfrage geht?»

Sie kreuzte die Beine übereinander. «Soweit ich weiß, können Männer und Frauen überhaupt nirgendwo einfach so nebeneinandersitzen, ohne dass es früher oder später um die Beziehungsfrage geht. Oder zumindest um Sex. Eigentlich geht es ja immer nur um Sex.»

«Du machst uns gerade zu Primaten.»

«Primaten sind da viel weiter entwickelt. Die tun's einfach. Und denken sich nix.»

«Das heißt, wenn du so weit entwickelt wärest wie ein Primat, würdest du darüber nachdenken, dich mit mir einzulassen, du kannst es aber nicht, weil du dich moralisch doch eher der rückständigen Spezies Menschheit zugehörig fühlst?»

«So könnte man es ausdrücken. Wenn man einen Schatten hat.»

«Ich habe definitiv einen Schatten.»

«Daran habe ich keinen Zweifel.»

«Und du?»

«Was?»

«Was ist mit dir? Hast du Kinder?»

«Nein.»

«Willst du welche?»

«Nein. Nicht mehr. Wird das ein Verhör?»

«Ja. Ich hatte in meinem Leben schon so viel mit Ärzten und Psychologen zu tun, und es ist mir immer auf den Sack gegangen, dass die alles von mir wussten und ich nichts von ihnen. Ich kann Ungleichgewicht nicht leiden, konnte ich noch nie, da fühle ich mich so unterlegen.»

«Und das hier ist deine Chance?»

«Du musst das jetzt ausbaden, genau.»

«Also gut, mein Name ist Gesa Raue, gebürtige Hillsteiner, Künstlername Schilling, aufgewachsen im Taunus, das hört man aber nicht mehr, weil ich es mir abtrainiert habe. Widersprich mir jetzt bloß nicht. Ich komme aus dem klassischen Bildungsbürgertum, unser Haus hatte kleine Erker und Stuck an der Decke, für den Vorgarten gab es einen Gärtner, mit dem meine Mutter geschlafen hat. Jedenfalls wünsche ich mir, dass sie mit ihm geschlafen hat, damit es wenigstens irgendeinen Bruch gibt. Außerdem war der Gärtner sehr attraktiv. Als ich Ärztin geworden bin, waren meine Eltern nicht stolz auf mich, sondern haben nach dem Doktortitel gefragt, und seit ich den habe, warten sie ungeduldig auf die Professur. Da können sie allerdings lange warten, ich hab nämlich keine Lust mehr auf den ganzen Quatsch. Ich trage gerne Businesskleidung, weil ich mich damit sicherer fühle und niemand auf die Idee kommt, zu vertraut mit mir umzugehen. Außerdem fühle ich mich dann schön, was ich normalerweise nicht tue. Den Spiegel im Badezimmer habe ich abgehängt, für meinen Mann hängt da ein Taschenspiegel, den er aufklappen kann, wenn er sich rasiert. Ich habe also Komplexe und mache seit zwei Jahren eine Therapie wegen depressiver Verstimmung. Mein Mann hat nur noch einen schmalen Haarkranz am Hinterkopf, und es ist ihm vollkommen egal. Er hält sich trotzdem für den geilsten Hengst auf der Koppel.»

«Und ist er das?»

«Unterbrich mich nicht. Ich wäre als Kind gerne Judoka geworden, aber meine Eltern haben mir das Training verboten, weil mich das von den Hausaufgaben abgelenkt hätte. Dafür musste ich Geige spielen, was ich sehr gut konnte, aber gehasst habe wie die Pest. Ich träume heute noch manchmal nachts davon, die Geige zu zerbrechen und bei den Olympischen Spielen als Judoka anzutreten. Ich war in der Tanzschule. Alle mussten damals in die beschissene Tanzschule. Du warst kein Mensch, wenn du nicht mit den anderen Spießerkindern in der Tanzschule warst und Cha-Cha-Cha gelernt hast. Kein Schwein braucht Cha-Cha-Cha. Als die Jungs dann irgendwann die Mädchen auffordern durften, hab ich einem von ihnen zwanzig Mark in die Hand gedrückt, weil ich Angst hatte, als Letzte übrig zu bleiben. Er hat das Geld genommen und mich trotzdem nicht aufgefordert. Musste er auch gar nicht, denn ich war gar nicht Letzte, ich war schon als Dritte dran. Jens hat mich aufgefordert. Achtung, Pointe: Jens ist der Bruder meines heutigen Mannes, Steffen. Der war total verliebt in mich, jahrelang, jahrzehntelang, also Jens jetzt, und hat später dafür gesorgt, dass ich bei Steffen Assistenzärztin werden konnte. Tja, klassisches Eigentor, würde ich mal sagen. Die beiden reden nicht mehr miteinander.»

Sie schwieg und rieb sich die müden Augen. Vielleicht war sie auch ein wenig erschrocken, wie viel sie ausgeplaudert hatte. Gegen Ende war ihre Stimme immer bitterer geworden.

«Judo?», fragte Tom, um von den allzu verfänglichen Inhalten abzulenken.

«Judo», sagte sie dankbar.

«Hat halt jeder seine Träume», sagte Tom. «Ich wollte früher eine Band haben, die Vaterlandsverräter heißt. So eine Punk-Band, weißt du? Ich hasse Punk, total langweiliges Geschrabbel, aber das wäre es mir wert gewesen. Ich wollte auf die Bühne kommen und sagen: ‹Hi, wir sind Vaterlandsverräter›, am liebsten in einem Fünfhundert-Seelen-Kaff im Osten, und dann gucken, was passiert.»

«Die Haltung ist absolut Punk», sagte sie.

«Absolut», sagte er. «Die Musik hätte ich in Kauf genommen.»

«Das Wildeste, was ich mal gemacht habe, war, mit einem fremden Mann, der mir nicht ganz sattelfest erscheint, auf dem Dach eines Krankenhauses zu sitzen und zu rauchen. Das ist für mich schon Anarchie.»

«Ich mach das andauernd», sagte Tom.

Sie lachte.

Tom nahm einen kleinen Kieselstein und warf ihn vom Dach.

«Lass das», sagte sie. «Spinnst du? Wenn der jemandem auf den Kopf fällt. Kleiner Stein, große Wirkung.»

«Die Wahrscheinlichkeit ist gering», sagte er, obwohl sie natürlich recht hatte.

«Die Wahrscheinlichkeit ist auch gering, dass mir dreimal in einer Woche ein Typ begegnet, der sich erst selbst umbringen will, dann bei einem Überfall am Arm verletzt wird und schließlich seinen toten Stiefvater vorbeibringt. Ich will gar nicht ausrechnen, wie gering diese Wahrscheinlichkeit ist.»

«Jetzt reit doch nicht immer auf diesem Umbringen rum. Ohne die Lembachtalbrücke hätten wir uns nie kennengelernt.»

«Wenn ich fünf Minuten später gekommen wäre, auch nicht. Und dein Stiefvater würde immer noch in ... wo?»

«Durendorf.»

«In Durendorf liegen und mit der Verwesung ohne uns anfangen. Alles nimmt Bezug aufeinander. Menschsein ist eine einzige Verknüpfung von Zufällen und Entscheidungen, die man nicht selber trifft.»

Tom dachte darüber nach, dann wechselte er erneut das Thema. Vielleicht um sich abzukühlen.

«Und dein Mann? Jens? Was macht er?»

«Steffen. Der übernimmt gerade unten», sagte sie. «Er hat Tagschicht, wenn ich Nachtschicht habe. Und umgekehrt.»

«Klingt nach einem ausgefüllten Liebesleben. Wann seht ihr euch? In der Drehtür?»

«So ungefähr. Ich stehe total auf Drehtüren.»

Tom lachte. Gesa freute das.

«Was machst du denn, wenn du nicht gerade über irgendeinem Abgrund hängst?», fragte sie.

«Ich schreibe», sagte Tom und lauschte den Worten nach. Es fühlte sich richtig an.

«Schriftsteller?», fragte sie aufhorchend. «Oder Journalist?»

«Ich schreibe», wiederholte er einfach. «Immer mal wieder. Ich versuche es einfach weiter. Irgendwann bin ich fertig.»

«Hast du denn schon was veröffentlicht?»

«Ein Buch», sagte er. «Ist lange her.»

Sie nickte und spürte, dass weiteres Nachhaken ein zu großer Schritt ins Krisengebiet war. «Wusstest du, dass dein Stiefvater Bücher über die Weiterentwicklung der medizinischen Rehabilitation veröffentlicht hat? Prof. Dr. Hartmut Lüdke. Ich hab einige davon gelesen. Und dann legst du mir den einfach so auf den Tisch.»

Tom sah sich an einem anderen wunden Punkt erwischt. «Na und? Sah doch trotzdem aus wie eine ganz normale Leiche, oder? Der Herr Professor. Niemand mehr da. Einfach weg. Als wäre nichts gewesen.»

«Kann sein. Umso mehr zählt dann wohl, was du vor deinem Tod gemacht hast. Das ist nämlich nicht einfach so weg. Das bleibt noch ein bisschen.»

«Von mir bleibt nichts. Nichts, was eine Bedeutung hätte.»

Tom beugte sich vor und schaute nach unten. Der viereckige

Punkt, der sich wie ein unscharfer Pixelhaufen aus Commodore64-Zeiten in Richtung Parkplatz bewegte, war Schwester Erika. Auch sie hatte Feierabend. Auch sie hatte nun zwölf Stunden Zeit für ihr anderes Leben.

«Schlechtes Timing», sagte Tom. «Ich hätte den Kieselstein noch behalten sollen.»

Gesa lachte. «Ich weiß, sie ist nicht einfach. Aber jetzt stell dir doch mal vor, was hier nachts immer los ist. Wenn du da niemanden hast, der die Nerven behält, gibt es Chaos.»

«Dabei muss man aber nicht so unfreundlich sein wie Adolf Hitler.»

«Du übertreibst.»

«Mussolini?»

«Jetzt hör auf.»

«Kim Jong-un.»

«Tom!»

«Voldemort.»

«Okay.»

Sie stand auf.

«Ich muss los», sagte sie. «Sechs Stunden Schlaf, dann das Nötigste erledigen, mit dem Hund raus, dann wieder hierhin zurück.»

«Machen wir das noch mal?» Tom erhob sich ebenfalls. Allerdings deutlich steifbeiniger.

«Hier auf dem Dach? Eher nicht.» Sie blickte ihn an. Die Sonne stand vor ihnen am Himmel. Es war rasend schnell gegangen. Oder war ihnen das nur so vorgekommen? Der magische Moment war von sich aufstauender Hitze abgelöst worden.

«Woanders?»

«Wenn ich mich noch mal mit dir treffe, riskiere ich eine Ehekrise», sagte sie.

«Das ist ein schönes Kompliment», sagte er.

«Werd gesund. Schreib dein Buch. Und schick mir ein Exemplar. Mit Widmung», sagte sie.

Er lächelte. Sie umarmten sich, länger, als man das normalerweise tat, wenn man sich kaum kannte und die eine von beiden verheiratet war, dann folgte er ihr übers Dach zurück, die Stahltür wurde aufgeschlossen, sie schlüpften hindurch, dann ging es eine halbe Treppe hinunter, bis sie im achten Stock waren, der obersten Station, der Onkologie. Er kam sich wie ein Praktikant vor, den keiner eingewiesen hatte, hätte sich gerne weiter mit ihr über das Leben, Gott, die Welt und den Dalai Lama unterhalten und wusste nicht, wohin mit seinen Gliedmaßen und wie er sich nun zu verhalten hatte.

«Schwester Erika geht jetzt übrigens putzen», sagte sie unvermittelt und blieb stehen.

«Was?»

«Sie geht putzen. Eine Stunde lang. Macht sie jeden Morgen zwischen sechs und sieben. In der Kleist-Schule gleich hier um die Ecke.»

«Verdient man so schlecht als Nachtschwester?»

«Ja, klar. Hat aber auch drei Kinder. Alleinerziehend. Sie geht putzen, dann kauft sie Brötchen und stellt das Frühstück auf den Tisch. Dann gehen die Kinder zur Schule, und Schwester Erika schläft ein paar Stunden. Dann geht sie wieder putzen. Dann kommen die Kinder aus der Schule, um halb sechs gibt's Abendessen, und um sechs steht sie wieder hier auf der Matte und schmeißt den Laden. Zwölf Stunden lang.»

«Mein Gott.»

«Man sollte nie vorschnell über andere Leute urteilen.»

«Gilt das auch für mich?»

«Ja.»

«Bekomme ich deine Telefonnummer?», fragte er.

«Mal sehen. Ich hab ja deine.»

Er schaute irritiert.

«Patientenakte», sagte sie, zeigte auf den Fahrstuhl, lächelte und nahm die Gangtür zur Rechten, die sich zwar viel zu schnell von selbst öffnete, aber hinter ihr wie in Zeitlupe wieder schloss. Tom blieb noch einen Moment stehen, spürte ihr nach, dachte an die sich berührenden Knie, war sich leider ziemlich sicher, verliebt zu sein, dann drückte er auf den grellleuchtenden Knopf neben der Fahrstuhltür und wartete. Der Pfeil zeigte nach unten. Es ging wieder abwärts.

32

Rektor von Graben saß an seinem Schreibtisch, er hatte für den Leiter eines Gymnasiums ein viel zu kleines Büro und ein viel zu großes Ego. Das war ein Problem für das gesamte Kollegium. Frau Himmelmann, die hochaufgeschossene Sekretärin, stand neben ihm, eine Aktenmappe unter dem Arm, an Armen und Hals mit weißen Perlen behängt, Rüdiger salutierte direkt hinter der Tür, in einer frischen Cordhose, die auch heute wieder zu warm sein würde und die er sich soeben aus dem Hotel geholt hatte. Er salutierte natürlich nicht wirklich, bemühte sich aber um eine würdevoll aufrechte Haltung.

«Ich weiß nicht, wie Sie sich das vorstellen», knurrte von Graben. «Hier kann doch nicht jeder kommen und gehen, wie er will. Wir machen Notfallstundenpläne, ziehen den einen Kollegen hier ab, dann fehlt er dort, und so gibt das eine Kettenreaktion, und von Ihnen wissen und erfahren wir überhaupt nichts.»

Von Graben war nahe dem Pensionsalter, hatte zurückgegelte, grau melierte Haare, einen Kinnbart und eine runde Brille auf der Nase, die Rüdiger an Heiners John-Lennon-Brille erinnerte, aber wahrscheinlich fünfmal so teuer gewesen war.

«Ich hab Ihnen ja schon gesagt, es war ein Missverständnis», sagte Rüdiger. «Ich trenne mich gerade von meiner Frau, und Sie wissen ja, da geht es manchmal ein bisschen drunter und drüber.»

Frau Himmelmann nickte verständnisvoll. Rüdiger registrierte das. Vielleicht war sie wirklich nicht so übel.

«Und darum lassen Sie hier alles stehen und liegen?», fragte von Graben.

«Nein. Das war wegen des Magen-Darm-Infekts», log Rüdiger. «Ich hab gedacht, ich könnte wieder, aber ich konnte nicht. Und bevor ich mich dann im Klassenzimmer ... Sie wissen schon, bin ich eben wieder gegangen.»

«Frau Spronz hat gesagt, Sie hätten ihr und den Schülern eine widerliche Kopf-ab-Geste gezeigt.»

«Das würde ich nie tun.»

«Frau Spronz hat sich also geirrt? Und die anwesenden Schüler auch? Alle?»

«Ich habe nur mit dem Zeigefinger demonstriert, dass ich kurz davor war, mich zu übergeben. Als Entschuldigung, dass ich wieder gehe.»

«Sie haben sich übergeben?»

«Beinahe.»

«Attest?», fragte von Graben.

«Kommt», sagte Rüdiger und dachte, das würde er schon irgendwie besorgen. Er hatte ja seit neuestem beste Kontakte.

«Menschlich finde ich das alles sehr fragwürdig», führte von Graben aus. «Sie haben nicht eine Sekunde lang die Situation der Kollegen bedacht. Oder den Aufwand für Frau Himmelmann. Und mich. Wir mussten hinter Ihnen hertelefonieren! Und Sie? Sie haben uns einfach ignoriert!»

«Ach, das ging schon», sagte Frau Himmelmann und fiel ihrem Chef damit gepflegt in den Rücken. Rüdiger fand sie eigentlich ziemlich prima. «Hat doch jeder mal eine Krise.»

«Es hat aber auch jeder Verantwortung.» Rektor von Graben war unbeugsam. «Zumindest als Lehrer. Ich denke über eine schriftliche Abmahnung nach. Sie gehen in Ihre Klasse. Für Frau Spronz finden wir eine andere Einsatzmöglichkeit.»

Rüdiger verbeugte sich fast ein wenig spöttisch, verließ das Büro, hatte überhaupt keine Materialien dabei (die waren alle in seiner Aktentasche), war vollkommen übermüdet und fühlte dennoch eine ganz andere Kraft in sich als noch vor Tagesfrist. Er wusste natürlich, dass seine Depressionen nicht einfach verschwunden waren, so funktionierte das nicht, vielleicht war er ja tatsächlich manisch-depressiv und befand sich gerade auf einem vorübergehenden Hoch oder es handelte sich um eine glückliche Welle, die auf der Durchreise war und ihn gnädigerweise mitsurfen ließ, aber solange sich etwas bewegte, bewegte sich etwas.

Er betrat das Klassenzimmer überpünktlich, seine sechste Klasse war dran, die Kinder saßen kaugummikauend und in gewohnt schlechter Körperhaltung auf ihren Plätzen. Sie sahen ihn, ihre Gesichter sackten tiefer, dann standen sie auf und leierten ihr «Guten Morgen, Herr Bunzel» noch lustloser herunter, als er es in Erinnerung hatte.

Aus einer Ecke zischte es, Laurenz hatte schon wieder seine Kopfhörer auf. Ganz klar, unbelehrbar, wie er war, würde er eines Tages entweder Drogenopfer oder Schulsprecher werden.

«Laurenz», rief Rüdiger. Die Schüler setzten sich. Laurenz reagierte nicht.

Rüdiger atmete tief durch, dann verließ er die Sicherheitszone rund um sein Pult und ging auf Laurenz zu. Der betrachtete ihn, als hätte er ihn noch nie gesehen. Aufsässig, gleichgültig und ein bisschen dumm.

«Kopfhörer runter», sagte Rüdiger.

Laurenz reagierte nicht.

«Nimm die scheiß Kopfhörer runter!», brüllte Rüdiger aus heiterem Himmel. Sein ganzer Körper brüllte mit, die Fäuste ballten sich, die Halsschlagader trat hervor, der Kopf wurde feuerrot. Es war großartig. Die Klasse erstarrte. Das war neu, das hatte er noch nie getan. Rüdiger Bunzel, der kleine, verhuschte Herr Bunzel hatte gebrüllt wie ein Löwe. Laurenz riss sich die

Knöpfe aus den Ohren, die Musik war jetzt noch besser zu verstehen, es ging um irgendein Drama und einen Kopf, der gefickt wurde.

«An die Tafel», sagte Rüdiger. Laurenz blieb sitzen.

«Komm! An! Die! Tafel!», befahl Rüdiger.

Laurenz stand auf und schlich nach vorne. In der Klasse machte sich angespannte Popcorn-Stimmung breit.

«Schreib den Titel des Songs an die Tafel», sagte Rüdiger und nahm seine Brille ab.

«Äh ...»

«Na, los.»

Laurenz nahm ein Stück Kreide und schrieb «Azzlacks sterben jung». Einige Schüler kicherten.

«Erzähl uns, worum es in dem Lied geht», sagte Rüdiger, setzte die Brille wieder auf und sich auf Laurenz' Platz. Die Stuhlhöhe war optimal für ihn.

«Ich ...», sagte Laurenz.

«Na los», sagte Rüdiger. «Ich will es wissen. Wer will es sonst noch wissen?»

Alle Schüler hoben die Arme.

Laurenz machte ein schiefes Gesicht. «Also ...», begann er bedächtig. «Es geht um ein paar Azzlacks ...»

«Um wen?»

«Um ein paar Azzlacks.»

«Und die schreiben sich mit zwei z?»

«Mit zwei z.»

«Gut, weiter.»

«Die sterben jung.»

«Warum?»

«Weil, die sind lieber tot, als zu hungern.»

«Die Azzlacks sind also jung und lieber tot, als zu hungern?»

«Ja, genau. Und die Welt ist aber dunkel.»

«Aha.»

«Und die Bullen kaschen den Schwarzkopf.»

«Wer? Wen?»

«Die Polizisten. Bullen heißt Polizisten.»

«Ja, das weiß ich. Weiter.»

«Der Schwarzkopf hat Schnee.»

«Aha.»

«Ein Kilogramm. Das find ich jetzt aber nicht so viel.»

«Ich schon. Und deswegen wird der verhaftet?»

«Ja, komisch, oder?»

«Nein», sagte Rüdiger. «Sonst noch?»

«Man soll auf die Schule scheißen.»

«Das singt der?»

«Der rappt das.»

«Jetzt wird's interessant.»

«Ja, weil nämlich nur der Knast einen hart macht. Und weil auch Leute, die studiert haben, mit dem Bus fahren.»

«Hat wer beobachtet?»

«Der Hafti.»

«Der Hafti also. Hafti wer? Hafti was?»

«Haftbefehl. So heißt der.»

«Der Sänger heißt Haftbefehl?»

«Ja.»

«Wer kennt den hier noch?», fragte Rüdiger laut.

Drei Viertel der Achtklässler hoben die Hand. Rüdiger dachte, dass er zu alt war für eine Welt, in der die Künstler Haftbefehl hießen. Steuererklärung, okay. Mahnbescheid. Aber Haftbefehl?

«Schön. Was sagt der denn noch so, der Haftbefehl? Weiter, Laurenz, du machst heute unseren Unterricht.»

«Dass das Leben schizophren macht und suizidgefährdet und dann noch die Politik von der Merkel. Da weiß ich aber nicht so genau, was das heißt.»

«Was was heißt?»

«Alles.»

Rüdiger stand auf, ging zurück nach vorne und stellte sich neben Laurenz. «Fangen wir mit Merkel an. Wer oder was ist Merkel?»

Zwei Kinder meldeten sich.

«Friedrich», sagte Rüdiger.

«Das ist die Bundeskanzlerin von Deutschland», sagte Friedrich, der Streber.

«Korrekt. Und Suizid? Was heißt suizidgefährdet?», fragte er. Es hoben sich fast alle Hände.

«Luisa», sagte Rüdiger. Luisa war ein noch sehr kindliches Mädchen mit rosa Schleife im Haar und großen Kulleraugen.

«Suizidgefährdet heißt, dass jemand vielleicht Selbstmord begehen will», sagte sie präzise.

«Korrekt», sagte Rüdiger. «Und jetzt hilft uns Laurenz mal mit der Interpretation. Was hat Merkel mit Selbstmord und Schizophrenie zu tun, und warum findest du das gut?»

Laurenz dachte nach und führte dabei den Finger zum Mund. Das sah nicht sehr helle aus. Einige Kinder kicherten.

«Ich find das gar nicht gut», sagte er dann. «Ich muss das ja nicht alles gut finden und kann trotzdem die Musik hören.»

«Okay, und warum gerade diese Musik?»

«Weiß ich nicht. Der sagt halt, was die anderen denken.»

«Welche anderen?»

«Na, die.»

«Und was denken die denn?»

«Na, dass das Leben voll schwer ist.»

«Und ist es das?»

«Weiß nicht. In den Blocks schon.»

«Wohnst du nicht in dieser Villa am Sternberg? Die mit dem Swimmingpool?»

«Ja, und?»

«Nur so. Wovon singt der denn sonst so?»

«Weiß nicht. Dass man Haze in das Paper rollt, um den Stress zu vergessen.»

«Was ist denn Haze?»

«Weiß ich nicht.»

Luisa mit der rosa Schleife im Haar meldete sich. «Haze ist Cannabis», sagte sie. «Ein ganz starkes. Mit viel THC.»

Rüdiger wunderte sich über gar nichts mehr. «Ja, danke, Luisa. Geht es bei so Rappern nicht auch immer ganz viel um Respekt?»

Laurenz nickte.

«Respekt ist wichtig, oder?», fragte Rüdiger.

Laurenz nickte.

«Und würdest du sagen, es ist respektvoll, Musik zu hören, wenn dein Lehrer den Raum betritt?»

Der Schüler schüttelte den Kopf. «Nein.»

«Aha.»

«Aber Respekt gilt nicht für Lehrer», sagte Laurenz ernsthaft.

Die Kinder stöhnten auf und lachten. Rüdiger fand es souverän, mitzugrinsen. «Vielen Dank, Laurenz», sagte er. «Du kannst dich wieder hinsetzen.»

Laurenz schlurfte erleichtert zu seinem Platz. Aber Rüdiger war noch nicht fertig.

«Was hältst du davon, wenn ich dich ab jetzt jedes Mal an die Tafel hole, wenn du dir bei Unterrichtsbeginn die Ohren mit deiner Pseudo-Ghetto-Musik versaust? Und du uns dann schön auseinandersetzt, worum es in den Liedern jeweils geht? Und ich ein Protokoll davon an deine Eltern schicke?»

«Nicht so viel», sagte Laurenz.

«Also? Was folgt daraus?»

Laurenz dachte nach. Ziemlich lange. «Ich lasse die Musik aus?»

«Bingo», freute sich Rüdiger. «So wird ein Schuh draus.»

Laurenz nickte, der Groschen war gefallen, die Kinder tuschelten beeindruckt, und Rüdiger fühlte sich wie der umjubelte Conferencier einer Oscar-Verleihung. Er hatte keine Ahnung, mit welchem Inhalt er den Rest der Stunde füllen sollte, aber er war eindeutig Lehrer. Er war sogar Studienrat. Studienrat Rüdiger Bunzel.

33

Auf dem Rückweg versuchte Tom, das Krankenhausdach, Gesa, seine Mutter, Rüdiger, Hartmut und Heiners Wohnmobil unter einen gedanklichen Hut zu bringen, es war ein unkoordiniertes Synapsenrodeo, zu viel für einen einzelnen Mann, der seit mehr als vierundzwanzig Stunden nicht geschlafen hatte und quälenden Hunger verspürte. Quälenden Hunger, garniert mit schmerzhaften Frühlingsgefühlen. Als er endlich zu Hause angekommen war, stolpernd wie ein Betrunkener, es mochte schon deutlich nach halb sieben sein, stand die alte Frau Koslowski unten im Flur auf der Treppe, mit ihren Krücken, als hätte sie auf ihn gewartet. Sie hatte es bis zur dritten Stufe geschafft, eine Brötchentüte vom Billigbäcker zwischen zwei Fingern der linken Hand, die rechte am Geländer und noch einen weiten, weiten Weg vor sich bis hinauf in den elften Stock, wo sie in einer ähnlich winzigen Klitsche wohnte wie Tom im zwölften. Sie hörte ihn, drehte sich um, sah ihn, und ihre Augen weiteten sich in einer Mischung aus Begeisterung, Hoffnung und Furcht.

«Nein», sagte sie.

«Oh, doch», sagte Tom, wirbelte die alte Frau gänzlich zu sich herum, nahm die Krücken und schulterte sie, so wie er es beim ersten Mal gemacht hatte, so wie er es mit Hartmut gemacht hatte, so wie er es jetzt anscheinend immer wieder tun würde. Frau Koslowski roch ein wenig streng, zur Körperpflege war wohl in den letzten Tagen oder Wochen keine passende Gelegenheit gewesen. Tom störte es nicht, er atmete sowieso durch den Mund, nahm Stufe für Stufe, treppauf war es deutlich schwieriger als treppab, Frau Koslowski hielt sich an dem Trageriemen seines Rucksacks fest, lachte bei jeder Erschütterung, erzählte ihm von früher, als sie noch nicht in diesem Plattenbau gestrandet und eine der ersten Frauen in der Männerdomäne Maschinenbau gewesen war. Tom hatte sie bereits bis in ihre Familiengeschichte der achtziger Jahre begleitet, wo es langsam bergab mit ihr gegangen war (der Alkohol), da waren sie gerade mal im sechsten Stock. «Pause», keuchte er, «Pause.»

Er setzte sie ab, sie sortierte ihr verschlissenes Sommerkleid, griff in die Brötchentüte und schob ihm ein Croissant in den Mund, der auf so viel trockenes und dennoch fettiges Gebäck nicht vorbereitet gewesen war und die Hälfte der Krümel auf Anhieb wieder ausspuckte. Dann ließen sie sich auf der obersten Stufe nebeneinander nieder und frühstückten, lautstark, einträchtig, genossen die auch von hier oben schon beeindruckende Aussicht auf weite Teile der Stadt.

«Das ist immer der Vorteil, wenn man im Hochhaus wohnt», sagte Frau Koslowski mit vollem Mund und strich sich durch die dünnen, grauen Haare. «Wir sind drin und gucken raus, und dahinten ist es schön. Die anderen, die da sind, wo es schön ist, müssen sich den ganzen Tag den schäbigen Klotz hier ansehen. Da sind wir doch im Vorteil. Das Hochhaus ist der einzige Platz, von dem aus man das Hochhaus vergessen kann.»

«Sind Sie immer so positiv?», fragte Tom. «Wie machen Sie das bloß? Ist doch scheiße hier.»

«Wieso scheiße? Ich hab ein Dach über dem Kopf. Und ab und zu kommt ein junger Mann und trägt mich die Treppen rauf und runter.»

«Aber das hätten Sie doch bestimmt nie gedacht, dass Sie am Ende mal hier landen? Als Maschinenbau-Ingenieurin? Sie könnten jetzt auch irgendwo ein Haus im Grünen haben, oder? Mit Enkeln und Hollywoodschaukel und so.»

«Ich hab ja auch alles falsch gemacht, was man falsch machen kann», sagte sie. «Aber wissen Sie, was? Drauf geschissen. Ich bin da und lebe. Und irgendwann bin ich nicht mehr da. Dann lebt jemand anderes. Ist doch wunderbar. Das Leben selbst ist das Ziel, hat meine Mutter immer gesagt. Das war der einzige kluge Satz von ihr, aber den hab ich mir gemerkt.»

«Ich kann das nicht», sagte Tom. «So denken. Da hab ich gleich das Gefühl, alles ist sinnlos.»

Sie langte erneut in die Tüte und zog ein Weizenbrötchen heraus, das in der Herstellung wahrscheinlich nicht einmal einen halben Cent gekostet hatte und hauptsächlich aus genetisch modifizierten Enzymen bestand.

«Ich verstehe das mit dem Sinn immer nicht», sagte sie. «Was ist das überhaupt für eine bescheuerte Idee von den Menschen, dass immer alles einen Sinn haben muss? Dass wir hier in dieser Bruchbude hausen und ein Hollywoodstar in seiner Villa fünfzehn Schlafzimmer hat, ergibt das einen Sinn für Sie?»

«Nein.»

«Na also. Das kann man nur ignorieren.»

«Oder sich darüber ärgern.»

«Aber das ergibt ja auch keinen Sinn. Wo will man denn da anfangen? Die einen leben so, die anderen leben so. Ja, mein Gott.»

«Aber über Ungerechtigkeiten darf man sich doch wohl aufregen?»

«Ja, sicher. Aber auf sein Herz muss man dabei aufpassen. Die größte Ungerechtigkeit wäre doch, dass man daran verreckt, dass man sich über Ungerechtigkeiten aufregt.»

«Bewundernswert, Frau Koslowski», sagte Tom. «Wirklich bewundernswert.»

«Nix», sagte sie und lachte ihn an. Es fehlten mehrere Vorderzähne. «Alles nur Behauptung. Morgen weiß ich schon wieder nicht mehr, wie ich die Treppe runterkommen soll, und finde alles zum Kotzen», sagte sie.

«Dann rufen Sie mich an. Ich kann ein bisschen Training gebrauchen. Ich gebe Ihnen meine Nummer.»

«Soll das eine Anmache sein?»

«Selbstverständlich», sagte Tom. Sie grinste, knüllte die Brötchentüte zusammen, erhob sich in Zeitlupe, machte einen krummen Rücken, und aufwärts ging es, erst auf die Schulter, dann Stockwerk für Stockwerk, bis Tom keuchend vor ihrer Wohnungstür stand, die sich schräg unter seiner eigenen befand. Sie kramte nach dem Schlüssel, schloss auf, der schlimmste Geruch seit der Erfindung schlimmer Gerüche knallte Tom entgegen.

«Alter Schwede», sagte er. «Haben Sie dadrin eine Leiche? Sie müssen mal lüften.»

Sie ließ die Schultern hängen. «Für wen?», fragte sie. «Außerdem schließen die Fenster nicht mehr richtig, wenn sie erst mal auf sind. Ich hab nicht genug Kraft. Was ist, wenn es regnet?»

«Es ist Hochsommer», sagte Tom. «Es regnet nicht.»

«Quatsch. Es hat erst gestern geregnet. Irgendwann regnet es immer.»

Frau Koslowski drückte die Tür mit der Ferse hinter sich zu, ohne Verabschiedung, ohne seine Telefonnummer, er überlegte, ob er noch einmal klopfen oder klingeln sollte, entschied sich dagegen, spürte plötzlich wieder die schweren Lider, die enorme Müdigkeit, erklomm das letzte Stockwerk und war endlich zu Hause. Nassgeschwitzt. Er betrachtete sein Bett, spürte das Blut rauschen, diese Gier, ewig so weiterzumachen, dachte an Gesa, an ihren Geruch, ihre Knie, und ging nicht etwa ins Bett oder unter die Dusche, nein, er holte den Laptop aus dem Rucksack und stellte ihn auf den Tisch, da war er, leidlich aufgeladen, erwartungsfroh, er setzte sich hinter den Bildschirm, begrüßte das bereits Geschriebene und bemühte sich, Worte zu finden, die ausdrückten, was er in den letzten vierundzwanzig Stunden erlebt hatte. Worte für Rüdiger, Worte über Rüdiger. So wie Schriftsteller das eben taten. Denn das war er doch wohl, ein Schriftsteller. Ein Schriftsteller ohne Einkommen, aber ein Schriftsteller. Er schrieb «Rüdiger», dann «Stiefvater», dann «Tod».

Toll.

Er hatte immer noch Hunger. Und bald keinen einzigen Cent mehr in der Tasche.

Er dachte an den Supermarkt, er dachte an Francesca. Scheiße. Francesca. Ihm fiel sein Versprechen wieder ein. Sein Versprechen, sich bei Kilo für sie einzusetzen. Dem mobbenden Kilo. Oh, verdammt. Er seufzte, fuhr sich durchs angefettete Haar, sein Bett lockte plötzlich wie des Teufels williger Helfer, dann klappte er den Laptop zu, steckte ihn wieder in den Rucksack, schnallte sich den auf den Rücken, und los ging es, die Treppen hinunter (wann würden die bloß endlich diesen Fahrstuhl reparieren?), ab vors Haus, es war friedlich, es war Morgen, er spürte die Schlaflosigkeit in allen Gliedern. Aber er musste es jetzt zu Ende bringen. Seine Beine schmerzten, waren erschöpft, wollten nicht mehr laufen, aber er ließ es ihnen nicht durchgehen, ging den Weg, den er jeden Tag gegangen war, hin zu seiner bescheuerten Arbeit, seinem Brotjob, gegen den an sich ja gar nichts sprach außer Mitarbeitern, Lohn, Kunden und die Tätigkeit als solche.

Als er am Supermarkt ankam, war es halb acht, Francescas Schicht würde gleich beginnen, sie öffneten ihre Pforten um acht Uhr, er schnallte den Rucksack ab, stellte ihn neben sich und wartete vor dem Eingang wie einer der Bettler, die mit einem alten, verknickten Pappkaffeebecher um eine milde Gabe baten und allen Passanten einen schönen Tag wünschten. Er trat von einem Bein aufs andere, konnte Leerlauf nicht ertragen (wenn er so müde war, schon gar nicht), ließ mehrere ehemalige Kollegen vorbei, von denen er zwei schon nicht mehr erkannte, nickte sich durch den Morgen wie ein Page am Fahrstuhl und war kurz davor, sich ebenfalls einen Pappbecher zu besorgen.

Francesca kam nicht.

Als es fünf vor acht war, klopfte er an die Scheibe und wartete, bis Mikey ihm öffnete. Mikey war Mitte zwanzig, rundgesichtig, rothaarig, nicht die hellste Kerze auf der Torte, an und für sich aber völlig in Ordnung.

«Hey», sagte Mikey. «Tom.»

«Hey», sagte Tom. «Mikey.»

«Na?», sagte Mikey. «Und?»

«Muss. Du?»

«Gut. Hast du was vergessen?»

«Nee», sagte Tom. «Wo ist denn Francesca? Hat die den Dienst getauscht? Die hat doch die ganze Woche Frühschicht?»

Mikey schüttelte den Kopf. «Die kommt nicht mehr.»

«Was?»

«Ist gefeuert worden. Zack und weg.»

«Was? Aber warum?»

Mikey machte ein wichtiges Gesicht. «Ich weiß gar nicht, ob ich dir das sagen darf.»

«Aber du platzt doch sonst», sagte Tom.

Mikey nickte. «Stimmt. Die hat dem Kilo eins in die Fresse gegeben.»

«Ach, hör auf.»

«Ja, der hat die immer fertiggemacht. Aber frag nicht nach Sonnenschein. Zu fett, zu faul, zu langsam. Der soll sich mal selber angucken. Und gestern ist die dann ausgetickt. Hätte ich ihr gar nicht zugetraut.»

«Was hat sie denn gemacht?»

«Die hat sich aus dem Regal einen gefrorenen Aal geschnappt, so einen geräucherten, du weißt schon, die, die einfach nur mit Plastikfolie umwickelt sind, und hat ihm den mitten ins Gesicht gesteckt. Wie so ein Schwert.»

«Oh Scheiße, und dann?»

«Na ja, Kilo hatte den Mund auf, weil er sie gerade so angeschrien hat, und da ist ihm der Aal zwischen den Zähnen hindurch direkt in den Rachen hinein. Ich hab gedacht, der kommt am Hinterkopf wieder raus.»

«O mein Gott.»

«Da ist auf jeden Fall das Gaumenzäpfchen im Arsch. Ein paar Zähne sind auch raus. Der ist im Krankenhaus, der Kilo. Da ist einiges kaputtgegangen.»

«Unser Krankenhaus?»

«Ich glaub nicht, dass der ein eigenes hat. Ich muss wieder rein, wir haben zwei Neue, das sind eure Nachfolger, die muss ich einarbeiten. Und ich hab Kasse.»

Tom nickte, Mikey winkte zum Abschied, dann schloss sich die elektrische Schiebetür, während im Hintergrund die ersten Rentner des Tages mit ihren Jutebeuteln anstanden, weil um fünf nach acht ja aller Voraussicht nach keine frischen Waren mehr erhältlich sein würden.

Tom schämte sich in Grund und Boden. Er war zu spät gekommen. Er hatte seine Mission nicht nur verpasst, sondern gleichsam verpatzt. Da bat ihn einmal jemand um einen Gefallen, jemand, den er mochte, jemand, der nicht seine Mutter war, und er kriegte es nicht auf die Reihe. Francesca hatte also Selbstjustiz verübt. Und sich damit endgültig ins Abseits geschossen. Was für eine Scheiße. Es würde nicht einfach für sie sein, einen neuen Job zu finden. Mit Kind. Und Kegel. Und ihrem, na ja, Aussehen. So war der Arbeitsmarkt nun mal. Er musste sich bei ihr entschuldigen. Sie trösten. Sie vielleicht sogar in den Arm nehmen.

Er wollte erneut an die Scheibe klopfen, da öffneten sich die Türen von selbst, Mikey hatte aufgeschlossen, er war jetzt der König der Kassierer. Die Rentner machten sich auf den Weg, passten kaum durch den Eingang, drängelten wie die Zombies aus «The Walking Dead» gleichzeitig ins Innere, es fehlte nur das Gegrunze und die ein oder andere herunterhängende Kieferpartie. Mikey hatte sich hinter Kasse eins begeben. Davor war natürlich noch niemand, die Rentner sortierten sich gerade erst beim Obst ein.

«Na, Mikey», sagte Tom.

«Na, Tom», sagte Mikey.

«Sag mal, die Adresse von der Francesca?»

«Ja, die weiß ich.»

Tom wartete. Mikey öffnete eine Geldrolle und entleerte den Inhalt in seine Schublade.

«Und?», fragte Tom schließlich.

«Weiß ich nicht, ob ich die rausgeben darf.»

«Ach, komm.»

«Nee, echt. Datenschutz und so.»

«Hör doch auf.»

«Was willst du denn von der?»

Tom zwinkerte Mikey vertrauenerweckend zu. «Mich entschuldigen. Eigentlich hätte ich das nämlich machen sollen. Das mit dem Kilo. Das mit dem Aal. Hatte ich versprochen.»

«Ja, klar», sagte Mikey. «Du warst ja schon entlassen.»

«Genau.»

«Da wäre das ja egal gewesen.»

«Genau.»

«Bittermannstraße 18.»

«Danke.»

Tom drehte sich um, Mikey nahm eine gerade Sitzhaltung ein, an der Kasse lief der erste Turbo-Rentner auf, mit nichts weiter als einer losen Kiwi in der Hand. Das Stück zu neunundvierzig Cent.

Er lief auf den Ausgang zu, dieses Mal vollkommen sicher, zum letzten Mal diesen Weg zu beschreiten, und wollte den Riemen seines Rucksacks enger schnallen – da stellte er fest, dass der Riemen fehlte. Und nicht nur der Riemen. Der gesamte Rucksack. Er hatte ihn draußen stehen lassen. Scheiße, dachte er, nein, nein, nein. Er rannte, es lohnte sich kaum, es waren nur noch etwa fünf Meter, aber er rannte, die elektrische Tür öffnete sich, und an der Stelle, an der er eben noch gewartet hatte wie ein Obdachloser, wartete nur ein festgeklebter Kaugummi auf dem Asphalt. Es war kurz nach acht. Und die ganze Stadt war voller Diebe. Sein Rucksack war weg. Sein Laptop war weg. Sein ganzes Leben. Er ging in die Knie, lehnte sich an die rote Backsteinwand, die von wer weiß wie vielen Hunden bereits angepinkelt worden war. Dann spürte er, wie die Nacht zurückschlug, wie der Raum sich verengte, wie das Sichtfenster sich zuschob. Es wurde rasend schnell dunkler. Die Ohnmacht kam. Och nee, dachte er noch. Dann kippte er vorne über und war weg.

34

Spring jetzt», sagte Tom.

«Ich weiß nicht. Ich glaub, ich kann das nicht», sagte Rüdiger und hielt sich am Geländer fest.

«Wir hatten das so abgemacht», sagte Tom.

«Ja, aber etwas abzumachen und es dann durchzuziehen sind zwei völlig verschiedene Dinge.» Rüdiger stand das Entsetzen ins Gesicht geschrieben. «Es ist so verdammt hoch.»

«Was hast du zu verlieren?»

«Nichts. Verdammt. Nichts.»

Es war Samstag. *Der* Samstag. Rüdiger war am Freitag noch vor der zweiten großen Pause von Rektor von Graben aus dem Klassenzimmer geholt und endgültig suspendiert worden. Es hatten sich mehrere Schüler im Sekretariat beschwert, zwei über Handys der neuesten Generation informierte Elternteile hatten in der Kürze der Zeit angeboten, eventuelle Gerichtskosten zu tragen, es war die Rede von Azzlacks, Schnee und Haze gewesen. Und von der Drangsalierung wehrloser Schutzbefohlener (es musste wohl Laurenz gemeint gewesen sein). Rüdiger hatte sich also von Frau Himmelmann verabschiedet, sie hatte ihn mit einer flüchtigen Umarmung fast erdrückt, dann hatte er das Schulgelände verlassen, dieses Mal für immer, den Drogeriemarkt besucht, die Frau mit der Payback-Karte nicht angetroffen, sie endgültig als vollkommen irrelevant begriffen, sich im Fitnesscenter abgemeldet, das Hotel aufgesucht, dort zwölf Stunden am Stück geschlafen und sich danach die halbe Nacht um die Ohren geschlagen, laufend, sinnierend, Menschen in Partylaune beobachtend, bis er schließlich im Moldauer Park auf einer Bank eingeschlafen war, in Embryonalstellung, den Kopf auf einer alten Zeitung, die er aus einem Mülleimer gezogen hatte.

Der nächste Morgen war fürchterlich gewesen, sein Nacken versteift, der Nebel in alle Poren kriechend, er war verkatert, ohne etwas getrunken zu haben, und fühlte sich wie der einsamste Mensch auf Erden. Ein neuer Tiefpunkt. Die Skalen waren in alle Richtungen offen. Gleichzeitig – und dieses Gleichzeitig war ein klares Andererseits – gab ihm das ewige Hin und Her, diese kurzen Hochs, die sich in den letzten Tagen zunehmend eingestellt hatten, die Gewissheit, dass wiederum ein Hoch folgen würde, zumindest ein kleines, ganz bestimmt, bevor es dann natürlich wieder bergab gehen und ihn die nächste Katastrophe ereilen würde.

Blieb nur die Frage, ob es sich lohnte. So im Gesamten. Ob ihm das reichte? Ob das nicht ein allzu großer innerer Aufwand war, überhaupt da zu sein? Warum konnte er nicht einfach nur leben? Andere Menschen lebten doch auch einfach nur so. Machten ihren Kram, tagein, tagaus, dachten sich nichts, eine warme Mahlzeit am Tag, zweimal in der Woche gab es siebenminütigen Sex, manche hatten auch zwei warme Mahlzeiten am Tag und nur einmal in der Woche Sex. Dann wurde der Hund ausgeführt, der Haufen mit einem Plastikbeutel entsorgt, und alle waren zufrieden. So hatte er immer leben wollen, jetzt aber war ihm selbst das zu wenig, hatte er die Verlockung des Adrenalins erfahren. Was also gab es noch? Sie hatten alle Punkte ihrer Liste abgearbeitet,

Tom und er, manche sogar mehrfach. Liebe, Ziele, Freude, Empathie, Vergebung, Risiko. Alles erlebt in den letzten Tagen. Und war er jetzt glücklicher?

«Du darfst nicht runtergucken», sagte Tom. «Einfach den Schritt machen, die Augen zu und los. Du kannst dir ja die Nase zuhalten.»

Rüdiger sah auf das Wasser tief unter ihnen. Hier oben wehte ein ganz schöner Wind. Ihm wurde etwas schwindelig.

«Ich weiß nicht», sagte er. «Das geht mir jetzt doch alles etwas zu schnell. Ich bin darauf nicht vorbereitet.»

«Niemand ist das», sagte Tom. Er sah Francesca, die unten stand und ihm zuwinkte. Sie schien ihn antreiben zu wollen. So als wollte sie, dass er springe. Schnell. Bald. Das war wohl ihre Rache, dachte er. Nachvollziehbar. Er hatte sie aufgesucht, sobald er konnte, sie war zu seiner großen Überraschung gar nicht sonderlich geknickt gewesen, sondern hatte sich über ihren Mut gefreut, einem Arschloch gezeigt zu haben, dass auch Arschlöcher nicht machen durften, was sie wollten. Dann hatte sie ihren Sohn nach vorne geschoben, Ricardo, ein hübscher, sportlicher, aufgeweckter Sonnenschein von vier Jahren, Ricardo hatte brav guten Tag gesagt, und sie waren zusammen Fußballspielen gewesen im Park, während Francesca offenbart hatte, dass sie innerhalb eines Tages einen neuen Job gefunden hatte, als Verkäuferin in einer Boutique für Übergrößen, und dass sie ihr Glück gar nicht fassen konnte.

Als Ricardo einen besonders raffiniert angeschnittenen Pass von Tom nur mit größtmöglicher Gewalt weiterverarbeiten konnte, traf der Ball einen schlafenden Mann in Cordhose und der *Süddeutschen* von vorgestern auf dem Kopf, der sich bei näherer Betrachtung als Rüdiger entpuppt hatte. Rüdiger, der auf einer Parkbank gekauert hatte wie das Opfer seiner Umstände, das er war. Sie hatten ihn aufgeweckt, mitgenommen, bei Francesca aufgepäppelt und Kriegsrat gehalten. Und jetzt standen sie hier.

«Nun macht schon. Wenn ihr springen wollt, springt!», rief Heiner von unten, er war glasklar zu verstehen, gnadenlos klang das, Heiner war ebenso schlecht im Warten wie Tom. Er stand neben Charlotte, die beiden hielten Händchen und grinsten, was gab es denn da zu grinsen, Rüdiger begann zu zittern, und selbst Tom wurde langsam ein wenig flau im Magen. Er tastete sich noch etwas weiter vor, bis die Zehenspitzen über die Kante ragten.

«Es ist ja mehr ein Fallenlassen», sagte Rüdiger.

«Wenn ihr so weitermacht, sind wir an Altersschwäche gestorben, bis ihr unten seid», rief nun auch Charlotte.

Rüdiger winkte und traute sich tatsächlich, das Geländer loszulassen. Der Wind verfing sich in ihm, Rüdiger schaukelte hin und her, er wusste, der entscheidende Moment kam unausweichlich näher. Dabei war es gestern doch eigentlich gar nicht so schlecht weitergegangen. Gegen halb fünf nachmittags hatte er eine Nachricht bekommen, eine SMS auf seinem Handy. «Schau mal in die Innentasche der Regenjacke ☺» stand da, kein Absender, eine unbekannte Nummer. Rüdiger hatte in die Innentasche geschaut und die neunzig Euro gefunden, die ihm Marie angeblich entwendet hatte. Sein Herz war vor Freude fast aus dem Hals gesprungen, was eine ziemliche Sauerei gewesen wäre.

«Ha ha ha», hatte er geantwortet, gedacht, dass das zu beleidigt wirkte, und ein «ich finde es wirklich lustig» hinterhergeschickt.

«Wann sehen wir uns?», hatte Marie geschrieben (nach elendslangen zweiundzwanzig Sekunden Pause), und nun stand sie ebenfalls da unten, neben Heiner, neben Charlotte, neben Francesca und Ricardo, und sah Tom und Rüdiger dabei zu, wie sie oben kauerten und nicht wussten, ob sie springen sollten oder nicht.

«Ich denke, es ist an der Zeit», sagte Tom.

«Ja, wirklich schön, dich kennengelernt zu haben», sagte Rüdiger.

«Alles hat ein Ende», sagte Tom.

«Sicher?», fragte Rüdiger.

«Sicher. Pass auf, dass du die Beine zusammenhältst, okay? Ich will mir gar nicht vorstellen, was sonst beim Aufprall mit deinen ...»

«Ich habe verstanden», sagte Rüdiger, betrachtete noch ein letztes Mal Marie, war so verliebt, dass es weh tat, und schloss die Augen.

«Tut mir leid mit deinem Laptop», sagte er.

«Ist schon okay.»

«Den hätten wir jetzt gut gebrauchen können.»

«Um ihn runterzuschmeißen, oder was?» Tom lachte. «Wir wissen doch, wie das ausgeht.»

Rüdiger nickte, immer noch mit geschlossenen Augen. Er nahm seine Brille ab und setzte sie wieder auf.

«Tut mir auch leid um deinen Roman.»

«Ach, der wäre sowieso nichts geworden.»

«Geht das bald mal vorwärts hier, ich langweile mich», sagte eine weibliche Stimme hinter ihnen. Rüdiger und Tom fuhren herum. Da stand Gesa Raue, im Badeanzug, und zeigte auf die Schlange hinter sich. «All diese Menschen haben heute noch was vor», sagte sie. «Wir sind Lemminge, wir wollen uns alle herunterstürzen, und wir werden langsam ungeduldig.»

Tom nickte, warf ihr einen Blick zu, dann nahm er tatsächlich Rüdigers Hand.

«Bereit?», fragte er.

«Bereit», sagte Rüdiger. «Das Leben ist das Ziel.»

«Auf das Leben!»

Sie stießen sich ab, von wegen Fallenlassen, dann ging es abwärts, wahnsinnig schnell, der Luftwiderstand war enorm, Rüdiger schrie auf, Tom winkelte die Beine an und streckte sie wieder durch. Sie kamen auf der Wasseroberfläche auf, es zog sie hinab in die Tiefe, so tief, wie das Becken unter einem Zehnmeterturm eben sein konnte. Sie kamen zurück an die Oberfläche, prusteten, am Beckenrand applaudierten Heiner, Charlotte, Marie, Francesca und sogar Ricardo, alle anderen waren einfach nur erleichtert, dass es endlich weiterging, und hatten ihre eigenen Probleme.

«Ja», rief Rüdiger und schwamm an den Beckenrand, «ich hab's getan! Ich hab's tatsächlich getan! Ich bin gesprungen! Von da oben runter bin ich gesprungen!»

Tom tauchte neben ihm auf. «Wo ist denn deine Brille? Du hattest doch oben noch deine Brille?»

Rüdiger zuckte zusammen, kniff die Augen zusammen, bemerkte eine gewisse Unschärfe und blickte hoffnungslos in das schon wieder aufspritzende Wasser hinter sich.

«Scheiße», sagte er. «Scheiße.»

«Genau so ist das!», sagte Heiner und lachte. «So funktioniert das! Dieses gottverdammte Scheißleben! Ist es nicht wunderbar?»